# FAST PASS
## TOPIK II 기출어휘

**지은이** 장소영, 나원주, 구효정
**펴낸이** 정규도
**펴낸곳** (주)다락원

**초판 1쇄 인쇄** 2024년 9월
**초판 1쇄 발행** 2024년 9월

**편집** 이숙희, 백다흰, 한지희
**디자인** 김민지, 박보희, 허문희
**번역 및 감수**
**영어** 이진석 I 가톨릭대학교 교양학부 조교수
**일본어** 野村무쥬희 I 한국외국어대학교 KFL대학원 외국어로서의 한국어번역학 전공
**중국어** 吳华 I 한-중 통번역 전문가
**베트남어** Phuong Huy Tung I 한-베 통번역 전문가
**녹음** 김성희, 유선일

**내용문의** (02)736-2031 내선 420~426
**구입문의** (02)736-2031 내선 250~252
**Fax** (02)732-2037
**출판등록** 1977년 9월 16일 제406-2008-000007호

Copyright © 2024, 장소영, 나원주, 구효정

TOPIK trademark® and copyright © by NIIED(National Institute for International Education)in KOTRA.

저자 및 출판사의 허락 없이 이 책의 일부 또는 전부를 무단 복제·전재·
발췌할 수 없습니다. 구입 후 철회는 회사 내규에 부합하는 경우에 가능하므로
구입 문의처에 문의하시기 바랍니다. 분실·파손 등에 따른 소비자 피해에
대해서는 공정거래위원회에서 고시한 소비자 분쟁 해결 기준에 따라 보상
가능합니다. 잘못된 책은 바꿔 드립니다.

ISBN 978-89-277-3340-9 14710
     978-89-277-3339-3 (SET)

http://www.darakwon.co.kr
http://koreanbooks.darakwon.co.kr

다락원 홈페이지를 방문하시면 상세한 출판 정보와 함께
MP3 자료 등 다양한 어학 정보를 얻으실 수 있습니다.

## 서문

"선생님, 어휘가 너무 어려워서 읽기 문제를 다 못 풀었어요."
"쓰기 문제에 나온 단어가 뭔지 몰라서 주제랑 다른 글을 썼어요."

TOPIK 시험이 있었던 다음 날이면 학생들이 제일 많이 하는 말입니다. 아마 이 말을 들은 한국어 선생님과 한국어를 배우고 있는 외국인 학생들은 모두 고개를 끄덕일 것 같습니다.

TOPIK 시험 대비를 위한 수업을 진행하다 보면 교사도, 학생들도 가장 힘들어하는 부분이 바로 '어휘'입니다. 아무리 문제 유형을 설명하고 정답 찾는 방법을 알려 줘도, 마지막에는 어휘를 몰라서 정답을 찾지 못하는 어려움에 부딪히는 경우가 많습니다. 그만큼 TOPIK 시험에서 어휘가 가장 중요하다고 할 수 있습니다.

저희는 항상 학생들에게 이렇게 조언합니다.
"어휘 때문에 시험을 못 봤다면, 어휘를 완벽하게 공부하면 시험을 잘 볼 수 있겠네요."

학생들도 항상 이렇게 대답합니다.
"공부해야 하는 어휘가 너무 많아요. 대체 시험에 자주 나오는 어휘가 뭐예요? 제가 외운 어휘는 시험에 안 나와요."

학생들의 이 말이 바로 *"FAST PASS TOPIK II 기출 어휘"*를 집필하게 된 계기입니다. TOPIK 시험을 잘 볼 수 있는 방법은 결국 가장 기본이면서도 중요한 '어휘'를 제대로 공부해야 하는 것을 우리는 모두 알고 있습니다. 그러나 아무리 외우고 외워도 어휘 공부에는 끝이 없는 법이지요. 정해진 시간 내에 공부해야 하는 만큼 TOPIK 시험을 위한 어휘 학습은 효율적이고도 효과적으로 해야 합니다.

TOPIK 시험에 자주 나오는 어휘는 무엇일까요?
그 어휘는 시험에서는 어떻게 제시되었을까요?

그래서 저희가 준비했습니다.

*"FAST PASS TOPIK II 기출 어휘"*는 TOPIK 기출문제에 나온 어휘를 모두 목록화한 뒤, 많이 나오는 순서대로 정리하였습니다. 많이 나오는 어휘가 바로 "꼭 외워야 하는 어휘"입니다. TOPIK 시험을 위해 어휘를 공부해야 한다면 가장 많이 나오고, 중요하고, 꼭 알아야 하는 어휘부터 시작해 보는 건 어떨까요?

TOPIK 시험을 준비하려고 하는데 무엇부터 시작할지 고민인가요?
읽기 문제를 풀 때 시간이 많이 부족한가요?
들으면서 바로 정답을 고르고 싶은데 그게 잘 안 되나요?
쓰고 싶은 내용은 많은데 막상 글로 쓰는 것이 어려운가요?

여러분이 누구보다 빨리 효과적으로 TOPIK 시험 준비를 할 수 있도록 *"FAST PASS TOPIK II 기출 어휘"*가 해결책이 되어 드릴 것입니다.

저자 일동

## Preface

"Teacher, I couldn't finish the reading part because the vocabulary was too difficult."
"I wrote about a different topic from the writing question because I didn't know the words given."

These are what students most say after taking a TOPIK exam. I guess all Korean teachers and students learning Korean who heard this are nodding their heads.

When conducting classes to prepare for the TOPIK exam, both teachers and students find "vocabulary" to be the most challenging part. No matter how much we explain question types and methods to find answers, students often struggle to find the correct answers because they don't know the vocabulary. This shows how crucial vocabulary is in the TOPIK exam.

We always advise our students:
"If you did poorly on the exam because of vocabulary, then you will do better on the exam when you study vocabulary perfectly."

Students always reply:
"There's too much vocabulary to study. What are the words that frequently appear on the exam? The words I memorized didn't show up on the test."

This response from students is exactly what led us to write **"FAST PASS TOPIK II Vocabulary from Previously Tested Questions."** We all know that the key to doing well on the TOPIK exam is mastering the most basic yet important element: "vocabulary." However, no matter how much you memorize, there's always more vocabulary to learn. Given the limited time for preparation, vocabulary study for the TOPIK exam should be efficient and effective.

**What are the vocabulary appearing frequently on the TOPIK exam?
How are these words presented in the exam?**

So, we've prepared this book. ***"FAST PASS TOPIK II Vocabulary from Previously Tested Questions"*** has listed all the vocabulary from past TOPIK exams and organized them in order of frequency. The most frequently appearing words are the "must-memorize vocabulary". If you need to study vocabulary for the TOPIK exam, why not start with the most frequently appearing, important, and essential words?

Are you wondering where to start in preparing for the TOPIK exam?
Do you run out of time when solving reading questions?
Do you want to choose answers immediately while listening but find it difficult?
Do you have a lot to write about but struggle to put it into words?

***"FAST PASS TOPIK II Vocabulary from Previously Tested Questions"***
will be your solution to help you prepare for the TOPIK exam faster and more effectively than anyone else.

From the authors

## 이 책의 활용법

이 책은 TOPIK II 시험에 출제되었던 중·고급 어휘 1,666개를 모두 담았습니다. 공부해야 하는 어휘의 개수가 많다고 느낄 수 있지만, 가장 중요한 어휘를 제일 앞에 배치하여 최대한 효율적으로 학습할 수 있도록 하였습니다. 짧은 기간 안에 빠르게 TOPIK 시험에 통과하고 싶다면, 출제 1순위~3순위까지 자주 나오는 어휘 위주로 학습하기를 추천합니다. TOPIK 시험에서 고득점을 얻고 싶다면 4~5순위의 어휘까지 꼼꼼히 학습하는 방식을 추천합니다.

**✱ 어휘와 예문을 귀로 들으며 익혀 보세요!**

각 Chapter의 시작 부분에 있는 QR 코드를 인식하면, 전문 성우가 녹음한 어휘와 기출 문장의 녹음을 들을 수 있도록 했습니다. 표지의 QR 코드를 인식하면 다운로드도 가능합니다.

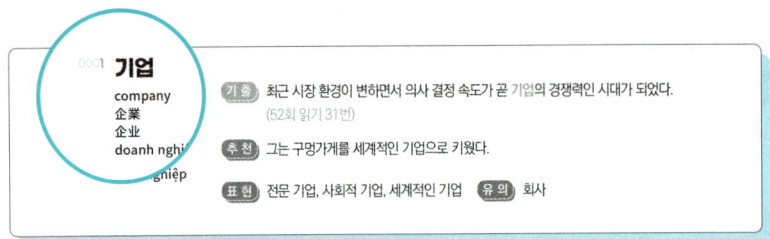

**✱ 시험에 많이 나오는 어휘부터 외워 보세요!**

Chapter 1에서 시험에 가장 많이 나온 출제 1순위 어휘를 모아 두었습니다.
그중에서도 먼저 나오는 어휘가 시험에 더 많이 나온 어휘들입니다.
가장 중요한 1번 어휘부터 효과적으로 학습해 봅시다.

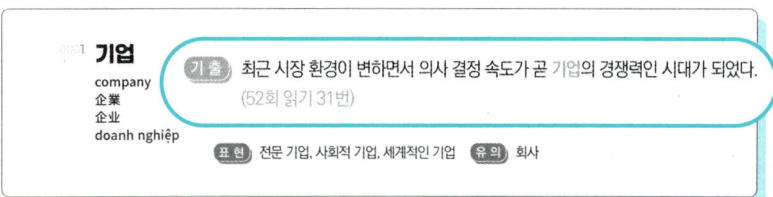

### ✽ 시험에서 어휘가 어떻게 제시되었는지 확인해 보세요!
TOPIK II 시험에서 해당 어휘를 사용한 문장을 제공합니다.
예문을 통해 실제 시험에서 어떻게 사용되는지 확인할 수 있습니다.

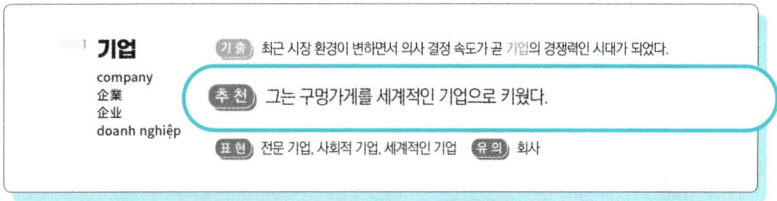

### ✽ 추가 예문을 통해 어휘를 이해해 보세요!
추가 예문을 통해 어휘를 더욱 폭넓게 이해할 수 있도록 합니다.
시험에서 다양한 상황의 문장을 만나도 당황하지 않을 수 있도록 연습할 수 있습니다.

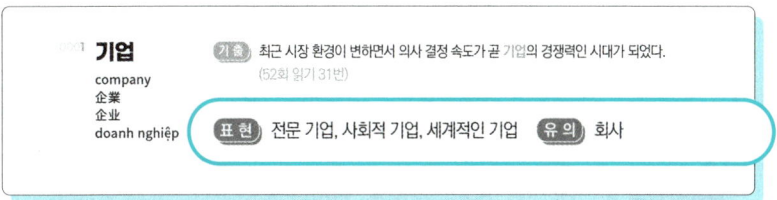

### ✽ 유의어, 반의어, 다양한 표현을 학습해 보세요!
관련 있는 다양한 어휘를 제공합니다. 비슷한 의미의 어휘, 반대 의미의 어휘, 자주 사용하는 관용어, 연어를 통해 어휘를 확장 학습하기 좋습니다.

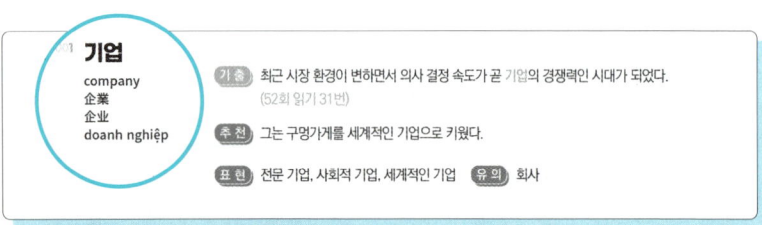

✱ **여러분 나라의 언어로 어휘를 확인해 보세요!**

한국어 어휘를 4개 국어로 번역해 제공합니다. 영어, 일본어, 중국어, 베트남어 순서로 제시되어 있으며, 번역을 통해 한국어 어휘의 의미를 쉽게 이해할 수 있습니다.

✱ **전체 어휘를 한눈에 보고, 원하는 어휘를 찾아보세요!**

책에 수록된 전체 어휘를 ㄱㄴㄷ 순으로 정리해서 원하는 어휘를 한눈에 찾을 수 있도록 하였습니다.

## How to Use This Book

This book contains all 1,666 intermediate and advanced vocabulary words that have appeared in the TOPIK II exams. Although the number of vocabulary words to learn may seem is large, we have prioritized the most important group of words at the beginning to make learning as efficient as possible. If you want to pass the TOPIK exam quickly in a short period, we recommend focusing on the vocabulary that appears frequently in the 1st to 3rd priority groups. If you want to achieve a high score on the TOPIK exam, we recommend studying thoroughly up to the 4th and 5th priority vocabulary groups.

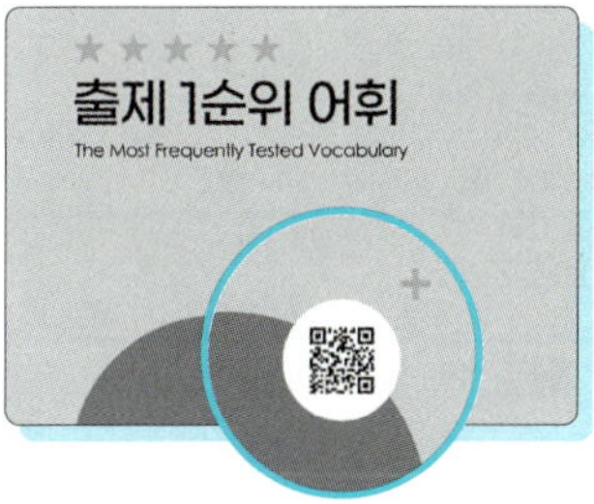


### ✖ Learn vocabulary and example sentences by listening!

By scanning the QR code at the beginning of each chapter, you can listen to recordings of vocabulary and past exam sentences recorded by professional voice actors. You can also download them by scanning the QR code on the cover.

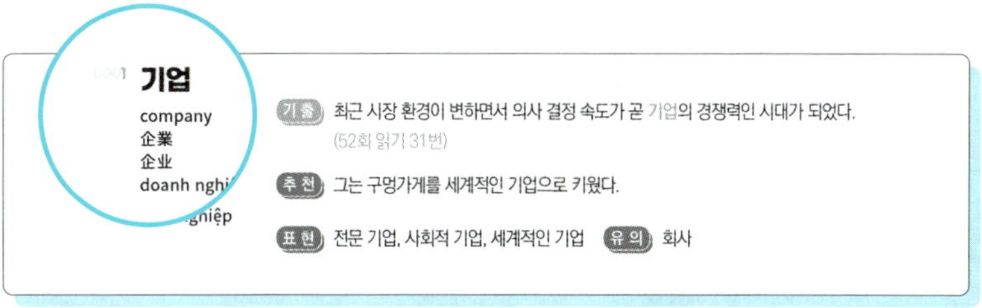


### ✖ Memorize the vocabulary that appears most frequently on the exam!

Chapter 1 contains the most frequently appearing 1st priority vocabulary from the exams. Among these, the words that appear earlier are the ones that appear more often on the exam. Let's start learning effectively from the most important vocabulary #1.

0001 **기업**
company
企業
企业
doanh nghiệp

기출 최근 시장 환경이 변하면서 의사 결정 속도가 곧 기업의 경쟁력인 시대가 되었다.
(52회 읽기 31번)

표현 전문 기업, 사회적 기업, 세계적인 기업 유의 회사

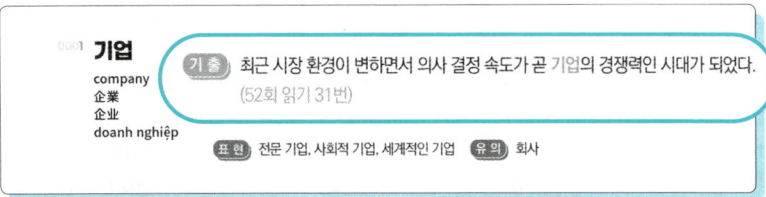

## ✖ Check how vocabulary was presented in the exam!

We provide the sentences where the vocabulary was used in the TOPIK II exam. Through these examples, you can see how they are actually used in the real exam.

0001 **기업**
company
企業
企业
doanh nghiệp

기출 최근 시장 환경이 변하면서 의사 결정 속도가 곧 기업의 경쟁력인 시대가 되었다.

추천 그는 구멍가게를 세계적인 기업으로 키웠다.

표현 전문 기업, 사회적 기업, 세계적인 기업 유의 회사

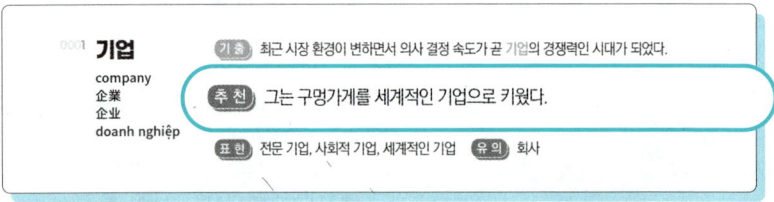

## ✖ Understand vocabulary through additional example sentences!

Additional example sentences help you understand the vocabulary more broadly. You can practice so that you won't be flustered when encountering sentences in various situations on the exam.

0001 **기업**
company
企業
企业
doanh nghiệp

기출 최근 시장 환경이 변하면서 의사 결정 속도가 곧 기업의 경쟁력인 시대가 되었다.
(52회 읽기 31번)

표현 전문 기업, 사회적 기업, 세계적인 기업 유의 회사

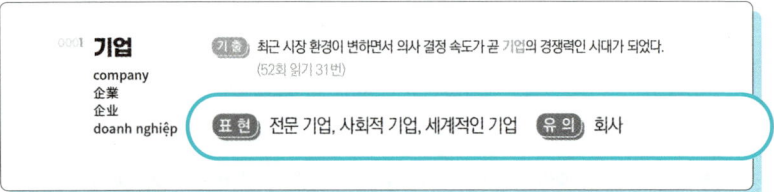

## ✖ Learn synonyms, antonyms, and various expressions!

We provide various related vocabulary. It's good for expanding vocabulary learning through words with similar meanings, opposite meanings, commonly used idioms, and collocations.

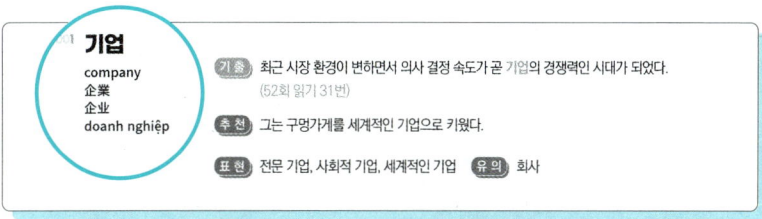

✤ **Check the vocabulary in your native language!**

Korean vocabulary is translated into 4 languages. They are presented in the order of English, Japanese, Chinese, and Vietnamese, and you can easily understand the meaning of Korean vocabulary through these translations.

✤ **See all the vocabulary at a glance and find the words you want!**

We have organized all the vocabulary in the book in Korean alphabetical order so that you can find the words you want at a glance.

# 목차 Contents

- ◆ 서문 Preface ·················································································· 4
- ◆ 이 책의 활용법 How to Use This Book ·················································· 8
- ◆ 목차 Contents ·················································································· 14

**Chapter 1** ★★★★★
출제 1순위 어휘 The Most Frequently Tested Vocabulary ·················· 17

**Chapter 2** ★★★★☆
출제 2순위 어휘 The 2nd Most Frequently Tested Vocabulary ············ 57

**Chapter 3** ★★★☆☆
출제 3순위 어휘 The 3rd Most Frequently Tested Vocabulary ············ 113

**Chapter 4** ★★☆☆☆
출제 4순위 어휘 The 4th Most Frequently Tested Vocabulary ············ 177

**Chapter 5** ★☆☆☆☆
출제 5순위 어휘 The 5th Most Frequently Tested Vocabulary ············ 241

- ◆ 부록 Appendix
- 색인 Index ·················································································· 362

# Chapter 1

## 출제 1순위 어휘

The Most Frequently Tested Vocabulary

# TOPIK II

**0001 기업**
- company
- 企業
- 企业
- doanh nghiệp

**기출** 최근 시장 환경이 변하면서 의사 결정 속도가 곧 **기업**의 경쟁력인 시대가 되었다. (52회 읽기 31번)

**추천** 그는 구멍가게를 세계적인 기업으로 키웠다.

**표현** 전문 기업, 사회적 기업, 세계적인 기업　**유의** 회사

---

**0002 사회**
- society
- 社会
- 社会
- xã hội

**기출** 사람들은 구매한 물건을 일상에서 사용함으로써 **사회** 문제에 대한 입장을 표현한다. (60회 듣기 29번)

**추천** 앞으로 사회에 나가면 무슨 일을 할 생각이에요?

**표현** 사회에 진출하다, 사회에 적응하다, 사회로 나가다　**유의** 세상, 공공

---

**0003 경제**
- economy
- 経済
- 经济
- kinh tế

**기출** 1인 미디어 운영자는 향후 **경제** 변화를 이끌 핵심 시장으로의 성장이 예상된다. (64회 읽기 46번)

**추천** 최근 반세기 동안 한국 사회는 경제 성장을 지상 최대의 과제로 삼았다.

**표현** 국가 경제, 경제가 침체되다, 경제를 살리다

---

**0004 다양하다**
- various, diverse
- 様々だ
- 多种
- đa dạng

**기출** 나이가 어린 아이들은 아직 **다양한** 능력들이 완전히 발달하지 못해 온몸의 감각을 동원하여 정보를 얻는다. (60회 읽기 21번)

**추천** 통계는 기준 설정에 따라 다양하게 해석될 수 있다.

**표현** 다양한 상품, 다양한 색깔, 다양한 종류

---

**0005 정책**
- policy
- 政策
- 政策
- chính sách

**기출** 정부는 일자리를 늘리고자 새로운 **정책**을 수립했다. (64회 읽기 3번)

**추천** 경제 발전에 따른 문제점을 해결하기 위해서 다양한 정책들이 요구된다.

**표현** 정책을 세우다, 정책을 펴다, 기본 정책으로 삼다　**유의** 시책

## 0006 자신
- oneself
- 自分自身
- 自己
- tự thân

**기출** **자신**의 아이가 또래보다 글자를 더 빨리 깨치기를 바라며 문자 교육에 열을 올린다. (60회 읽기 21번)

**추천** 나 자신도 그 사실을 믿을 수 없었다.

**표현** 자신의 노력, 자신의 모습, 자신을 돌보다 **유의** 자기, 본인 **반의** 남, 타인

## 0007 새롭다
- new
- 新しい
- 新
- mới

**기출** 아이들은 각자 다른 방법으로 **새로운** 것들을 해 보면서 자유롭게 놉니다. (60회 듣기 25번)

**추천** 최근에 새롭게 개발한 이 약은 암 환자에게 큰 도움이 된다.

**표현** 새로운 기술, 새로운 모습, 새롭게 선보이다 **유의** 신선하다, 참신하다

## 0008 기술
- skill, technique
- 技術
- 技术
- kỹ thuật

**기출** 화성 탐사선에 종이 접기 **기술**이 유용하게 활용된다. (83회 듣기 41번)

**추천** 그들은 기술을 연마하기 위해 노력했다.

**표현** 제조 기술, 건축 기술, 기술을 가르치다 **유의** 기능, 테크닉

## 0009 내용
- content
- 内容
- 内容
- nội dung

**기출** **내용**을 합리적인 방식으로 설명했다. (47회 읽기 18번)

**추천** 나는 그 글의 내용을 정확히 이해하지 못했다.

**표현** 거래 내용, 세부 내용, 내용을 살펴보다 **유의** 내막, 속, 뜻 **반의** 형식

## 0010 보이다
- be visible, be seen
- 見える
- 看见
- được nhìn thấy

**기출** 조금 떨어진 곳에서 볼 때 점들이 섞여 보라색으로 **보이도록** 한 것이다. (52회 읽기 32번)

**추천** 사람의 눈에 보이지 않는 세균이 많다.

**표현** 창밖으로 보이는 풍경, 하늘이 보이다, 눈에 보이다

Chapter 1 출제 1순위 어휘 19

# TOPIK II

**0011 산업**
- industry
- 産業
- 产业
- công nghiệp

**기출** 4차 산업은 그 분야가 다양하지만 연구 개발이 핵심 원동력이라는 점에서 공통점을 갖고 있다. (60회 읽기 48번)
**추천** 자국의 산업을 보호하기 위하여 수입에 제한을 두기도 한다.
**표현** 섬유 산업, 이차 산업, 산업에 종사하다

---

**0012 환경**
- environment, circumstance
- 環境
- 环境
- môi trường

**기출** 바다 생태계 환경을 평가하는 지표가 개발됐다. (83회 듣기 39번)
**추천** 경제를 우선시하다 보면 환경이 훼손될 수도 있다.
**표현** 자연 환경, 환경이 나쁘다, 환경을 보호하다

---

**0013 제도**
- system
- 制度
- 制度
- chế độ

**기출** 정부에서는 육아 휴직 제도의 시행을 준비하고 있다. (64회 듣기 28번)
**추천** 모두 새로운 제도의 필요성에 공감하고 있다.
**표현** 민주주의 제도, 사회 제도, 결혼 제도  **유의** 시스템, 법규

---

**0014 활동**
- activity
- 活動
- 活动
- hoạt động

**기출** 기업 활동에서 구성원 간의 대화가 무엇보다 중요하다. (37회 읽기 44번)
**추천** 우리는 가족을 위한 체험 활동을 계획 중이다.
**표현** 봉사 활동, 활동 경력, 활동 무대가 넓다  **유의** 움직임, 행동

---

**0015 따르다**
- follow
- 従う
- 从, 跟
- theo

**기출** 당시 널리 퍼져 있던 유행의 흐름을 따랐다. (52회 읽기 45번)
**추천** 그는 아버지의 뜻에 따라서 대학에 진학했다.
**표현** 명령을 따르다, 유행을 따르다, 잘 따르다
**유의** 뒤따르다  **반의** 이끌다, 선도하다

## 0016 경우
- case
- 場合
- 情况，场合
- trường hợp

**기출** 작년에 출고된 제품은 원하시는 **경우** 언제든 새 제품으로 무상 교환해 드리겠습니다. (60회 듣기 35번)

**추천** 갈등은 의사소통이 부족해서 생기는 경우가 대부분이다.

**표현** 대개의 경우, 일반적인 경우, 대표적인 경우  **유의** 상황

## 0017 정부
- government
- 政府
- 政府
- chính phủ

**기출** **정부**는 출산율이 낮아지지 않도록 효과적인 정책을 마련하였다. (60회 읽기 25번)

**추천** 정부는 이번에 새롭게 임시 공휴일을 지정했다.

**표현** 민주 정부, 임시 정부, 정부를 세우다

## 0018 방식
- way, method
- 方式
- 方式
- phương thức

**기출** 저축의 **방식**을 가로 저축과 세로 저축으로 나눠 비유하여 설명할 수 있다. (64회 읽기 33번)

**추천** 기존과 다른 새로운 교육 방식을 도입해야 한다.

**표현** 표현 방식, 작업 방식, 자기 방식을 고집하다  **유의** 방법

## 0019 영향
- influence
- 影響
- 影响
- sự ảnh hưởng

**기출** 이 일은 게임의 판매에 **영향**을 미친다. (83회 듣기 30번)

**추천** 칭찬이 항상 긍정적인 영향을 주는 것은 아닙니다.

**표현** 부정적 영향, 영향을 받다, 영향을 끼치다

## 0020 문화
- culture
- 文化
- 文化
- văn hóa

**기출** 새로운 요리 **문화**를 이끌 요리법으로 분자 요리가 주목받고 있다. (60회 읽기 38번)

**추천** 신라 시대에는 문화를 중시하는 사상이 있었다.

**표현** 근대 문화, 문화를 교류하다, 문화를 창조하다

# TOPIK II

**0021 식물**
- plant
- 植物
- 植物
- thực vật

（기출）식물 중에는 독성이 있어 몸에 해로운 것들이 있다.
(52회 읽기 16번)

（추천）그는 식물의 아름다움을 보여 주는 식물화를 그린다.

（표현）식물 채집, 식물이 자라다, 식물을 기르다　（반의）광물

---

**0022 맞다**
- right
- 合う
- 正确, 对
- đúng đắn, đúng

（기출）네가 우리 가족 맞나?
(60회 읽기 42번)

（추천）우리는 그 답이 맞는지 더 생각해 보기로 했다.

（표현）맞는 말, 맞게 풀다, 답이 맞다　（반의）틀리다

---

**0023 상황**
- situation
- 状況
- 状况
- tình huống

（기출）소방관은 재난 현장에서 끔찍한 상황을 자주 접하기 때문에 정신 건강에 위험이 따른다. (83회 읽기 21번)

（추천）결정을 내리지 못하는 상황이 계속되고 있다.

（표현）상황이 나쁘다, 상황에 따르다, 절박한 상황에 놓이다

---

**0024 기회**
- opportunity, chance
- 機会
- 机会
- cơ hội

（기출）글자를 읽는 것에 집중하다 보면 다른 감각을 사용할 기회가 줄어 능력이 고르게 발달하는 데 어려움이 있을 수 있다. (60회 읽기 21번)

（추천）자신에게 온 기회를 놓치는 사람들이 많다.

（표현）절호의 기회, 기회를 잡다, 기회를 놓치다　（유의）때, 시기, 호기

---

**0025 효과**
- effect
- 効果
- 效果
- hiệu quả

（기출）온라인 거래 사기를 막기 위해 마련한 정부의 대책은 큰 효과가 없었다.
(83회 읽기 27번)

（추천）운동을 하면 마음을 안정시키는 효과를 얻을 수 있다.

（표현）효과가 높다, 효과를 얻다　（유의）효능, 효험

## 0026 관계
- relation, relationship
- 關係
- 关系
- mối quan hệ

**기출** 의사소통은 서로의 **관계**를 유지하고 발전시키는 데 중요한 요인이 된다. (52회 쓰기 54번)

**추천** 이 병의 원인은 남성 호르몬과 관계가 없다.

**표현** 국제 관계, 관계가 깊다, 관계를 끊다  **유의** 관련, 연관, 상관

## 0027 사업
- project, business
- 社業, ビジネス
- 事业, 项目
- việc làm ăn kinh doanh

**기출** 재학생을 대상으로 한 창업 지원 **사업**은 사전 교육을 강화하는 방향으로 가야 한다. (64회 읽기 36번)

**추천** 이 사업에서는 도로의 제한 속도를 낮추는 방안을 검토 중이다.

**표현** 사업을 육성하다, 사업이 망하다, 사업이 부진하다  **유의** 비즈니스

## 0028 최근
- the latest, recent(ly)
- 最近
- 最近
- gần đây nhất

**기출** **최근** 한국의 편의점 업체가 해외로 진출하면서 현지에서 큰 인기를 끌고 있다. (83회 읽기 28번)

**추천** 최근 한국 기업들이 국내외에서 그 경쟁력을 인정받고 있다.

**표현** 최근 유행곡, 최근의 일  **유의** 근래, 요즈음

## 0029 가치
- value
- 価値
- 价值
- giá trị

**기출** 그들에게 힙합은 자신의 존재 **가치**를 확인하게 해 주는 의식과도 같다. (41회 읽기 31번)

**추천** 특허는 발명의 대가로, 당연히 보호받을 가치가 있다.

**표현** 상품 가치, 가치가 높다, 가치가 있다  **유의** 의의

## 0030 변화
- change
- 変化
- 变化
- sự biến hóa

**기출** 세제 지원의 **변화**가 투자 감소로 이어질 것을 우려하고 있다. (60회 읽기 50번)

**추천** 결혼관의 변화로 인해 독신자 수가 증가했다.

**표현** 변화가 생기다, 변화가 오다, 변화를 보이다  **유의** 변천

# TOPIK II

**0031 성장**
- growth
- 成長
- 成长
- sự tăng trưởng

[기출] 경제 성장을 위해서는 국가가 시장을 주도해야 한다.
(52회 읽기 47번)

[추천] 우리 회사가 이렇게 성장을 이룰 수 있었던 것은 직원 개개인의 노력 덕분이다.

[표현] 꾸준한 성장, 눈부신 성장, 성장을 거듭하다   [유의] 번영, 발전, 발달

---

**0032 의견**
- opinion
- 意見
- 意见
- ý kiến

[기출] 정치적 사안에 대해 그때그때 의견을 바꾸는 것은 사회 발전을 저해한다.
(83회 읽기 38번)

[추천] 기업은 소비자들의 의견을 잘 들어야 한다.

[표현] 의견 차이, 의견이 분분하다, 의견을 모으다   [유의] 견해, 생각

---

**0033 인간**
- human
- 人間
- 人
- con người

[기출] 시간 부족은 인간의 시야를 좁혀 부정적인 영향을 미칠 수 있다.
(60회 읽기 44번)

[추천] 환경 오염은 자연뿐만 아니라 인간의 생존까지 위협한다.

[표현] 인간 사회, 인간의 본성, 인간은 사회적 동물이다   [유의] 사람   [반의]  짐승

---

**0034 제품**
- product
- 製品
- 产品
- sản phẩm

[기출] 마케팅도 중요하지만 제품의 품질이 더 중요하다.
(83회 읽기 20번)

[추천] 보편적 디자인을 사용해야 제품의 대량 생산이 가능하다.

[표현] 방수 제품, 좋은 제품, 제품을 만들다   [유의] 물건, 물품, 상품

---

**0035 행동**
- behavior
- 行動
- 行动
- hành động

[기출] 안전을 확인시켜 주기 위한 행동이 오늘날에는 반가움과 존중을 표시하는 인사법이 되었다. (60회 읽기 16번)

[추천] 나는 아이들의 행동이 이해가 안 된다.

[표현] 행동 양식, 행동을 개시하다, 행동이 민첩하다, 행동으로 옮기다   [유의] 행위

## 0036 비용
- cost
- 費用
- 费用
- chi phí

**기출** 동물을 돌보는 데에 시간과 **비용**이 많이 든다.
(47회 읽기 22번)

**추천** 매장의 관리 비용을 고려하여 커피값을 책정해야 한다.

**표현** 비용이 들다, 비용을 내다, 비용을 마련하다  **유의** 경비, 자금

## 0037 지역
- region, area
- 地域
- 地域，地区
- vùng, khu vực

**기출** 승객은 다른 **지역**에서 온 열차를 탈 때마다 자기 지역의 시간과 열차 시간이 달라 불편을 겪었다. (60회 읽기 34번)

**추천** 도시 지역과 농촌 지역의 개발이 불균형하게 이루어졌다.

**표현** 중부 지역, 지역 번호, 지역 주민  **유의** 지방

## 0038 기록
- record
- 記錄
- 记录
- sự ghi chép

**기출** 심지어 왕이라도 자신과 관련된 **기록**조차 절대로 볼 수 없었다.
(41회 읽기 33번)

**추천** 기록 연구사는 기록의 보존 여부를 결정한다.

**표현** 출석 기록, 신상 기록 카드, 기록을 남기다

## 0039 삶
- living, life
- 生活
- 生活
- cuộc sống

**기출** 적정 인구를 계산할 때는 국민들의 **삶**의 질도 함께 고려해야 합니다.
(60회 읽기 47번)

**추천** AI가 발전하면서 인간의 삶이 윤택해졌는지 의문이다.

**표현** 삶의 지혜, 인간다운 삶, 삶을 누리다  **유의** 목숨, 생, 생명  **반의** 죽음

## 0040 설명하다
- explain
- 説明する
- 说明
- giải thích

**기출** 저축의 방식을 가로 저축과 세로 저축으로 나눠 비유하여 **설명할** 수 있다.
(64회 읽기 33번)

**추천** 그는 과학 기술 분야의 노력을 예를 들어 설명했다.

**표현** 설명하기 어렵다, 길을 설명하다, 내용을 설명하다  **유의** 말하다, 논하다

# TOPIK II

## 0041 소비자
- consumer
- 消費者
- 消费者
- người tiêu dùng

**기출** 식품 기업은 먼저 **소비자**의 요구를 확인해야 한다.
(83회 읽기 20번)

**추천** 소비자는 햄버거의 열량이 어느 정도인지 체감하게 될 것이다.

**표현** 소비자 보호, 소비자 상담, 소비자 피해  **반의** 생산자

## 0042 역할
- role
- 役割
- 角色
- vai trò

**기출** 뮤지컬은 보통 한 **역할**에 여러 명의 배우들이 출연한다.
(64회 읽기 18번)

**추천** 사회 구성원이 각자의 역할에 충실할 때 사회가 원활하게 돌아간다.

**표현** 역할 분담, 역할을 다하다, 역할에 충실하다  **유의** 몫, 임무

## 0043 분야
- field
- 分野
- 领域，方面
- lĩnh vực

**기출** 국토교통부는 최근 드론을 활용하는 신산업 **분야**에 투자하기로 결정했다.
(47회 읽기 46번)

**추천** 이 학교는 과학 분야에서 세계 10위권 진입을 앞두고 있다.

**표현** 전공 분야, 경제 분야의 전문가, 분야가 다르다  **유의** 방면, 부문

## 0044 해결하다
- solve
- 解決する
- 解决
- giải quyết

**기출** 연휴 때마다 발생하는 교통 혼잡을 **해결하기** 위해 고속도로를 확장했다.
(52회 읽기 26번)

**추천** 모두에게 이익이 되는 방향으로 해결해 봅시다.

**표현** 갈등을 해결하다, 모순을 해결하다, 문제를 해결하다

**유의** 타개하다, 해내다, 풀다

## 0045 활용하다
- use, utilize
- 活用する
- 活用，利用
- sử dụng

**기출** 출판물의 판매를 늘리기 위해 영상물을 **활용한** 홍보가 필요하다.
(60회 읽기 37번)

**추천** 이 건물은 과학적인 원리를 활용해 설계되었다.

**표현** 인터넷을 활용하다, 컴퓨터를 활용하다, 주차장으로 활용하다  **유의** 사용하다

## 0046 갈등
- conflict
- 葛藤
- 矛盾, 纠纷
- sự bất đồn

**기출** 사회적 **갈등**들은 여러 요인에 의해 끊임없이 발생한다.
(41회 읽기 48번)

**추천** 태양광 발전소로 인한 갈등을 해결해 줄 방안이 마련되었다.

**표현** 세대 간의 갈등, 갈등을 겪다, 갈등을 빚다   **유의** 고민, 다툼

## 0047 과정
- process
- 過程
- 过程
- quá trình

**기출** 이 책은 미각을 자극하기보다는 한 끼 식사가 마련되는 **과정**의 어려움을 일깨운다.
(52회 읽기 40번)

**추천** 일반적으로 칭찬은 일의 과정보다 결과에 중점을 두고 행해지는 경우가 많다.

**표현** 진행 과정, 전개 과정, 과정을 겪다   **유의** 단계, 순서

## 0048 시대
- era, age
- 時代
- 时代
- thời đại

**기출** **시대**가 변하면서 회식 문화가 바뀌고 있는 것이다.
(52회 읽기 14번)

**추천** 세계화 시대에는 기본적으로 세계 시민으로서의 역량과 자질을 갖춰야 한다.

**표현** 시대 변화, 시대에 뒤떨어지다, 시대를 앞서가다   **유의** 기간, 때

## 0049 연구
- research
- 研究
- 研究
- sự nghiên cứu

**기출** 한 **연구**에 따르면 과거에 비해 요즘 사람들의 손톱이 더 빨리 자란다고 한다.
(52회 읽기 28번)

**추천** 그는 밤낮으로 연구에 몰두하더니 원하는 성과를 얻었다.

**표현** 연구 활동, 학술 연구, 훌륭한 연구   **유의** 탐구

## 0050 확인하다
- check
- 確認する
- 确认
- xác nhận

**기출** 안내견이 행인의 주위를 맴돌면 안내견을 따라가 주인의 상태를 **확인하고** 구조 센터에 연락해야 한다. (60회 읽기 19번)

**추천** 듣기 전에 선택지를 확인한 후 내용을 추론한다.

**표현** 사실을 확인하다, 실상을 확인하다, 일정을 확인하다

# TOPIK II

**0051 가능하다**
- possible
- 可能だ
- 可以、能~，可能
- có khả năng

[기출] 모든 책에 음성 지원이 **가능해서** 이동 중에도 내용을 들을 수 있습니다.
(64회 듣기 29번)

[추천] 이 박물관은 표를 예매하지 않아도 이용이 가능하다.

[표현] 가능한 일, 가능한 한, 교환이 가능하다　[유의] 되다　[반의] 불가능하다

---

**0052 국민**
- the public, people
- 国民
- 国民
- quốc dân

[기출] 경찰 조직이 이중 구조일 때 어려움을 겪는 것은 **국민**이 될 수 있다.
(64회 읽기 48번)

[추천] 정부가 내놓은 새로운 정책이 국민의 지지를 받고 있다.

[표현] 국민의 생활, 국민과의 대화

---

**0053 들다**
- take (as an instance), give (as an evidence)
- 例える
- 举(例)，基于
- lấy, mang

[기출] 과학 기술 분야의 노력을 예로 **들어** 설명하고 있다.
(52회 듣기 46번)

[추천] 그 사건을 목격한 사람의 이야기를 증거로 들어 수사하고 있다.

[표현] 예를 들다, 증거로 들다

---

**0054 의료**
- medical treatment
- 医療
- 医疗
- y tế

[기출] **의료** 기술의 발전에도 불구하고 여전히 필요한 만큼의 장기 기증은 이루어지지 않고 있습니다. (60회 듣기 49번)

[추천] 의료 환경 개선 등에 따라 수명이 눈에 띄게 길어졌다.

[표현] 의료 행위, 의료 기술, 의료 기관　[유의] 치료

---

**0055 발생하다**
- occur
- 発生する
- 发生
- phát sinh

[기출] 이날 지진은 올해 인주시에서 **발생한** 지진 중 가장 큰 규모다.
(83회 읽기 12번)

[추천] 예전부터 그 산에서 안전사고가 많이 발생했다.

[표현] 사고가 발생하다, 수수료가 발생하다, 싸움이 발생하다　[유의] 일어나다

## 0056 분석하다
- analyze
- 分析する
- 分析
- phân tích

**기출** 시범 운영 기간이 끝나면 이 제도의 장점과 단점을 **분석하고** 보완하여 정식으로 도입할 예정이다. (41회 읽기 39번)

**추천** 그는 사회 현상을 논리적으로 분석했다.

**표현** 분석한 도표, 물질을 분석하다, 상태를 분석하다

## 0057 선거
- election
- 選挙
- 选举
- cuộc bầu cử

**기출** 김 의원이 대통령 **선거**에 나간다는 것이 사실이 아니라고 입장을 밝혔다. (64회 읽기 26번)

**추천** 여자는 새로운 선거 전략의 부작용에 대해 우려하고 있다.

**표현** 반장 선거, 선거 결과, 선거를 치르다

## 0058 오히려
- rather
- かえって
- 反而
- trái lại còn

**기출** 후회 없는 선택을 한 노력이 **오히려** 선택을 방해하는 결과를 불러오게 된다. (35회 읽기 21번)

**추천** 어설픈 배려가 오히려 상대에게 상처를 줄 수 있다.

**유의** 도리어

## 0059 주민
- resident
- 住民
- 居民
- cư dân

**기출** 서울시가 **주민** 설명회에 소극적으로 임하고 있다. (52회 듣기 39번)

**추천** 이 사업의 시행에 반대하는 주민들이 늘고 있다.

**표현** 주민 대표, 주민 투표, 주민의 반대  **유의** 거주민

## 0060 청소년
- teenager
- 青少年
- 青少年
- thanh thiếu niên

**기출** **청소년** 시기에 인간관계를 넓히는 것이 좋다. (52회 읽기 22번)

**추천** 연예인을 좋아하는 청소년에 대해 이해하는 마음을 가져야 한다.

**표현** 청소년 범죄, 청소년 시절, 청소년이 탈선하다

# TOPIK II

**0061 건강**
- health
- 健康
- 健康
- sức khỏe

**기출** 건강 검진은 정해진 병원에서 받아야 한다.
(83회 듣기 24번)

**추천** 가슴을 편 자세는 신체 건강에 도움이 된다.

**표현** 건강을 해치다, 건강이 회복되다, 건강에 좋다

---

**0062 미치다**
- influence
- 及ぼす
- 涉及
- gây(ảnh hưởng)

**기출** 시장 형태가 전체 소비 시장에 미치는 영향력은 아직 미미하다.
(64회 읽기 46번)

**추천** 동기가 일의 결과에 미치는 영향은 적지 않다.

**표현** 힘이 미치다, 영향력이 미치다, 영향을 미치다

---

**0063 발전**
- development
- 発展
- 发展
- sự phát triển

**기출** 개인의 발전보다 월급을 중요하게 생각하는 사람이 더 많다.
(52회 읽기 10번)

**추천** 시장은 시의 발전을 위해 자신을 지지해 달라고 부탁하고 있다.

**표현** 사회 발전, 발전 가능성, 발전이 되다   **유의** 번영

---

**0064 상대방**
- counterpart
- 相手
- 对方
- đối phương, đối tác

**기출** 악의적인 의도로 상대방에게 고통을 주면 안 된다.
(52회 읽기 36번)

**추천** 그는 상대방의 의견을 긍정적으로 평가했다.

**표현** 상대방의 입장, 상대방을 바라보다   **유의** 상대편   **반의** 자기, 자신

---

**0065 정치**
- politics
- 政治
- 政治
- chính trị

**기출** 보수와 진보의 개념은 정치뿐만 아니라 경제 분야에서도 사용된다.
(52회 읽기 46번)

**추천** 국민을 위하는 정치인이라면 여론을 바탕으로 한 정치를 해야 한다.

**표현** 정치 이념, 정치 활동, 정치가 안정되다

## 0066 기대하다
- expect
- 期待する
- 期待
- mong đợi

**기출** 사람들은 민간 우주선이 우주여행에서 무사히 돌아오기를 **기대했다**.
(64회 읽기 27번)

**추천** 긍정적인 결과를 기대할수록 좋은 결과를 얻을 확률이 높다.

**표현** 발전을 기대하다, 변화를 기대하다, 성과를 기대하다   **유의** 바라다, 원하다

## 0067 높이다
- raise
- 高める
- 提高
- nâng lên

**기출** 작가들의 창작열을 **높이기** 위한 보상 체계 마련이 시급하다.
(60회 읽기 37번)

**추천** 드라마 음악이 시청자에게 사랑을 받으며 시청률을 높이는 역할을 했다.

**표현** 가격을 높이다, 시청률을 높이다, 이자를 높이다   **반의** 낮추다

## 0068 작품
- work of art
- 作品
- 作品
- tác phẩm

**기출** 예술 입문서는 **작품** 외적인 사실들을 다양하게 다뤄야 한다.
(83회 읽기 35번)

**추천** 그는 예술 작품을 통해 자신만의 예술 세계를 구축하였다.

**표현** 예술 작품, 작품 한 점, 작품 감상

## 0069 전통
- tradition
- 伝統
- 传统
- truyền thống

**기출** 명절에 제사를 드리는 **전통**은 예법에 맞게 유지되고 있다.
(64회 읽기 44번)

**추천** 악보 없이 공연하는 것은 피아니스트들의 오랜 전통이다.

**표현** 전통 의상, 전통이 사라지다, 전통을 잇다   **유의** 관습, 전례

## 0070 파악하다
- figure out
- 把握する
- 把握
- nắm bắt

**기출** 행사의 목적이 무엇인지 잘 **파악해야** 합니다.
(64회 듣기 20번)

**추천** 물속에 사는 물고기의 종류로 물이 오염되었는지 파악할 수 있다.

**표현** 실태를 파악하다, 진상을 파악하다   **유의** 이해하다

# TOPIK II

**0071 개발**
- development
- 開発
- 开发
- sự mở mang phát triển

**기출** 우주 **개발**에 참여 중인 민간 기업이 화성에 호텔을 건설하고 있다. (83회 읽기 47번)

**추천** 개발 비용을 정확히 파악하면 손해를 보지 않는다.

**표현** 신제품 개발, 수자원 개발   **유의** 발명, 계발, 고안

---

**0072 고려하다**
- consider
- 考慮する
- 考虑
- cân nhắc suy tính đến

**기출** 물건을 기증할 때에는 다른 사람이 다시 사용할 것이라는 점을 **고려해야** 할 것이다. (47회 읽기 17번)

**추천** 나는 적성보다 장래성을 고려해서 경영학과에 지원했다.

**표현** 고려할 사항, 시기를 고려하다, 신중히 고려하다

---

**0073 노력**
- effort
- 努力
- 努力
- sự nỗ lực

**기출** 당사자 간의 자유로운 대화와 협상을 통해 쟁점을 해결하려는 **노력**이 우선 되어야 한다. (41회 읽기 48번)

**추천** 한글의 우수성을 밝히려는 노력이 더 필요하다.

**표현** 끊임없는 노력, 노력을 기울이다, 노력을 쏟다

---

**0074 대상**
- subject
- 対象
- 对象
- đối tượng

**기출** 이 상은 1956년에 만들어진 상으로 작가가 발표한 모든 작품을 **대상**으로 심사한다. (83회 읽기 11번)

**추천** 학생들을 대상으로 실시한 설문 조사 결과 온라인 수업에 대한 수요가 많았다.

**표현** 실험 대상, 연구 대상, 관심의 대상

---

**0075 매출**
- sales
- 売上
- 销售
- việc bán hàng

**기출** 소비자들의 구매 욕구가 살아나 백화점 **매출**이 늘어나고 있다. (52회 읽기 25번)

**추천** 대형 마트는 매출에 어려움이 있지만 재래시장은 매출이 올랐다.

**표현** 매출이 줄다, 매출을 내다, 매출을 올리다   **반의** 매입

## 0076 선택
- choice
- 選択
- 选择
- sự lựa chọn

**기출** 선택의 폭이 넓어지면 결정이 더 어려워진다.
(35회 읽기 22번)

**추천** 학생에게도 선택의 자유가 있다.

**표현** 방법의 선택, 전략적 선택, 선택 과목  **유의** 선정, 채택

## 0077 알아보다
- look into, check
- 調べる
- 打听
- tìm hiểu

**기출** 호텔 위치에 대해 알아보고 있다.
(41회 듣기 23번)

**추천** 이미 아는 일이라도 잘 알아보고 조심해야 한다.

**표현** 알아본 정보, 알아본 내용, 상황을 알아보다

## 0078 원인
- cause
- 原因
- 原因
- nguyên nhân

**기출** 수면 장애가 생긴 원인을 파악하는 것이 중요하다.
(52회 듣기 37번)

**추천** 그는 지진 발생의 원인을 규명하고 있다.

**표현** 원인 분석, 원인과 결과, 원인을 규명하다  **유의** 요인  **반의** 결과

## 0079 자세
- attitude
- 姿勢
- 态度
- thái độ

**기출** 능력 있는 인재가 되기 위해서는 노력하는 자세가 필요하다.
(47회 듣기 37번)

**추천** 성공을 하려면 끈기 있는 자세가 필요하다.

**표현** 정신 자세, 학자로서의 자세  **유의** 마음가짐

## 0080 장애인
- disabled person
- 身体障害者
- 残疾人
- người khuyết tật

**기출** 이 버스는 타고 내리기 쉬워 어린이와 노인, 임산부와 장애인 등 모두가 편리하게 이용할 수 있다. (52회 읽기 44번)

**추천** 장애인의 자립을 위한 일자리가 필요하다.

**표현** 장애인 복지, 장애인 재활 시설, 장애인을 돕다

# TOPIK II

**0081 전문가**
- expert
- 專門家
- 专家
- nhà chuyên môn

**기출** 전문가들은 안쪽 구석에서부터 앞쪽 방향이 좋다고 조언한다. (83회 읽기 13번)

**추천** 많은 전문가들이 인공 지능 시대를 예견하였다.

**표현** 교육 전문가, 전문가의 의견, 전문가가 되다 **반의** 초보자

---

**0082 조사**
- investigation
- 調査
- 调查
- sự điều tra

**기출** 최근 **조사** 자료를 보면 여행객들이 호텔을 선택할 때 가장 많이 참고하는 게 이용 후기라고 해요. (64회 듣기 21번)

**추천** 예전에는 범죄에 대한 과학적인 조사 방법이 없었다.

**표현** 실태 조사, 조사를 받다, 조사에 나서다 **유의** 탐사, 관찰

---

**0083 현대**
- modern times, contemporary world
- 現代
- 现代
- hiện đại

**기출** **현대** 정보화 사회에 이르러서는 독서 방식이 획기적으로 변하였다. (47회 읽기 39번)

**추천** 현대 사회에 필요한 인재가 되기 위해 노력하고 있다.

**표현** 현대 여성, 현대 의학, 현대의 삶 **유의** 현시대 **반의** 고대

---

**0084 내다**
- take, get, make
- 出す(腹を)立てる
- 出, 发
- đưa ra, lấy ra, nộp

**기출** 격려해 주는 남편 덕분에 용기를 **냈다**. (47회 읽기 24번)

**추천** 나는 아이가 씻지 않으려고 해서 화를 냈다.

**표현** 화를 내다, 용기를 내다, 시간을 내다

---

**0085 문화재**
- cultural asset
- 文化財
- 文化遺産
- di sản văn hóa

**기출** 또한 여권에 불빛이 비치면 주요 **문화재**가 화려하게 보이도록 한 것도 있다. (83회 읽기 17번)

**추천** 집 전체가 문화재로 지정되었다.

**표현** 문화재 보호법, 문화재를 발굴하다, 문화재를 보전하다

## 0086 방안
- measure
- 方法, 方案
- 方案
- phương án

**기출** 이 사업에서는 도로의 제한 속도를 낮추는 **방안**을 검토 중이다.
(52회 듣기 40번)

**추천** 발전소로 인한 갈등을 해결해 줄 방안이 마련되었다.

**표현** 해결 방안, 방안을 강구하다　**유의** 방도, 방침, 대책

## 0087 성공하다
- succeed
- 成功する
- 成功
- thành công

**기출** 도마뱀이 벽에 쉽게 달라붙어 떨어지지 않는 것에서 영감을 받아 접착력이 있는 도구를 개발하는 데 **성공했다**. (60회 읽기 46번)

**추천** 실패를 하더라도 포기하지 말고 계속 노력하면 성공할 수 있다.

**표현** 실험이 성공하다, 개발에 성공하다, 사업에 성공하다

**유의** 이룩하다, 성취하다　**반의** 실패하다

## 0088 소득
- income
- 所得
- 所得，收入
- thu nhập

**기출** 기본 **소득**을 바라보는 두 가지 입장이 존재한다.
(52회 듣기 47번)

**추천** 정부는 소득이 많지 않은 저소득 계층에게 쌀을 제공하기로 했다.

**표현** 소득 수준, 소득 향상, 소득이 낮다　**유의** 수입

## 0089 인류
- mankind, human race
- 人類
- 人类
- nhân loại

**기출** 이제 새로운 사고의 틀로 **인류**의 역사를 새롭게 쓸 때이다.
(37회 읽기 48번)

**추천** 인류의 문화는 오랜 세월에 걸쳐 진화해 왔다.

**표현** 모든 인류, 인류 사회, 인류의 관심　**유의** 사람, 인간

## 0090 태도
- attitude
- 態度
- 态度
- thái độ

**기출** 행복에 대한 **태도**는 행복의 유한성과 무한성 중 어느 한쪽을 선택함으로써 결정된다. (83회 읽기 48번)

**추천** 나는 선거를 대하는 유권자의 태도에 실망했다.

**표현** 생활 태도, 삶의 태도, 태도가 당당하다

# TOPIK II

**0091 강조하다**
- emphasize, stress
- 強調する
- 强调
- nhấn mạnh

**기출** 어떤 사람들은 사과를 할 때 선한 의도로 행한 것이었음을 **강조하면서** 행위에 대한 책임을 회피하려고 한다. (52회 읽기 38번)

**추천** 교장 선생님은 끊임없는 도전을 강조하셨다.

**표현** 실용성을 강조하다, 자유를 강조하다, 중요성을 강조하다   **유의** 주장하다

---

**0092 경영**
- management
- 経営
- 经营
- sự kinh doanh

**기출** 한국인이 가진 장점을 최대화하고 약점을 보완할 수 있는 **경영** 방식이 필요하다. (41회 읽기 44번)

**추천** 우리 기업은 회사의 소유와 경영을 철저하게 분리하였다.

**표현** 회사의 경영, 경영 능력, 경영을 맡다   **유의** 운영

---

**0093 공기**
- air
- 空気
- 空气
- không khí

**기출** 무지개는 빛이 **공기** 중의 물방울을 통과할 때 굴절되어 나타나는 현상이다. (64회 읽기 29번)

**추천** 꽃에 흰색 반점이 생기면 공기가 오염되었다는 것을 알 수 있다.

**표현** 맑은 공기, 공기의 저항, 공기가 나쁘다   **유의** 대기

---

**0094 긍정적**
- positive
- 肯定的
- 肯定的
- tính tích cực

**기출** 드라마 음악을 시청자와 함께 만들어 시청률에 **긍정적**인 영향을 주었다. (52회 읽기 27번)

**추천** 우리는 시련이나 고난이 닥쳤을 때일수록 더욱 긍정적으로 생각할 필요가 있다.

**표현** 긍정적 측면, 긍정적인 태도, 긍정적으로 답하다

**유의** 건설적, 생산적, 호의적   **반의** 부정적

---

**0095 나방**
- moth
- 蛾
- 蛾子
- sâu bướm

**기출** 사람들은 **나방**의 유해성에 관심을 가져왔다. (52회 듣기 43번)

**추천** 불빛 아래에서 나방들이 날아다니고 있다.

**표현** 나방 한 마리, 나방의 날개, 나방이 날다

## 0096 모으다
- gather, collect
- 集める
- 集
- gom lại, gộp lại, tập hợp lại

**기출** 할머니는 같은 병실 사람들을 **모아** 놓고 환하게 웃으며 이야기하고 있었다. (41회 읽기 23번)

**추천** 모임 장소는 사람들의 의견을 모아서 결정하기로 했다.

**표현** 의견을 모으다, 관심을 모으다

**유의** 모집하다, 모아들이다, 조합하다   **반의** 흩다, 퍼뜨리다, 나누다

## 0097 방향
- direction
- 方向
- 方向
- phương hướng

**기출** 공은 회전을 주는 방향에 따라 회전하는 **방향**과 떨어지는 정도가 다르다. (41회 읽기 46번)

**추천** 이 일이 생각하지 못한 방향으로 흘러가고 있다.

**표현** 방향을 잃다, 방향을 돌리다   **유의** 방면, 갈피

## 0098 부분
- part
- 部分
- 部分
- bộ phận

**기출** 이 책은 크게 두 **부분**으로 구성되어 있는데 먼저 옛 다리들과 그에 얽힌 이야기를 다룬다. (83회 읽기 39번)

**추천** 이해가 안 되는 부분은 선생님에게 물어보도록 하자.

**표현** 배운 부분, 공통의 부분, 부분이 많다   **유의** 분야, 방면

## 0099 사라지다
- disappear
- 消える
- 消失
- biến mất

**기출** **사라진** 자료를 찾아내는 것도 기록 연구사의 일이다. (47회 듣기 34번)

**추천** 그는 밤사이 소리 소문도 없이 사라져 버렸다.

**표현** 암세포가 사라지다, 동생이 사라지다, 멀리 사라지다

**유의** 잠적하다, 물러가다, 날아가다   **반의** 등장하다, 나타나다, 생기다

## 0100 안내
- guidance
- 案内
- 引導
- sự hướng dẫn

**기출** 이거 가지고 **안내** 센터에 가서 신청하면 됩니다. (47회 듣기 12번)

**추천** 경복궁에서 외국인을 대상으로 길 안내를 도와주는 일을 하고 있다.

**표현** 관광 안내, 안내를 맡다, 안내를 받다   **유의** 소개, 길잡이, 인도

# TOPIK II

**0101 의도**
- intention
- 意図
- 意图
- ý đồ

(기출) 악의적인 **의도**로 상대방에게 고통을 주면 안 된다.
(52회 읽기 38번)

(추천) 다른 사람에게 거짓말을 한 의도가 무엇입니까?

(표현) 의도가 깔리다, 의도가 있다, 의도가 없다  (유의) 목적, 의미, 속뜻, 취지

---

**0102 인하다**
- be caused by
- よる
- 因为
- bởi, do, tại

(기출) 아침부터 밀려드는 손님들로 **인해** 등에서 땀이 흘렀다.
(47회 읽기 23번)

(추천) 내 실수로 인하여 회사에 막대한 손실을 입혔다.

(표현) 스트레스로 인한 증상, 호우로 인한 피해, 홍수로 인한 재난

(유의) 의거하다, 말미암다

---

**0103 지식**
- knowledge
- 知識
- 知识
- tri thức

(기출) 사람들이 습득해야 할 **지식**의 양이 크게 증가하고 있다.
(60회 읽기 36번)

(추천) 내가 가진 지식으로는 그 수업을 이해할 수가 없었다.

(표현) 지식을 쌓다, 지식이 쌓이다  (유의) 학문, 앎, 교양, 견문, 견식, 학식

---

**0104 참여하다**
- participate
- 参与する
- 参与
- tham dự

(기출) 수업에 게임 방식을 도입하면 열의를 갖고 **참여하는** 학생들이 많아진다.
(60회 읽기 28번)

(추천) 과거와 달리 사회 활동에 참여하는 여성이 늘고 있다.

(표현) 행사에 참여하다, 오랜만에 참여하다, 함께 참여하다

(유의) 개입하다, 참가하다  (반의) 방관하다, 이탈하다, 불참하다

---

**0105 결정**
- decision
- 決定
- 决定
- sự quyết định

(기출) 모두가 만족할 수 있는 **결정**을 하려면 네 생각도 정확하게 말해 줘야 돼.
(64회 듣기 18번)

(추천) 그는 심사숙고 끝에 결정을 내리고 퇴사하기로 했다.

(표현) 결정을 짓다, 결정을 내리다

(유의) 결단, 판정, 결의  (반의) 미결, 유보, 보류

### 0106 교육
- education
- 教育
- 教育
- giáo dục

(기출) 사전 **교육**과 함께 창업 지원금을 늘려서 더 많은 학생들이 실제로 창업을 해 보게 하는 건 어떨까요? (64회 듣기 31번)

(추천) 우리 대학은 학생들을 위한 교육 환경이 최고라는 평가를 받았다.

(표현) 교육 제도, 교육 환경, 교육을 받다   (유의) 가르침, 강의, 지도, 교수

---

### 0107 늘리다
- increase
- 広ろげる
- 増加
- làm cho tăng lên

(기출) 어업인의 소득을 **늘리기** 위한 새로운 정책안이 발표됐다. (83회 듣기 39번)

(추천) 학교 재정 상태가 좋지 않아 학생 수를 늘리기 위한 방안을 모색 중이다.

(표현) 규모를 늘리다, 수를 늘리다, 세력을 늘리다

(유의) 확대하다, 증대하다, 더하다   (반의) 줄이다

---

### 0108 대신
- substitute
- 代わり
- 代替
- sự thay thế

(기출) 요즘에는 회식 **대신**에 공연을 관람하거나 맛집을 탐방하는 경우가 늘고 있다. (52회 읽기 14번)

(추천) 실패해도 절망하는 대신 다시 도전해 보려고 한다.

(표현) 꿩 대신 닭   (유의) 대체, 대행   (반의) 손수, 직접

---

### 0109 모양
- shape
- 模様, ようす
- 模样, 形态
- hình dạng

(기출) 색깔이나 **모양**이 화면으로 보는 것과 다른 경우도 많잖아요. (47회 듣기 15번)

(추천) 요즘 학생들의 머리 모양은 매우 다양하고 특이하다.

(표현) 갖가지 모양, 줄무늬 모양, 네모난 모양   (유의) 모습, 생김새

---

### 0110 복지
- welfare
- 福祉
- 福祉
- phúc lợi

(기출) 미래 사회를 위한 새로운 **복지** 모델을 찾았다. (52회 듣기 47번)

(추천) 국가는 국민을 위한 다양한 복지 제도를 마련했다.

(표현) 복지 향상, 복지 혜택, 복지를 누리다   (유의) 복리

# TOPIK II

**0111 부정적**
- negative
- 否定的
- 否定的
- tính tiêu cực

(기출) 출시 후에 이런 문제가 발생하면 게임 판매에 **부정적**인 영향을 주게 되거든요. (83회 듣기 29번)
(추천) 스마트폰은 긍정적인 면과 부정적인 면을 모두 가지고 있다.
(표현) 부정적인 생각, 부정적인 자세, 부정적으로 바라보다 (반의) 긍정적

**0112 사실**
- fact
- 事実
- 事实
- sự thật

(기출) 꿀에 대해 믿고 있는 장점이 **사실**이 아닐 수 있다. (41회 읽기 37번)
(추천) 그 일과 관련된 모든 사실을 관계자에게 알렸다.
(표현) 사실이 아니다, 사실을 밝히다, 사실과 다르다 (유의) 진리 (반의) 허위

**0113 쇼핑몰**
- shopping mall
- ショッピングモール
- 购物中心
- trung tâm mua sắm

(기출) 저희 **쇼핑몰**에서 5만 원 이상 구매하신 분들께는 양말을 드립니다. (52회 듣기 14번)
(추천) 다음 달부터 인터넷 쇼핑몰에서 옷을 판매할 예정이다.
(표현) 온라인 쇼핑몰, 인터넷 쇼핑몰, 쇼핑몰을 개장하다 (유의) 쇼핑센터

**0114 얻다**
- get, obtain
- 得る
- 得到
- nhận được

(기출) 콜럼버스처럼 유럽의 많은 탐험가들이 금이나 향신료 등을 **얻고자** 미지의 땅을 찾아 떠났기 때문이다. (83회 읽기 44번)
(추천) 이 가수는 십 대 청소년들에게서 큰 인기를 얻고 있다.
(표현) 호응을 얻다, 자신감을 얻다, 인기를 얻다
(유의) 획득하다, 거두다 (반의) 잃다, 잃어버리다

**0115 제시하다**
- suggest
- 提示する
- 提出
- đưa ra

(기출) 신제품 발표회에서 숫자를 활용한 데이터를 **제시하면** 고객에게 신뢰감을 줄 수 있다. (47회 읽기 36번)
(추천) 반대만 하지 말고 해결 방안을 제시해 주시기 바랍니다.
(표현) 제시한 대안, 목적을 제시하다, 방향을 제시하다 (유의) 내보이다

## 0116 즐기다
- enjoy
- 楽しむ
- 享受
- tận hưởng

**기출** 뮤지컬 팬들은 각 배우들의 개성이 담긴 작품을 **즐기기** 위해 공연을 반복해서 관람한다. (64회 읽기 18번)

**추천** 설날에는 가족들이 모두 모여서 이야기하며 즐긴다.

**표현** 즐기는 인생, 맛을 즐기다, 인생을 즐기다　**유의** 만끽하다, 누리다

## 0117 투자하다
- invest
- 投資する
- 投資
- đầu tư

**기출** 놀이공원은 수익이 감소해 이용객의 안전에 더 이상 **투자하기** 어려워졌다. (60회 읽기 26번)

**추천** 없는 돈이라고 생각하고 주식에 투자했는데 많은 돈을 벌었다.

**표현** 시간을 투자하다, 자본을 투자하다, 개발에 투자하다　**유의** 출자하다

## 0118 홍보
- promotion
- 広報
- 宣伝
- sự quảng bá

**기출** SNS 계정만 있으면 누구든지 판매를 시작할 수 있으며 제품 **홍보**부터 구매까지 모든 과정이 SNS상에서 이루어진다. (64회 읽기 46번)

**추천** 영화에 출연한 배우들이 영화 홍보를 위해서 이벤트 행사에 나섰다.

**표현** 신제품 홍보, 대대적인 홍보, 홍보에 나서다　**유의** 보도, 캠페인

## 0119 감소하다
- decrease
- 減少する
- 減少
- giảm đi, giảm sút

**기출** 비행기 수하물 사고 수는 2010년에 최고였다가 **감소하고** 있습니다. (41회 듣기 3번)

**추천** 새로운 절세 정책으로 시민들의 세금이 감소하였다.

**표현** 수익이 감소하다, 수출이 감소하다, 양이 감소하다

**유의** 줄다, 감량하다, 줄이다　**반의** 증가하다, 늘다, 늘어나다

## 0120 갖추다
- prepare, have
- 備える
- 具備
- có, trang bị

**기출** 유교 예법에서 중요한 것은 정성을 다해 예를 **갖추는** 것이다. (64회 읽기 44번)

**추천** 신청을 하기 전에 필요한 서류부터 잘 갖춰야 한다.

**표현** 학식을 갖추다, 면모를 갖추다　**유의** 준비하다, 챙기다, 완비하다, 구비하다

# TOPIK II

**0121 관객**
- audience, spectator
- 観客
- 观众
- quan khách khán giả người xem

**기출** 2015년 이후 영화관을 찾는 **관객** 수가 계속해서 감소하고 있습니다. (64회 듣기 3번)

**추천** 공연 시작이 얼마 안 남았는데도 공연장에 관객이 차지 않았다.

**표현** 관객이 몰리다, 관객을 모으다  **유의** 관중, 관람객, 관람자, 청중

---

**0122 동물원**
- zoo
- 動物園
- 动物园
- vườn thú

**기출** **동물원**의 동물들은 빠른 번식으로 인해 개체 수 조절이 어렵다. (47회 읽기 32번)

**추천** 주말이 되자 나들이 온 사람들로 동물원이 북적거렸다.

**표현** 동물원 구경, 동물원 나들이, 동물원을 구경하다

---

**0123 방백**
- aside
- 傍白
- 旁白
- lời thoại mà diễn viên nói riêng với khán giả

**기출** 무대 위의 다른 인물에게는 들리지 않고 관객만 들을 수 있도록 약속된 대사가 **방백**입니다. (52회 듣기 41번)

**추천** 연극을 볼 때 방백 덕분에 작품을 이해하기가 더 쉽다.

**표현** 방백으로 된 대사, 방백이 나오다, 방백으로 말하다  **유의** 독백

---

**0124 빠지다**
- be exhausted
- 抜ける
- 泄, 没
- rơi, rụng

**기출** 수화기 저편의 아버지 목소리에서 힘이 **빠졌다**. (47회 읽기 42번)

**추천** 시험이 끝나자 긴장감이 풀려서인지 기운이 다 빠지는 느낌이었다.

**표현** 힘이 빠지다, 기운이 빠지다, 얼이 빠지다  **유의** 떨어지다, 나가다, 모자라다

---

**0125 성공**
- success
- 成功
- 成功
- sự thành công

**기출** 경제의 **성공** 방식을 해외에서 찾으려는 노력에 대해 감탄하고 있다. (52회 읽기 50번)

**추천** 아버지가 새로 시작하시는 사업의 성공을 위해 기도하였다.

**표현** 성공 사례, 성공의 비결, 성공을 이루다  **유의** 달성, 성취  **반의** 실패

## 0126 세금
- tax
- 税金
- 税
- tiền thuế

**기출** 투자 예산 확대나 **세금** 감면 혜택 등을 통해 창의 기업 활동의 길을 활짝 열 것이다. (52회 읽기 48번)

**추천** 세금을 늦게 납부했더니 연체료가 붙었다.

**표현** 세금 면제, 세금 징수, 세금을 내다

## 0127 역사적
- historical
- 歴史的
- 历史的
- tính lịch sử

**기출** 석빙고에 대한 **역사적** 기록을 찾아야 한다. (47회 듣기 41번)

**추천** 이 드라마는 역사적인 사실을 바탕으로 만들어졌다.

**표현** 역사적인 사실, 역사적으로 연구하다, 역사적으로 발전하다  **유의** 사적

## 0128 이루어지다
- achieve
- 成り立つ
- 达成
- đạt được

**기출** 의사소통이 항상 원활히 **이루어지는** 것은 아니다. (52회 쓰기 54번)

**추천** 그 회사는 대형 식품 업체와 거래가 이루어지면서 매출이 급증했다.

**표현** 합의가 이루어지다, 회담이 이루어지다  **유의** 성립하다, 실현하다, 되다

## 0129 입장
- position
- 立場
- 立场
- lập trường

**기출** 뭔가를 배려할 때 먼저 상대방의 **입장**을 고려해야 한다는 것은 말처럼 쉬운 일이 아니다. (41회 읽기 36번)

**추천** 친구들이 싸워서 중간에서 내 입장이 좀 곤란해졌다.

**표현** 입장 표명, 입장이 난처하다, 입장을 밝히다  **유의** 상황, 관점

## 0130 칭찬
- compliment
- 誉め
- 称赞
- sự khen ngợi

**기출** '칭찬은 고래도 춤추게 한다.'는 말처럼 **칭찬**에는 강한 힘이 있습니다. (47회 쓰기 54번)

**추천** 매일 칭찬을 듣고 자란 아이는 긍정적인 성격을 형성한다고 한다.

**표현** 칭찬과 격려, 칭찬과 위로, 칭찬을 기대하다

**유의** 칭송, 찬양  **반의** 질책, 걱정, 책망

# TOPIK II

**0131 감정**
- emotion, feeling
- 感情
- 感情
- cảm xúc

[기출] 치료 초기에는 환자가 편안한 감정을 느끼는 것이 중요하다.
(60회 쓰기 52번)

[추천] 감정을 숨기지 않고 솔직하게 고백했더니 그녀가 내 마음을 받아 주었다.

[표현] 감정 기복, 감정을 잡다, 감정을 해치다    [유의] 기분, 마음, 심정, 느낌

---

**0132 경쟁력**
- competitiveness
- 競争力
- 竞争力
- sức cạnh tranh

[기출] 최근 한국 기업들이 국내외에서 그 경쟁력을 인정받고 있다.
(41회 읽기 44번)

[추천] 세계적으로 경쟁력이 있는 인재가 되기 위해 외국어 공부에 매진하고 있다.

[표현] 경쟁력 순위, 경쟁력이 있다, 경쟁력을 갖추다

---

**0133 국가**
- country, nation
- 国家
- 国家
- quốc gia

[기출] 많은 국가들은 여권의 디자인을 신중하게 결정한다.
(83회 읽기 17번)

[추천] 국가나 집단을 위해 개인의 희생을 강요해선 안 된다.

[표현] 강대한 국가, 통일된 국가, 국가 경쟁력    [유의] 나라

---

**0134 기능**
- function
- 機能
- 功能
- kỹ năng

[기출] 사내 연결망의 기능을 과소평가했다.
(37회 읽기 45번)

[추천] 요즘에는 스마트폰으로 텔레비전을 켜는 기능까지 개발되었다.

[표현] 엔진의 기능, 기능이 다양하다, 기능이 약하다    [유의] 성능

---

**0135 단체**
- group, organization
- 団体
- 团体
- tổ chức đoàn thể

[기출] 자연 체험 교육은 20명 이상 단체만 가능합니다.
(47회 듣기 23번)

[추천] 나는 남들과 함께 하는 단체 활동보다 혼자 있는 게 편하다.

[표현] 단체 활동, 이익 단체    [유의] 집단, 집합, 조합    [반의] 단독, 개인

## 0136 마련되다
- be arranged
- 用意される
- 准备
- được chuẩn bị

(기출) 초소형 카메라가 악용되는 것을 막기 위한 대책이 **마련되어야** 한다.
(60회 읽기 35번)

(추천) 각 건물들은 화재에 대한 안전 대책이 마련되어 있다.

(표현) 기준이 마련되다, 대책이 마련되다, 방안이 마련되다

## 0137 모습
- image, appearance
- 姿, 様子
- 样子
- bộ dạng dáng vẻ

(기출) 포기하고 좌절했던 나의 **모습**들이 부끄러워진다.
(47회 읽기 40번)

(추천) 등산을 다녀오신 아버지는 몹시 지친 모습이었다.

(표현) 걷는 모습, 뛰는 모습, 발전된 모습  (유의) 모양, 형상, 양상

## 0138 반응
- reaction
- 反応
- 反应
- sự phản ứng

(기출) 우리 몸의 장기를 다른 사람에게 이식하는 장기 이식 기술의 가장 큰 어려움은 바로 거부 **반응**이었습니다. (60회 듣기 49번)

(추천) 내가 노래했더니 친구들이 듣기 싫다는 반응을 보였다.

(표현) 반응을 얻다, 반응이 나타나다, 반응이 빠르다  (유의) 응답, 반향, 감응

## 0139 발전소
- power plant
- 発電所
- 发电厂
- nhà máy phát điện

(기출) 태양광 **발전소**의 설치를 원하는 지역 주민들이 늘고 있다.
(47회 듣기 40번)

(추천) 정부는 수력 발전소를 추가로 건설하겠다고 발표하였다.

(표현) 풍력 발전소, 화력 발전소, 발전소가 완공되다

## 0140 부드럽다
- soft
- 柔らかい
- 柔软
- mềm mại nhẹ nhàng

(기출) 소재가 **부드러워서** 옷이나 커튼에 달아도 불편함 없이 사용이 가능하다.
(83회 읽기 16번)

(추천) 그의 부드러운 목소리를 들으면 잠이 솔솔 온다.

(표현) 부드러운 색, 느낌이 부드럽다  (유의) 유하다, 유연하다, 보드랍다

# TOPIK II

**0141 분위기**
- atmosphere
- 雰囲気
- 气氛
- bầu không khí

**기출** 직장에서는 좋은 업무 **분위기**를 위해서 회식을 한다.
(52회 읽기 14번)

**추천** 무슨 좋은 일이 있길래 분위기가 이렇게 즐거워요?

**표현** 사회적 분위기, 찬성하는 분위기, 분위기가 좋다  **유의** 환경, 상태, 기분

---

**0142 사례**
- case
- 事例
- 事例
- ví dụ

**기출** 경제 성장의 성공 **사례**가 활발히 도입되는 현상을 경계하고 있다.
(47회 읽기 50번)

**추천** 이해를 돕기 위해 사례를 들어 설명하겠습니다.

**표현** 구체적인 사례, 좋은 사례, 사례를 들다  **유의** 예, 보기, 본보기

---

**0143 수면**
- sleeping
- 睡眠
- 睡眠
- giấc ngủ

**기출** **수면** 산업의 시장 규모가 빠르게 확대되고 있다.
(52회 듣기 38번)

**추천** 수면 부족으로 인해 피로감이 쌓여 결국 쓰러졌다.

**표현** 수면 습관, 수면을 방해하다, 수면을 취하다  **유의** 잠, 졸음

---

**0144 시행**
- enforcement
- 施行
- 施行
- sự thi hành

**기출** 새로운 제도의 **시행**을 촉구하고 있다.
(47회 듣기 32번)

**추천** 이 법은 내달부터 시행이 될 예정이다.

**표현** 제도 시행, 시행이 되다, 시행을 하다  **유의** 집행, 거행, 실시

---

**0145 이루다**
- accomplish
- 成す
- 完成，实现
- thực hiện

**기출** 도덕적 사회를 **이루려면** 개인의 도덕이 중요하다.
(47회 듣기 49번)

**추천** 꿈을 이루려면 실패하더라도 계속 도전해야 한다.

**표현** 뜻을 이루다, 목적을 이루다, 소망을 이루다

**유의** 달성하다, 실현하다, 완성하다, 만들다  **반의** 실패하다

## 0146 이익
- profit
- 利益
- 利益
- lợi ích

**기출** 현대 사회는 다양한 **이익** 집단의 관계가 복잡하게 얽혀 있기 때문에 많은 사회적 갈등이 존재한다. (41회 읽기 48번)

**추천** 회사의 이익을 위해 일부 직원을 해고하는 구조 조정 절차에 들어갔다.

**표현** 작은 이익, 이익이 되다, 이익이 없다  **유의** 영리, 득, 유익  **반의** 손해

## 0147 인재
- talented person
- 人材
- 人才
- nhân tài

**기출** 능력 있는 **인재**를 공정하게 선발할 수 있는 좋은 대안이 되지 않을까 싶습니다. (47회 읽기 37번)

**추천** 모든 어린이들은 미래에 국가를 짊어질 인재들이다.

**표현** 훌륭한 인재, 인재 양성, 인재가 나다

## 0148 일자리
- job
- 職場
- 工作
- chỗ làm

**기출** 산업 구조의 변화에 따라 당연히 **일자리**의 변동성도 커질 것이다. (52회 읽기 41번)

**추천** 경제 불황으로 인해 일자리를 찾기가 쉽지 않다.

**표현** 안정된 일자리, 일자리 창출, 일자리를 구하다  **유의** 직업, 직장

## 0149 줄이다
- reduce
- 減らす
- 缩小
- làm giảm

**기출** 서울시에서 차도를 **줄이고** 인도를 넓혔다. (52회 읽기 39번)

**추천** 이 옷이 소매가 너무 긴데 좀 줄여 주시겠어요?

**표현** 길이를 줄이다, 부피를 줄이다  **유의** 축소하다  **반의** 늘이다

## 0150 지키다
- keep, protect
- 守る
- 守护
- giữ gìn

**기출** 사라질 위기에 처해 있는 중요한 자산을 **지키기** 위해 시민들이 자발적으로 모금에 나섰다. (47회 읽기 34번)

**추천** 우리는 환경을 지키기 위해 설거지나 빨래를 할 때 천연 세제를 쓴다.

**표현** 가족을 지키다, 권리를 지키다

**유의** 보살피다, 보호하다  **반의** 공격하다

# TOPIK II

**0151 지표**
- index
- 指標
- 指标
- chỉ tiêu

**기출** 생물들은 환경 변화에 민감하게 반응하기 때문에 환경 오염을 나타내는 **지표** 역할을 한다. (52회 읽기 33번)

**추천** 우리 회사는 경제 성장을 위한 몇 가지 지표를 세웠다.

**표현** 주요한 지표, 지표를 설정하다, 지표로 삼다

---

**0152 판매하다**
- sell
- 販売する
- 销售
- bán hàng

**기출** 환경 보호를 위해 포장 없이 내용물만 **판매하는** 가게가 있다. (60회 읽기 13번)

**추천** 우리 기업은 소비자에게 최고 품질의 상품을 판매하기 위해 노력한다.

**표현** 판매한 상인, 상품을 판매하다  **유의** 팔다  **반의** 사다, 구입하다

---

**0153 평가하다**
- evaluate, assess
- 評価する
- 评价
- đánh giá

**기출** 신성장 기술에 대한 세제 지원 정책을 긍정적으로 **평가하고** 있다. (60회 읽기 50번)

**추천** 학생들의 한국어 실력을 평가하기 위해 한국어능력시험이 실시된다.

**표현** 능력을 평가하다, 낮게 평가하다, 비싸게 평가하다

**유의** 감정하다, 채점하다

---

**0154 개인적**
- personal
- 個人的
- 个人的
- tính cá nhân

**기출** 집단에서는 **개인적**인 친밀도도 서로 떨어지고, 누가 누구에게 책임을 물을 수도 없는 복잡한 관계가 되죠. (47회 듣기 49번)

**추천** 개인적인 감정에 휩쓸려 회사 업무 처리를 엉망으로 해 버렸다.

**표현** 개인적인 입장, 개인적인 질문, 개인적으로 이용하다

---

**0155 고객**
- customer
- 顧客
- 顾客
- khách hàng

**기출** 저희 회사의 카메라를 사랑해 주시는 **고객** 여러분께 감사드립니다. (60회 듣기 35번)

**추천** 이 매장의 점원은 고객에게 친절하기로 유명하다.

**표현** 고객의 불평, 고객의 입장, 고객이 늘다  **유의** 손님

## 0156 관리하다
- manage
- 管理する
- 管理
- quản lý

**기출** 건강할 때부터 잇몸을 잘 **관리하는** 것이 좋습니다. (64회 듣기 37번)

**추천** 우리 동물원에서 관리하고 있는 호랑이가 새끼를 낳았다.

**표현** 건강을 관리하다, 식물을 관리하다, 질병을 관리하다

## 0157 기법
- technique
- 技法
- 技法
- kỹ thuật, kỹ xảo

**기출** 점묘법은 회화의 대표적인 표현 **기법**으로 자리 잡게 되었고 화가들도 즐겨 사용하고 있다. (52회 읽기 32번)

**추천** 그는 누구도 선보인 적 없는 독특한 기법으로 그림을 그린다.

**표현** 공예 기법, 첨단 기법

## 0158 기본
- basic
- 基本
- 基本
- cái cơ bản

**기출** **기본** 소득이 노동에 미칠 영향을 우려하고 있다. (52회 듣기 48번)

**추천** 요즘 출시되는 폰은 첨단 기능이 기본으로 갖춰져 있다.

**표현** 기본자세, 기본 조건  **유의** 기초, 근본

## 0159 끌다
- attract
- 引く
- 吸引
- lôi kéo

**기출** 특별한 사건 없이 주인공의 단순하고 반복적인 일상을 다룬 한 영화가 인기를 **끌고** 있다. (60회 읽기 17번)

**추천** 그는 사람들의 관심을 끌기 위해서 이상한 말과 행동을 자주 한다.

**표현** 관심을 끌다, 눈길을 끌다, 인기를 끌다, 이목을 끌다

**유의** 모으다, 당기다, 끌어당기다  **반의** 밀다

## 0160 부작용
- side effect
- 副作用
- 副作用
- tác dụng phụ

**기출** 북극곰은 피 속에 지방을 걸러 내는 유전자가 있어 지방으로 인한 **부작용**을 막아 주는 것으로 알려졌다. (41회 읽기 34번)

**추천** 이 약은 부작용이 심해서 조심해야 한다.

**표현** 심각한 부작용, 부작용에 대비하다, 부작용이 따르다

# TOPIK II

**0161 불편하다**
- uncomfortable
- 不便だ
- 不便
- bất tiện

**기출** 대중교통을 이용할 때는 **불편해도** 참아야 한다.
(41회 듣기 18번)

**추천** 이 구두는 보기에는 예쁘지만 걸을 때마다 불편해서 못 신겠다.

**표현** 교통이 불편하다, 이용하기에 불편하다

**유의** 거북하다, 편찮다   **반의** 편리하다

---

**0162 비즈니스**
- business
- ビジネス
- 商业
- sự kinh doanh

**기출** 숫자 활용 능력은 **비즈니스** 성패에 중요한 영향을 끼친다.
(47회 읽기 36번)

**추천** 그는 수완이 좋아서 비즈니스를 잘한다.

**표현** 비즈니스 전략, 비즈니스 차원, 비즈니스를 하다   **유의** 영업, 사무, 실업

---

**0163 상태**
- condition
- 状態
- 状态
- trạng thái

**기출** 남자는 나무 치료를 위해 땅의 **상태**를 조사한다.
(64회 듣기 16번)

**추천** 독감으로 상태가 좋지 않아 결석해야 했다.

**표현** 상태가 나쁘다, 상태가 좋다, 상태가 악화되다   **유의** 상황, 컨디션

---

**0164 세포**
- cell
- 細胞
- 细胞
- tế bào

**기출** 손톱 주변을 자극하는 활동을 하면 **세포** 활동이 활발해져 손톱이 더 빨리 자란다.
(52회 읽기 28번)

**추천** 과학 시간에 현미경으로 동물의 세포를 관찰했다.

**표현** 피부 세포, 세포 성장, 세포가 분열하다

---

**0165 순간**
- moment
- 瞬間
- 瞬间
- khoảnh khắc

**기출** 중요한 **순간**에 결정을 잘못 내리면 양 팀의 승패가 바뀔 수도 있다.
(41회 듣기 29번)

**추천** 버스를 타려는 순간 문이 닫히더니 출발해 버렸다.

**표현** 위기의 순간, 극적인 순간, 순간의 실수

**유의** 일순간, 순식간, 찰나   **반의** 영원

## 0166 스스로
- by oneself
- みずから
- 自己
- tự mình

**기출** 우리의 뇌는 **스스로** 정보를 찾았을 때 그 정보를 오래 기억하는 특성이 있다. (64회 읽기 21번)

**추천** 다른 사람에게 도움을 요청하기 전에 스스로 한번 해 본다.

**표현** 스스로 처리하다, 스스로 끝내다  **유의** 혼자, 홀로, 자기

## 0167 신청
- application
- 申込み申請
- 申请
- việc đăng ký

**기출** 제도가 바뀌면서 휴직 기간 동안 월급도 주고 경력 인정도 되니까 예전보다 **신청**에 대한 부담이 적어진 거겠죠. (64회 듣기 27번)

**추천** 성적이 좋은데도 장학금 신청 기간을 놓쳐서 받을 수 없게 되었다.

**표현** 가입 신청, 장학금 신청, 신청이 되다  **유의** 청구, 요청

## 0168 심각하다
- serious
- 深刻だ
- 严重
- nghiêm trọng

**기출** 최근 이러한 문제가 **심각해지자** 인주시가 해결을 위해 발 벗고 나섰다. (83회 읽기 21번)

**추천** 수술한 부위의 통증이 심각해서 잠을 잘 수가 없다.

**표현** 심각한 상황, 심각하게 고민하다, 피해가 심각하다

## 0169 업무
- task, duty
- 業務
- 业务
- nghiệp vụ công việc

**기출** 조직 구성원이 맡은 **업무**는 회사 사정에 따라 유동적이다. (37회 읽기 44번)

**추천** 오늘까지 끝내야 할 업무가 많아서 퇴근할 수 없다.

**표현** 힘든 업무, 업무 계획, 업무 내용  **유의** 직무, 일, 임무

## 0170 연구하다
- study, research
- 研究する
- 研究
- nghiên cứu

**기출** 악취를 없애는 기술을 **연구하고** 있다. (52회 읽기 39번)

**추천** 김 교수님은 평생 이 분야만 연구하신 분이세요.

**표현** 연구하는 학자, 기술을 연구하다, 치료법을 연구하다

**유의** 탐구하다, 강구하다

# TOPIK II

**0171 오염**
- pollution
- 汚染
- 污染
- sự ô nhiễm

[기출] 복잡한 측정 장비 없이도 지표 생물로 그 지역 환경의 **오염** 정도를 알 수 있다. (52회 읽기 33번)
[추천] 근처 공장 폐수로 인해 주변 하천의 수질 오염이 심각해졌다.
[표현] 오염 방지, 오염 상태, 오염이 심각하다

**0172 왕**
- king
- 王
- 王
- vua

[기출] 나라에 가뭄이나 홍수 피해가 있으면 **왕**은 백성을 아끼는 마음에서 반찬 수를 줄이기도 했습니다. (60회 듣기 41번)
[추천] 한국인들이 가장 존경하는 왕은 세종대왕이라고 한다.
[표현] 왕이 되다, 왕이 재위하다, 왕을 모시다
[유의] 임금, 국왕　[반의] 왕비, 신하

**0173 요소**
- component, element
- 要素
- 要素
- yếu tố

[기출] 흥미와 재미 **요소**를 내세워 홍보하는 마케팅 전략이 주목받고 있다. (83회 읽기 19번)
[추천] 우리 회사의 성공 요소는 모든 직원의 노력이다.
[표현] 구성 요소, 사회 요소, 여러 가지 요소　[유의] 요인, 요건, 조건

**0174 이러하다**
- such
- この様だ
- 这样
- như thế này

[기출] 뿌리, 줄기, 잎이 어우러져 하나의 나무가 되듯 한 집안도 **이러한** 결합을 통해 이루어짐을 나타내는 것이다. (52회 읽기 29번)
[추천] 첫 사업에 실패하였다. 결과가 이러하다고 쉽게 포기하지는 않겠다.
[표현] 결론이 이러하다, 뜻이 이러하다, 방법이 이러하다　[유의] 이렇다

**0175 이상**
- more
- 以上
- 以上
- trở lên

[기출] 배추가 필요 **이상**으로 생산되어 농민들이 힘들어한다. (47회 읽기 27번)
[추천] 이 놀이기구는 키가 120cm 이상이어야만 탈 수 있다.
[표현] 기대 이상, 보통 이상, 십 년 이상　[유의] 위　[반의] 이하

## 0176 일부
- part
- 一部
- 部分
- một phần

**기출** 일부 프로 농구 리그에서는 반드시 주황색 공을 쓰게 하고 있다.
(83회 읽기 30번)

**추천** 홍수로 인해 한강 공원 일부 구간의 출입이 통제되었다.

**표현** 일부 구간, 일부 사람들, 일부 지역  **유의** 일부분, 부분

## 0177 일정
- schedule
- 日程
- 日程
- lịch trình, nhật trình

**기출** 오늘 일정들을 체크해 보느라 분주하게 움직였다.
(47회 읽기 42번)

**추천** 여행을 가기 전에 일정을 완벽하게 짜야 한다.

**표현** 여행 일정, 일정이 중단되다, 일정이 지연되다

## 0178 임시
- temporary
- 臨時
- 临时
- tạm thời, lâm thời

**기출** 정부는 이번에 처음으로 임시 공휴일을 지정했다.
(52회 듣기 28번)

**추천** 집을 공사하는 동안 이곳에서 임시로 머물고 있어요.

**표현** 임시 휴교, 임시 거처  **유의** 잠정  **반의** 정기, 정규

## 0179 작가
- author, writer
- 作家
- 作家
- tác giả

**기출** 어떤 역사 사건이나 실존 인물의 실화에 작가의 상상력을 보태어 새로운 이야기로 풀어내는 글쓰기 방식이 있다. (47회 읽기 41번)

**추천** 그 작가는 글 속에 자신의 감정을 잘 담아낸다.

**표현** 작가 지망생, 기성 작가, 동화 작가  **유의** 지은이, 글쓴이

## 0180 장애
- disability
- 障害
- 障碍
- sự chướng ngại, sự cản trở

**기출** 남자는 장애를 극복하고 국가대표가 되었다.
(47회 듣기 26번)

**추천** 수면 장애로 잠을 편하게 못 잔 지 오래되었다.

**표현** 발달 장애, 수면 장애, 장애를 겪다

# TOPIK II

**0181 전시회**
- exhibition
- 展示会
- 展览会
- hội chợ sự kiện, trưng bày

[기출] 나머지 **전시회** 상품은 제가 정리할 테니까요.
(47회 듣기 10번)

[추천] 내가 좋아하는 작가의 전시회를 관람했다.

[표현] 유물 전시회, 작품 전시회, 전시회가 열리다

---

**0182 전체**
- whole
- 全体
- 全体
- toàn thể

[기출] 동궐도는 창덕궁과 창경궁 **전체**를 그린 조선 시대의 그림이다.
(83회 읽기 41번)

[추천] 집 전체에 문제가 생겨서 공사를 해야 한다.

[표현] 국민 전체, 도시 전체  [유의] 전부, 총체  [반의] 개인

---

**0183 제공하다**
- offer, provide
- 提供する
- 提供
- cung cấp

[기출] 인터넷을 사용하다 보면 자신의 정보를 **제공하겠다는** 글에 동의해야 하는 경우가 많다. (41회 읽기 38번)

[추천] 저 식당은 음식 맛도 좋지만 최상의 서비스를 제공해서 좋다.

[표현] 볼거리를 제공하다, 숙식을 제공하다, 자료를 제공하다

[유의] 보급하다, 공급하다, 내놓다

---

**0184 제대로**
- well, properly
- ろくに
- 好好地
- đàng hoàng

[기출] 말썽꾸러기들이 박 선생님 앞에서는 고개도 **제대로** 못 들고 수줍어했다.
(52회 읽기 42번)

[추천] 이가 아파서 제대로 먹지 못했더니 살이 많이 빠졌다.

[표현] 제대로 못하다, 제대로 하다  [유의] 잘

---

**0185 증가하다**
- increase
- 増加する
- 増加
- gia tăng

[기출] 정보의 양이 폭발적으로 **증가하면서** 핵심만 집어낸 요약형 정보를 찾는 사람들이 늘고 있다. (60회 읽기 36번)

[추천] 회사 규모가 커지면서 직원 수도 크게 증가하였다.

[표현] 증가한 출산율, 인구가 증가하다, 다소 증가하다

[유의] 불어나다, 늘다, 늘어나다  [반의] 감소하다, 줄다

0186 **지원**
- support
- 支援
- 支援
- sự hỗ trợ

(기출) 멸종 위기에 처한 동물을 보호하려는 노력이 계속되고 있으나 주된 연구와 **지원**이 몇몇 동물에 쏠리고 있다. (64회 읽기 40번)

(추천) 정부는 아직 사고 피해자에 대한 지원 방안을 마련하지 못했다.

(표현) 재정적 지원, 지원 대책, 지원이 끊기다 (유의) 원조, 지지

---

0187 **지진**
- earthquake
- 地震
- 地震
- động đất

(기출) 특수 목재로 지은 건물은 **지진**의 영향을 덜 받는다. (60회 듣기 38번)

(추천) 지진이 발생하자 건물이 흔들리고 도로는 갈라지기 시작했다.

(표현) 지진 활동, 지진의 강도, 지진이 나다

---

0188 **집단**
- group
- 集団
- 団体
- tập đoàn, nhóm, tập thể

(기출) **집단** 간의 충돌을 조정할 도덕적 기준이 필요하다. (47회 듣기 49번)

(추천) 개인보다 집단의 이익을 먼저 생각한다.

(표현) 소비자 집단, 집단 운동, 집단 이기주의 (유의) 단체 (반의) 개인

---

0189 **체험**
- experience
- 体験
- 体験
- sự trải nghiệm

(기출) 축제에서 **체험**을 하려면 예약해야 한다. (47회 읽기 9번)

(추천) 역시 체험을 통해서 배우는 게 가장 좋은 것 같다.

(표현) 현장 체험, 다양한 체험, 체험 수기 (유의) 경험, 체득

---

0190 **키우다**
- raise
- 育てる
- 养
- nuôi nấng, nuôi trồng

(기출) 최근 동물 대신 식물을 **키우려는** 사람들이 늘고 있다. (47회 읽기 21번)

(추천) 반려동물이라도 키워 보시면 어떨까요?

(표현) 꽃을 키우다, 반려견을 키우다 (유의) 기르다

# TOPIK II

**0191 태양광**
- sunlight
- 太陽光
- 太阳光
- điện mặt trời

(기출) 다양한 공공장소에 **태양광** 시설을 설치하고 있다.
(47회 듣기 39번)

(추천) 그는 태양광을 이용해 에너지를 절감하는 데에 성공했다.

(표현) 태양광 발전, 태양광 발전소

---

**0192 특성**
- trait, feature
- 特性
- 特性
- đặc tính

(기출) 지시어는 대화하는 상황을 타인과 공유해야 그 의미를 이해할 수 있다는 **특성**이 있다. (83회 읽기 34번)

(추천) 한글은 음성을 소리나는 대로 쓸 수 있다는 특성이 있다.

(표현) 특성에 맞다, 특성을 살리다, 특성을 지니다  (유의) 속성, 특질, 개성

---

**0193 특징**
- distinct characteristic
- 特徵
- 特征
- đặc trưng

(기출) 깊은 맛은 식욕을 당기게 해 주는 **특징**이 있다.
(64회 듣기 42번)

(추천) 한국은 사계절이 뚜렷한 특징을 가지고 있다.

(표현) 특징이 드러나다, 특징을 보이다  (유의) 특색

---

**0194 포장재**
- packing materials
- 包裝材
- 包装材料
- bao bì

(기출) 비닐 **포장재**도 환경 오염의 원인 중 하나입니다.
(52회 듣기 45번)

(추천) 정부는 포장재 사용으로 인한 환경 오염의 심각성을 조사 중이다.

(표현) 포장재 생산, 포장재로 사용하다

---

**0195 회의장**
- meeting hall
- 會議場
- 会议场所
- phòng họp

(기출) 대규모 **회의장**에만 컴퓨터가 설치되어 있다.
(41회 듣기 24번)

(추천) 격렬한 찬반 대립으로 회의장에 긴장감이 감돌았다.

(표현) 회의장 선정, 회의장을 둘러보다, 회의장에 도착하다

# Chapter 2

## 출제 2순위 어휘

The 2nd Most Frequently Tested Vocabulary

# TOPIK II

**0196 강하다**
- strong
- 強い
- 强
- mạnh, cứng rắn

(기출) 우리는 야구 만화를 볼 때 공이 상하좌우로 **강하게** 휘어 들어가는 장면에서 감탄하게 된다. (41회 읽기 46번)

(추천) 그는 내 손을 강하게 잡고 놓지 않았다.

(표현) 강한 손힘, 강하게 때리다, 강하게 불다  (유의) 세다  (반의) 약하다

**0197 겪다**
- go through, experience
- 経験する
- 经历
- gặp phải

(기출) 사고 열차가 10분간 멈추면서 출근길 시민들이 큰 불편을 **겪었습니다**. (64회 듣기 15번)

(추천) 작가는 어릴 적에 겪은 시련과 고통을 자서전에 담아냈다.

(표현) 수모를 겪다, 고난을 겪다, 어려움을 겪다  (유의) 경험하다, 당하다

**0198 계발**
- improvement
- 啓発
- 启发
- sự phát triển

(기출) 도서 구매는 분야별로 '문학'이 가장 많았으며 '자기 **계발**', '유아'가 그 뒤를 이었습니다. (47회 듣기 3번)

(추천) 우리 회사는 인재 계발을 위해 지원을 아끼지 않는 편이다.

(표현) 자기 계발, 계발에 힘쓰다  (유의) 개발

**0199 구조**
- structure
- 構造
- 结构
- cấu tạo

(기출) 급속한 기술의 발달로 현재의 산업 **구조**가 크게 바뀐다는 것만은 분명하다. (52회 읽기 41번)

(추천) 우리 회사는 구조 조정을 통해 새로운 변화를 꾀하고 있다.

(표현) 구조 조정, 산업 구조, 기업 구조  (유의) 조직, 체제, 구성

**0200 기존**
- existing
- 従来
- 现有
- hiện có, sẵn có

(기출) 이곳은 **기존**의 놀이터보다 크고 넓지만 그네나 미끄럼틀 같은 놀이 기구는 하나도 없습니다. (60회 듣기 25번)

(추천) 새로 개발한 제품이 기존의 제품과 뭐가 다른지 전혀 모르겠다.

(표현) 기존 시설, 기존 질서, 기존의 세력

## 0201 기준
- standard
- 基準
- 基准
- tiêu chuẩn

**기출** 철도 회사는 본사가 있는 지역의 시간을 **기준**으로 열차를 운행했다.
(60회 읽기 34번)

**추천** 옷을 살 때는 나만의 기준을 가지고 선택한다.

**표현** 기준을 세우다, 기준을 잡다, 기준을 초과하다　**유의** 척도

---

## 0202 늘어나다
- increase
- 増える
- 增加
- tăng lên

**기출** 선택의 수가 **늘어나면** 고민의 양도 함께 증가한다.
(35회 읽기 21번)

**추천** 회사의 수익이 작년에 비해 두 배 이상 늘어났다.

**표현** 늘어난 개수, 늘어난 분량, 수가 늘어나다

**유의** 증가하다, 늘다　**반의** 줄어들다, 줄다, 감소하다

---

## 0203 도입하다
- introduce
- 取り入れる
- 引進
- áp dụng, đưa vào áp dụng

**기출** 제도의 장점과 단점을 분석하고 보완하여 정식으로 **도입할** 예정이다.
(41회 읽기 39번)

**추천** 우리 회사는 새로운 방법을 도입한 기술을 선보였다.

**표현** 문화를 도입하다, 제도를 도입하다, 국내에 도입하다　**유의** 유입하다

---

## 0204 막다
- block
- 防ぐ
- 防, 挡
- chặn lại

**기출** 미세 구멍이 많은 이 포장재는 산소를 제대로 **막아** 내기 어렵다.
(52회 듣기 45번)

**추천** 경찰이 물에 잠긴 도로를 막고 통제하고 있다.

**표현** 비를 막다, 피해를 막다, 더위를 막다　**유의** 차단하다　**반의** 뚫다

---

## 0205 문제점
- problem, issue
- 問題点
- 问题
- vấn đề

**기출** 경제 발전에 따른 **문제점**을 해결하기 위해서는 진보의 정책들이 요구된다.
(52회 읽기 46번)

**추천** 나의 가장 큰 문제점은 게으른 성격이다.

**표현** 심각한 문제점, 중대한 문제점, 문제점이 드러나다　**반의** 해결책

# TOPIK II

### 0206 방지하다
- prevent
- 防止する
- 防止
- phòng tránh

**기출** 함께 먹으면 안 되는 약이나 같은 약이 여러 번 처방될 경우 생기는 부작용을 **방지하려는** 목적이다. (52회 읽기 34번)

**추천** 환경 오염을 방지하기 위한 다양한 제도가 마련되었다.

**표현** 사고를 방지하다, 재해를 방지하다    **유의** 막다, 예방하다

---

### 0207 부담
- burden
- 負担
- 负担
- gánh nặng

**기출** 이 카페는 언제든 **부담** 없이 음료를 마시면서 쉴 수 있는 곳이어서 이용자들이 만족해하고 있다. (60회 읽기 12번)

**추천** 의자에 오랜 시간 앉아서 일하면 허리에 부담이 될 수 있다.

**표현** 업무 부담, 부담이 되다, 부담을 덜다

---

### 0208 부르다
- call
- 呼ぶ
- 叫
- gọi, kêu lên

**기출** 아버지는 늘 그를 작은 아버지라 지칭했지만 우리들은 그를 낙천이 아저씨라 **불렀다**. (47회 읽기 42번)

**추천** 이제 결혼도 했으니 형님이라고 불러라.

**표현** 천재라고 부르다, 선생님으로 부르다, 형님으로 부르다

**유의** 호칭하다, 칭하다

---

### 0209 부족
- lack
- 不足
- 不足
- sự thiếu hụt

**기출** 시간 **부족** 상태가 되어야만 일을 효율적으로 할 수 있다고 믿는 사람들이 많다. (60회 읽기 44번)

**추천** 운동 부족으로 건강이 많이 나빠졌다.

**표현** 수면 부족, 시간 부족, 예산 부족    **유의** 불충분

---

### 0210 불가능하다
- impossible
- 不可能だ
- 不可能
- bất khả thi

**기출** 상대를 완벽하게 이해하는 것은 사실상 거의 **불가능하다**. (41회 읽기 36번)

**추천** 의료 기술이 발달해서 치료가 불가능한 병은 거의 없다.

**표현** 불가능한 목표, 수정이 불가능하다, 회복이 불가능하다    **유의** 못하다

0211 **비밀번호**
- password, passcode
- 暗証番号
- 密码
- dãy số bí mật, mật khẩu

**기출** 자주 바뀌는 **비밀번호**를 기억하지 못해 스트레스를 받는다.
(52회 읽기 19번)

**추천** 은행의 현금 카드 비밀번호가 기억이 안 나서 돈을 못 찾았다.

**표현** 비밀번호 등록, 비밀번호가 유출되다, 비밀번호를 누르다  **유의** 패스워드

0212 **사회적**
- social
- 社会的
- 社会的
- tính xã hội

**기출** 현대 사회는 다양한 이익 집단의 관계가 복잡하게 얽혀 있기 때문에 많은 **사회적** 갈등이 존재한다. (41회 읽기 48번)

**추천** 이번 사고에 대해서 저희 회사가 사회적 책임을 지도록 하겠습니다.

**표현** 사회적인 논의, 사회적인 명성, 사회적으로 고립되다

0213 **속도**
- speed
- 速度
- 速度
- tốc độ

**기출** 인도를 넓히고 도로의 제한 **속도**도 낮추면서 사고가 줄어들었습니다.
(52회 듣기 39번)

**추천** 고속도로 1차선에서 지나치게 느린 속도로 운전하면 오히려 위험하다.

**표현** 일정한 속도, 속도 조절, 속도가 느리다  **유의** 스피드

0214 **신라**
- Silla Dynasty
- 新羅
- 新罗
- Silla, Tân La (tên một thời kỳ lịch sử của Hàn Quốc)

**기출** **신라** 시대에는 문화를 중시하는 사상이 있었다.
(41회 듣기 43번)

**추천** 신라를 대표하는 절은 경주에 있는 '불국사'라는 절이다.

**표현** 신라 시대

0215 **실험**
- experiment
- 実験
- 实验
- thực nghiệm, thí nghiệm

**기출** 교사는 교수 방식을 바꾸기 위해 **실험**에 참가했다.
(41회 듣기 34번)

**추천** 약의 효과와 부작용을 확인하기 위해 임상 실험을 진행한다.

**표현** 임상 실험, 성능 실험, 실험 기구  **유의** 시험, 검사

# TOPIK II

**0216 심하다**
- severe
- ひどい
- 严重, 过甚
- nghiêm trọng

**기출** 이 기술이 개발되면 **심한** 악취 환경에서 작업하는 사람들의 어려움을 줄여 줄 수 있을 것이다. (52회 읽기 39번)

**추천** 그는 심한 거짓말도 아무렇지 않게 한다.

**표현** 심한 기침, 심한 부상, 심하게 앓다   **유의** 지나치다, 과도하다

---

**0217 쓰다**
- use
- 気にする
- 费
- dùng, sử dụng

**기출** 한국 정서에 맞게 표현하려고 많은 애를 **썼습니다**. (41회 듣기 20번)

**추천** 선생님은 우리를 위해 항상 신경을 쓰신다.

**표현** 애를 쓰다, 마음을 쓰다, 억지를 쓰다, 꾀를 쓰다, 신경을 쓰다

---

**0218 연기**
- acting
- 演技
- 演技
- sự diễn xuất

**기출** 피나는 **연기** 연습을 통해 자신만의 개성을 찾아 이 자리에 섰습니다. (41회 듣기 35번)

**추천** 그 배우는 연기도 좋고 표정도 뛰어나다.

**표현** 내면 연기, 연기 지도, 연기를 못하다

---

**0219 예정**
- schedule plan
- 予定
- 预定
- dự định

**기출** 이 서비스는 동영상 기능을 추가할 **예정**이다. (64회 듣기 30번)

**추천** 우리 회사는 다음 달부터 새로운 규정을 시행할 예정이다.

**표현** 출발할 예정, 예정 시각, 예정이 잡히다   **유의** 계획

---

**0220 요인**
- factor
- 要因
- 要因, 因素
- nguyên nhân chính

**기출** 많은 사람들은 결혼, 수입 등의 객관적 조건이 행복을 결정하는 **요인**이라고 생각한다. (83회 읽기 48번)

**추천** 그 사람의 성공 요인은 성실함이라고 생각한다.

**표현** 실패 요인, 주요 요인, 결정적 요인   **유의** 요소, 근거, 까닭

## 0221 유지하다
- maintain, keep
- 維持する
- 维持
- duy trì

**기출** 산산조각 난 다른 유리병과 달리 금이 간 채 형태를 **유지하고** 있는 유리병이 있었다. (60회 읽기 30번)

**추천** 체력을 유지하기 위해서 꾸준히 운동을 하고 있다.

**표현** 균형을 유지하다, 모양을 유지하다, 선두를 유지하다

**유의** 지속하다, 가지다　　**반의** 그치다, 끊다, 그만두다

## 0222 전승자
- transmitter
- 伝承者
- 传承人
- người truyền thừa (người kế thừa và truyền đạt lại các kỹ năng hoặc kiến thức cho mọi người)

**기출** 젊은 사람들은 **전승자**와의 일대일 교육을 선호한다. (47회 듣기 47번)

**추천** 우리나라 최고의 국악 전승자의 공연이 열릴 예정이다.

**표현** 무용 전승자, 문화의 전승자　　**유의** 계승자

## 0223 정장
- suit, formal wear
- 正装
- 正装
- trang phục công sở

**기출** **정장**을 기증받는 단체가 있다고 해서 어제 한 벌 보냈다. (41회 듣기 27번)

**추천** 출근 첫날이라 단정한 정장을 입고 간다.

**표현** 정장 한 벌, 정장 차림, 정장을 사다

## 0224 주문하다
- order
- 注文する
- 订购
- đặt hàng

**기출** 아이들 책 좀 사야 하는데 온라인으로 **주문해** 줄래요? (60회 듣기 19번)

**추천** 카페에서 자리를 잡은 후에 음료를 주문해야 합니다.

**표현** 옷을 주문하다, 커피를 주문하다, 추가로 주문하다　　**유의** 청하다

## 0225 창의적
- creative
- 創意的
- 创意的
- tính sáng tạo

**기출** 성공을 위해서는 **창의적**인 생각이 필요하다. (47회 듣기 20번)

**추천** 우리 회사는 창의적인 인재를 채용하려고 합니다.

**표현** 창의적인 사람, 창의적인 생각, 창의적으로 처리하다　　**유의** 창조적

# TOPIK II

**0226 책임**
- responsibility
- 責任
- 责任
- trách nhiệm

**기출** 사과는 어떤 일의 결과에 **책임**을 지는 행위가 되어야 한다.
(52회 읽기 38번)

**추천** 그 일의 책임은 전적으로 저에게 있습니다.

**표현** 배상 책임, 실무 책임, 책임을 지다　**유의** 책무

---

**0227 피해**
- damage
- 被害
- 被害
- sự thiệt hại

**기출** 대중교통 안에서는 다른 사람에게 **피해**를 주면 안 된다.
(41회 듣기 18번)

**추천** 연일 쏟아진 폭우로 인해 홍수 피해가 심각하다.

**표현** 인명 피해, 피해가 많다, 피해를 입다　**유의** 타격　**반의** 가해

---

**0228 필요성**
- necessity
- 必要性
- 必要性
- tính tất yếu

**기출** 정치적 균형을 위한 제도의 **필요성**을 제기하고 있다.
(52회 듣기 50번)

**추천** 혼자 살다 보니 가족의 필요성을 절실히 느끼게 된다.

**표현** 필요성 공감, 필요성의 감소, 필요성이 절실하다

---

**0229 현상**
- phenomenon
- 現象
- 现象
- hiện tượng

**기출** 기술 개발보다 독점권 확보를 우선하는 **현상**이 두드러지게 나타나고 있다.
(52회 읽기 48번)

**추천** 열대야 현상으로 밤에 잠을 이루지 못하는 사람들이 늘어나고 있다.

**표현** 문화 현상, 열대야 현상, 핵가족화 현상

**유의** 상태, 상황　**반의** 본체, 본질

---

**0230 화재**
- fire
- 火災
- 火灾
- hỏa hoạn

**기출** **화재** 현장에서 아이를 구조한 대학생 수상자도 있었는데 졸업 후에 저희가 채용하기도 했습니다. (52회 듣기 25번)

**추천** 화재를 예방하기 위해서 소방 교육을 실시할 예정입니다.

**표현** 화재 예방, 화재가 발생하다, 화재를 진압하다　**유의** 불

## 0231 효과적
- effective
- 効果的
- 有效的
- tính hiệu quả

**기출** 새해에 세운 목표를 **효과적**으로 이루려면 한 주 단위로 계획을 세우는 것이 좋다. (64회 읽기 28번)

**추천** 시간을 효과적으로 활용하기 위해 계획을 먼저 세우도록 하세요.

**표현** 효과적인 수단, 효과적인 활용, 효과적으로 해결하다   **유의** 효율적

## 0232 감독
- coach, director
- 監督
- 监督, 导演
- sự giám sát, người giám sát

**기출** **감독**은 계속 도전하는 배우들을 찾는다. (41회 듣기 36번)

**추천** 감독님의 뛰어난 전술로 우리 팀이 우승하였다.

**표현** 농구 감독, 무술 감독, 영화감독

## 0233 개체
- individual
- 個体
- 个体
- cá thể

**기출** 철새는 종류에 따라 수만에서 수십만 **개체**가 무리를 지어 일정한 대형으로 이동한다. (52회 읽기 36번)

**추천** 인간은 사회적 동물이면서 독립적인 개체이다.

**표현** 독립적 개체, 개체의 다양성, 개체가 모이다   **반의** 집단, 전체

## 0234 고통
- pain
- 苦痛
- 痛苦
- sự thống khổ, sự đau đớn

**기출** 자신의 행위가 상대방에게 **고통**을 주었다면 그에 대한 책임을 져야 진정한 사과가 된다. (52회 읽기 38번)

**추천** 수술 후 마취가 풀린 후의 고통은 겪어 보지 못한 사람은 모른다.

**표현** 고통이 크다, 고통을 감수하다, 고통을 겪다

**유의** 아픔, 괴로움, 고난   **반의** 쾌락

## 0235 과제
- task
- 課題
- 课题
- bài tập, nhiệm vụ

**기출** 첫 번째 **과제**는 현재 건립 중에 있는 전국 최대 규모의 의료원을 완공하는 것입니다. (47회 듣기 35번)

**추천** 주민들 간의 갈등을 해결하는 것이 우리가 해야 하는 가장 중요한 과제다.

**표현** 시급한 과제, 과제를 해결하다, 과제로 남다   **유의** 문제, 숙제, 목표

# TOPIK II

**0236 구체적**
- specific
- 具体的
- 具体的
- tính cụ thể

**기출** 구체적으로 어떤 활동을 통해서 치료가 이루어지나요?
(52회 듣기 29번)

**추천** 그 문제에 대한 해결 방법을 구체적으로 말해 보세요.

**표현** 구체적인 설명, 구체적인 지시, 구체적으로 말하다  **반의** 대략적, 개략적

---

**0237 기록하다**
- record
- 記録する
- 纪录
- ghi chép lại

**기출** 조선 시대에는 역사를 기록하는 사관이 있었다.
(41회 읽기 33번)

**추천** 회의 내용을 빠짐없이 기록해 두세요.

**표현** 기록한 자료, 일지를 기록하다, 수첩에 기록하다  **유의** 쓰다, 기재하다, 담다

---

**0238 꿀**
- honey
- 蜂蜜
- 蜂蜜
- mật ong

**기출** 사람들은 꿀이 건강에 좋은 식품이라고 생각한다.
(41회 읽기 37번)

**추천** 술을 마신 다음 날 꿀을 물에 타서 마시면 속이 좀 괜찮아진다.

**표현** 꿀을 넣다, 꿀을 따다, 꿀 먹은 벙어리

---

**0239 대형**
- large size
- 大型
- 大型
- loại lớn

**기출** 대형 마트의 매출이 상승하면서 재래시장의 매출도 올랐다.
(37회 읽기 27번)

**추천** 집 앞에 대형 쇼핑몰이 있어서 심심할 때면 자주 간다.

**표현** 대형 매장, 대형 사고, 대형 서점  **반의** 소형

---

**0240 로봇**
- robot
- ロボット
- 机器人
- rô bốt

**기출** 다양한 분야에서 전문가 수준의 지식 서비스를 제공하는 로봇들도 등장할 겁니다.
(47회 듣기 45번)

**추천** 동생에게 생일 선물로 장난감 로봇을 사 줬다.

**표현** 장난감 로봇, 산업용 로봇, 의료용 로봇

0241 **매장**
- shop
- 売り場
- 商场
- cửa hàng

(기출) 마트에서는 품목별로 몇 가지의 제품만 **매장**에 진열한다.
(64회 읽기 15번)

(추천) 매장 앞에 줄 서서 기다리는 손님들이 많은 걸 보니 유명한 곳인가 보다.

(표현) 의류 매장, 매장의 규모, 매장이 생기다  (유의) 판매장

0242 **박람회**
- exposition
- 博覧会
- 博览会
- cuộc triển lãm

(기출) 이 도시의 **박람회** 개최 목적은 도시 홍보에 있다.
(41회 듣기 47번)

(추천) 자동차 박람회에서 내년에 출시될 자동차를 미리 볼 수 있었다.

(표현) 산업 박람회, 박람회 개최, 박람회가 열리다  (유의) 전시회

0243 **변하다**
- change
- 変わる
- 变
- thay đổi, biến đổi

(기출) 최근 시장 환경이 **변하면서** 의사 결정 속도가 곧 기업의 경쟁력인 시대가 되었다.
(52회 읽기 31번)

(추천) 나를 영원히 사랑할 거라던 그의 마음이 변했다.

(표현) 마음이 변하다, 맛이 변하다, 모양이 변하다

(유의) 달라지다, 변화하다, 바뀌다  (반의) 한결같다

0244 **부족하다**
- insufficient
- 足りない
- 不足
- thiếu thốn, thiếu hụt

(기출) 교육이 **부족하면** 창업 과정에서 어려움이 많을 겁니다.
(64회 듣기 31번)

(추천) 아무리 노력해도 한국어 말하기 실력이 부족한 것 같다.

(표현) 시간이 부족하다, 실력이 부족하다, 재력이 부족하다

(유의) 적다, 약하다  (반의) 충분하다

0245 **사용되다**
- be used
- 使用される
- (被)使用
- được sử dụng

(기출) 과일을 빨리 익히기 위해 화학 물질이 **사용되기도** 한다.
(35회 읽기 19번)

(추천) 이 교재는 한국의 초등학교에서 대부분 사용된다.

(표현) 재료가 사용되다, 사무실로 사용되다, 사업에 사용되다  (유의) 쓰이다

# TOPIK II

### 0246 상
- prize, award
- 賞
- 奖
- sự thưởng, giải thưởng

**기출** 알려지지 않았지만 사회에 모범이 되는 분들을 찾아서 **상**을 드린다. (52회 듣기 25번)

**추천** 이 대회에서 우승한 사람에게는 상과 상금이 수여된다.

**표현** 상을 받다, 상을 주다, 상을 수여하다   **유의** 포상   **반의** 벌, 처벌

---

### 0247 생각
- thought, opinion
- 考え
- 想，想法
- sự suy nghĩ

**기출** 희망을 꿈꾼다는 것이 사치였던 사람들에게 힙합은 서로의 **생각**을 주고받는 몸짓이며 외침이다. (41회 읽기 31번)

**추천** 무언가를 결정할 때 가장 중요한 것은 자신의 생각이다.

**표현** 옛날 생각, 생각이 나다, 생각이 들다   **유의** 사고

---

### 0248 석빙고
- stone ice storage
- 石氷庫
- 石冰库
- cái kho chứa đá

**기출** **석빙고**는 과학적인 원리를 활용해 설계되었다. (47회 듣기 41번)

**추천** 옛날에는 얼음을 저장하기 위해 돌로 석빙고라는 얼음 창고를 만들었다.

---

### 0249 세계적
- worldwide
- 世界的
- 全世界
- tính toàn cầu

**기출** 미국의 실리콘밸리는 전 **세계적**으로 '창의적 기술 혁신'의 상징이 되었다. (52회 읽기 48번)

**추천** 그 가수는 현재 세계적으로 인기를 끌고 있다.

**표현** 세계적인 선수, 세계적으로 알려지다, 세계적으로 유명하다   **유의** 국제적

---

### 0250 세상
- world
- 世の中
- 世上
- thế gian

**기출** 작가는 길이 자신과 **세상**을 이어 주는 통로이며, 끊임없이 이어지는 길 위에서 자신도 변화하고 성장한다고 말한다. (47회 읽기 40번)

**추천** 돈이 없으면 살아가기 힘든 세상에 살고 있다.

**표현** 어려운 세상, 편한 세상, 세상 물정   **유의** 사회, 시대

## 0251 소통하다
- communicate
- 疎通
- 沟通
- giao tiếp

**기출** 나무들은 위기 상황이 발생해도 자리를 옮겨 이를 알릴 수 없기 때문에 뿌리로 **소통하며** 위험에 대비한다. (64회 읽기 37번)

**추천** 우리가 사용하는 언어는 다르지만 마음으로 소통할 수 있다.

**표현** 생각을 소통하다, 의견을 소통하다, 의사를 소통하다   **유의** 통하다

## 0252 아끼다
- save
- 惜しむ
- 节省
- tiết kiệm

**기출** 큰돈을 모으려면 **아끼고** 절약하는 습관을 길러야 한다. (41회 읽기 22번)

**추천** 시간을 아끼기 위해서 이동하는 시간에도 책을 읽는다.

**표현** 물을 아끼다, 시간을 아끼다, 전기를 아끼다   **유의** 절약하다

**반의** 낭비하다

## 0253 악기
- musical instrument
- 楽器
- 乐器
- nhạc cụ

**기출** 오케스트라는 연주하기 전에 **악기**들의 음을 서로 맞춰 보는 과정을 거친다. (83회 읽기 32번)

**추천** 아무리 바빠도 취미를 하나 가지려고 악기를 배우기 시작했다.

**표현** 악기의 반주, 악기를 배우다

## 0254 업계
- industry
- 業界
- 业界
- ngành nghề

**기출** 긴 연휴로 여행 **업계**가 오랜만에 활기를 찾았다. (47회 읽기 26번)

**추천** 경제 불황으로 모든 업계가 어려움을 겪고 있다.

**표현** 국내 업계, 업계 관계자, 업계 대표

## 0255 없애다
- get rid of
- なくす
- 除掉
- xóa bỏ

**기출** 놀이터 안에 모래밭을 **없애고** 언덕을 만들었다. (60회 듣기 26번)

**추천** 그는 얼굴에 있는 큰 점을 없애려고 방학 때 수술을 받았다.

**표현** 가구를 없애다, 방을 없애다, 쓰레기를 없애다

**유의** 지우다, 빼다, 치우다   **반의** 만들다

# TOPIK II

**0256 온도**
- temperature
- 温度
- 温度
- nhiệt độ

**기출** 얼음이 녹으면서 생긴 물을 밖으로 흘려보내 영하의 **온도**를 유지했다.
(47회 듣기 41번)

**추천** 기온이 많이 떨어져서 실내 온도도 많이 내려갔다.

**표현** 적정 온도, 온도계, 온도를 재다

**0257 용품**
- goods
- 用品
- 用品
- vật dụng

**기출** 홍보**용품**으로 수첩을 제작할 예정이다.
(52회 듣기 22번)

**추천** 아버지 생신 선물로 골프용품을 사 드리려고 해요.

**표현** 사무용품, 유아용품, 일회용품

**0258 이르다**
- reach
- 至る
- 到
- đến, tới

**기출** 현대 정보화 사회에 **이르러서는** 독서 방식이 획기적으로 변하였다.
(47회 읽기 39번)

**추천** 유학 와서 정신없이 공부하다 보니 어느새 귀국할 날에 이르렀다.

**표현** 노년에 이르다, 때가 이르다, 막바지에 이르다 **유의** 다다르다, 당도하다

**0259 주장하다**
- claim
- 主張する
- 主张
- khẳng định, chủ trương

**기출** 공통된 갈등 해결의 원칙이 필요함을 **주장하기** 위해 글을 썼다.
(41회 읽기 48번)

**추천** 그녀는 자신의 생각이 틀리지 않았다는 것을 계속 주장했다.

**표현** 주장하는 글, 주장해서 설득하다, 가설을 주장하다 **유의** 내세우다, 강조하다

**0260 진행되다**
- be held
- 進行される
- 进行
- được tiến hành

**기출** 행사는 오늘 하루만 **진행되니** 고객 여러분들의 많은 관심 부탁드립니다.
(52회 듣기 14번)

**추천** 하루만 진행되는 콘서트라서 표를 사기가 너무 어려웠다.

**표현** 사업이 진행되다, 회의가 진행되다, 행사가 진행되다 **반의** 정지되다

0261 **진행하다**
- run, be hosted
- 進行する
- 进行
- tiến hành

(기출) 기자님이 **진행하시는** 시사 프로그램이 인기를 끄는 이유는 뭘까요? (60회 듣기 20번)

(추천) 그 교수는 학생들의 발표를 위주로 수업을 진행하신다.

(표현) 강의를 진행하다, 뉴스를 진행하다, 모임을 진행하다

(유의) 나아가다, 정진하다    (반의) 정지하다

0262 **질**
- quality
- 質
- 质量
- chất

(기출) 집에 대한 인식이 단순히 쉬는 공간에서 **질** 높은 휴식을 위한 공간으로 바뀌고 있다. (47회 읽기 33번)

(추천) 아무리 싸도 물건의 질이 안 좋으면 사고 싶지 않다.

(표현) 삶의 질, 질이 좋다, 질이 나쁘다    (유의) 품질    (반의) 양

0263 **통신**
- communication
- 通信
- 通信
- sự truyền thông

(기출) 불이나 연기는 위험 상황을 알리는 주요 **통신** 수단이었다. (47회 읽기 35번)

(추천) 한국은 IT 기술이 발달하면서 통신 산업도 함께 발달하였다.

(표현) 통신 상태, 통신이 가능하다, 통신이 두절되다    (유의) 보도

0264 **투자**
- investment
- 投資
- 投资
- sự đầu tư

(기출) 세제 지원의 변화가 **투자** 감소로 이어질 것을 우려하고 있다. (60회 읽기 50번)

(추천) 목표를 위해서는 당연히 시간과 노력의 투자가 필요하다.

(표현) 투자 가치, 투자 시기, 부동산 투자    (유의) 출자

0265 **후보자**
- candidate
- 候補者
- 候选人
- ứng cử viên

(기출) 유권자는 **후보자**의 정보를 다각적으로 얻을 수 있다. (41회 듣기 49번)

(추천) 그는 불법 행위로 인해 대통령 후보자에서 내려오게 되었다.

(표현) 대통령 후보자, 반장 후보자, 후보자를 추천하다

# TOPIK II

**0266 개발되다**
- be developed
- 開発される
- (被)开发
- được phát triển

[기출] 음식의 풍미를 높이는 다양한 방법이 **개발되었다**.
(64회 듣기 41번)

[추천] 다음 달부터 우리 회사에서 새로 개발된 신제품이 시중에 출시된다.

[표현] 제품이 개발되다, 치료제가 개발되다

**0267 경제적**
- economical, economic
- 経済的
- 经济上
- tính kinh tế

[기출] 적정 인구란 사회의 규모와 **경제적**인 면에서 가장 바람직한 인구 수준을 말하는데요. (60회 듣기 47번)

[추천] 부모님께 경제적으로 의지하지 않기 위해 아르바이트를 시작하였다.

[표현] 경제적인 손실, 경제적인 안정, 경제적인 여유  [반의] 비경제적

**0268 과학적**
- scientific
- 科学的
- 科学的
- tính khoa học

[기출] 대지진 이전에는 **과학적** 조사를 하지 않았다.
(41회 듣기 45번)

[추천] 그의 논문은 과학적인 연구법을 토대로 작성되었다.

[표현] 과학적인 사고, 과학적인 연구, 과학적인 절차  [반의] 비과학적

**0269 교사**
- teacher
- 教師
- 教师
- giáo viên

[기출] 학생들은 **교사**에게 수업 방식에 대해 질문했다.
(41회 듣기 34번)

[추천] 나는 교사 자격증을 따기 위해서 임용 고시를 준비 중이다.

[표현] 초등 교사, 중등 교사, 고등 교사  [유의] 교직자, 선생, 교원

**0270 그대로**
- itself, as it is
- そのまま
- 就那样
- cứ như thế

[기출] 이 무덤은 오랜 시간이 지났지만 색이 거의 **그대로** 보존되어 있어 역사적 가치가 높다고 전문가들은 전했다. (64회 읽기 12번)

[추천] 아이들은 부모가 하는 행동을 그대로 따라 한다.

[표현] 그대로 놓아두다, 그대로 두다, 그대로 보고만 있다  [유의] 고스란히, 이대로

## 0271 극복하다
- overcome
- 克服する
- 克服
- khắc phục

**기출** 남자는 장애를 **극복하고** 국가대표가 되었다.
(47회 듣기 26번)

**추천** 가난을 극복하기 위해서 진학 대신 취업을 택했다.

**표현** 난관을 극복하다, 시련을 극복하다, 한계를 극복하다

**유의** 뛰어넘다, 정복하다

## 0272 기증하다
- donate
- 寄贈する
- 捐贈
- hiến tặng

**기출** 자신에게 필요하지 않은 물건을 봉사 단체에 **기증하는** 시민들이 늘고 있다.
(47회 읽기 17번)

**추천** 그 작가는 자신이 쓴 책을 졸업한 학교에 기증하였다.

**표현** 기증한 물건, 소장품을 기증하다, 유품을 기증하다

**유의** 기부하다, 기여하다, 주다  **반의** 기증받다

## 0273 놀이터
- playground
- 遊び場
- 游乐场
- sân chơi

**기출** **놀이터**에 있는 놀이기구의 관리를 철저히 해야 한다.
(60회 듣기 25번)

**추천** 어린 시절 심심할 때면 놀이터에서 그네를 타며 놀았다.

**표현** 어린이 놀이터, 놀이터에 가다, 놀이터에서 놀다

## 0274 높아지다
- rise
- 高まる
- 升高
- trở nên cao lên

**기출** 문화재 환수에 대한 관심이 **높아지면서** 국가 간 논의와 공조가 활발해졌습니다.
(64회 듣기 39번)

**추천** 비바람이 몰아치면서 파도가 점점 높아지고 있다.

**표현** 높이가 높아지다, 목소리가 높아지다, 관심이 높아지다

**유의** 고조되다  **반의** 낮아지다

## 0275 대중화
- popularization
- 大衆化
- 大众化
- sự đại chúng hóa

**기출** 정부의 투자 결정으로 드론의 **대중화**를 둘러싼 논란이 잠잠해졌다.
(52회 읽기 47번)

**추천** 전통적인 클래식 음악이 대중화를 꾀하고 있다.

**표현** 대중화를 하다, 대중화가 되다  **유의** 보편화  **반의** 탈대중화

# TOPIK II

**0276 등장인물**
- character
- 登場人物
- 登场人物
- nhân vật xuất hiện trong một tác phẩm

**기출** 이번 작품에서도 주인공의 성격과 **등장인물**들과의 관계 등을 한국 정서에 맞게 표현하려고 많은 애를 썼습니다. (41회 듣기 20번)

**추천** 관객은 배우의 표정을 통해 등장인물을 더 깊이 이해하게 된다.

**표현** 등장인물 이름, 등장인물의 대화, 등장인물의 성격  **유의** 캐릭터, 배우

---

**0277 또한**
- also
- その上
- 并且, 也
- hơn nữa, vả lại

**기출** 다른 것은 다른 것을 보완하고 완성시키며 성장케 하는 조력자이다. **또한** 서로 다른 것의 결합은 기존의 것과 구별되는 창조의 원천이다. (37회 읽기 48번)

**추천** 스트레스가 사라지면 마음이 편안해지고 또한 몸도 건강해진다.

**유의** 또, 그리고, 게다가

---

**0278 말다**
- do not
- ない
- 不, 别
- đừng

**기출** 칭찬은 그 방법 역시 중요하다는 것을 잊지 **말아야** 할 것이다. (47회 쓰기 54번)

**추천** 무슨 일이 있으면 혼자 걱정하지 말고 얘기하도록 하세요.

**표현** 걱정을 말다, 염려를 말다, 주저하지 말다  **유의** 그만두다, 아니하다

---

**0279 무료하다**
- bored
- 退屈だ
- 无聊
- tẻ nhạt

**기출** 어떤 사람들은 경제적 여유를 얻게 되면서 삶의 **무료함**을 느끼기도 한다. (52회 읽기 37번)

**추천** 오랜만에 휴가를 얻었는데 할 일이 없어 무료하다.

**표현** 무료한 시간, 무료함을 느끼다, 무료하게 보내다

**유의** 심심하다, 지루하다  **반의** 바쁘다

---

**0280 바탕**
- basis
- 基
- 根据
- nền tảng

**기출** 환경 오염 실태에 대해 자료를 **바탕**으로 분석하고 있다. (52회 듣기 47번)

**추천** 이 영화는 실제 일어난 사건을 바탕으로 제작되었다.

**표현** 바탕으로 만들다, 바탕으로 제작되다, 바탕이 되다  **유의** 근본, 근간

## 0281 반영하다
- reflect
- 反映する
- 反映
- phản ánh

(기출) 소비자들의 심리를 **반영한** 백화점의 매출 전략이 호응을 얻고 있다.
(52회 읽기 25번)

(추천) 지역 주민의 의견을 반영해서 새로운 공원 조성을 계획하고 있습니다.

(표현) 의견을 반영하다, 국정에 반영하다, 예산에 반영하다  (유의) 나타내다

## 0282 배려
- consideration
- 配慮
- 体谅
- sự quan tâm

(기출) 서투른 **배려**는 상대에게 상처를 줄 수 있음을 알아야 한다.
(41회 읽기 36번)

(추천) 형제 간에도 서로를 배려하면 싸울 일이 없다.

(표현) 극진한 배려, 배려심, 배려를 받다

## 0283 불황
- economic depression
- 不況
- 不景气
- sự khủng hoảng

(기출) **불황**에도 업체 간 경쟁 때문에 포도주의 소비가 늘었다.
(41회 읽기 26번)

(추천) 장기간의 경제 불황으로 인해 폐업하는 가게들이 늘고 있다.

(표현) 세계 불황, 장기 불황, 불황을 극복하다  (유의) 불경기  (반의) 호황

## 0284 비율
- proportion
- 比率
- 比率
- tỷ lệ

(기출) 용돈 중 물건 구입비의 **비율**이 가장 낮았다.
(83회 읽기 10번)

(추천) 남녀 간의 성 비율이 비슷해지고 있다.

(표현) 비율이 높다, 비율이 증가하다, 비율을 계산하다  (유의) 비

## 0285 비판하다
- criticize
- 批判する
- 批评
- phê phán

(기출) 성대하고 까다로운 제사 준비 탓에 유교 예법을 **비판하는** 사람들이 많다.
(64회 읽기 44번)

(추천) 사회 문제를 적나라하게 비판하는 영화들이 제작되고 있다.

(표현) 비판하는 의견, 모순을 비판하다, 잘못을 비판하다  (유의) 비평하다

# TOPIK II

**0286 사관**
- royal historiographer
- 史官
- 史官
- sử thần

**기출** 조선 시대에는 역사를 기록하는 **사관**이 있었다.
(41회 읽기 33번)

**추천** 사관은 왕이 하는 모든 말과 당시의 사건들을 기록하였다.

---

**0287 식품**
- food
- 食品
- 食品
- thực phẩm

**기출** 사람들은 꿀이 건강에 좋은 **식품**이라고 생각한다.
(41회 읽기 37번)

**추천** 아버지는 요즘 홍삼같이 건강에 도움을 주는 식품을 챙겨 드신다.

**표현** 건강식품, 식품 업계, 식품 가게　**유의** 식료

---

**0288 심리**
- psychology, mentality
- 心理
- 心理
- tâm lý

**기출** 수면 장애는 인간의 **심리**에 영향을 미친다.
(52회 듣기 37번)

**추천** 경제 불황으로 불안 심리가 심화되어 투자가 위축되었다.

**표현** 투자 심리, 소비자의 심리, 심리를 파악하다　**유의** 내면

---

**0289 연락하다**
- contact
- 連絡する
- 联系, 联络
- liên lạc

**기출** 그럼 인사과에 **연락해서** 추가 지원을 받을 수 있는지 알아보세요.
(52회 듣기 12번)

**추천** 변동 사항이 생기는 즉시 행정실로 연락하시기 바랍니다.

**표현** 부모님께 연락하다, 직접 연락하다　**유의** 전하다, 의사소통하다

---

**0290 예산**
- budget
- 予算
- 预算
- dự toán

**기출** 투자 **예산** 확대나 세금 감면 혜택 등을 통해 창의 기업 활동의 길을 활짝 열 것이다.
(52회 읽기 48번)

**추천** 국회는 내년도 예산을 짜고 있다.

**표현** 예산을 마련하다, 예산을 쓰다, 예산을 짜다　**유의** 결산

### 0291 **외로움**
- loneliness
- 寂しさ
- 孤单，寂寞
- sự cô đơn

**기출** 혼자 사는 사람들이 많아지면서 **외로움**을 이겨 내는 '고독력'이 주목을 끌고 있다.
(47회 읽기 37번)

**추천** 타국에서 고향의 가족을 생각하니 외로움이 쌓인다.

**표현** 외로움을 느끼다, 외로움을 달래다, 외로움을 이기다   **유의** 고독

---

### 0292 **요구하다**
- demand, require
- 要求する
- 要求
- yêu cầu

**기출** 특히 제도의 정책적 보완을 강력히 **요구하고** 있다.
(52회 읽기 50번)

**추천** 학생들은 학교에 등록금 인하를 요구했다.

**표현** 대가를 요구하다, 몸값을 요구하다, 보상을 요구하다   **유의** 요청하다

---

### 0293 **우려하다**
- be concerned
- おそれる
- 忧虑
- âu lo

**기출** 지역 친화적 서비스가 특정 지역에 쏠릴 것을 **우려하고** 있다.
(64회 읽기 50번)

**추천** 아버지는 내가 나쁜 친구들과 어울리지 않을까 우려했다.

**표현** 우려하던 사태, 경제 위기를 우려하다   **유의** 걱정하다, 근심하다

---

### 0294 **운영하다**
- operate, run
- 運営する
- 经营，运营
- vận hành

**기출** 이 박물관에서는 자체적으로 식당을 **운영하고** 있다.
(52회 듣기 24번)

**추천** 구청에서 진로 상담 프로그램을 운영하고 있습니다.

**표현** 가게를 운영하다, 기업을 운영하다, 식당을 운영하다   **유의** 경영하다

---

### 0295 **이용하다**
- use
- 利用する
- 利用
- sử dụng

**기출** 모래시계는 모래를 **이용해** 일정 단위의 시간을 재는 기구이다.
(83회 읽기 15번)

**추천** 이 시설은 단체만 이용할 수 있습니다.

**표현** 이용한 기술, 도구를 이용하다, 에너지를 이용하다   **유의** 다루다, 쓰다

# TOPIK II

## 0296 인물
- person, figure
- 人物
- 人物
- nhân vật

**기출** 수백 명의 취재진이 화제의 **인물**에게 몰려들 경우 사고가 발생해 취재를 망칠 수 있다. (64회 읽기 30번)

**추천** 이 소설은 실존 인물의 실화를 바탕으로 하고 있다.

**표현** 등장인물, 훌륭한 인물, 인물이 좋다    **유의** 인재, 위인

## 0297 인생
- life
- 人生
- 人生
- nhân sinh, cuộc đời

**기출** 작은 사건을 계기로 **인생**이 바뀌는 사람들이 있잖아. (47회 듣기 27번)

**추천** 그는 음악에 인생을 바쳤다.

**표현** 인생관, 행복한 인생, 인생을 바치다    **유의** 삶, 일생

## 0298 일어나다
- happen, occur
- 起きる
- 发生
- nảy sinh ra

**기출** 지진이나 화산 폭발 같은 자연재해가 **일어난다**. (47회 듣기 43번)

**추천** 도대체 여기서 무슨 일이 일어난 거지?

**표현** 사고가 일어나다, 소동이 일어나다, 혁명이 일어나다    **유의** 발생하다, 생기다

## 0299 잇따르다
- occur in succession
- 続く
- 接连
- xảy ra liên tiếp

**기출** 한류 배우가 큰 인기를 얻으면서 해외 광고 출연 요청이 **잇따르고** 있다. (47회 읽기 25번)

**추천** 자동차가 빗길에 미끄러지면서 잇따라 충돌했다.

**표현** 잇따른 행운, 도움이 잇따르다, 비난이 잇따르다    **유의** 연달다, 연잇다

## 0300 자원
- resource
- 資源
- 资源
- tài nguyên

**기출** 해파리는 잡기 어려운 먹이 **자원**이다. (64회 읽기 20번)

**추천** 지구상의 자원은 한정되어 있다는 사실을 꼭 기억해야 한다.

**표현** 소중한 자원, 제한된 자원, 한정된 자원    **유의** 물자**

## 0301 장르
- artistic genre, type
- ジャンル
- 类型，体裁
- thể loại

**기출** 사람들은 연극과 뮤지컬을 혼자 보는 **장르**로 생각한다.
(52회 읽기 12번)

**추천** 제가 좋아하는 문학 장르는 소설입니다.

**표현** 문학의 장르, 영화의 장르, 다양한 장르  **유의** 분야, 갈래

---

## 0302 적극적
- active
- 積極的
- 积极的
- tính tích cực

**기출** 카페를 열 때 아파트 주민들이 **적극적**으로 도왔다.
(60회 읽기 12번)

**추천** 많은 기업이 태양광 시설에 적극적으로 투자하고 있다.

**표현** 적극적인 자세, 적극적인 태도, 적극적인 행동  **유의** 건설적  **반의** 소극적

---

## 0303 전국
- across the nation
- 全国
- 全国
- toàn quốc

**기출** 이들은 씨앗 하나를 구하기 위해 **전국** 곳곳을 찾아다닌다.
(60회 읽기 18번)

**추천** 오늘은 전국에 걸쳐 비가 내리겠습니다.

**표현** 전국 공연, 전국 대회, 전국 방방곡곡

---

## 0304 제기하다
- raise
- 提起する
- 提出
- nêu ra đưa ra

**기출** 왜 작사가와 작곡가들이 야구단에 소송을 **제기한** 건가요?
(60회 듣기 39번)

**추천** 친구는 교실 수업의 문제점을 제기하였다.

**표현** 반론을 제기하다, 의문을 제기하다, 의혹을 제기하다  **유의** 제의하다

---

## 0305 조선 시대
- Joseon Dynasty
- 朝鮮時代
- 朝鲜时代
- thời đại Choson thời đại Triều Tiên (một thời kỳ lịch sử của Hàn Quốc)

**기출**  정치 형태의 문제점을 분석하고 있다.
(52회 듣기 50번)

**추천**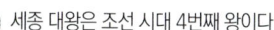

# TOPIK II

**0306 줄어들다**
- diminish, decrease
- 減る
- 减少
- giảm đi

(기출) 한류 배우는 떨어진 인기로 해외 광고에 출연할 기회가 **줄어들었다**.
(47회 읽기 25번)

(추천) 야식을 끊고 나니 몸무게가 줄어들었다.

(표현) 숫자가 줄어들다, 인구가 줄어들다, 급격히 줄어들다   (유의) 늘어나다

**0307 증가**
- increase, growth
- 増加
- 增加
- sự gia tăng

(기출) 불황에도 포도주 소비 **증가** 때문에 포도주의 판매 경쟁이 심해졌다.
(42회 읽기 26번)

(추천) 자동차 수의 증가로 인해 대기 오염의 문제가 심각해졌다.

(표현) 실업률 증가, 인구 증가, 지출 증가   (유의) 감소

**0308 지원하다**
- support
- 支援する
- 支援，支持
- hỗ trợ

(기출) 정부에서 드론 산업을 적극 **지원하는** 이유는 이 기술을 적용할 수 있는 분야가 무궁무진하기 때문이다. (47회 읽기 46번)

(추천) 정부는 기업의 해외 투자를 지원한다.

(표현) 지원한 물품, 단체를 지원하다, 자금을 지원하다   (유의) 뒷받침하다

**0309 진정하다**
- genuine, real
- 真正だ
- 真正
- chân tình

(기출) 우리는 우화를 통해 **진정한** 배려가 무엇인지 배울 수 있다.
(41회 읽기 36번)

(추천) 아버지의 진정한 사랑을 느꼈다.

(표현) 진정한 가치, 진정한 답, 진정한 목표   (유의) 진실하다, 바르다

**0310 출연하다**
- appear
- 出演する
- 出演
- trình diễn, biểu diễn

(기출) 뮤지컬은 보통 한 역할에 여러 명의 배우들이 **출연한다**.
(64회 읽기 18번)

(추천) 그 배우는 해외에서 출연해 달라는 요청을 받았다.

(표현) 출연한 배우, 여배우가 출연하다, 광고에 출연하다   (유의) 나오다

## 0311 충돌
- collision
- 衝突
- 冲突
- sự xung đột

**기출** 집단 간의 **충돌**을 조정할 도덕적 기준이 필요하다.
(47회 듣기 49번)

**추천** 두 사람은 회의 때마다 상반된 의견으로 충돌을 일으킨다.

**표현** 유혈 충돌, 의견 충돌, 자동차 충돌   **유의** 마찰

---

## 0312 통계
- statistics
- 統計
- 统计
- sự thống kê

**기출** 현대인들은 **통계**를 이용해 실상을 파악하는 경우가 많다.
(52회 읽기 35번)

**추천** 통계는 기준 설정에 따라 다양하게 해석될 수 있다.

**표현** 통계 결과, 통계 조사, 통계를 내다

---

## 0313 판매
- sales
- 販売
- 销售
- sự bán hàng

**기출** 출판물의 **판매**를 늘리기 위해 영상물을 활용한 홍보가 필요하다.
(60회 읽기 37번)

**추천** 그 제품은 판매 가격이 너무 높게 책정된 것 같다.

**표현** 예약 판매, 판매 가격   **반의** 구입

---

## 0314 표현하다
- express
- 表現する
- 表现，表达
- biểu hiện

**기출** 이 작가는 어린이들이 꿈꾸고 상상하는 세계를 그림으로 잘 **표현해** 낸다는 평을 받았다. (83회 읽기 11번)

**추천** 지금 내가 얼마나 행복한지 말로 다 표현할 수가 없다.

**표현** 존경을 표현하다, 한을 표현하다, 그림으로 표현하다   **유의** 나타내다

---

## 0315 피하다
- avoid
- 避ける
- 躲避
- né tránh

**기출** 그 고통을 **피하려고만** 하니까 현재의 손실을 제대로 파악하지 못하는 거죠.
(41회 듣기 41번)

**추천** 그 친구가 갑자기 나를 피하는 이유를 모르겠다.

**표현** 접촉을 피하다, 책임을 피하다, 마찰을 피하다   **유의** 멀리하다

**반의** 맞서다

# TOPIK II

**0316 한계**
- limit
- 限界
- 限制
- sự hạn chế

**기출** 사진은 식물의 미세 구조까지 표현하는 데에 **한계**가 있습니다. (41회 듣기 37번)

**추천** 인간의 능력에는 한계가 없다고 생각한다.

**표현** 한계 상황, 한계가 드러나다, 한계가 없다  **유의** 경계

---

**0317 형태**
- form
- 形態
- 形态
- hình thái

**기출** 1인 미디어 시대가 되면서 개인 방송을 이용한 새로운 시장 **형태**가 등장해 주목받고 있다. (64회 읽기 46번)

**추천** 유럽과 아시아는 역사적으로 각기 다른 정치 형태를 발전시켜 왔다.

**표현** 새로운 형태, 형태가 다양하다, 형태를 갖추다

---

**0318 혜택**
- benefit
- 恵沢
- 福利, 优惠
- sự ưu đãi

**기출** 투자 예산 확대나 세금 감면 **혜택** 등을 통해 창의 기업 활동의 길을 활짝 열 것이다. (47회 읽기 48번)

**추천** 건강 보험으로 많은 국민들이 의료 혜택을 누리고 있다.

**표현** 혜택을 누리다, 혜택을 얻다, 혜택이 있다  **유의** 덕분, 덕택

---

**0319 활성화**
- invigoration, activation
- 活性化
- 促进
- sự hoạt tính hóa, sự thúc đẩy

**기출** 경제 **활성화**를 위한 다양한 시도의 긍정적 측면을 인정하고 있다. (47회 읽기 50번)

**추천** 양국 간의 문화 교류 활성화를 위해 최선을 다하고 있다.

**표현** 경제 활성화, 투자 활성화, 문화생활의 활성화  **반의** 비활성화

---

**0320 회전하다**
- spin
- 回転する
- 旋转
- quay vòng tròn

**기출** 공은 회전을 주는 방향에 따라 **회전하는** 방향과 떨어지는 정도가 다르다. (41회 읽기 46번)

**추천** 달은 지구의 주변을 회전한다.

**표현** 날개가 회전하다, 바퀴가 회전하다, 주변을 회전하다  **유의** 돌다, 순환하다

## 0321 가입하다
- sign up
- 加入する
- 加入
- gia nhập

**기출** 인터넷으로 회원 **가입할** 때 설정하는 비밀번호는 초기에는 숫자 네 개면 충분했다.
(52회 읽기 19번)

**추천** 핸드폰 사용을 위해 통신사에 가입했다.

**표현** 회원으로 가입하다, 보험에 가입하다, 동호회에 가입하다

**유의** 들다  **반의** 탈퇴하다

## 0322 강의
- lecture
- 講座
- 演讲
- việc giảng dạy

**기출** 여자는 지역 문화 센터에서 매주 **강의**를 한다.
(41회 듣기 16번)

**추천** 김 교수님의 강의는 온라인으로 진행되어 학교에 가지 않아도 된다.

**표현** 교양 강의, 강의 계획, 강의 자료  **유의** 강연

## 0323 건축
- construction
- 建築
- 建筑
- kiến trúc

**기출** 연극인들을 위한 극장 **건축**을 다짐하고 있다.
(83회 듣기 35번)

**추천** 이 지역은 아파트 건축 공사가 한창이다.

**표현** 건축 전문가, 도서관 건축, 건축을 맡다  **유의** 건설  **반의** 파괴

## 0324 경품
- free gift
- 景品
- 赠品, 奖品
- tặng phẩm

**기출** 소비자들은 무료로 주는 **경품**의 품질을 믿지 않는다.
(47회 읽기 38번)

**추천** 백화점에서 경품 행사를 진행 중이다.

**표현** 경품 행사, 무료 경품, 경품을 받다

## 0325 계기
- opportunity, chance
- 契機
- 契机
- dấu mốc, bước ngoặt

**기출** 이 제도의 도입을 **계기**로 조직 문화의 개선을 위하여 다양한 유형의 시도를 계속할 것이라고 밝혔다. (41회 읽기 39번)

**추천** 이 일을 시작하신 계기가 무엇입니까?

**표현** 계기가 되다, 사건의 계기, 시작한 계기  **유의** 동기, 원인

# TOPIK II

**0326 고민하다**
- agonize
- 悩む
- 考虑
- khổ tâm lo lắng

(기출) 퇴직하고 어떻게 노후를 보낼까 **고민하고** 있었어요.
(41회 듣기 16번)
(추천) 현재 대학원 진학을 고민하고 있어요.
(표현) 진로를 고민하다, 취업을 고민하다, 진학을 고민하다
(유의) 걱정하다, 염려하다

---

**0327 구입하다**
- purchase
- 購入する
- 购买
- mua vào

(기출) 날씨의 영향으로 백화점에서 물건을 **구입하는** 사람들이 많아졌다.
(52회 읽기 25번)
(추천) 온라인 수업에 참여하기 위해 컴퓨터를 구입하려고 해요.
(표현) 식료품을 구입하다, 옷을 구입하다, 제품을 구입하다
(유의) 사다  (반의) 판매하다

---

**0328 깨다**
- sober up, wake up
- 覚める
- 醒
- tỉnh lại

(기출) 아기가 자고 있어서 **깨지** 않게 조용히 방 안으로 들어갔다.
(41회 읽기 3번)
(추천) 그는 술에서 깬 후에 자신의 실수를 후회했다.
(표현) 잠이 깨다, 술이 깨다, 아이가 깨다  (유의) 깨어나다  (반의) 자다, 잠들다

---

**0329 남다**
- remain
- 残る
- 剩
- còn lại

(기출) 기한이 얼마 **남지** 않은 티켓이라도 모바일 시장을 이용하면 판매할 수 있다.
(47회 읽기 31회)
(추천) 어제 먹다 남은 음식을 냉장고에 보관하지 않았더니 상해 버렸다.
(표현) 남은 음식, 시간이 남다  (유의) 충분하다  (반의) 모자라다, 부족하다

---

**0330 노동**
- labor
- 労働
- 劳动
- sự lao động

(기출) 기본 소득은 **노동**에 대한 최소한의 대가를 보장하는 것이다.
(52회 듣기 47회)
(추천) 우리는 노동에 비해 임금을 적게 받는 것 같다.
(표현) 육체적 노동, 정신노동, 노동 시간  (유의) 노무, 근로  (반의) 휴식

**0331 노인**
- old person, senior citizen
- 老人
- 老人
- người già

[기출] 노인들은 마을 주민들의 도움에 만족해하고 있다. (41회 읽기 27번)
[추천] 우리 할아버지는 노인 대학에 다니신다.
[표현] 노인 공경, 노인 대학, 노인이 되다 [유의] 노년 [반의] 젊은이

**0332 단계**
- step
- 段階
- 阶段
- giai đoạn

[기출] 추상 활동의 단계는 추상화의 창작 과정에 잘 나타난다. (47회 읽기 44번)
[추천] 우리는 아이의 발달 단계에 맞는 교육 프로그램을 제공하고 있다.
[표현] 단계가 높다, 한 단계 나아가다, 단계를 높이다 [유의] 경로, 과정

**0333 담다**
- put into
- 込める
- 盛, 含
- chứa đựng

[기출] 작가는 따뜻한 한 끼의 음식과 그것을 만들기까지 수고한 사람들에 대한 이야기를 담고 싶었던 것이다. (52회 읽기 40번)
[추천] 작은 선물이지만 제 마음을 담았습니다.
[표현] 마음을 담다, 그릇에 담다, 마음에 담다 [유의] 넣다 [반의] 덜다

**0334 대책**
- countermeasure
- 対策
- 对策
- đối sách

[기출] 정부가 대책을 세워 노력했으나 출산율은 다시 떨어졌다. (60회 읽기 25번)
[추천] 노후에 어떻게 먹고 살지 대책을 마련해야 한다.
[표현] 대책을 세우다, 대책 마련, 대책 수립 [유의] 방안

**0335 더욱**
- more
- もっと
- 更加
- hơn nữa, càng hơn nữa

[기출] 우리는 시련이나 고난이 닥쳤을 때일수록 더욱 긍정적으로 생각할 필요가 있다. (37회 쓰기 52번)
[추천] 비가 더욱 세차게 몰아쳤다.
[표현] 더욱 노력하다, 더욱 늘어나다, 더욱 발전하다 [유의] 더욱더

# TOPIK II

**0336 동기**
- motive
- 動機
- 动机
- động cơ

[기출] 우리는 공부나 일을 할 때 **동기**가 분명히 있어야 더 잘 실행할 수 있습니다.
(36회 쓰기 54번)

[추천] 한국어를 공부하게 된 동기가 뭐예요?

[표현] 학습 동기, 동기 부여, 동기가 있다　[유의] 모티브, 원인　[반의] 결과

---

**0337 동의하다**
- agree
- 同意する
- 同意
- đồng ý

[기출] 상대방의 의견에 일부 **동의하고** 있다.
(41회 듣기 32번)

[추천] 다수결에 따라 다수자가 동의한 의견이 채택되었다.

[표현] 주장에 동의하다, 의견에 동의하다, 생각에 동의하다

[유의] 동조하다　[반의] 반대하다

---

**0338 동호회**
- club
- 同好会
- 社团
- hội người cùng sở thích

[기출] 취미가 같은 친구와 **동호회**를 만들었다.
(37회 듣기 17번)

[추천] 회사 동호회 활동은 직장 생활에 도움이 된다.

[표현] 동호회 회원, 테니스 동호회, 동호회에 가입하다　[유의] 써클

---

**0339 만족도**
- satisfaction level
- 満足度
- 满意度
- độ hài lòng

[기출] 호텔은 고객 **만족도**는 높은 데 비해 이용 후기는 적은 편이잖아요.
(64회 듣기 21번)

[추천] 이것은 본사의 신제품에 대한 고객 만족도 조사 결과입니다.

[표현] 고객 만족도, 만족도가 높다, 만족도를 높이다　[반의] 불만족도

---

**0340 무대**
- stage
- 舞台
- 舞台
- vũ đài, sân khấu

[기출] 배우가 **무대**에서 관객들을 향해 혼잣말을 하고 있죠?
(52회 듣기 41번)

[추천] 소극장은 무대와 관객의 거리가 아주 가깝다.

[표현] 무대에 오르다, 무대에 서다, 무대를 마련하다

[유의] 스테이지　[반의] 객석

## 0341 문명
- civilization
- 文明
- 文明
- văn minh

**기출** 인류는 판의 경계에 고대 **문명**을 건설했다.
(41회 듣기 43번)

**추천** 이집트는 나일강을 중심으로 일찍이 화려한 문명을 꽃 피웠다.

**표현** 문명사회, 고대 문명, 세계 문명　**유의** 문화, 문물　**반의** 야만, 미개

## 0342 묻다
- ask
- 問う
- 问
- hỏi

**기출** 남자는 호텔까지 가는 길에 대해 **묻고** 있다.
(47회 듣기 23회)

**추천** 모르는 것이 있으면 언제든지 물어보세요.

**표현** 방법을 묻다, 견해를 묻다, 의견을 묻다

**유의** 질문하다, 문의하다　**반의** 대답하다

## 0343 뮤지컬
- musical
- ミュージカル
- 音乐剧
- nhạc kịch

**기출** 사람들은 연극과 **뮤지컬**을 혼자 보는 장르로 생각한다.
(52회 읽기 12번)

**추천** 앞으로 뮤지컬 배우가 되고 싶다.

**표현** 뮤지컬 배우, 뮤지컬 공연, 뮤지컬을 보다

## 0344 반면
- on the other hand
- 反面
- 另一方面
- trái lại

**기출** 요즘 아빠들은 아이들에게 친구 같은 존재가 되고 싶어 한다. **반면** 아이의 인성이 완성되는 청소년기에는 '권위 있는 아빠'의 역할도 중요하다. (47회 읽기 19번)

**추천** 오빠는 키가 작은 반면 운동을 잘한다.

**유의** 반대로, 그러나

## 0345 반복하다
- repeat
- 繰り返す
- 反复
- lặp lại

**기출** 중부 지방은 내일까지 비가 내렸다 그쳤다를 **반복할** 것이다.
(37회 읽기 25번)

**추천** 같은 실수를 반복하지 말아야 한다.

**표현** 같은 말을 반복하다, 반복해서 보다, 실수를 반복하다

**유의** 되풀이하다, 거듭하다

# TOPIK II

**0346 북극곰**
- polar bear
- 北極熊
- 北极熊
- gấu Bắc cực

**기출** 북극곰은 고지방 식사에 빨리 적응한 동물이다.
(41회 읽기 34번)

**추천** 지구 온난화로 인해 북극곰이 살 곳을 잃고 있다.

**표현** 북극곰 서식 지역, 북극곰을 포획하다, 북극곰을 구경하다

---

**0347 비결**
- secret
- 秘訣
- 秘诀
- bí quyết

**기출** 그 비결들을 가지고 실험실에서 다양한 실험을 수없이 반복했습니다.
(47회 듣기 29번)

**추천** 사장님의 성공 비결은 무엇입니까?

**표현** 성공 비결, 건강 비결, 비결을 공개하다　**유의** 노하우, 비법

---

**0348 색상**
- color
- 色
- 色彩
- màu sắc

**기출** 어두운 색상의 옷을 입으니 날씬해 보이네요.
(36회 읽기 34번)

**추천** 이 수표는 문자의 색상 변화를 통해 위조를 방지한다.

**표현** 화려한 색상, 밝은 색상, 색상을 고르다　**유의** 색깔, 빛깔

---

**0349 생산**
- production
- 生産
- 生产
- việc sản xuất

**기출** 제2공장이 반도체 생산을 시작했지만 공급이 안정될지는 불확실하다.
(60회 읽기 27번)

**추천** 제품 생산을 대량으로 하여 제품 가격을 낮췄다.

**표현** 상품 생산, 생산 환경, 생산 공장　**유의** 제조　**반의** 소비

---

**0350 성장하다**
- grow
- 成長する
- 成长
- tăng trưởng, trưởng thành

**기출** 아동에서 어른으로 넘어가는 이 시기에 많은 청소년들은 혼란과 방황을 겪으며 성장한다. (64회 쓰기 54번)

**추천** 아이는 어려운 환경에서도 훌륭하게 성장했다.

**표현** 아이가 성장하다, 건강하게 성장하다, 훌륭하게 성장하다　**유의** 자라다, 크다

## 0351 소리
- sound
- 音, 声
- 声音，音
- âm thanh

**기출** 옛날에는 책을 눈으로만 읽지 않고 몸을 움직이며 가락에 맞추어 **소리** 높여 읽었다. (47회 읽기 39번)

**추천** 교실에서 아이들의 떠드는 소리가 들려왔다.

**표현** 소리를 지르다, 소리를 높이다, 음악 소리

## 0352 수준
- level
- 水準
- 水平
- tiêu chuẩn

**기출** 저는 일반인의 **수준**에서 전문가들에게 끊임없이 질문합니다. (60회 듣기 20번)

**추천** 이 지역의 주민들은 교육 수준이 높다.

**표현** 수준이 낮다, 수준을 높이다, 목표 수준  **유의** 정도, 표준

## 0353 수질
- water quality
- 水質
- 水质
- chất lượng nước

**기출** 물고기는 **수질** 오염 정도를 보여 준다. (52회 읽기 33번)

**추천** 수질 검사에서 불합격한 물은 마실 수 없습니다.

**표현** 수질이 나쁘다, 수질이 떨어지다, 수질 오염

## 0354 시청률
- television ratings
- 視聽率
- 收视率
- tỉ lệ người xem

**기출** 드라마 음악을 시청자와 함께 만들어 **시청률**에 긍정적인 영향을 주었다. (52회 읽기 27번)

**추천** 이 드라마는 올해 최고의 시청률을 기록했다.

**표현** 높은 시청률, 시청률 경쟁, 시청률이 높다  **유의** 청취율

## 0355 시청자
- viewer
- 視聽者
- 观众
- khán giả, người xem truyền hình

**기출** **시청자**에게 익숙한 음악을 활용해 드라마의 시청률을 높이려고 했다. (52회 읽기 27번)

**추천** 새로운 드라마가 시청자의 눈길을 사로잡았다.

**표현** 시청자 의견, 시청자 퀴즈, 시청자가 되다  **유의** 관객

# TOPIK II

**0356 신경**
- nerve
- 神経
- 神经
- tâm trí, đầu óc, thần kinh

**기출** 기업 행사를 기획할 때는 어떤 부분에 신경을 써야 하나요?
(64회 듣기 20번)

**추천** 그 일에 신경을 쓰다 보니까 다른 일을 할 수가 없다.

**표현** 신경(을) 쓰다, 신경이 쓰이다, 신경 쇠약

---

**0357 실패**
- failure
- 失敗
- 失败
- thất bại

**기출** 장기 이식 기술의 실패 원인을 진단하고 있다.
(60회 듣기 50번)

**추천** 여러 번의 실패에도 불구하고 포기하지 않고 계속 도전했다.

**표현** 실패를 겪다, 성공과 실패, 실패 경험  **유의** 패배  **반의** 성공

---

**0358 알려지다**
- be well known
- 知らされる
- 为人所知
- được biết đến

**기출** 나방에 대해 잘못 알려져 있는 부분이 많다.
(52회 듣기 43번)

**추천** 한 연예인의 선행이 언론에 알려졌다.

**표현** 비리가 알려지다, 사실이 알려지다, 널리 알려지다

---

**0359 언어**
- language
- 言語
- 语言
- ngôn ngữ

**기출** 이모티콘의 지속적인 사용은 언어 표현력을 떨어뜨릴 수 있다.
(41회 읽기 35번)

**추천** 동물들의 언어는 인간의 언어와 다르다.

**표현** 언어 능력, 언어 표현력, 언어를 구사하다  **유의** 말

---

**0360 예술**
- art
- 芸術
- 艺术
- nghệ thuật

**기출** 이런 예술 작품을 통해 자신만의 예술 세계를 구축하였다.
(41회 읽기 29번)

**추천** 인생은 짧고 예술은 길다.

**표현** 예술 교류, 예술 분야, 예술 세계

## 0361 위험
- danger
- 危険
- 危险
- sự nguy hiểm

**기출** 편도체가 손상된 쥐는 천적에 대한 기억이 없어 **위험**에 그대로 노출된다.
(83회 듣기 43번)

**추천** 폭풍으로 배가 위험에 처했다.

**표현** 위험에 처하다, 위험에 빠지다, 위험 지역   **반의** 안전

## 0362 의약품
- medicine
- 医薬品
- 医药品
- y dược phẩm, sản phẩm y tế

**기출** 환자들은 의료 기관에 방문하지 않고 **의약품**을 처방받을 수 있다.
(52회 읽기 34번)

**추천** 이 의약품은 전문 의사의 처방전이 필요합니다.

**표현** 의약품을 제공하다, 의약품을 취급하다, 의약품을 보관하다

## 0363 이력서
- resume
- 履歴書
- 履历表
- bản lý lịch

**기출** **이력서**에 있는 개인 정보가 공정한 선발을 방해할 수 있다.
(47회 듣기 37번)

**추천** 취업을 위해 이력서를 쓰고 있다.

**표현** 이력서를 쓰다, 이력서를 제출하다, 이력서를 내다

## 0364 이모티콘
- emoticon
- 絵文字スタンプ
- 表情符号
- biểu tượng cảm xúc

**기출** 메일을 쓰거나 문자 메시지를 주고받을 때 **이모티콘**을 통해 감정을 표시한다.
(41회 읽기 35번)

**추천** 이모티콘으로 내 기분을 표현할 수 있어요.

**표현** 이모티콘을 사용하다, 이모티콘을 넣다

## 0365 이어지다
- continue
- 続く
- 接着
- được nối tiếp

**기출** 끊임없이 **이어지는** 길 위에서 자신도 변화하고 성장한다고 말한다.
(47회 읽기 40번)

**추천** 영화표를 사려는 줄이 길게 이어졌다.

**표현** 길게 이어지다, 아래로 이어지다   **유의** 걸치다, 통하다   **반의** 끊어지다

# TOPIK II

**0366 장학금**
- scholarship
- 奨学金
- 奖学金
- tiền học bổng

(기출) 최근 한 할아버지가 거리를 청소하면서 모은 돈 100여 만 원을 **장학금**으로 내놓았다. (41회 읽기 21번)

(추천) 영호는 성적 우수 장학금을 받았다.

(표현) 성적 장학금, 장학금을 받다, 장학금 수여

---

**0367 재배하다**
- cultivate
- 栽培する
- 栽培
- trồng trọt

(기출) 정원에서 **재배하는** 식물은 판매하지 않는다. (52회 듣기 30번)

(추천) 할머니는 집 앞 텃밭에서 고추를 재배하신다.

(표현) 꽃을 재배하다, 채소를 재배하다   (유의) 가꾸다, 기르다, 키우다

---

**0368 전략**
- strategy
- 戦略
- 战略
- chiến lược

(기출) 소비자들의 심리를 반영한 백화점의 매출 **전략**이 호응을 얻고 있다. (52회 읽기 25번)

(추천) 최고의 판매 전략은 소비자에게 친절하게 응대하는 것이다.

(표현) 전략을 짜다, 전략을 세우다, 뛰어난 전략   (유의) 전술

---

**0369 정확하다**
- accurate
- 正確だ
- 正确
- chính xác

(기출) 규약문은 **정확한** 내용 파악이 가장 중요하다. (41회 읽기 38번)

(추천) 문제를 해결하기 위해 빠르고 정확한 판단이 필요하다.

(표현) 정확한 판단, 정확한 표현, 계산이 정확하다

(유의) 분명하다, 명료하다   (반의) 부정확하다

---

**0370 제안하다**
- suggest
- 提案する
- 提议
- đề nghị

(기출) 비즈니스에서 성공하고 싶다면 숫자 활용 감각을 키우라고 **제안하는** 이유가 바로 여기에 있다. (46회 읽기 36번)

(추천) 사장님은 나에게 해외 업무를 제안했다.

(표현) 의견을 제안하다, 일을 제안하다, 진학을 제안하다   (유의) 제언하다, 제의하다

## 0371 제작
- production
- 製作
- 制作
- chế tác

**기출** 야구단에서 작곡가들에게 응원가 제작을 요청했다.
(60회 듣기 39번)

**추천** 홍보 용품으로 수첩 제작을 시작했다.

**표현** 영화 제작, 제작 과정, 제작 기간  **반의** 소모

---

## 0372 조건
- condition
- 条件
- 条件
- điều kiện

**기출** 근무 조건을 중요하게 생각하는 사람이 전체의 반을 넘는다.
(52회 읽기 10번)

**추천** 그는 아무런 조건도 없이 돈을 주었다.

**표현** 조건을 붙이다, 성공 조건, 근무 조건

**유의** 자격, 전제, 요건  **반의** 무조건

---

## 0373 중요성
- importance
- 重要性
- 重要性
- tính quan trọng

**기출** 인격 함양의 중요성을 당부하고 있다.
(52회 듣기 35번)

**추천** 아버지는 항상 가족의 중요성을 강조하셨다.

**표현** 생명의 중요성, 중요성을 느끼다, 중요성을 강조하다  **유의** 가치

---

## 0374 직원
- employee
- 職員
- 职员
- nhân viên

**기출** 직원 교육을 통해 업무의 효율을 높여야 한다.
(83회 듣기 31번)

**추천** 우리 회사는 올해 상반기에 직원을 증원할 예정이다.

**표현** 부하 직원, 동료 직원, 직원 식당  **유의** 사원

---

## 0375 채우다
- fill
- 満たす
- 填
- làm đầy

**기출** 그러나 냉동실은 반대로 음식물을 가득 채우는 것이 좋다.
(30회 읽기 44번)

**추천** 그는 지나치게 욕심을 채우려다가 벌을 받았다.

**표현** 배를 채우다, 자리를 채우다, 욕심을 채우다  **유의** 보충하다  **반의** 비우다

# TOPIK II

**0376 촉구하다**
- urge
- 促す
- 催促
- thúc giục

**기출** 갈등 당사자 모두에게 이익이 돌아가도록 **촉구해야** 한다.
(41회 읽기 48번)

**추천** 새로운 제도의 시행을 촉구하고 있다.

**표현** 답변을 촉구하다, 개혁을 촉구하다, 대책을 촉구하다　**유의** 재촉하다

---

**0377 추상**
- abstract
- 抽象
- 抽象
- sự trừu tượng

**기출** **추상** 활동이란 어떤 대상의 특성을 뽑아내어 파악하는 활동이다.
(47회 읽기 44번)

**추천** 철학에서는 정신적 추상 관념에 대해 중요하게 생각한다.

**표현** 추상 예술, 추상 미술, 추상 활동　**반의** 구체

---

**0378 취업률**
- employment rate
- 就業率
- 就业率
- tỉ lệ tìm được việc

**기출** **취업률**을 높일 수 있는 정부의 실현 가능한 대책이 요구된다.
(35회 읽기 27번)

**추천** 경기 악화로 대학 졸업자의 취업률이 낮아졌다.

**표현** 취업률이 높다, 취업률이 낮다, 취업률을 높이다　**반의** 실업률

---

**0379 측면**
- perspective
- 側面
- 側面, 方面
- phương diện

**기출** 수면 보조 용품 사용은 장기적인 **측면**에서 효과가 있다.
(52회 듣기 38번)

**추천** 사회적 갈등의 긍정적인 측면을 인정하고 있다.

**표현** 측면 공격, 사회적 측면, 다양한 측면　**유의** 방면, 면

---

**0380 치료**
- treatment
- 治療
- 治疗
- sự điều trị, sự trị liệu

**기출** **치료** 초기에는 환자가 편안한 감정을 느끼는 것이 중요하다.
(60회 쓰기 52번)

**추천** 아이는 배가 계속 아파서 병원에서 치료를 받았다.

**표현** 상처 치료, 치료 방법, 치료 시기　**유의** 진료

### 0381 편안하다
- comfortable
- 気楽だ
- 舒服
- bình an

**기출** 초록색은 **편안한** 분위기를 연출하여 마음을 차분하게 가라앉혀 줄 수 있다.
(47회 읽기 28번)

**추천** 아버지는 편안한 휴식을 취하기 위해 고가의 소파를 구입했다.

**표현** 편안한 옷차림, 편안한 분위기, 편안한 느낌

**유의** 편하다  **반의** 불안하다, 혼란하다

### 0382 포기하다
- give up
- 諦める
- 放弃
- từ bỏ

**기출** 선택에 대한 부담으로 구매를 망설이다가 **포기하기도** 한다.
(64회 읽기 15번)

**추천** 어떤 어려움이 있더라도 포기하지 마세요.

**표현** 결혼을 포기하다, 계획을 포기하다, 기회를 포기하다

**유의** 그만두다, 단념하다  **반의** 도전하다

### 0383 피부
- skin
- 皮膚
- 皮肤
- làn da

**기출** 유아의 발달을 위해서는 **피부** 접촉이 중요하다.
(64회 읽기 36번)

**추천** 나는 지성 피부라서 얼굴에 여드름이 잘 난다.

**표현** 피부가 하얗다, 피부가 좋다, 피부 관리  **유의** 살갗

### 0384 합리적
- rational
- 合理的
- 合理的
- tính hợp lý

**기출** '좌석별 가격 차등제'는 관객 입장에서 **합리적**인 제도이다.
(47회 듣기 31번)

**추천** 회사 제품의 생산비를 절약하기 위한 합리적인 방안이 필요하다.

**표현** 합리적 사고, 합리적 의심, 합리적인 생각  **유의** 이성적  **반의** 불합리적

### 0385 현대인
- modern people
- 現代人
- 现代人
- người hiện đại

**기출** **현대인**들은 통계를 이용해 실상을 파악하는 경우가 많다.
(52회 읽기 35번)

**추천** 많은 현대인들이 외로움을 달래기 위해 반려동물을 키운다.

**표현** 바쁜 현대인, 현대인의 스트레스, 현대인의 취미

# TOPIK II

**0386 활용**
- use, utilization
- 活用
- 活用
- sự tận dụng

**기출** 숫자 **활용** 능력은 비즈니스 성패에 중요한 영향을 끼친다. (47회 읽기 36번)
**추천** 컴퓨터 활용 능력은 취업의 필수 요건 중 하나이다.
**표현** 공간 활용, 활용 방법, 활용 계획　**유의** 이용

**0387 개선**
- improvement
- 改善
- 改善
- sự cải thiện

**기출** 동물원 간 교류가 동물의 서식 환경 **개선**을 위한 하나의 방안이 될 수 있을 것이다. (47회 읽기 32번)
**추천** 학생들의 사고력을 키우기 위해 입시 제도의 개선이 필요하다.
**표현** 제도 개선, 의식 개선, 개선 계획　**유의** 개량, 수정

**0388 개성**
- characteristic
- 個性
- 个性
- cá tính

**기출** 선배님은 배우로서 백여 편의 영화에 출연하며 특유의 **개성** 넘치는 연기로 우리를 울고 웃게 했습니다. (64회 듣기 35번)
**추천** 민수는 개성 있는 옷차림으로 사람들의 눈길을 사로잡았다.
**표현** 개성이 강하다, 개성이 뚜렷하다, 개성이 있다　**유의** 특성

**0389 걱정하다**
- worry
- 心配する
- 担心
- lo lắng

**기출** 여자는 아이를 맡길 곳이 없어서 **걱정하고** 있다. (52회 듣기 28번)
**추천** 이번에는 성공할 수 있을 테니까 걱정하지 마세요.
**표현** 가족을 걱정하다, 친구를 걱정하다, 시험을 걱정하다　**유의** 근심하다

**0390 계속하다**
- continue
- 続ける
- 继续
- liên tục

**기출** 한국 기업들이 앞으로도 **계속해서** 발전해 나가기 위해서는 한국인이 가진 장점을 최대화하고 약점을 보완할 수 있는 경영 방식이 필요하다. (41회 읽기 44번)
**추천** 동생이 계속해서 웃는 걸 보니 좋은 일이 있나 보다.
**표현** 계속해서 증가하다, 발전을 계속하다, 일을 계속하다
**유의** 연속하다　**반의** 중단하다, 끊다

## 0391 구매
- purchase
- 購入
- 购买
- sự mua

**기출** 소비자들의 **구매** 욕구가 살아나 백화점 매출이 늘어나고 있다. (52회 읽기 25번)

**추천** 연말을 맞아 백화점에서는 구매 금액별로 사은품을 제공하는 행사를 하고 있다.

**표현** 공동 구매, 충동구매, 구매 장소 **유의** 구입, 매입, 매수 **반의** 판매, 매도

## 0392 구성원
- member
- 構成員
- 成员
- thành viên

**기출** 조직 **구성원**이 맡은 업무는 회사 사정에 따라 유동적이다. (37회 읽기 44번)

**추천** 아버지는 가족 구성원의 의견을 잘 들어준다.

**표현** 사회 구성원, 가족 구성원, 조직 구성원 **유의** 멤버, 성원

## 0393 권리
- right
- 權利
- 权利
- quyền lợi

**기출** 신기술 개발에 힘들게 성공한 사람들이 **권리**를 확보하지 못하는 경우가 자주 발생하곤 한다. (52회 읽기 48번)

**추천** 교육은 국민의 권리이자 의무이다.

**표현** 정당한 권리, 권리를 주장하다, 권리가 있다 **반의** 의무

## 0394 균형
- balance
- 均衡, バランス
- 均衡
- sự cân bằng

**기출** 보수와 진보가 서로 보완하여 상호 **균형**을 이룰 때 경제는 더 발전적인 방향으로 나아갈 수 있을 것이다. (52회 읽기 46번)

**추천** 신체와 정신이 균형 있게 발달해야 한다.

**표현** 균형 있는 발전, 균형을 이루다, 일과 휴식의 균형 **반의** 불균형

## 0395 기념품
- souvenir
- 記念品
- 纪念品
- đồ lưu niệm

**기출** 돌아가실 때에는 식당 입구에서 저희가 준비한 **기념품**을 꼭 받아 가시기 바랍니다. (41회 듣기 14번)

**추천** 여행지를 기억할 수 있도록 그 지역의 특색이 담긴 기념품을 구입한다.

**표현** 기념품을 사다, 기념품 가게, 기념품 증정 **유의** 특산품

# TOPIK II

### 0396 기록물
- archival records
- 記録物
- 记录物
- tài liệu ghi chép lại từ xưa

**기출** 여러분도 잘 아시는 조선왕조실록은 세계적으로 가치를 인정받는 **기록물**이지요.
(47회 듣기 33번)

**추천** 기록물은 수백 년이 지나도 그대로 보존된다.

**표현** 개인 기록물, 기록물을 전시하다, 기록물이 있다

---

### 0397 깨닫다
- realize
- 目覚める
- 觉悟，理解
- ngộ ra, nhận ra

**기출** **깨닫지** 못하는 사이에 다시 일어나 걸을 수 있는 용기를 얻는다.
(47회 읽기 40번)

**추천** 아이가 생기고 나서야 부모의 마음을 깨닫게 되었다.

**표현** 의미를 깨닫다, 가치를 깨닫다, 어렵게 깨닫다  **유의** 알아차리다, 인식하다

---

### 0398 넓히다
- broaden, expand
- 広げる
- 扩大
- mở rộng

**기출** 인도를 **넓히고** 도로의 제한 속도도 낮추면서 사고도 줄어들었습니다.
(52회 듣기 39번)

**추천** 여기는 길을 넓히는 것이 좋을 것 같다.

**표현** 방을 넓히다, 공간을 넓히다, 인도를 넓히다  **반의** 좁히다

---

### 0399 단순히
- simply
- 単純に
- 单纯地
- một cách đơn thuần

**기출** 사람들의 집에 대한 인식이 **단순히** 쉬는 공간에서 질 높은 휴식을 위한 공간으로 바뀌고 있다. (47회 읽기 33번)

**추천** 네가 잘못한 일에 대해서 단순히 생각하고 넘기려고 하면 안 된다.

**표현** 단순히 생각하다, 단순히 인식하다, 단순히 만들다  **반의** 복잡하게

---

### 0400 담기다
- be filled
- こもった
- (被)含
- được chứa đựng

**기출** 조각보에는 복을 기원하는 정성스러운 마음이 **담겨** 있다.
(41회 읽기 32회)

**추천** 결혼하는 친구에게 정성이 담긴 선물을 주며 축하했다.

**표현** 선물에 담기다, 마음이 담기다, 정성이 담기다

## 0401 대중교통
- public transportation
- 公共交通
- 公共交通
- giao thông công cộng

**기출** 계속된 비에 대중교통 이용자가 한꺼번에 몰리면서 출근길이 혼잡해졌다.
(83회 읽기 26번)

**추천** 서울은 대중교통을 이용하는 게 편리하다.

**표현** 대중교통을 이용하다, 대중교통이 발달하다, 대중교통 이용자

## 0402 대처하다
- deal with
- 対処する
- 应对
- đối phó

**기출** 각 회사에 최종 결정 권한을 넘김으로써 시장 변화에 신속히 대처하고 있다.
(52회 읽기 31번)

**추천** 어떤 위기 상황이 발생하더라도 신속하게 대처할 수 있는 판단 능력이 있어야 된다.

**표현** 변화에 대처하다, 위기에 대처하다, 빠르게 대처하다  **유의** 대비하다

## 0403 대체하다
- substitute
- 代替する
- 代替
- thay thế

**기출** 이 포장재는 산소를 제대로 막아 내기 어려워 기존 포장재를 대체하기에는 역부족이었죠. (52회 듣기 45번)

**추천** 여권을 신분증으로 대체할 수 있습니다.

**표현** 대체할 원료, 담당자를 대체하다, 일을 대체하다  **유의** 대신하다

## 0404 도전하다
- challenge
- 挑戦する
- 挑战
- thách thức

**기출** 감독은 계속 도전하는 배우들을 찾는다.
(41회 듣기 36번)

**추천** 여러 번 실패를 했음에도 불구하고 다시 도전해서 성공했다.

**표현** 역경에 도전하다, 시험에 도전하다, 배우에 도전하다

**유의** 맞서다, 대들다  **반의** 포기하다

## 0405 동질성
- homogeneity
- 同質性
- 同质性
- tính đồng chất, tình thuần nhất

**기출** 인류의 지난 문명은 동질성이 지배해 왔다.
(37회 읽기 48번)

**추천** 두 나라에서 문화적 동질성이 발견된 것은 신기한 일이다.

**표현** 동질성이 발견되다, 동질성이 없다, 문화적 동질성  **반의** 이질성

# TOPIK II

**0406 등장**
- appearance
- 登場
- 登场
- sự xuất hiện

(기출) 관객은 방백을 통해 **등장**인물을 더 깊이 이해하게 되죠. (52회 듣기 41번)
(추천) 배우는 무대 뒤에서 등장을 준비하고 있다.
(표현) 등장 배우, 배우의 등장, 화려한 등장 (유의) 출현 (반의) 잠적, 퇴장

**0407 떠오르다**
- come up
- 浮かぶ
- 升起, 浮现
- hiện ra

(기출) 가끔 공이 날아오다가 자기 앞에서 **떠오르는** 것 같다는 타자들도 있다. (41회 읽기 46회)
(추천) 달이 점점 밝게 떠오른다.
(표현) 달이 떠오르다, 위로 떠오르다, 공이 떠오르다
(유의) 부상하다 (반의) 가라앉다, 내려가다

**0408 리더십**
- leadership
- リーダーシップ
- 领导力
- khả năng lãnh đạo

(기출) 기업들이 성공할 수 있는 이유는 빠른 경영 방식, 일사불란한 **리더십** 등 한국적 기업 운영 방식에서 찾을 수 있다. (41회 읽기 44번)
(추천) 지도자는 강한 리더십을 갖춰야 한다.
(표현) 강한 리더십, 리더십이 있다, 리더십이 없다

**0409 마을**
- town, village
- 村
- 村子
- làng

(기출) 노인들은 **마을** 주민들의 도움에 만족해하고 있다. (41회 읽기 27번)
(추천) 나는 조용하고 아름다운 시골 마을에서 자랐다.
(표현) 고향 마을, 마을 사람들, 산골 마을 (유의) 동네

**0410 마찬가지**
- the same
- 同じ
- 相同
- sự giống nhau

(기출) 다음 주가 개강이니 방학도 다 끝난 거나 **마찬가지**이다. (52회 읽기 4번)
(추천) 지금의 내 키는 고등학교 때와 마찬가지다.
(표현) 예전과 마찬가지, 모두 마찬가지다, 너와 마찬가지다
(유의) 피차일반, 피장파장

## 0411 만족하다
- be satisfied
- 満足する
- 满意
- hài lòng

**기출** 연휴 기간 동안 업계는 **만족할** 만한 여행 상품을 준비했다. (47회 읽기 26번)

**추천** 나는 이번 성적을 받아 보고 매우 만족했다.

**표현** 결과에 만족하다, 매우 만족하다, 만족하는 삶

**유의** 충족하다　**반의** 불만족하다

## 0412 맡기다
- assign
- 預ける
- 委托, 交代
- gửi nhờ, giao phó

**기출** 경제를 시장의 자율에 **맡기고** 정부는 최소한의 역할만을 담당해야 한다고 주장한다. (52회 읽기 46번)

**추천** 사장님이 맡기신 업무를 서둘러서 끝냈다.

**표현** 일을 맡기다, 수리를 맡기다, 업무를 맡기다　**유의** 부탁하다, 기대다

## 0413 미소
- smile
- 微笑み
- 微笑
- nụ cười

**기출** 얼굴에 **미소**를 띠면서 고개를 끄덕여 주세요. (41회 듣기 33번)

**추천** 어머니는 잔잔한 미소를 띠고 아기를 바라보았다.

**표현** 미소를 짓다, 미소를 띠다, 아이의 미소

## 0414 반대하다
- oppose
- 反対する
- 反对
- phản đối

**기출** 이 사업의 시행에 **반대하는** 주민들이 늘고 있다. (52회 듣기 40번)

**추천** 가족들은 나의 유학을 반대했다.

**표현** 반대하는 사람, 결정에 반대하다, 의견에 반대하다

**유의** 거스르다, 항의하다　**반의** 찬성하다

## 0415 발견하다
- discover
- 発見する
- 发现
- phát kiến, phát hiện

**기출** 작은 유리구슬에서 그 옛날 신라가 530km나 떨어진 나라와 교역을 했다는 증거를 **발견할** 수 있었다. (41회 듣기 43번)

**추천** 집 청소를 하다가 돌아가신 할아버지의 유품을 발견했다.

**표현** 보물을 발견하다, 증거를 발견하다, 유품을 발견하다　**유의** 찾아내다

# TOPIK II

**0416 발달**
- development
- 発達
- 发达
- sự phát triển

（기출）이른 문자 교육이 아이의 **발달**을 방해할 수 있다.
(60회 읽기 22번)

（추천）인터넷의 발달로 세계가 한 마을이 되었다.

（표현）인터넷의 발달, 도시의 발달, 기술 발달　（유의）발전, 진보

---

**0417 버려지다**
- be thrown away
- 捨てられる
- 被扔
- bị bỏ rơi

（기출）지난 5년 동안 바닥에 **버려진** 10원짜리 동전을 하나하나씩 주워 모은 것이다.
(41회 읽기 21번)

（추천）길에 버려진 주인 없는 강아지를 보았다.

（표현）버려진 옷, 버려진 쓰레기, 물건이 버려지다

---

**0418 벗어나다**
- escape from
- 抜け出す
- 摆脱
- thoát khỏi

（기출）심리적 고통에서 빨리 **벗어나야** 한다.
(41회 듣기 41번)

（추천）그는 가난에서 벗어나기 위해 열심히 노력한다.

（표현）도시를 벗어나다, 부담에서 벗어나다, 스트레스에서 벗어나다

（유의）빠져나가다, 피하다

---

**0419 보관하다**
- keep
- 保管する
- 保管
- bảo quản

（기출）겨울에 강에서 채취한 얼음을 **보관해** 놓았다가 필요할 때 꺼내서 썼다고 합니다.
(47회 듣기 41번)

（추천）이 근처에 짐을 보관할 곳이 있을까요?

（표현）문서를 보관하다, 자금을 보관하다, 보관하는 장소　（유의）맡다, 간수하다

---

**0420 보호**
- protection
- 保護
- 保护
- sự bảo hộ, sự bảo vệ

（기출）한 조사에 따르면 동물 **보호** 기금의 모금 액수도 북극곰, 판다같이 인기 있는 동물들에게 편중되었다고 한다. (64회 읽기 40번)

（추천）위험한 작업을 할 때는 보호 장비를 꼭 착용해야 합니다.

（표현）자연 보호, 환경 보호, 보호 활동　（유의）보존, 보전

## 0421 분배
- allocation, distribution
- 分配
- 分配
- sự phân phối

**기출** 정부가 발표한 성장과 **분배**의 균형에 목표를 둔 '소득 주도 성장' 정책은 시의 적절하다고 볼 수 있다. (36회 읽기 48번)

**추천** 성장과 분배는 경제 정책의 양 축이다.

**표현** 분배 작업, 성장과 분배, 수익 분배  **유의** 나누다, 할당하다

## 0422 빛
- light
- 光
- 光
- ánh sáng

**기출** 무지개는 **빛**이 공기 중의 물방울을 통과할 때 굴절되어 나타나는 현상이다. (64회 읽기 29번)

**추천** 집 앞 골목길에 빛이 없어 깜깜하다.

**표현** 빛을 비추다, 빛이 비치다, 빛이 나다  **반의** 어둠

## 0423 사업자
- business operator
- 事業者
- 经营者
- người kinh doanh

**기출** 태양광 발전소 **사업자**와 주민 사이에 마찰이 빚어지고 있다. (47회 듣기 39번)

**추천** 정부에서는 유망 업종의 사업자를 선정해 지원하기로 했다.

**표현** 개인 사업자, 사업자 대출, 태양광 사업자  **유의** 사업가

## 0424 상담
- counseling
- 相談
- 咨询
- sự tư vấn

**기출** **상담**을 통해 책을 추천해 주는 서점이 있어 화제가 되고 있다. (64번 읽기 16번)

**추천** 진로에 대한 고민이 많아 담임 선생님께 상담을 신청했다.

**표현** 취업 상담, 건강 상담, 상담 신청  **유의** 면담

## 0425 서로
- each other
- 互い
- 彼此
- lẫn nhau

**기출** 한 사건에 대해 **서로** 다른 급의 법원에서 재판을 받을 수 있도록 보장하는 제도입니다. (83회 듣기 49번)

**추천** 가족 간에도 서로의 마음을 이해하기 위해 노력해야 한다.

**표현** 서로 칭찬하다, 서로 돕다, 서로 의지하다  **유의** 서로서로

# TOPIK II

**0426 설명회**
- briefing session
- 説明会
- 说明会
- buổi giới thiệu, buổi giải thích

(기출) 서울시가 주민 **설명회**에 소극적으로 임하고 있다. (52회 듣기 39번)

(추천) 대학 입학을 위한 설명회가 개최되었다.

(표현) 입시 설명회  (유의) 박람회

**0427 소재**
- material
- 素材
- 素材
- nguyên liệu, vật liệu

(기출) 이러한 **소재**들은 과학적 지식을 바탕으로 인간의 상상력을 영화에 구체화한 것이다. (41회 읽기 41번)

(추천) 새로운 소설을 쓰기 위해 소재를 찾고 있다.

(표현) 새로운 소재, 첨단 소재, 소재 발굴  (유의) 재료

**0428 수단**
- means
- 手段
- 手段
- cách thức

(기출) 불이나 연기는 위험 상황을 알리는 주요 통신 **수단**이었다. (47회 읽기 35번)

(추천) 그는 성공을 위해서라면 수단과 방법을 가리지 않았다.

(표현) 교통수단, 결제 수단, 수단과 방법  (유의) 방법, 기교

**0429 숲**
- forest
- 森
- 树林
- rừng

(기출) 나방은 개체 수가 많아서 **숲**의 생태계를 위협한다. (52회 듣기 44번)

(추천) 숲을 가꾸어 홍수 피해를 막았다.

(표현) 숲을 가꾸다, 푸른 숲, 숲이 깊다  (유의) 산, 산림

**0430 실시하다**
- execute
- 実施する
- 实施
- thực thi

(기출) 교사와 학생 300명을 대상으로 글쓰기 능력을 향상시키는 방법에 대해 설문 조사를 **실시하였다**. (41회 쓰기 53번)

(추천) 다음 달 우리나라의 대통령 선거를 실시한다.

(표현) 선거를 실시하다, 정책을 실시하다, 조사를 실시하다  (유의) 실행하다

## 0431 쏟아지다
- pour
- 注ぐ
- 喷泻, 洒
- bị đổ ra

[기출] 낮에는 흐리고 밤부터 일부 지역에는 비가 **쏟아지겠다**.
(41회 읽기 25번)

[추천] 봉지에 구멍이 나는 바람에 봉지 안에 있던 가루가 바닥에 쏟아졌다.

[표현] 쌀이 쏟아지다, 커피가 쏟아지다, 바닥에 쏟아지다　[유의] 따르다, 붓다

## 0432 안전
- safety
- 安全
- 安全
- sự an toàn

[기출] 놀이공원이 수익은 중요시하고 이용객의 **안전**은 중요시하지 않고 있다.
(60회 읽기 26번)

[추천] 빗길에 안전 운전하시기 바랍니다.

[표현] 교통안전, 안전제일, 안전을 중시하다　[반의] 불안전, 위태

## 0433 여기다
- regard
- 思う
- 认为
- coi như

[기출] 사람들은 무의식적으로 쓴맛이 나는 것을 위험하다고 **여기고** 이를 거부하게 되는 것이다. (52회 읽기 16번)

[추천] 어린 시절 어머니는 나를 천재로 여기며 자랑스러워하셨다.

[표현] 친구로 여기다, 천재로 여기다, 소중하게 여기다　[유의] 생각하다, 간주하다

## 0434 역량
- competence
- 力量
- 力量
- năng lực

[기출] 첨단 과학 기술 단지를 조성하여 입주 기업들이 자신의 **역량**을 펼칠 수 있도록 하였다. (47회 읽기 48번)

[추천] 그는 외국어를 배우면서 개인의 역량을 키웠다.

[표현] 역량이 있다, 역량을 발휘하다, 개인 역량　[유의] 실력, 능력

## 0435 연극
- play
- 演劇
- 戏剧
- sự diễn kịch

[기출] 19세기 말에는 **연극**에서 방백이 활발히 활용되었다.
(52회 듣기 42번)

[추천] 그는 연극 무대에 올라가 완벽한 연기를 선보였다.

[표현] 연극 대본, 연극배우, 연극 무대

## 0436 예술가
- artist
- 芸術家
- 艺术家
- nghệ sĩ

[기출] 혁신적인 기술과 **예술가**의 품격 있는 디자인이 만나는 사례는 국내에서도 찾아볼 수 있다. (41회 읽기 40번)

[추천] 그 예술가는 창의적인 작품을 많이 만들었습니다.

[표현] 예술가가 되다, 예술가를 만나다, 예술가로 활동하다　[유의] 아티스트

# TOPIK II

## 0437 오래되다
- old
- 古い
- 久
- trở nên lâu, trở nên cũ

**기출** 언덕 옆에 **오래된** 통나무들도 놓여 있고요.
(60회 듣기 25번)

**추천** 그 일은 너무 오래되어서 잘 기억이 안 납니다.

**표현** 오래된 친구, 역사가 오래되다, 길이 오래되다 **유의** 낡다, 늙다

## 0438 완전히
- completely
- 完全に
- 完全
- một cách hoàn chỉnh

**기출** 우주 식품은 정기 보관을 위해 식품 내 미생물을 **완전히** 없애고, 얼린 후 건조시켜 만듭니다. (60회 듣기 33번)

**추천** 그 말의 의미를 완전히 이해하지 못했지만 이해한 척 웃었다.

**표현** 완전히 끝나다 **유의** 빈틈없이, 아예, 깨끗이

## 0439 유권자
- voter
- 有権者
- 选民
- cử tri

**기출** **유권자**는 후보자의 정보를 다각적으로 얻을 수 있다.
(41회 듣기 49번)

**추천** 유권자들은 신중하게 투표해야 합니다.

**표현** 유권자의 지지, 유권자의 선택, 유권자가 요구하다 **유의** 선거인

## 0440 유명하다
- famous
- 有名だ
- 有名
- nổi danh nổi tiếng

**기출** 부모님은 **유명하다는** 포항 바닷가의 해돋이를 꼭 보고 싶어 했다.
(83회 읽기 42번)

**추천** 이 노래는 너무 유명해서 모르는 사람이 없어요.

**표현** 유명한 학자, 유명한 작가, 세계적으로 유명하다 **유의** 저명하다

## 0441 유세
- campaign
- 遊説
- 游说
- sự vận động tranh cử

**기출** 후보자는 자신이 원하는 선거 **유세** 방법을 선택한다.
(37회 듣기 28번)

**추천** 최 의원이 선거 유세를 하면 많은 사람들이 모입니다.

**표현** 선거 유세, 유세를 하다, 유세를 펼치다 **유의** 캠페인, 선전

## 0442 의미하다
- mean
- 意味する
- 意味着
- có ý nghĩa

**기출** 삶의 질 지표는 국가 차원에서 도달해야 할 목표를 **의미한다**.
(37회 읽기 47번)

**추천** 다이아몬드는 영원한 사랑을 의미한다.

**표현** 발전을 의미하다, 사랑을 의미하다, 의미하는 바  **유의** 뜻하다

## 0443 의하다
- be based on
- 因る
- 依据
- dựa theo

**기출** 유교 문화는 후손들에 **의해** 유동적으로 변화되고 있다.
(64회 읽기 44번)

**추천** 범죄자는 법에 의해서 처벌을 받게 될 것이다.

**표현** 권유에 의하다, 말에 의하다, 다수에 의하다  **유의** 의거하다

## 0444 이기다
- win
- 勝つ
- 赢
- chiến thắng

**기출** 경기에서 **이기고** 지는 것은 연습하기에 달려 있다.
(47회 읽기 4번)

**추천** 이 경기는 반드시 우리 팀이 이겨야 합니다.

**표현** 경기에서 이기다, 선거에서 이기다, 이긴 팀  **유의** 승리하다  **반의** 지다

## 0445 이미지
- image
- イメージ
- 形象
- hình ảnh

**기출** 회사의 **이미지**를 바꾸려는 의도에서 비롯된 것이다.
(52회 읽기 31번)

**추천** 그 음악을 듣고 있으면 여름 바다의 이미지가 떠올라요.

**표현** 국가 이미지, 대조적 이미지, 이미지가 좋다  **유의** 심상

## 0446 익숙하다
- familiar
- 慣れる
- 熟悉
- quen thuộc

**기출** 시청자에게 **익숙한** 음악을 활용해 드라마의 시청률을 높이려고 했다.
(52회 읽기 27번)

**추천** 사람들은 익숙한 환경에서 편안함을 느낀다.

**표현** 익숙한 환경, 익숙한 생활, 직장 생활에 익숙하다

**유의** 낯익다  **반의** 낯설다, 생소하다

# TOPIK II

**0447 인식**
- awareness
- 認識
- 认识
- sự nhận thức

**기출** 뚜렷한 신념 없이 사안에 따라 의견을 바꾼다는 **인식** 때문에 중도층은 부정적 존재로 여겨진다. (83회 읽기 38번)
**추천** 나는 이 책을 읽기 전까지는 역사에 대한 인식이 없었다.
**표현** 국민의 인식, 그릇된 인식, 인식이 나쁘다 **유의** 판단

---

**0448 인정하다**
- concede
- 認める
- 认定
- công nhận

**기출** 기존의 잘못된 결정을 **인정하는** 데 심리적 고통이 따른다. (41회 듣기 41번)
**추천** 범인은 법정에서 자신의 죄를 인정하였습니다.
**표현** 잘못을 인정하다, 패배를 인정하다, 죄를 인정하다
**유의** 시인하다 **반의** 부인하다

---

**0449 임대료**
- rent
- 賃貸料
- 租金
- phí cho thuê

**기출** 매장의 **임대료**가 매년 상승하는 것은 바람직하지 않다. (51회 듣기 31번)
**추천** 우리는 임대료가 싼 곳으로 가게를 옮기기로 했어요.
**표현** 건물 임대료, 임대료 상승, 임대료가 비싸다 **유의** 집세, 세

---

**0450 장치**
- device
- 装置
- 装置
- trang thiết bị

**기출** 주차 **장치**가 풀려서 세워 놓은 자전거가 쓰러졌다. (37회 읽기 43번)
**추천** 복잡한 기계 장치는 조심히 다루어야 한다.
**표현** 폭탄 장치, 복잡한 장치, 장치를 개발하다 **유의** 설비

---

**0451 재래시장**
- traditional market
- 伝統市場
- 传统市场
- chợ truyền thống

**기출** 대형 마트는 매출에 어려움이 있지만 **재래시장**은 매출이 올랐다. (37회 읽기 27번)
**추천** 이 물건은 이제 재래시장에나 가야 살 수 있다.
**표현** 재래시장의 활성화, 재래시장이 발달하다, 재래시장에 가다
**유의** 전통시장 **반의** 대형 마트

---

**0452 존중하다**
- respect
- 尊重する
- 尊重
- tôn trọng

**기출** 타인을 배려하고 **존중하는** 마음을 갖춘 사람이 먼저 되십시오. (52회 듣기 35번)
**추천** 우리 회사는 개인의 의사를 존중하는 편이다.
**표현** 존중할 가치, 개인을 존중하다, 서로 존중하다
**유의** 높이다, 숭상하다 **반의** 무시하다

### 0453 주도
- leading
- 主導
- 主导
- chủ đạo

**기출** 민간 **주도**로 문화재 환수가 이루어지고 있다.
(64회 듣기 39번)

**추천** 그 회의는 부장님의 주도로 진행되었다.

**표현** 주도 세력, 주도 종목, 정부 주도   **유의** 주관, 주동

### 0454 주목
- attention
- 注目
- 注目
- sự chăm chú quan sát, sự quan tâm theo dõi

**기출** 새로운 미각으로 깊은 맛이 **주목**을 받고 있다.
(64회 듣기 41번)

**추천** 그 배우는 외모보다 연기력으로 대중의 주목을 끌었다.

**표현** 주목을 끌다, 주목을 받다, 대중의 주목   **유의** 주시, 각광

### 0455 지나치다
- excessive
- 過ぎる
- 过度
- thái quá

**기출** 청소년들에게 입시의 부담감을 **지나치게** 주지 않아야 한다.
(52회 읽기 22번)

**추천** 그 배우는 대중의 지나친 관심이 힘들다고 말했다.

**표현** 지나친 농담, 신중함이 지나치다, 관심이 지나치다

**유의** 넘치다   **반의** 부족하다

### 0456 지정하다
- designate
- 指定する
- 指定
- chỉ định

**기출** 뉴스를 보니까 정부에서 다음 달 6일을 임시 공휴일로 **지정했다던데**.
(52회 듣기 27번)

**추천** 시에서 이곳을 숲자 구역으로 지정했습니다.

**표현** 공휴일로 지정하다, 공원으로 지정하다, 지정한 날짜   **유의** 정하다

### 0457 집중하다
- concentrate
- 集中する
- 集中
- tập trung

**기출** 혼자 공연을 보면 공연에 **집중할** 수 있다는 장점이 있다.
(52회 읽기 12번)

**추천** 그곳은 너무 시끄러워서 집중할 수 없었다.

**표현** 정신을 집중하다, 일에 집중하다, 집중해서 하다

**유의** 몰두하다   **반의** 분산하다

### 0458 차선
- lane
- 車線
- 车道线
- làn đường

**기출** 차도를 1**차선**으로 줄이고 차들이 한 방향으로만 통행하도록 바꿨습니다.
(52회 듣기 39번)

**추천** 유명 연예인을 태운 차량이 2차선을 빠르게 달리고 있다.

**표현** 차선을 지키다, 차선을 긋다, 중앙 차선   **유의** 차도   **반의** 보도, 인도

# TOPIK II

**0459 차이**
- difference
- 違い
- 差异
- sự khác biệt

(기출) 꿀과 설탕의 결정적인 **차이**는 소비자의 의식이지 실제의 장단점은 아니다. (41회 읽기 37번)
(추천) 우리는 나이 차이가 크지만 서로 말이 잘 통하는 친구입니다.
(표현) 차이가 나다, 차이가 크다, 시각 차이 (유의) 차

**0460 책자**
- booklet, brochure
- 冊子
- 册子
- cuốn sách

(기출) 민수 씨, 옆 사무실에서 안내 **책자** 받으러 왔는데요. (52회 듣기 10번)
(추천) 나는 여행을 떠나기 전에 몇 권의 책자를 구해서 읽었다.
(표현) 여행 책자, 홍보 책자, 새 책자 (유의) 책, 서적

**0461 추구하다**
- pursue
- 追求する
- 追求
- mưu cầu

(기출) 산업 혁명 시대에는 대량 생산을 목적으로 생산의 효율성을 **추구하였다**. (52회 읽기 44번)
(추천) 각 나라들은 자국의 이익을 추구하고 있습니다.
(표현) 수익을 추구하다, 이상을 추구하다, 이윤을 추구하다 (유의) 좇다

**0462 커지다**
- grow, expand
- 大きくなる
- 变大
- lớn lên, to lên

(기출) 얼음 속의 물 분자가 얼어 있어서 부피가 **커진다**. (52회 읽기 30번)
(추천) 청소년들의 평균 키는 과거에 비해 더 커졌다.
(표현) 부피가 커지다, 걱정이 커지다, 고통이 커지다
(유의) 불어나다 (반의) 작아지다

**0463 퇴직하다**
- retire
- 退職する
- 退职
- thôi việc

(기출) 선생님께서는 **퇴직하신** 후에 지역 문화재를 알리는 일을 하고 계시는데요. (41회 듣기 16번)
(추천) 나는 퇴직한 후에는 농촌에 가서 살고 싶다.
(표현) 학교를 퇴직하다, 회사를 퇴직하다, 직장에서 퇴직하다
(유의) 퇴임하다 (반의) 입사하다

**0464 특별하다**
- special
- 特別だ
- 特別
- đặc biệt

(기출) 이런 번거로움이 오히려 젊은 세대들이 사진 한 장 한 장을 소중하고 **특별하게** 느끼는 이유가 됩니다. (83회 듣기 37번)
(추천) 그 사람에 대한 나의 감정은 특별하다.
(표현) 특별한 경우, 특별한 사람, 감정이 특별하다
(유의) 다르다 (반의) 평범하다

## 0465 향하다
- head
- 向かう
- 向
- hướng về

**기출** 어두운 밤, 나방들이 빛을 **향해** 모여든다.
(52회 듣기 | 43번)

**추천** 우리가 탄 승용차는 서울을 향하고 있었다.

**표현** 목적지를 향하다, 서울로 향하다, 집으로 향하다

## 0466 현황
- current situation
- 現況
- 现况
- hiện trạng

**기출** 이번에는 지원 **현황**이 어떻게 되지요?
(52회 듣기 | 12번)

**추천** 정부는 신속하게 지진 피해 현황을 조사하였다.

**표현** 현황을 살피다, 조사 현황, 지원 현황

## 0467 호르몬
- hormone
- ホルモン
- 荷尔蒙
- hoóc môn

**기출** 가슴을 편 자세는 **호르몬**의 분비량을 변화시킨다.
(41회 듣기 | 39번)

**추천** 인간의 뇌에서는 호르몬이 분비된다.

**표현** 성장 호르몬, 여성 호르몬, 호르몬 변화  **유의** 내분비물

## 0468 홍보하다
- promote
- 広報する
- 宣传
- quảng bá

**기출** 학생들에게 창업 지원 사업을 **홍보해야** 한다.
(64회 듣기 | 31번)

**추천** 나는 회사에서 개발된 새 제품을 홍보하는 일을 한다.

**표현** 신제품을 홍보하다, 정책을 홍보하다, 회사를 홍보하다  **유의** 알리다

## 0469 화가
- painter
- 画家
- 画家
- họa sĩ

**기출** **화가**는 담배 포장지에 스케치를 했다.
(41회 읽기 | 29번)

**추천** 나는 그 화가의 그림이 마음에 들었다.

**표현** 화가의 대표작, 화가가 되다, 화가를 꿈꾸다

## 0470 화학
- chemistry, chemical
- 化学
- 化学
- hóa học

**기출** 과일을 빨리 익히기 위해 **화학** 물질이 사용되기도 한다.
(35회 읽기 | 19번)

**추천** 나는 대학에서 화학을 전공하였다.

**표현** 화학 실험, 화학 이론, 화학을 공부하다

# TOPIK II

**0471 환경 오염**
- environmental pollution
- 環境汚染
- 环境污染
- ô nhiễm môi trường

**기출** 포장재는 **환경 오염**의 주된 원인이다.
(52회 듣기 45번)
**추천** 그 공장으로 인해 환경 오염이 더 심해졌다.
**표현** 환경 오염 문제, 환경 오염의 심각성, 환경 오염이 심각하다

**0472 활발하다**
- lively, active
- 活発だ
- 活泼
- sôi nổi, hoạt bát

**기출** 색소폰은 19세기부터 **활발하게** 사용되었다.
(64회 듣기 45번)
**추천** 부동산 거래가 활발하게 이루어지고 있다.
**표현** 활발한 성격, 활발한 활동, 걸음걸이가 활발하다 **반의** 침체하다

**0473 황소**
- ox, yellow bull
- 大きい雄牛，黄牛
- 公牛，黄牛
- con bò mộng, con bò màu vàng

**기출** 그는 간단한 외곽선 몇 개로 **황소**를 그렸다.
(47회 읽기 44번)
**추천** 그의 황소 같은 힘을 당해 낼 자가 없다.
**표현** 황소를 몰다, 황소를 기르다, 황소를 잡다 **유의** 소

**0474 후원하다**
- support, sponsor
- 後援する
- 赞助，资助
- hậu thuẫn, hỗ trợ

**기출** 당시 메디치 가문은 서로 다른 역량을 가진 예술가와 학자들의 공동 작업을 **후원했다.** (41회 읽기 40번)
**추천** 우리 회사는 저소득층 자녀의 무료 교육을 후원하고 있다.
**표현** 기업이 후원하다, 단체를 후원하다, 아이를 후원하다 **유의** 도와주다

**0475 흐름**
- flow
- 流れ
- 进程
- dòng chảy

**기출** 글의 **흐름**에 따라 처음부터 끝까지 순서로 읽던 과거의 독서 방식도 바뀌고 있다.
(47회 읽기 39번)
**추천** 회의 중간에 들어가서 이야기의 흐름을 따라갈 수가 없다.
**표현** 역사의 흐름, 의식의 흐름, 이야기의 흐름 **유의** 동향

**0476 가난하다**
- poor
- 貧しい
- 穷
- nghèo khó

**기출** **가난해서** 그림 재료를 살 수 없었던 어떤 화가는 담배 포장지에 스케치를 했다.
(41회 읽기 29번)
**추천** 우리 집은 밥을 못 먹을 만큼 가난하지는 않다.
**표현** 가난한 노동자, 가난한 농민, 가난한 마을
**유의** 빈곤하다, 궁하다 **반의** 부하다, 풍요하다

# Chapter 3

★★★☆☆
## 출제 3순위 어휘
The 3rd Most Frequently Tested Vocabulary

# TOPIK II

**0477 가능성**
- possibility
- 可能性
- 可能性
- tính khả thi, tính có khả năng

（기출） 민간 우주선이 무사히 돌아오면서 우주여행의 **가능성**이 더욱 높아졌다.
(64회 읽기 27번)

（추천） 나는 그 팀이 이길 가능성이 높다고 생각한다.

（표현） 가능성이 크다, 가능성이 있다, 실현 가능성

（유의） 실현성, 기회    （반의） 불가능성

---

**0478 각자**
- each
- 各自
- 各自
- bản thân mỗi người

（기출） 이곳에서 아이들은 **각자** 다른 방법으로 새로운 것들을 해 보면서 자유롭게 놉니다.
(60회 듣기 25번)

（추천） 우리는 각자 준비한 음식을 나눠 먹었습니다.

（표현） 각자의 위치, 각자의 일, 각자가 맡다    （유의） 각각, 저마다

---

**0479 간판**
- signboard
- 看板
- 招牌
- biển báo, bảng hiệu

（기출） 색다른 모양의 **간판**이 사람들의 눈길을 사로잡고 있다.
(35회 읽기 26번)

（추천） 식당 입구에는 화려한 간판을 걸었다.

（표현） 상점 간판, 간판 제작, 간판을 걸다

---

**0480 객관적**
- objective
- 客観的
- 客观的
- tính khách quan

（기출） 상황을 **객관적**으로 분석하며 상대방 의견을 지지하고 있다.
(37회 듣기 32번)

（추천） 나는 이번 대회에서 내 실력을 객관적으로 평가받고 싶다.

（표현） 객관적인 입장, 객관적으로 보다, 객관적으로 비교하다

---

**0481 거절**
- denial, rejection
- 拒絶
- 拒绝
- sự cự tuyệt, sự từ chối

（기출） 기회를 잡으려면 **거절**의 고통을 견뎌야 한다.
(41회 듣기 36번)

（추천） 내가 거절을 표하자 그는 실망한 표정을 지었다.

（표현） 거절의 의사, 거절이 되다, 거절을 당하다

（유의） 사절, 사양    （반의） 승낙, 허용

## 0482 결정되다
- be decided
- 決定される
- (被)決定
- được quyết định

**기출** 개인들의 관계는 힘의 논리에 의해 **결정된다**.
(47회 듣기 49번)

**추천** 선거를 통해 민수가 우리 반의 반장으로 결정되었다.

**표현** 결정된 사항, 미래가 결정되다, 수상자가 결정되다

## 0483 경향
- tendency
- 傾向
- 倾向
- khuynh hướng

**기출** 한국 기업은 단점을 드러내지 않으려고 하는 **경향**이 있다.
(41회 읽기 44번)

**추천** 올봄 패션 경향을 알아보기 위해 잡지를 샀다.

**표현** 최근의 경향, 일반적 경향, 경향이 강하다  **유의** 동향, 추세

## 0484 고지서
- bill, notice
- 告知書, 通知書
- 通知单
- giấy báo

**기출** **고지서**를 받으러 관리 사무소에 간다.
(37회 듣기 10번)

**추천** 전기세 고지서가 왔는데 이번 달에는 돈을 많이 내야 돼요.

**표현** 세금 고지서, 전자 고지서, 고지서 발급

## 0485 공감하다
- empathize
- 共感する
- 同感
- đồng cảm

**기출** 사회 통합의 어려움에 대해 **공감하고** 있다.
(41회 읽기 50번)

**추천** 내 친구의 말에 공감하는 태도를 보이자 친구는 대화를 이어갔다.

**표현** 분노에 공감하다, 말에 공감하다, 어려움에 공감하다  **유의** 동감하다

## 0486 공급하다
- supply
- 供給する
- 供给
- cung cấp

**기출** 더운 공기를 빼기 위해 석빙고에 차가운 물을 **공급했다**.
(47회 듣기 42번)

**추천** 건조한 피부에는 수분을 공급하는 것이 중요해요.

**표현** 물을 공급하다, 수분을 공급하다, 식량을 공급하다  **유의** 제공하다

# TOPIK II

## 0487 관람하다
- watch
- 観覧する
- 观看
- xem, thưởng thức

**기출** 한 조사 결과에 따르면 열 명 중 네 명이 혼자 공연을 **관람하는** 것으로 나타났다.
(52회 읽기 12번)

**추천** 공연을 관람하기 전에 휴대 전화를 꺼 주시기 바랍니다.

**표현** 영화를 관람하다, 연극을 관람하다, 운동 경기를 관람하다　**유의** 보다

## 0488 관련
- related
- 関連
- 关连
- sự liên quan

**기출** 정부의 정책 중 시급히 개선되어야 할 부분이 출산 **관련** 정책이다.
(60회 읽기 25번)

**추천** 저는 전공과 관련이 없는 분야에도 관심이 많아요.

**표현** 관련 사건, 관련 행사, 관련이 있다　**유의** 상관, 연관

## 0489 교환
- exchange
- 交換
- 交换
- sự trao đổi

**기출** 버섯은 숲에서 나무들의 정보 **교환**을 돕는 역할을 한다.
(64회 읽기 37번)

**추천** 우리는 편지 교환도 하고 전화도 해.

**표현** 정보 교환, 편지 교환, 교환이 되다

## 0490 규모
- scale
- 規模
- 规模
- quy mô

**기출** 기상청은 이번 주 내로 **규모** 2.0 정도의 지진이 몇 번 더 발생할 것으로 보고 있다.
(83회 읽기 12번)

**추천** 요즘 규모가 큰 대형 상점이 많이 늘어났어요.

**표현** 공장의 규모, 거대한 규모, 전국적인 규모　**유의** 크기

## 0491 그만두다
- stop, quit
- やめる
- 停
- thôi, dừng

**기출** 내일은 내가 10년 동안 다니던 회사를 **그만두는** 날이다.
(83회 읽기 14번)

**추천** 아버지는 갑자기 식사를 그만두시고 밖으로 나가셨어요.

**표현** 싸움을 그만두다, 일을 그만두다, 작업을 그만두다

**유의** 중지하다　**반의** 계속하다, 지속하다

116

## 0492 기내식
- in-flight meal
- 機内食
- 飞机餐
- thức ăn trên máy bay

**기출** 항공사들은 비행기 안에서 먹는 **기내식**의 맛을 살리기 위해 많은 노력을 한다.
(35회 읽기 32번)

**추천** 저는 비행기 탈 때 기내식 먹는 것을 좋아해요.

**표현** 기내식이 나오다, 기내식을 먹다, 기내식을 제공하다

## 0493 기반
- base
- 基盤
- 基础
- điều cơ bản

**기출** 이 도시는 사회 **기반** 시설이 부족하다.
(41회 듣기 47번)

**추천** 저는 경제적 기반이 잡힐 때까지 결혼을 잠시 미루기로 했어요.

**표현** 정치적 기반, 기반 시설, 기반이 되다    **유의** 바탕, 기초

## 0494 기획하다
- plan
- 企画する
- 规划, 企划
- lên kế hoạch

**기출** 기업 행사를 **기획할** 때는 어떤 부분에 신경을 써야 하나요?
(64회 듣기 20번)

**추천** 회사는 새로 기획한 상품을 출시하였다.

**표현** 전시회를 기획하다, 정책을 기획하다, 행사를 기획하다

## 0495 끊임없다
- incessant
- 絶え間ない
- 不断
- không ngừng

**기출** 사회로 나가면 여러분을 기다리는 건 **끊임없는** 거절의 연속일 겁니다.
(41회 듣기 35번)

**추천** 끊임없는 노력 끝에 드디어 취업에 성공했다.

**표현** 끊임없는 노력, 끊임없는 도전, 끊임없는 손님

## 0496 남
- others
- 他人
- 他人
- người khác

**기출** 참된 기부는 자신보다 **남**을 먼저 생각해야 한다.
(41회 읽기 22번)

**추천** 그가 화가 많이 났는지 나를 남 대하듯 한다.

**표현** 남의 이목, 남의 일, 남을 배려하다    **유의** 타인    **반의** 자신

# TOPIK II

**0497 낫다**
- better
- よい
- 更好
- tốt hơn

**기출** 자연 숙성 과일이 인공 숙성 과일보다 맛이 더 **낫다**.
(35회 읽기 20번)

**추천** 돈을 많이 버는 것보다 적게 벌더라도 즐겁게 일하는 게 나은 것 같다.

**표현** 몸살이 낫다, 병이 낫다, 상처가 낫다

**유의** 괜찮다, 우수하다   **반의** 못하다

---

**0498 낳다**
- give birth
- 産む
- 生
- sinh ra nảy, sinh ra

**기출** 한국에서는 생일날뿐 아니라 아이를 **낳은** 후에도 미역국을 먹는다.
(36회 읽기 13번)

**추천** 우리 집 개는 강아지를 다섯 마리나 낳았다.

**표현** 아이를 낳다, 새끼를 낳다

---

**0499 내놓다**
- release
- 取り出す
- 推出
- đưa ra

**기출** 한 가전 업체에서 옷을 태우지 않는 다리미를 **내놓았다**.
(47회 읽기 18번)

**추천** 이 제품은 이번에 저희 회사에서 내놓은 신상품입니다.

**표현** 신제품을 내놓다, 앨범을 내놓다, 영화를 내놓다   **유의** 발표하다, 선보이다

---

**0500 농민**
- farmer
- 農民
- 农民
- nông dân

**기출** 배추의 생산량이 부족하여 **농민**들이 실망했다.
(47회 읽기 27번)

**추천** 농민의 노력으로 이 땅에서도 열대 과일이 열리기 시작했습니다.

**표현** 양계 농민, 농민이 경작하다, 농민이 되다   **유의** 농부

---

**0501 다리미**
- iron
- アイロン
- 熨斗
- bàn là

**기출** 별것 아닌 듯한 이 **다리미**에 시장의 반응은 뜨거웠다.
(47회 읽기 18번)

**추천** 세탁소 아저씨는 뜨거운 다리미를 눌러 바지를 깨끗이 펴 주었다.

**표현** 스팀다리미, 다리미로 다리다

## 0502 달리다
- hang
- 掛ける
- (被)挂
- được treo, được gắn

**기출** 석빙고에는 얼음을 녹지 않게 해 주는 장치가 **달려** 있다.
(47회 듣기 42번)

**추천** 자전거 앞에 장바구니가 달려 있는 게 마음에 들어요.

**표현** 벽에 달린 액자, 신발에 달린 끈, 종이 달린 문　**유의** 부착되다

## 0503 담당하다
- take charge of
- 担当する
- 担任
- đảm đương, phụ trách

**기출** 경제를 시장의 자율에 맡기고 정부는 최소한의 역할만을 **담당해야** 한다고 주장한다. (52회 읽기 46번)

**추천** 나는 학교에서 영어 회화와 문법을 담당하고 있다.

**표현** 사건을 담당하다, 수학을 담당하다, 실무를 담당하다　**유의** 맡다

## 0504 담뱃값
- tobacco price
- タバコ代
- 烟价
- giá cả của thuốc lá

**기출** **담뱃값** 인상은 흡연율 감소에 도움이 된다.
(41회 듣기 31번)

**추천** 담뱃값도 비싼데 이번에 담배를 끊어 보는 건 어때요?

**표현** 담뱃값이 싸다, 담뱃값이 오르다, 담뱃값을 묻다

## 0505 동일하다
- identical
- 同一だ
- 同一
- đồng nhất

**기출** 악취에 **동일한** 양의 다른 냄새들을 더해 악취를 느끼지 못하게 하는 것이 목표이다. (51회 읽기 39번)

**추천** 학생들이 받는 수업의 내용은 모두 동일하다.

**표현** 동일한 방법, 동일한 방식, 기준이 동일하다　**유의** 같다　**반의** 다르다

## 0506 명단
- list of names, roster
- 名簿
- 名单
- danh sách tên

**기출** 참석자 **명단**은 아까 드렸는데요.
(47회 듣기 8번)

**추천** 합격자 명단에 내 이름이 없어서 크게 실망했다.

**표현** 명단을 작성하다, 명단에 넣다, 명단에 오르다　**유의** 리스트, 명부

# TOPIK II

**0507 목표**
- goal
- 目標
- 目标
- mục tiêu

(기출) 새해에 세운 **목표**를 효과적으로 이루려면 한 주 단위로 계획을 세우는 것이 좋다.
(64회 읽기 28번)

(추천) 나는 오늘부터 학교에 지각하지 않겠다는 목표를 세웠다.

(표현) 목표가 확실하다, 목표를 달성하다, 목표를 설정하다

(유의) 목적, 표적   (반의) 출발점

---

**0508 문자**
- letters
- 文字
- 文字
- chữ cái

(기출) **문자** 교육은 빠를수록 좋다고 믿는 부모들이 있다.
(60회 읽기 21번)

(추천) 비밀번호 설정 시에 숫자와 문자 중 하나를 선택해야 한다.

(표현) 문자를 발명하다, 문자를 사용하다, 문자를 쓰다   (유의) 글자

---

**0509 물감**
- paints
- 絵の具
- 颜料
- mực nước, màu nước

(기출) **물감**은 섞거나 덧칠할수록 색이 탁해진다.
(52회 읽기 32번)

(추천) 그녀는 그림을 그리고 있었는지 손에 물감을 잔뜩 묻히고 나왔다.

(표현) 물감을 풀다, 물감으로 그리다, 물감으로 색칠하다

---

**0510 물질**
- substance
- 物質
- 物质
- vật chất

(기출) 과거에는 한 국가의 경쟁력을 평가할 때 돈과 같은 **물질** 자본이 주된 기준이었는데요. (83회 듣기 47번)

(추천) 아이들 장난감에서 독성 물질이 검출되었다는 뉴스 봤어요?

(표현) 독성 물질, 오염 물질, 유해 물질   (유의) 물체

---

**0511 발표하다**
- present
- 発表する
- 发表，发布
- phát biểu

(기출) 통계청은 국민들의 실질적인 삶의 질 수준을 보여 주는 측정 체계를 구축하여 **발표하였다**. (37회 읽기 46번)

(추천) 김 대표는 회의에서 올해의 회사 운영 계획에 대해 발표했다.

(표현) 결과를 발표하다, 논문을 발표하다, 대책을 발표하다   (유의) 공표하다

## 0512 발휘되다
- show one's ability
- 発揮される
- 发挥
- được phát huy

**기출** 이 모든 것이 한데 어우러져 창의성이 **발휘될** 수 있는 최적의 환경을 만들어 낸 것이다. (47회 읽기 48번)

**추천** 이번 경기에서는 선수들 실력이 제대로 발휘되지 못했다.

**표현** 기량이 발휘되다, 능력이 발휘되다, 실력이 발휘되다

**유의** 드러내다, 작용하다

## 0513 방문하다
- visit
- 訪問する
- 访问
- tới thăm, tới tận nơi

**기출** 환자들은 의료 기관에 **방문하지** 않고 의약품을 처방받을 수 있다. (52회 읽기 34번)

**추천** 바쁘실 텐데 저희 회사에 방문해 주셔서 감사합니다.

**표현** 손님이 방문하다, 댁을 방문하다, 사무실을 방문하다 **유의** 찾아가다

## 0514 배추
- cabbage
- 白菜
- 白菜
- cải thảo

**기출** **배추**가 필요 이상으로 생산되어 농민들이 힘들어한다. (47회 읽기 27번)

**추천** 우리는 싱싱한 배추에 고기를 싸서 먹었다.

**표현** 배추 세 단, 배추 열 포기, 배추가 싱싱하다

## 0515 벌써
- already
- もう
- 已经
- đã

**기출** **벌써** 학생 선발이 끝난 것 같아요. (52회 듣기 7번)

**추천** 우리가 만난 지 벌써 십 년이 넘었다.

**표현** 벌써 도착하다, 벌써 완성하다, 벌써 지나가다 **유의** 이미 **반의** 아직

## 0516 변화하다
- change
- 変化する
- 变化
- biến hóa, biến đổi

**기출** 시대에 따라 독서의 방식은 **변화한다**. (47회 읽기 39번)

**추천** 계속 공부를 해야 빠르게 변화하는 세상을 따라잡을 수 있다.

**표현** 변화하는 세상, 변화하는 시대, 관계가 변화하다

**유의** 바뀌다, 변하다 **반의** 불변하다

# TOPIK II

**0517 보고하다**
- report
- 報告する
- 报告
- báo cáo

〔기출〕 남자는 다음 주까지 **보고해야** 한다.
(41회 듣기 22번)

〔추천〕 김 의원은 감사 결과를 국회에 보고했다.

〔표현〕 학계에 보고하다, 진상을 보고하다, 실상을 보고하다   〔유의〕 통보하다

**0518 보름달**
- full moon
- 満月
- 满月
- trăng rằm

〔기출〕 추석에는 환하고 둥근 **보름달**이 뜬다.
(35회 읽기 17번)

〔추천〕 옛날에는 보름달이 뜨면 마을 사람들이 모여 잔치를 했다고 한다.

〔표현〕 보름달이 뜨다, 보름달을 보다

**0519 보존되다**
- be preserved
- 保存される
- (被)保存
- được bảo tồn

〔기출〕 이 무덤은 오랜 시간이 지났지만 색이 거의 그대로 **보존되어** 있어 역사적 가치가 높다고 전문가들은 전했다. (64회 읽기 12번)

〔추천〕 그 유적지는 정말 옛 모습 그대로 보존되어 있었다.

〔표현〕 박물관에 보존되다, 그대로 보존되다   〔유의〕 보호되다, 보전되다

**0520 보존하다**
- preserve
- 保存する
- 保存
- bảo tồn

〔기출〕 시민들이 역사적 가치가 높은 자산을 **보존하기** 시작했다.
(47회 읽기 34번)

〔추천〕 이 마을 사람들은 전통문화를 지키고 보존하며 살아간다.

〔표현〕 환경을 보존하다, 문화재를 보존하다, 문화를 보존하다   〔유의〕 지키다

**0521 보편적**
- universal
- 普遍的
- 普遍的
- tính phổ biến

〔기출〕 **보편적** 디자인은 사회의 여러 계층을 고려한 디자인이다.
(52회 읽기 44번)

〔추천〕 옛날에는 거의 모든 농가에서 보편적으로 소를 이용해서 농사를 지었다.

〔표현〕 보편적으로 적용되는 기준, 보편적 삶, 보편적 디자인   〔유의〕 일반적

## 0522 부담스럽다
- burdensome
- 負担に感じる
- 有负担，不舒服
- nặng nề

**기출** 남자는 운동장을 뛰어다니는 것이 **부담스럽다**.
(41회 듣기 30번)

**추천** 나는 그에게 선물로 받은 비싼 시계가 부담스럽게 느껴진다.

**표현** 부담스러운 자리, 부담스러운 존재, 부담스럽게 느껴지다

## 0523 부자
- rich person
- 金持ち
- 有钱人
- người giàu

**기출** 가난한 사람이 **부자**가 되기도 한다.
(36회 쓰기 52번)

**추천** 그 동네는 부자가 많은 동네인 것 같았다.

**표현** 부자가 되었다, 부자가 많다, 부자 동네

**유의** 부호, 백만장자  **반의** 빈자

## 0524 부탁하다
- ask a favor
- 頼む
- 拜托，请求
- nhờ, phó thác

**기출** 그는 시의 발전을 위해 자신을 지지해 달라고 **부탁하고** 있다.
(47회 듣기 35번)

**추천** 우리는 지나가는 사람에게 사진을 찍어 달라고 부탁했다.

**표현** 협조를 부탁하다, 지지를 부탁하다, 부탁하는 자리  **유의** 바라다, 청하다

## 0525 부품
- component
- 部品
- 零部件
- phụ phẩm, phụ tùng

**기출** 기업은 정직한 **부품** 가격 공개로 신뢰를 회복해야 한다.
(36회 읽기 38번)

**추천** 이 회사는 자동차 부품을 생산하여 자동차 회사에 납품한다.

**표현** 핵심 부품, 부품 공장, 부품을 생산하다  **유의** 부속품

## 0526 분명하다
- clear
- 明らかだ
- 分明，明确
- rõ ràng, phân minh

**기출** 급속한 기술의 발달로 현재의 산업 구조가 크게 바뀐다는 것만은 **분명하다**.
(52회 읽기 41번)

**추천** 그의 태도가 분명하지 않아서 결혼을 결정하기가 힘들었다.

**표현** 분명한 사실, 분명한 진실, 분명하게 증언하다

**유의** 명확하다  **반의** 불분명하다

# TOPIK II

**0527 비만**
- obesity
- 肥満
- 肥胖
- sự béo phì

(기출) 꿀은 당뇨병 환자들에게도 좋으며 설탕과 달리 **비만**을 일으키지 않는다고 생각한다. (41회 읽기 37번)

(추천) 비만은 모든 병의 원인이 될 수 있어서 주의해야 한다.

(표현) 비만 아동, 비만 클리닉, 복부 비만  (유의) 비대

---

**0528 사건**
- incident
- 事件
- 事件
- sự kiện

(기출) 어떤 역사 **사건**이나 실존 인물의 실화에 작가의 상상력을 보태어 새로운 이야기로 풀어내는 글쓰기 방식이 있다. (47회 읽기 41번)

(추천) 그날은 우리의 인생을 바꾸어 놓은 역사적인 사건이 있었던 날이다.

(표현) 역사적인 사건, 사건이 발생하다, 사건을 조사하다  (유의) 일, 사태

---

**0529 사정**
- circumstances
- 事情
- 情況
- hoàn cảnh

(기출) 조직 구성원이 맡은 업무는 회사 **사정**에 따라 유동적이다. (37회 읽기 44번)

(추천) 자세한 부분은 사정을 봐 가며 결정하는 것이 좋을 것 같다.

(표현) 피치 못할 사정, 사정이 딱하다, 사정이 있다  (유의) 형편, 처지

---

**0530 살리다**
- promote, emphasize
- 生かす
- 发扬
- làm nổi bật

(기출) 약품의 용법, 용량 등을 그림으로 표시해 시각 효과를 **살리고** 이해도를 높인 것이다. (37회 읽기 40번)

(추천) 저 배우는 개성을 잘 살려서 연기한다.

(표현) 느낌을 살리다, 색을 살리다, 색감을 살리다  (유의) 북돋우다

---

**0531 살피다**
- look into, consider
- うかがう
- 查，考察
- xem xét

(기출) 아이의 상처에는 그렇게 가슴 아파하면서 아버지의 상처는 미처 **살피지** 못했다. (52회 읽기 23번)

(추천) 이번 설문 조사는 새로운 정책에 대한 여론을 살피기 위한 것이다.

(표현) 민심을 살피다, 마음을 살피다, 여론을 살피다  (유의) 관찰하다, 돌아보다

## 0532 생물
- organism
- 生物
- 生物
- sinh vật

**기출** 지표 **생물**로 그 지역 환경의 오염 정도를 알 수 있다.
(52회 읽기 33번)

**추천** 지구상에 물 없이 살 수 있는 생물은 없다.

**표현** 생물의 진화, 생물 수업, 생물이 살다　**유의** 생물체　**반의** 무생물

---

## 0533 생태계
- ecosystem
- 生態系
- 生态系统
- hệ sinh thái

**기출** 나방의 애벌레는 **생태계**에서 중요한 역할을 한다.
(52회 듣기 43번)

**추천** 무분별한 개발이 생태계의 심각한 파괴를 일으켰다.

**표현** 생태계 파괴, 생태계 유지　**유의** 생물계　**반의** 무생물계

---

## 0534 서두르다
- hurry
- 急ぐ
- 着急
- vội vàng

**기출** 갑자기 비가 내려서 이불이 걱정되어 집으로 **서둘러** 돌아왔다.
(47회 읽기 14번)

**추천** 빨리 하려고 서두르다 보면 쉬운 일도 실수하기 마련이다.

**표현** 출발을 서두르다, 결혼을 서두르다　**유의** 재촉하다

---

## 0535 섞다
- mix
- 混ぜる
- 混合
- hòa trộn

**기출** 물감은 **섞거나** 덧칠할수록 색이 탁해진다.
(52회 읽기 32번)

**추천** 물과 기름은 아무리 저어도 섞을 수 없다.

**표현** 술을 섞다, 재료를 섞다, 카드를 섞다　**유의** 혼합하다

---

## 0536 설치하다
- install
- 設置する
- 設置
- thiết lập, lắp đặt

**기출** 국가지점번호 제도는 조난이 발생했을 때 그 위치를 정확하게 알 수 있도록 지역마다 번호를 부여하고 표지판을 **설치하는** 것입니다. (64회 듣기 47번)

**추천** 새로 이사 온 집에 에어컨을 설치했다.

**표현** 신호등을 설치하다, 에어컨을 설치하다, 컴퓨터를 설치하다

**유의** 두다, 놓다

# TOPIK II

**0537 설탕**
- sugar
- 砂糖
- 砂糖
- đường ngọt

`기출` 꿀은 **설탕**보다 건강에 좋은 대체 식품이다.
(41회 읽기 37번)

`추천` 나는 커피에 설탕을 듬뿍 넣고 휘휘 저었다.

`표현` 설탕 과자, 설탕을 넣다, 설탕을 타다

---

**0538 세균**
- germ
- 細菌
- 细菌
- vi khuẩn

`기출` 잇몸병을 일으키는 **세균**은 다른 질환도 유발할 수 있다.
(64회 듣기 38번)

`추천` 아이의 상처에 세균이 들어가지 않도록 소독해 주었다.

`표현` 세균 감염, 세균 검출, 세균의 수   `유의` 균

---

**0539 세기**
- century
- 世紀
- 世纪
- thế kỷ

`기출` 19**세기** 중반까지는 태양의 위치를 기준으로 시간을 정해서 지역마다 시간이 달랐다. (60회 읽기 34번)

`추천` 지구 온난화로 지구의 평균 기온은 지난 세기보다 높아졌다.

`표현` 다음 세기, 이번 세기, 새로운 세기

---

**0540 세대**
- generation
- 世代
- 代
- thế hệ

`기출` 필름 카메라가 디지털에 익숙한 젊은 **세대**들의 마음을 사로잡고 있습니다.
(83회 듣기 37번)

`추천` 할머니와 손녀는 두 세대 차이가 나는데도 말이 잘 통한다.

`표현` 젊은 세대, 세대 차이   `유의` 대

---

**0541 손톱**
- nail
- 爪
- 指甲
- móng tay

`기출` 한 연구에 따르면 과거에 비해 요즘 사람들의 **손톱**이 더 빨리 자란다고 한다.
(52회 읽기 28번)

`추천` 언니는 손톱에 매니큐어를 예쁘게 발랐다.

`표현` 날카로운 손톱, 손톱 손질, 손톱이 자라다

**0542 수화기**
- receiver
- 受話器
- 听筒
- ống nghe điện thoại

(기출) **수화기** 저편의 아버지가 내 답을 기다렸다.
(47회 읽기 42번)

(추천) 나는 수화기 건너편의 시끄러운 소리 때문에 친구의 목소리가 들리지 않았다.

(표현) 수화기를 들다, 수화기를 내려놓다  (유의) 전화기

---

**0543 시선**
- gaze, one's eyes
- 視線
- 视线
- ánh nhìn, ánh mắt

(기출) 나는 몸을 비비 꼬며 창밖에서 놀고 있는 아이들에게 **시선**을 주고 있었다.
(52회 읽기 42번)

(추천) 그녀는 나의 고백에 놀라서 시선을 피했다.

(표현) 시선을 돌리다, 시선을 피하다  (유의) 눈길

---

**0544 신입**
- newcomer
- 新入
- 新来(者)
- sự mới gia nhập

(기출) **신입** 회원은 태권도에 관심 있는 학생이면 누구나 환영합니다.
(37회 쓰기 51번)

(추천) 경제 불황으로 올해 하반기 신입 사원을 모집하지 않는다.

(표현) 신입 사원, 신입 직원, 신입 회원  (유의) 신참  (반의) 고참

---

**0545 실력**
- ability
- 実力
- 实力
- thực lực

(기출) 나는 남편의 격려 덕분에 계산 **실력**이 늘었다.
(47회 읽기 24번)

(추천) 그의 타고난 운동 실력은 누구도 따라갈 수 없습니다.

(표현) 실력을 기르다, 실력이 좋다  (유의) 능력, 역량

---

**0546 실업**
- unemployment
- 失業
- 失业
- sự thất nghiệp

(기출) 시간제 일자리는 **실업** 문제를 해결하는 최선의 방안이다.
(37회 듣기 41번)

(추천) 정부는 실업을 당한 근로자의 생활 안정을 위한 정책을 실시했다.

(표현) 실업 문제, 실업 상태, 실업 위기  (유의) 실직  (반의) 취업

# TOPIK II

**0547 실제**
- real
- 実際
- 实际
- thực tế

**기출** 꿀과 설탕의 결정적인 차이는 소비자의 의식이지 **실제**의 장단점은 아니다.
(47회 읽기 37번)

**추천** 실화를 바탕으로 만든 영화라도 실제와 완전히 같은 것은 아니다.

**표현** 실제 모습, 실제 상황　**유의** 실제로　**반의** 허위, 허구

---

**0548 심판**
- referee
- 審判
- 审判
- trọng tài

**기출** 그는 축구 경기 **심판**이다.
(41회 듣기 29번)

**추천** 운동 경기에서 선수와 관중들은 심판의 판정을 인정해야 한다.

**표현** 심판의 판정, 심판이 판정하다　**유의** 심판관

---

**0549 쌓다**
- pile
- 積む
- 堆
- chất đống

**기출** 인간관계에서 안정을 찾으면 물건들을 집에 **쌓아** 두는 행동이 사라질 수 있다.
(52회 읽기 18번)

**추천** 그는 버려야 할 물건들을 문 앞에 잔뜩 쌓아 놓았다.

**표현** 책을 쌓아 놓다, 돌을 쌓다, 물건을 쌓다　**유의** 포개다　**반의** 헐다

---

**0550 여유**
- leeway
- 余裕
- 宽裕, 空闲
- sự nhàn rỗi, sự dư giả

**기출** 어떤 사람들은 경제적 **여유**를 얻게 되면서 삶의 무료함을 느끼기도 한다.
(52회 읽기 37번)

**추천** 요즘 회사 사정도 어렵고 식구도 많아서 여유라고는 전혀 없다.

**표현** 여유가 없다, 여유가 있다, 삶의 여유

---

**0551 여전히**
- still
- 相変わらず
- 依旧
- vẫn như trước

**기출** 이 법안에 따르면 **여전히** 음주 운전 가해자의 처벌이 미뤄지거나 일정 기간이 지난 후 효력이 없어질 수도 있다. (64회 읽기 38번)

**추천** 십 년 만에 본 친구는 여전히 멋있었다.

**표현** 여전히 그대로, 여전히 건강하다, 여전히 남아 있다　**유의** 아직

## 0552 연출하다
- direct
- 演出する
- 演出
- tạo ra, làm ra

**기출** 초록색은 편안한 분위기를 **연출하여** 마음을 차분하게 해 줄 수 있다.
(47회 읽기 28번)

**추천** 우리는 기억에 남는 사진을 찍기 위해 재미있는 상황을 연출했다.

**표현** 분위기를 연출하다, 상황을 연출하다

## 0553 열량
- calorie
- 熱量
- 热量
- nhiệt lượng

**기출** 해파리는 몸의 95%가 물로 구성되어 있어 **열량**이 낮다.
(64회 읽기 19번)

**추천** 초콜릿에 표시된 열량이 너무 높아서 먹지 않았다.

**표현** 열량이 높다, 열량이 있다, 열량 표시　**유의** 칼로리

## 0554 예측하다
- predict
- 予測する
- 预测
- dự đoán

**기출** 그녀는 새로운 정책의 문제점을 **예측하고** 있다.
(47회 듣기 48번)

**추천** 요즘 경제 상황은 변화가 심해서 경기를 예측하기 어렵다.

**표현** 변화를 예측하다, 사고를 예측하다, 상황을 예측하다

**유의** 내다보다, 추측하다

## 0555 완벽하다
- perfect
- 完璧だ
- 完美
- hoàn hảo

**기출** 상대를 **완벽하게** 이해하는 것은 사실상 거의 불가능하다.
(41회 읽기 36번)

**추천** 그 가수는 실수 없는 완벽한 무대로 큰 박수를 받았다.

**표현** 완벽한 여자, 완벽한 외모

**유의** 빈틈없다, 완전하다　**반의** 미비하다, 허술하다

## 0556 욕구
- desire
- 欲求
- 欲求
- nhu cầu

**기출** 소비자들의 구매 **욕구**가 살아나 백화점 매출이 늘어나고 있다.
(52회 읽기 25번)

**추천** 젊은 세대들은 여가 생활에 대한 욕구가 큰 것 같다.

**표현** 욕구를 느끼다, 욕구가 커지다, 소비 욕구　**유의** 욕망, 욕심, 소망

# TOPIK II

**0557 운영**
- operation
- 運営
- 运营
- sự vận hành

**기출** 택배 기사들이 카페의 **운영**에 참여해 화제가 되고 있다.
(60회 읽기 12번)

**추천** 최소한의 운영 인원이 없이는 행사를 진행할 수 없다.

**표현** 학교 운영, 운영 방식, 운영 자금   **유의** 경영, 운용

---

**0558 유사하다**
- similar
- 類似する
- 类似
- tương tự

**기출** 우주에서 쓰레기를 처리하는 방법은 지구와 **유사하다**.
(52회 듣기 43번)

**추천** 이번 사건과 유사한 강도 사건이 지난달에도 있었습니다.

**표현** 외모가 유사하다, 방법이 유사하다   **유의** 엇비슷하다, 흡사하다, 같다

---

**0559 육성하다**
- foster
- 育成する
- 培育
- nuôi dạy

**기출** 우리 학교는 인성이 바른 학생들을 **육성하고자** 노력한다.
(47회 듣기 47번)

**추천** 전통 공예를 발전시키기 위해서 전승자들을 육성하고 보호하는 새로운 정책이 필요하다.

**표현** 육성한 선수, 인재를 육성하다, 문화를 육성하다

**유의** 양성하다, 기르다, 키우다

---

**0560 이웃**
- neighbor
- 隣
- 邻居
- hàng xóm

**기출** 식물은 **이웃**과 담을 쌓고 지내는 많은 현대인에게 외로움을 달래 주거나 정서적으로 위안을 주기도 한다. (47회 읽기 21번)

**추천** 음악 소리를 너무 크게 하면 이웃 주민에게 피해를 줄 수 있다.

**표현** 이웃 동네, 이웃 마을   **유의** 옆집

---

**0561 일반적**
- general
- 一般的
- 一般的
- tính thông thường

**기출** 적정 인구는 **일반적**으로 사람들이 소비하는 자원의 요구량 또는 자원 생산에 필요한 땅 면적을 고려해 계산하는데요. (60회 듣기 47번)

**추천** 처음 만난 사람에게는 높임말을 쓰는 것이 일반적이다.

**표현** 일반적인 경향, 일반적으로 비싸다   **유의** 보편적   **반의** 부분적

## 0562 자녀
- child
- 子供
- 子女
- con cái

**기출** 상속형 부자의 경우 반 정도가 사업체를 **자녀**에게 물려주겠다고 응답했다. (35회 읽기 40번)

**추천** 우리 회사에는 자녀 장학금 제도가 있다.

**표현** 자녀를 키우다, 자녀 교육　**유의** 자식, 아들딸, 혈육

## 0563 자라다
- grow
- 成長する
- 成长
- lớn lên

**기출** 손가락 끝을 사용하는 일이 많아지면서 손톱이 **자라는** 것에 영향을 준 것으로 보았다. (52회 읽기 28번)

**추천** 우리 집 마당에는 다양한 꽃과 나무들이 자라고 있다.

**표현** 손톱이 자라다, 키가 자라다

**유의** 성장하다, 발육하다　**반의** 줄다, 줄어들다

## 0564 자연재해
- natural disaster
- 自然災害
- 自然灾害
- thiên tai

**기출** 지진은 드물게 발생하는 **자연재해**이다. (41회 듣기 45번)

**추천** 이 지역에서는 자연재해가 자주 발생하는 편이다.

**표현** 자연재해가 일어나다, 자연재해가 발생하다

**유의** 기상재해, 천재지변　**반의** 인재

## 0565 자유롭다
- free
- 自由だ
- 自由
- tự do

**기출** 다양한 연결망을 통해 개인적으로 읽을 글을 선택·변경하고, **자유롭게** 영역을 이동하는 검색형 독서 방식이 생겨난 것이다. (47회 읽기 39번)

**추천** 우리 회사는 옷을 입는 것에 대해서는 아주 자유롭다.

**표현** 생각이 자유롭다, 자유로운 몸　**반의** 구속하다

## 0566 작업
- work
- 作業
- 工作
- công việc, tác nghiệp

**기출** 문화재 복원 **작업**은 복원된 부분이 자연스러워야 하고 그 과정에서 문화재가 추가로 손상되지 않아야 한다. (64회 읽기 35번)

**추천** 그 단체는 예술가와 학자들의 공동 작업을 후원했다.

**표현** 작업하다, 작업에 임하다, 작업을 중지하다　**유의** 일

# TOPIK II

**0567 잔치**
- feast
- 宴会
- 宴会
- tiệc mừng

**기출** 보통 **잔치**를 할 때에는 맛있고 귀한 음식을 가득 차려 놓고 성대하게 행사를 치렀다. (64회 읽기 35번)

**추천** 축구팀의 승리 소식이 전해지자 온 도시가 잔치 분위기가 되었다.

**표현** 잔치를 벌이다, 잔치에 초대하다, 동네잔치　**유의** 파티, 향연, 연회

---

**0568 적응하다**
- adapt
- 適応する
- 适应
- thích ứng

**기출** 새로운 프로그램에 직원들이 **적응하는** 게 쉽지는 않을 것 같은데요. (83회 듣기 31번)

**추천** 친구는 처음 우리 모임에 들어왔지만 분위기에 빠르게 적응해 나갔다.

**표현** 직장에 적응하다, 사회에 적응하다　**유의** 동화하다, 순응하다

---

**0569 점검하다**
- inspect
- 点検する
- 检查
- kiểm điểm rà soát

**기출** 문제가 발생한 제품들을 수거하여 면밀히 **점검하였습니다**. (60회 듣기 35번)

**추천** 기술자들은 안전장치가 제대로 작동하는지를 점검했다.

**표현** 시설을 점검하다　**유의** 검사하다, 검열하다

---

**0570 정원**
- garden
- 庭園
- 花园, 庭园
- vườn nhà

**기출** **정원**에서 재배하는 식물은 판매하지 않는다. (52회 듣기 30번)

**추천** 그는 곳곳에 꽃과 나무를 심어 정원을 꾸몄다.

**표현** 정원을 가꾸다, 정원사　**유의** 뜰

---

**0571 조각**
- piece
- 切れ端
- (碎)片
- mẫu, miếng, mảnh

**기출** 쓰고 남은 천 **조각**으로 만든 것을 조각보라고 한다. (41회 읽기 32번)

**추천** 식당 바닥에는 빵 조각이 많이 떨어져 있었다.

**표현** 조각을 내다, 조각이 나다, 빵 조각　**유의** 부분

## 0572 조화
- harmony
- 調和
- 调和，融洽
- sự hài hòa

**기출** 그 건물은 자연과의 절묘한 **조화**를 보여 주었다.
(36회 읽기 49번)

**추천** 성장과 분배가 조화를 이룬다.

**표현** 조화를 이루다, 조화롭다　**유의** 어울림　**반의** 불화, 부조화, 상충

## 0573 주의
- caution
- 注意
- 注意
- sự chú ý

**기출** **주의** 사항을 수첩에 적어 가며 외워도 금방 잊어버리기 일쑤였다.
(47회 읽기 23번)

**추천** 직원들이 행동에 각별히 유념을 하도록 주의를 시켜야겠다.

**표현** 주의 사항, 주의를 기울이다　**유의** 조심, 경고　**반의** 부주의

## 0574 중부
- central
- 中部
- 中部
- Trung bộ, miền Trung

**기출** **중부** 지방은 내일까지 쉬지 않고 비가 내릴 것이다.
(37회 읽기 25번)

**추천** 우리나라는 여름에 중부 지방이 더 더운 편이다.

**표현** 중부 지방, 중부권

## 0575 지구
- earth
- 地球
- 地球
- địa cầu, trái đất

**기출** 우주는 **지구**와 환경이 상이해 **지구**에서 쓰는 방법으로는 쓰레기를 수거하기가 어렵다. (60회 읽기 46번)

**추천** 현재 지구상에는 약 오십억 명의 인구가 있다.

**표현** 지구를 돌다, 지구 온난화　**유의** 세계, 대지

## 0576 진출
- advance
- 進出
- 进入
- sự tiến lên

**기출** 이 학교의 졸업생들은 해외 **진출**에 어려움을 겪고 있다.
(52회 듣기 36번)

**추천** 요즘 여성의 사회 진출이 늘어나고 있다.

**표현** 정계 진출, 세계 진출　**유의** 전진　**반의** 철수

# TOPIK II

**0577 차지하다**
- possess
- 占める
- 占据, 夺得
- chiếm giữ, nắm giữ

〔기출〕 이 신뢰를 바탕으로 경쟁에서 유리한 위치를 **차지할 수** 있는 것이다.
(47회 읽기 36번)

〔추천〕 우리 팀은 마침내 우승을 차지했다.

〔표현〕 우승을 차지하다, 정권을 차지하다  〔유의〕 가지다, 장악하다

---

**0578 참가하다**
- participate
- 参加する
- 参加
- tham gia

〔기출〕 이 대회에는 누구나 **참가할 수** 있다.
(64회 읽기 9번)

〔추천〕 팀원 모두가 회의에 참가해야 한다는 지시가 있었다.

〔표현〕 행사에 참가하다, 투표에 참가하다  〔유의〕 참여하다  〔반의〕 불참하다

---

**0579 참석하다**
- attend
- 出席する
- 出席
- tham dự

〔기출〕 회의에 **참석해** 주셔서 감사해요.
(47회 듣기 8번)

〔추천〕 그는 동창 모임에 참석했다.

〔표현〕 모임에 참석하다, 대회에 참석하다  〔유의〕 참가하다

---

**0580 참여**
- participation
- 参加
- 参与
- sự tham dự

〔기출〕 다양한 행사가 준비되어 있으니 많은 **참여** 바랍니다.
(64회 듣기 14번)

〔추천〕 나는 예전에도 이 활동에 참여를 한 적이 있다.

〔표현〕 참여가 적다, 참여를 유도하다  〔유의〕 참가

---

**0581 처방**
- prescription
- 処方
- 处方
- đơn thuốc

〔기출〕 의약품의 부적절한 **처방**을 예방하기 위해 이 제도가 시행되고 있다.
(52회 읽기 34번)

〔추천〕 의사의 처방에 따라 약국에 가서 약을 지었다.

〔표현〕 처방을 내리다, 처방을 받다  〔유의〕 처방전

### 0582 철새
- migratory bird
- 渡り鳥
- 候鸟
- chim di cư theo mùa

**기출** 철새는 종류에 따라 수만에서 수십만 개체가 무리를 지어 일정한 대형으로 이동한다. (52회 읽기 36번)

**추천** 철새는 최적의 항로로 신속하게 남쪽으로 떠났다.

**표현** 철새의 이동, 철새를 관찰하다　**반의** 텃새

### 0583 최대
- maximum
- 最大
- 最大
- tối đa

**기출** 자연 체험 교육은 **최대** 20명까지 수강이 가능하다. (47회 듣기 24번)

**추천** 이번 올림픽에서 선수단은 평소에 닦은 기량을 최대로 발휘하여 좋은 성적을 거두었다.

**표현** 최대 속도, 기량을 최대로 발휘하다, 볼륨을 최대로 올리다

**유의** 극도　**반의** 최소

### 0584 최선
- the best
- 最善
- 最好
- sự tốt nhất

**기출** 저는 앞으로도 항상 **최선**을 다할 겁니다. (47회 듣기 20번)

**추천** 저쪽으로 가는 게 최선일 것 같아요.

**표현** 최선을 다하다, 최선을 기울이다　**유의** 최상, 이상　**반의** 최악

### 0585 충분하다
- sufficient
- 十分だ
- 充分
- đầy đủ

**기출** 온라인 거래 사기가 늘었지만 정부의 대책 마련은 **충분하지** 않다. (83회 읽기 27번)

**추천** 아버지는 항상 용돈을 충분하게 주신다.

**표현** 돈이 충분하다, 충분한 영양

**유의** 족하다, 넉넉하다　**반의** 부족하다, 불충분하다

### 0586 판단하다
- judge
- 判断する
- 判断
- phán đoán

**기출** 언제 활을 쏘아야 할지 **판단하는** 것이 핵심이다. (41회 읽기 19번)

**추천** 부모의 말과 행동은 아이가 상황을 판단하는 데 영향을 미친다.

**표현** 정세를 판단하다, 올바르게 판단하다　**유의** 생각하다, 판별하다

# TOPIK II

**0587 판매자**
- seller
- 売り手
- 销售者
- người bán

(기출) 이 시장에서는 **판매자**와 소비자가 실시간으로 필요한 정보를 교환한다.
(47회 읽기 31번)

(추천) 판매자는 유통 기한이 지난 상품을 판매할 수 없다.

(표현) 전문 판매자, 상품 판매자  (반의) 구매자

---

**0588 평가**
- estimation, evaluation
- 評価
- 评价
- sự đánh giá

(기출) 영화 '사랑'에 대한 **평가**가 예상과 달리 좋지 않다.
(37회 읽기 26번)

(추천) 평가 점수가 낮아서 합격을 기대하기 어렵다.

(표현) 평가를 내리다, 평가를 받다  (유의) 평

---

**0589 풍부하다**
- abundant
- 豊富だ
- 丰富
- phong phú

(기출) 후회 없는 선택을 하려면 **풍부한** 정보가 필요하다.
(35회 읽기 22번)

(추천) 그 음식은 영양소가 풍부해서 몸에 좋다.

(표현) 풍부한 자원, 감정이 풍부하다  (유의) 넉넉하다, 많다  (반의) 부족하다

---

**0590 필요**
- need
- 必要
- 必要
- sự tất yếu

(기출) 행복하려면 행복이 무한한 것이라는 믿음을 가질 **필요**가 있다.
(83회 읽기 48번)

(추천) 정부는 노인 활동 지원책을 마련할 필요가 있다.

(표현) 필요 물품, 필요가 생기다  (반의) 불필요

---

**0591 학기**
- semester
- 学期
- 学期
- học kỳ

(기출) 다음 **학기**에 신청하려고 해요.
(52회 듣기 7번)

(추천) 이번 학기는 등록을 하지 않았다.

(표현) 3학년 2학기, 새 학기를 시작하다

## 0592 한류
- Hallyu(Korean Wave)
- 韓流
- 韩流
- Làn sóng văn hóa Hàn Quốc

**기출** 한류 배우가 큰 인기를 얻으면서 해외 광고 출연 요청이 잇따르고 있다. (47회 읽기 25번)

**추천** 그곳은 한류 덕분에 외국인 관광객이 많이 찾아온다.

**표현** 한류 가수, 한류를 실감하다

## 0593 해결
- solution
- 解決
- 解决
- sự giải quyết

**기출** 사회적 갈등을 합리적으로 해결하기 위해 사회 구성원 모두가 합의할 수 있는 **해결** 원칙을 세울 필요가 있다. (41회 읽기 48번)

**추천** 문제 해결에는 시민들의 참여가 꼭 필요하다.

**표현** 해결을 보다, 해결을 짓다, 해결에 나서다

**유의** 처리, 타개  **반의** 미해결

## 0594 행동하다
- behave
- 行動する
- 行动
- hành động

**기출** 아프지만 그냥 괜찮은 것처럼 **행동했어요**. (30회 읽기 25번)

**추천** 그 아이는 나보다 훨씬 어른인 것처럼 행동했다.

**표현** 성급하게 행동하다, 신중하게 행동하다  **유의** 동작하다, 움직이다

## 0595 환하다
- bright
- 明るい
- 明亮
- sáng bừng, tươi tắn

**기출** 할머니는 같은 병실 사람들을 모아 놓고 **환하게** 웃으며 이야기하고 있었다. (41회 읽기 23번)

**추천** 아들의 합격 소식을 듣고 아버지는 얼굴빛이 환해졌다.

**표현** 불빛이 환하다, 환한 미소  **유의** 밝다  **반의** 어둡다

## 0596 활동하다
- perform, move
- 活動する
- 活动
- hoạt động

**기출** 우주에서 오래 **활동하면** 뼈와 근육이 약해지니까 칼슘과 칼륨이 들어 있는 식품을 꼭 포함하고요. (60회 듣기 33번)

**추천** 나는 그 시민 단체에서 봉사자로 활동한 적이 있다.

**표현** 예술가로 활동하다, 활발하게 활동하다  **유의** 행동하다, 움직이다

# TOPIK II

**0597 훨씬**
- much
- もっと
- 更加
- rất rất

(기출) 이렇게 표현한 색은 물감을 섞어서 만든 색보다 **훨씬** 더 맑고 부드러운 느낌을 준다. (52회 읽기 32번)

(추천) 새로 이사한 집이 그전에 살던 집보다 훨씬 크다.

(표현) 훨씬 많다, 훨씬 적다 (유의) 무척, 월등히

---

**0598 가입자**
- member
- 加入者
- 用户，会员
- người gia nhập

(기출) **가입자**는 비밀번호 변경으로 스트레스를 받는다. (52회 읽기 20번)

(추천) 그는 인터넷 가입자를 늘리기 위한 홍보 활동을 하고 있다.

(표현) 신규 가입자, 보험 가입자 (유의) 회원

---

**0599 간격**
- gap
- 間隔
- 间隔
- khoảng cách

(기출) 이 기법으로 그림을 그릴 때는 넓은 **간격**으로 점을 찍어야 한다. (52회 읽기 32번)

(추천) 이 건물은 층 사이의 간격을 넓게 만들었다.

(표현) 간격을 넓히다, 간격을 좁히다 (유의) 거리, 틈새, 간극

---

**0600 간담회**
- meeting, discussion session
- 懇談会
- 座谈会
- buổi đàm đạo, buổi nói chuyện

(기출) 네 시에 설치 미술가의 기자 **간담회**에 참석한 뒤 여섯 시에는 인터뷰 약속이 잡혀 있었다. (47회 읽기 42번)

(추천) 간담회에서는 다양한 의견이 나왔다.

(표현) 기자 간담회, 간담회를 가지다, 간담회를 열다

---

**0601 갈아입다**
- change one's clothes
- 着替える
- 换穿
- thay (quần áo)

(기출) 배구팀이 새 옷으로 **갈아입은** 후 경기를 준비하고 있다. (36회 읽기 26번)

(추천) 아이들은 서둘러 잠옷으로 갈아입고 침대로 향했다.

(표현) 옷을 갈아입다, 잠옷으로 갈아입다

## 0602 강력하다
- powerful
- 強力だ
- 强力
- mạnh mẽ

**기출** 흡연율 감소를 위해서는 **강력한** 정책이 필요하다.
(41회 듣기 31번)

**추천** 시민들은 정책의 보완을 강력하게 요구하고 있다.

**표현** 강력한 대책, 규제가 강력하다, 약효가 강력하다

**유의** 강대하다, 굳세다, 막강하다  **반의** 약하다

## 0603 개발하다
- develop
- 開発する
- 开发
- phát triển, mở mang

**기출** 특허 출원으로 권리부터 선점해 놓고 기술을 **개발하려는** 경우가 비일비재한 것이다. (52회 읽기 48번)

**추천** 그는 전자 회사에서 신제품을 개발하는 일을 한다.

**표현** 신도시를 개발하다, 제품을 개발하다  **유의** 개척하다, 계발하다, 발명하다

## 0604 개최하다
- hold
- 開催する
- 举办
- tổ chức (sự kiện)

**기출** 이 도시는 국제 행사를 **개최한** 경험이 있다.
(41회 듣기 47번)

**추천** 박람회를 개최하는 목적은 도시 홍보에 있었다.

**표현** 올림픽을 개최하다, 경기를 개최하다  **유의** 열다

## 0605 거래처
- client
- 取引先
- 客户
- đối tác mua hàng

**기출** 제가 밖에서 **거래처** 직원을 만나고 있어서요.
(52회 듣기 10번)

**추천** 나는 제품 사진을 거래처에 보냈다.

**표현** 거래처에 물건을 배달하다, 거래처를 바꾸다

## 0606 거치다
- go through
- 経る
- 经过
- trải qua

**기출** 기업들은 큰 몸집 탓에 복잡한 결재 절차를 **거쳐야** 했다.
(52회 읽기 31번)

**추천** 일을 해결할 때 거치는 과정이 중요하다고 생각한다.

**표현** 절차를 거치다, 과정을 거치다  **유의** 밟다, 지나다

Chapter 3 출제 3순위 어휘

# TOPIK II

**0607 건축물**
- building
- 建築物
- 建筑物
- công trình kiến trúc

（기출） 전통 **건축물** 보존의 중요성을 강조하고 있다.
(37회 듣기 50번)

（추천） 이 지역의 건축물은 모두 높게 지어졌다.

（표현） 고대 건축물, 건축물을 짓다　（유의） 건물

---

**0608 걸다**
- expect
- (期待を)かける
- 期待，指望
- đặt vào, treo vào

（기출） 미래 세대의 활약에 기대를 **걸고** 있다.
(47회 듣기 46번)

（추천） 아버지가 아들에게 거는 기대는 매우 컸다.

（표현） 기대를 걸다, 미래를 걸다　（유의） 기대하다

---

**0609 걸음**
- step
- 歩み
- 步子
- bước chân

（기출） 천 리 길도 한 **걸음**부터라는 말처럼 우리가 생활 속에서 할 수 있는 작은 노력부터 시작하는 것이 중요하다. (36회 읽기 21번)

（추천） 아버지는 잔뜩 취한 걸음으로 비틀거리면서 집에 돌아오셨다.

（표현） 걸음을 재촉하다, 걸음이 빠르다　（유의） 보행, 발걸음

---

**0610 결국**
- finally
- 結局
- 结局
- kết cục

（기출） 악보를 외우면 작곡가를 좀 더 이해하게 되어 **결국** 작품에 대한 표현력이 풍부해질 수 있다. (47회 읽기 16번)

（추천） 지금 당장은 힘들겠지만 결국 넌 성공할 거야.

（표현） 결국 비극으로 끝나다　（유의） 마침내, 종국에

---

**0611 결론**
- conclusion
- 結論
- 结论
- kết luận

（기출） 구체적인 사례에서 **결론**을 유도하고 있다.
(47회 듣기 50번)

（추천） 나는 보고서를 어떻게 끝낼지 고민하다가 결론을 짓지 못했다.

（표현） 결론을 짓다, 결론이 없다, 결론을 맺다

（유의） 결말, 마무리　（반의） 머리말

## 0612 결정적
- decisive
- 決定的
- 決定性的
- tính quyết định

**기출** 꿀과 설탕의 **결정적**인 차이는 소비자의 의식이지 실제의 장단점은 아니다.
(41회 읽기 37번)

**추천** 재판에서 검찰 측은 결정적인 증거를 제시했다.

**표현** 결정적인 실수, 결정적인 기회   **유의** 중요하다

## 0613 경계
- border
- 境界
- 边界
- biên giới

**기출** 인류는 판의 **경계**에 고대 문명을 건설했다.
(47회 듣기 43번)

**추천** 두 나라 사이의 경계 지역에는 많은 군사들이 배치되었습니다.

**표현** 경계를 허물다, 나라 간 경계, 경계가 없다   **유의** 경계선

## 0614 경쟁
- competition
- 競爭
- 竞争
- sự cạnh tranh

**기출** 불황에도 업체 간 **경쟁** 때문에 포도주의 소비가 늘었다.
(41회 읽기 26번)

**추천** 요즘 자동차 판매자들 사이의 경쟁이 매우 심하다.

**표현** 과열 경쟁, 경쟁이 심하다, 경쟁 사회

**유의** 다툼, 경합   **반의** 독점, 독차지

## 0615 계획서
- written plan
- 計畫書
- 计划书
- bản kế hoạch

**기출** 학생들은 학기 말에 자기 계발 **계획서**를 낸다.
(37회 듣기 26번)

**추천** 사업 계획서를 작성하기까지 한 달이 걸렸다.

**표현** 계획서를 작성하다, 수업 계획서

## 0616 고개
- head
- 首
- 头
- cổ

**기출** 아이가 **고개**를 푹 숙인 채 앉아서 꼼짝도 하지 않았다.
(37회 읽기 23번)

**추천** 대화를 할 때 고개를 끄덕이는 행동을 하면 좋다고 한다.

**표현** 고개를 젓다, 고개를 숙이다   **유의** 머리

# TOPIK II

### 0617 고속도로
- expressway
- 高速道路
- 高速公路
- đường cao tốc

**기출** 연휴의 마지막 날에 **고속도로**에서 심각한 교통사고가 발생했다.
(52회 읽기 26번)

**추천** 연휴 마지막 날 교통 체증으로 고속도로가 몸살을 앓았다.

**표현** 고속도로를 달리다, 고속도로 휴게소

---

### 0618 곤란하다
- difficult
- 困難だ
- 困难
- khốn khó

**기출** 재사용하기 **곤란한** 것이 많다.
(47회 읽기 17번)

**추천** 그는 곤란한 형편에도 불구하고 좋은 성적으로 합격했다.

**표현** 곤란한 형편, 처지가 곤란하다   **유의** 힘들다   **반의** 쉽다

---

### 0619 공사
- construction
- 工事
- 工程
- công trường

**기출** 연휴에 실시한 고속도로 **공사** 때문에 사람들이 큰 불편을 겪었다.
(52회 읽기 26번)

**추천** 박물관이 일 년 동안의 보수 공사를 마치고 문을 열었다.

**표현** 공사를 따내다, 공사를 벌이다, 시설 공사, 건설 공사

---

### 0620 공정하다
- fair
- 公正だ
- 公正
- công bằng

**기출** 이력서에 있는 개인 정보가 **공정한** 선발을 방해할 수 있다.
(47회 듣기 38번)

**추천** 국회의원들은 그 법안이 공정하고 합리적인지 평가해야 한다.

**표현** 심사가 공정하다, 공정한 거래

**유의** 정당하다, 공명하다   **반의** 불공정하다

---

### 0621 관람
- viewing
- 観覧
- 参观, 观看
- sự thưởng lãm

**기출** 박물관 **관람** 예약을 하고 있다.
(52회 듣기 23번)

**추천** 단체 관람은 표 값이 저렴한 편이다.

**표현** 단체 관람, 영화 관람, 관람 불가   **유의** 시청

## 0622 관리
- manage
- 管理
- 管理
- sự quản lý

(기출) 시민들이 국가 토지 **관리**에 적극 참여하고 있다.
(47회 읽기 34번)

(추천) 공공 시설물은 많은 사람들이 이용하므로 안전 관리가 중요하다.

(표현) 선거 관리, 학생 관리  (유의) 담당

## 0623 교육하다
- educate, train
- 教育する
- 教育
- giáo dục

(기출) 지속적으로 **교육하면** 직원들도 프로그램을 잘 활용할 수 있게 될 거고요.
(83회 듣기 31번)

(추천) 그는 그 학교에서 예술 인재들을 교육하고 있다.

(표현) 인재를 교육하다, 아이를 교육하다  (유의) 가르치다

## 0624 구멍
- hole
- 穴
- 洞
- lỗ hở, lỗ hổng

(기출) 지붕에 **구멍**을 만들어 석빙고를 아름답게 장식했다.
(47회 듣기 42번)

(추천) 오래된 양말을 계속 신었더니 구멍이 나고야 말았다.

(표현) 구멍이 뚫리다, 구멍을 내다  (유의) 골

## 0625 구역
- zone
- 区域
- 区域
- khu vực

(기출) 현재 고층 건물은 30층마다 한 개 층을 피난 **구역**으로 확보하고 있다.
(36회 읽기 46번)

(추천) 그곳은 주차 금지 구역이라서 주차를 할 수 없었다.

(표현) 개발 제한 구역, 금연 구역  (유의) 지역

## 0626 권력
- power
- 権力
- 权力
- quyền lực

(기출) 그것은 왕이 **권력**을 마음대로 쓰지 못하게 하는 장치로서 기능을 하였다.
(41회 읽기 33번)

(추천) 그 정치가는 자신이 가진 권력을 이용해 가난한 사람들을 도왔다.

(표현) 권력 남용, 권력과 결탁하다, 권력을 잡다, 권력을 쥐다  (유의) 권한, 세력

# TOPIK II

## 0627 근거하다
- be based on
- 基づく
- 根据
- lấy căn cứ, lấy cơ sở

**기출** 통계 수치에 **근거하면** 실상을 파악할 수 있다. (52회 읽기 35번)

**추천** 김 박사는 통계 결과에 근거해서 경제 상황을 예측했다.

**표현** 법에 근거하다, 사실에 근거하다   **유의** 의거하다

## 0628 기계
- machine
- 機械
- 机器
- máy móc

**기출** 우리는 **기계**가 인간의 인지적인 영역까지 대신하는 제2의 기계 시대로 접어들고 있다. (52회 읽기 41번)

**추천** 기계의 발전으로 인간의 삶은 더욱 편리해졌다.

**표현** 기계 장치, 기계를 다루다   **유의** 기구, 기기

## 0629 기대되다
- be expected
- 期待される
- 期待
- được kỳ vọng

**기출** 이 동물의 유전자를 연구하면 인간의 성인병 치료에 도움이 될 것으로 **기대된다**. (41회 읽기 34번)

**추천** 시민운동의 결과로 사회의 긍정적 변화가 기대되고 있다.

**표현** 미래가 기대되다, 여행이 기대되다   **유의** 기다려지다

## 0630 기여하다
- contribute
- 寄与する
- 贡献
- đóng góp, góp phần

**기출** 특히 제도가 사회에 **기여한** 바를 높이 평가하고 있다. (52회 읽기 50번)

**추천** 그의 노력은 경제 발전에 크게 기여하였다.

**표현** 발전에 기여하다, 기여한 사람   **유의** 공헌하다, 이바지하다

## 0631 깊다
- deep
- 深い
- 深
- sâu, sâu sắc, sâu đậm

**기출** 나도 손뿐 아니라 마음 **깊은** 곳에서 박수를 보냈다. (35회 읽기 42번)

**추천** 대화를 통해 부모와 자식 간의 신뢰가 깊어질 수 있다.

**표현** 깊은 산속, 속이 깊다   **유의** 깊숙하다   **반의** 얕다

## 0632 끓다
- boil
- 沸く
- 沸騰
- sôi

**기출** 물은 **끓는** 순간에도 에너지를 품고 있다.
(37회 듣기 34번)

**추천** 찌개가 가스레인지 위에서 보글보글 끓는다.

**표현** 물이 끓다, 끓은 물　**유의** 끓어오르다, 뜨거워지다　**반의** 식다

## 0633 나타내다
- appear
- 現す
- 表示
- thể hiện, bộc lộ

**기출** 생물들은 환경 변화에 민감하게 반응하기 때문에 환경 오염을 **나타내는** 지표 역할을 한다. (52회 읽기 33번)

**추천** 한 집안도 이러한 결합을 통해 이루어짐을 나타내는 것이다.

**표현** 뜻을 나타내다, 의사를 나타내다　**유의** 말하다, 표현하다　**반의** 감추다

## 0634 녹다
- melt
- 溶ける
- 溶化
- tan ra

**기출** 얼음은 전자레인지의 전자파가 닿아도 **녹지** 않는다.
(52회 읽기 30번)

**추천** 기후 변화로 북극의 빙하가 녹아 사라져 버렸다.

**표현** 얼음이 녹다, 눈이 녹다　**유의** 해빙하다　**반의** 굳다, 얼다

## 0635 논리
- logic
- 論理
- 逻辑
- luận lý, logic

**기출** 개인들의 관계는 힘의 **논리**에 의해 결정된다.
(47회 듣기 49번)

**추천** 책을 자세히 읽어야 논리의 흐름을 잘 파악할 수 있다.

**표현** 힘의 논리, 경제 논리　**유의** 원리, 이치

## 0636 놓치다
- miss
- 逃す
- 错过
- lỡ mất

**기출** 찾아온 기회를 **놓치는** 사람들이 많다.
(36회 쓰기 52번)

**추천** 학교 앞까지 가는 버스를 놓쳐서 다음 버스를 기다리고 있다.

**표현** 때를 놓치다, 기회를 놓치다　**유의** 잃어버리다, 잃다　**반의** 붙잡다

# TOPIK II

### 0637 단백질
- protein
- たんぱく質
- 蛋白质
- chất đạm

**기출** 우유 **단백질** 포장재는 음식으로 만든 최초의 포장재이다.
(52회 듣기 45번)

**추천** 그 음식은 단백질이 많아서 몸에 좋을 것이다.

**표현** 단백질을 보충하다, 단백질 함유

---

### 0638 답답하다
- be frustrated
- 息苦しい
- 闷
- ngột ngạt

**기출** 주인공의 심정이 **답답하다**.
(37회 읽기 23번)

**추천** 몸이 편찮으신 어머니 때문에 가슴이 답답했다.

**표현** 마음이 답답하다, 답답한 사람

**유의** 갑갑하다  **반의** 후련하다, 시원하다

---

### 0639 당연히
- naturally, of course
- 当然
- 当然
- một cách đương nhiên

**기출** 사회 변화에 따라 **당연히** 일자리의 변동성도 커질 것이다.
(52회 읽기 41번)

**추천** 그는 당연히 공이 아래로 떨어질 것이라고 예상했다.

**표현** 당연히 그렇다, 당연히 가능하다  **유의** 마땅히, 틀림없이

---

### 0640 당하다
- undergo
- 受ける
- 遭遇
- gặp phải

**기출** 그는 사고를 **당해** 축구를 할 수 없게 되었다.
(47회 듣기 26번)

**추천** 오빠가 가벼운 교통사고를 당했다.

**표현** 사고를 당하다, 화를 당하다  **유의** 겪다

---

### 0641 대
- generation, age group
- 代
- 多岁
- lứa tuổi

**기출** 텔레비전 보는 사람의 비율은 20**대**가 40**대**보다 높다.
(47회 읽기 10번)

**추천** 길에 칠십 대로 보이는 노인 한 분이 쓰러져 계셨다.

**표현** 20대, 연령대  **유의** 세대

## 0642 대량
- large amount, massive
- 大量
- 大量
- số lượng lớn

**기출** 산업 혁명 시대에는 **대량** 생산을 목적으로 생산의 효율성을 추구하였다.
(52회 읽기 44번)

**추천** 디자인이 단순해야 제품의 대량 생산이 가능하다.

**표현** 대량 공급, 대량으로 생산하다  다량  소량

## 0643 던지다
- throw
- 投げる
- 投
- ném

**기출** 사실 투수가 **던진** 공은 중력으로 인해 절대로 위로 올라갈 수 없다.
(41회 읽기 46번)

**추천** 그가 물건을 창밖으로 던졌다.

**표현** 공을 던지다, 질문을 던지다  받다

## 0644 도덕적
- ethical
- 道德的
- 道德
- tính đạo đức

**기출** **도덕적** 사회를 이루려면 개인의 도덕이 중요하다.
(47회 듣기 49번)

**추천** 우리 사회의 문제를 해결할 도덕적 기준이 필요하다.

**표현** 도덕적 관점, 도덕적인 측면  윤리적  비도덕적

## 0645 도전
- challenge
- 挑戦
- 挑战
- thách thức

**기출** 이 남자는 여러 번의 **도전** 끝에 시장으로 선출되었다.
(47회 듣기 36번)

**추천** 그는 책에서 끊임없는 도전을 강조하고 있다.

**표현** 신기록 도전, 정상 도전 **유의** 시도

## 0646 독립
- independence
- 独立
- 独立
- sự độc lập

**기출** 기업들은 계열사를 **독립**인 회사로 분리하고 각 회사에 최종 결정 권한을 넘김으로써 시장 변화에 신속히 대처하고 있다. (52회 읽기 31번)

**추천** 그 병원은 어린이 환자 병동을 독립 건물에 마련했다.

**표현** 독립 국가, 독립 운동  별도, 자립  의존, 의지

# TOPIK II

**0647 돌아가시다**
- pass away
- 亡くなる
- 去世
- qua đời

**기출** 낙천 아저씨가 **돌아가셨다는** 소식에 나는 몸에 힘이 빠졌다. (47회 읽기 43번)

**추천** 할아버지는 작년에 병으로 돌아가셨다.

**표현** 할머니가 돌아가시다, 돌아가신 부모님   **유의** 별세하다, 운명하다

---

**0648 동력**
- power
- 動力
- 动力
- động lực

**기출** 사회적 갈등이 타협을 통해 합리적으로 조정된다면 사회를 통합하는 **동력**으로 작용할 수 있을 것이다. (41회 읽기 48번)

**추천** 대화가 가족 사이의 문제를 해결하는 동력으로 작용할 것이다.

**표현** 동력 발전, 발전의 동력   **유의** 힘, 에너지, 원동력

---

**0649 들이다**
- spend
- (手間を)かける
- 付出
- chi trả, đầu tư (thời gian, công sức)

**기출** 최근 시간과 비용을 **들여** 멀리 여행을 떠나는 대신 집에서의 휴식을 중요하게 생각하는 사람들이 늘고 있다. (47회 읽기 33번)

**추천** 나는 이 꿈을 이루기 위해 많은 시간과 노력을 공부하는 데 들였다.

**표현** 노력을 들이다, 시간을 들이다, 돈을 들이다   **유의** 쓰다

---

**0650 등산객**
- hiker
- 登山客
- 登山者
- khách leo núi

**기출** 앞으로 인주산을 찾는 **등산객**이 감소할 것이다. (41회 듣기 26번)

**추천** 등산객이 등산 도중 다리를 다쳐 구조대가 출동했다.

**표현** 등산객 전용, 등산객이 많다, 등산객으로 붐비다

---

**0651 따로**
- separately
- 別に
- 分開
- riêng rẽ

**기출** 이 상은 시상식을 **따로** 하지 않는다. (52회 듣기 26번)

**추천** 그 물건은 따로 둘 테니까 걱정하지 마세요.

**표현** 따로 먹다, 따로 계산하다   **유의** 따로따로, 개별, 별도   **반의** 함께, 같이

0652 **따지다**
- weigh, scrutinize
- 計算する, 問い詰める
- 考慮，算計
- cân nhắc, tính toán

기출) 쇼핑할 때 가격을 **따져** 봐야 한다.
(47회 듣기 17번)

추천) 계약서의 내용을 정확히 이해하고 따져야 한다.

표현) 비용을 따지다, 득실을 따지다   유의) 셈하다, 캐다

---

0653 **떠올리다**
- recall
- 浮かべる
- 想起，浮現
- chợt nhớ ra

기출) 한국인의 고유한 특성은 무엇인가? 많은 사람들은 '빨리빨리' 문화를 **떠올린다**.
(41회 읽기 44번)

추천) 나는 그녀와의 추억을 떠올리며 눈물을 흘렸다.

표현) 기억을 떠올리다, 생각을 떠올리다, 얼굴을 떠올리다   유의) 기억하다

---

0654 **맞추다**
- match
- 合わせる
- 按照，隨着
- làm cho khớp, lắp ghép

기출) 옛날에는 책을 눈으로만 읽지 않고 몸을 움직이며 가락에 **맞추어** 소리 높여 읽었다. (47회 읽기 39번)

추천) 우리는 음악에 맞춰 춤을 췄다.

표현) 기준에 맞추다, 시간에 맞추다   유의) 따르다

---

0655 **맡다**
- undertake
- 受け持つ
- 担任
- đảm nhiệm

기출) 조직 구성원이 **맡은** 업무는 회사 사정에 따라 유동적이다.
(37회 읽기 44번)

추천) 나는 1학년 3반의 담임을 맡고 있다.

표현) 담임을 맡다, 임무를 맡다   유의) 담당하다

---

0656 **무리**
- flock, group
- 群れ
- 群
- bầy, đám

기출) 철새는 위험에 대처하기 위해 **무리**를 지어야 한다.
(52회 읽기 36번)

추천) 선두에서 나는 새가 무리의 대장이다.

표현) 무리를 짓다, 무리를 이루다   유의) 그룹, 단체   반의) 개인, 각자

Chapter 3  출제 3순위 어휘   149

# TOPIK II

**0657 무조건**
- unconditionally
- 無条件
- 无条件
- vô điều kiện

(기출) 앞뒤를 가리지 않고 **무조건** 연예인만 쫓아다닌다.
(52회 읽기 21번)

(추천) 부모님께서는 내가 하는 일이라면 무조건 지지해 주셨다.

(표현) 무조건 도와주다, 아무런 대가없이 무조건 (유의) 무작정, 무턱대고

---

**0658 문의하다**
- inquire
- 問い合わせる
- 询问
- hỏi

(기출) 호텔에서 진행하는 프로그램에 대해 **문의하고** 있다.
(47회 듣기 23번)

(추천) 전화로 박물관에서 진행하는 활동에 대해 문의했다.

(표현) 사무실에 문의하다, 전문가에게 문의하다 (유의) 묻다, 물어보다, 질문하다

---

**0659 물려주다**
- bequeath, pass on
- 引き継ぐ
- 留给
- truyền lại, giao lại

(기출) 상속형 부자의 경우 반 정도가 사업체를 자녀에게 **물려주겠다고** 응답했다.
(35회 읽기 40번)

(추천) 그 학교는 후배들에게 교복을 물려주는 운동을 벌이고 있다.

(표현) 자식에게 물려주다, 재산을 물려주다

(유의) 남기다, 전승하다, 전수하다, 대물리다, 상속하다 (반의) 물려받다

---

**0660 바르다**
- spread, apply
- 塗る
- 涂
- trát, bôi

(기출) 나는 아버지에게 홧김에 내뱉은 말을 생각하며 약을 **발라** 드렸다.
(52회 읽기 23번)

(추천) 그는 벽에 시멘트를 바르고 공사를 끝냈다.

(표현) 상처에 약을 바르다, 화장품을 바르다 (유의) 칠하다, 묻히다

---

**0661 반응하다**
- react
- 反応する
- 反应
- phản ứng

(기출) 생물들은 환경 변화에 민감하게 **반응하기** 때문에 환경 오염을 나타내는 지표 역할을 한다. (52회 읽기 33번)

(추천) 청소년들은 유행에 민감하게 반응하는 편입니다.

(표현) 긍정적으로 반응하다, 민감하게 반응하다 (반의) 일으키다

## 0662 발달하다
- develop
- 発達する
- 发达
- phát triển

**기출** 신라 시대에는 유리 제작 기술이 크게 **발달하였다**.
(41회 듣기 43번)

**추천** 현대에는 기술이 빠른 속도로 발달하고 있다.

**표현** 기술이 발달하다, 공업이 발달하다　**유의** 발전하다　**반의** 퇴보하다

## 0663 발표회
- conference, performance
- 発表会
- 发表会
- buổi ra mắt, buổi phát biểu

**기출** 신제품 **발표회**에서는 제품의 우수성을 데이터로 제시해야 한다.
(47회 읽기 36번)

**추천** 피아노 발표회는 언제 시작해요?

**표현** 독서 발표회, 발표회를 개최하다　**유의** 전시회

## 0664 밝히다
- reveal
- 明らかにする
- 表示，揭示
- làm rõ, làm sáng tỏ

**기출** 이 제도의 도입을 계기로 조직 문화의 개선을 위하여 다양한 유형의 시도를 계속할 것이라고 **밝혔다**. (41회 읽기 39번)

**추천** 경찰은 기자 회견장에서 사건의 발생 과정을 상세히 밝혔다.

**표현** 진실을 밝히다, 의사를 밝히다　**유의** 설명하다　**반의** 숨기다, 은폐하다

## 0665 밭
- field
- 畑
- 旱田
- rẫy, nương, cánh đồng

**기출** 아들은 보물을 찾기 위해 **밭**을 파 봤지만 아무것도 나오지 않았다.
(52회 읽기 15번)

**추천** 우리 가족은 밭에서 감자를 캐며 생활한다.

**표현** 밭을 갈다, 밭에 씨를 뿌리다, 밭을 가꾸다　**유의** 땅, 농지

## 0666 번식
- breeding
- 繁殖
- 繁殖
- sự phồn thực, sự sinh sản

**기출** 동물원의 동물들은 빠른 **번식**으로 인해 개체 수 조절이 어렵다.
(47회 읽기 32번)

**추천** 식물의 번식 방법은 씨를 뿌리는 것이다.

**표현** 가축 번식, 세균 번식을 막다　**유의** 불림, 생식

# TOPIK II

**0667 번역하다**
- translate
- 翻訳する
- 翻译
- biên dịch

(기출) **번역할** 때는 한국의 정서를 반영해야 한다. (41회 듣기 20번)

(추천) 그는 우리 출판사에 나온 책을 모두 영어로 번역했다.

(표현) 원서를 번역하다, 외국어를 번역하다 (유의) 옮기다

---

**0668 법안**
- bill
- 法案
- 法案
- dự thảo luật

(기출) 인터넷 공간에서의 개인 정보 삭제에 관한 **법안** 제정이 뜨거운 쟁점으로 부각되고 있다. (35회 읽기 48번)

(추천) 그가 만든 법안은 어려운 사람들에게 큰 도움이 될 것이다.

(표현) 법안을 마련하다, 법안을 발표하다 (유의) 법률안

---

**0669 보조**
- assistance
- 補助
- 补助
- bổ trợ, phụ trợ

(기출) 수면 **보조** 용품은 심리적인 문제를 해결해 준다. (52회 듣기 38번)

(추천) 책가방이 꽉 차서 보조 가방에 준비물을 담아 학교에 갔다.

(표현) 보조 장치, 간호 보조 (유의) 조력

---

**0670 보호하다**
- protect
- 保護する
- 保护
- bảo hộ, bảo vệ

(기출) 손톱 주변을 감싸서 **보호해** 주면 세포 활동이 활발해져 손톱이 더 빨리 자란다. (52회 읽기 28번)

(추천) 요즘 환경을 보호하기 위해 더욱 노력해야 한다는 의견이 많다.

(표현) 자연을 보호하다, 환경을 보호하다

(유의) 보존하다, 아끼다 (반의) 파괴하다

---

**0671 부담감**
- burden
- 負担感
- 心理负担
- cảm giác gánh nặng

(기출) 청소년들에게 입시의 **부담감**을 지나치게 주지 않아야 한다. (52회 읽기 22번)

(추천) 졸업반 학생들은 취업에 대한 부담감을 가지고 있다.

(표현) 부담감을 주다, 부담감이 크다, 부담감을 느끼다

## 0672 불평등
- inequality
- 不平等
- 不平等
- sự bất bình đẳng

**기출** 그래야 시장 경제 체제의 문제인 **불평등**을 해소할 수 있다고 주장한다. (52회 읽기 46번)

**추천** 한 여성 단체는 불평등을 개선하기 위해 대규모 시위를 벌였다.

**표현** 신체적 불평등, 불평등 문제　**유의** 불공평　**반의** 평등

## 0673 사항
- matters
- 事項
- 事项
- điều khoản

**기출** 신입 직원 교육을 받는데 주의 **사항**을 수첩에 적어가며 외워도 금방 잊어버리기 일쑤였다. (47회 읽기 23번)

**추천** 그는 일을 할 때 주의해야 하는 사항에 대해 말했다.

**표현** 참고 사항, 보고 사항　**유의** 조항, 항목

## 0674 상승하다
- rise
- 上昇する
- 上升
- tăng lên

**기출** 대형 마트와 재래시장은 불황 속에서도 매출이 **상승했다**. (37회 읽기 27번)

**추천** 요즘 그 드라마의 시청률이 상승하고 있다.

**표현** 주가가 상승하다, 물가가 상승하다

**유의** 인상되다, 솟아오르다　**반의** 하락하다, 하강하다

## 0675 생산하다
- produce
- 生産する
- 生产
- sản xuất

**기출** 디자인을 할 때 **생산할** 제품의 특성을 최대한 반영하였다. (52회 읽기 45번)

**추천** 그 공장은 신발을 생산하고 있다.

**표현** 제품을 생산하다, 가치를 생산하다

**유의** 만들다, 생성하다　**반의** 소비하다

## 0676 선발
- selection
- 選抜
- 选拔
- sự tuyển chọn

**기출** 입사하고 싶은 기업의 **선발** 기준을 파악하고 있어야 한다. (47회 듣기 37번)

**추천** 그 학교는 신입생 선발 기준이 매우 높았다.

**표현** 선발 기준, 선발 대회　**유의** 선택, 등용

# TOPIK II

**0677 선정되다**
- be selected
- 選定される
- (被)选定为
- được chọn

**기출** 이 도시는 이번에 살기 좋은 도시로 **선정되었다**.
(47회 듣기 36번)

**추천** 수상자로 선정된 사람은 큰 상금을 받게 된다.

**표현** 우수 선수에 선정되다, 입상자로 선정되다  **유의** 뽑히다

---

**0678 선호하다**
- prefer
- 選好する
- 更喜欢, 喜好
- ưa chuộng

**기출** 소비자들은 보통 무료 경품이 있는 제품을 **선호한다**.
(47회 읽기 38번)

**추천** 요즘은 멀티미디어를 활용한 교육을 선호한다.

**표현** 사무직을 선호하다, 도시를 선호하다, 남아를 선호하다

---

**0679 선호도**
- preference level
- 選好度
- 偏好度
- mức độ ưa chuộng

**기출** 응원가에 대한 관중들의 **선호도**를 조사했다.
(60회 듣기 39번)

**추천** 시장에 신제품을 내놓기 전에 직원들을 대상으로 선호도를 먼저 파악했다.

**표현** 고객 선호도, 선호도가 높다, 선호도가 낮다

---

**0680 성과**
- outcome
- 成果
- 成果
- thành quả

**기출** 지진학의 연구 **성과**를 분석하고 있다.
(41회 듣기 46번)

**추천** 자신감이 생기면 공부나 일의 성과에도 긍정적인 영향을 미친다.

**표현** 성과를 얻다, 성과를 올리다, 성과에 만족하다  **유의** 성적, 실적, 결과

---

**0681 성분**
- constituent
- 成分
- 成分
- thành phần

**기출** 과학 기술 분야에서는 친환경적인 소재 개발에 몰두해 왔는데 그중 하나가 음식 **성분**을 이용한 포장재입니다. (52회 듣기 45번)

**추천** 물은 모든 생명체의 기본적인 성분이다.

**표현** 성분 분석, 성분이 함유되다  **유의** 요소

## 0682 성향
- tendency
- 性向
- 傾向
- xu hướng

**기출** 최근 선거 운동은 개인의 **성향**을 반영한다.
(41회 듣기 49번)

**추천** 아이의 성향에 맞게 교육해야 한다.

**표현** 정치적 성향, 보수적인 성향  **유의** 경향, 기질, 동향

## 0683 세탁하다
- do the laundry
- 洗濯する
- 洗
- giặt giũ

**기출** 이불을 **세탁해서** 밖에 널어 두고 장을 보러 나갔다.
(47회 읽기 14번)

**추천** 옷이 너무 더러워져서 세탁해야 한다.

**표현** 빨래를 세탁하다, 세탁한 옷  **유의** 빨다, 세척하다, 빨래하다

## 0684 소비
- consumption
- 消費
- 消费
- sự tiêu dùng

**기출** 불황에도 포도주 **소비** 증가 때문에 포도주의 판매 경쟁이 심해졌다.
(41회 읽기 26번)

**추천** 젊은 사람들은 소비를 통해서 자신을 표현하려고 한다.

**표현** 소비 증가, 물자의 소비, 소비가 줄다  **유의** 소모  **반의** 제조

## 0685 소중하다
- valuable
- 大切だ
- 珍贵
- sự quý giá

**기출** 다시 문을 연 이곳이 시민과 연극인의 **소중한** 보금자리가 되어 주리라 생각합니다.
(83회 듣기 35번)

**추천** 이번 일로 가족이 소중하다는 것을 알게 되었다.

**표현** 무엇보다 소중하다, 나에게는 소중하다  **유의** 귀하다, 귀중하다

## 0686 손상되다
- be damaged
- 損傷する
- 损伤
- bị tổn thương

**기출** 문화재 수리는 **손상되지** 않게 관리하는 것이다.
(37회 듣기 30번)

**추천** 그것은 귀한 물건이라서 손상되면 안 된다.

**표현** 머릿결이 손상되다, 손상된 제품  **유의** 상하다, 나빠지다

# TOPIK II

**0687 수리하다**
- fix, repair
- 修理する
- 修理
- sửa chữa

(기출) 수리해도 또 고장 날지 모르니까 이번에 새로 사는 게 좋겠어요.
(31회 읽기 26번)
(추천) 오래된 집을 수리하는 데 많은 돈이 들었다.
(표현) 텔레비전을 수리하다, 수리한 물건
(유의) 손보다, 고치다  (반의) 망가뜨리다

**0688 수상자**
- prize winner
- 受賞者
- 获奖者
- người nhận giải thưởng

(기출) 수상자가 원하지 않으면 시상식은 언론에 공개하지 않고 조용하게 진행합니다.
(52회 듣기 25번)
(추천) 공모전 수상자에게 회사에 입사할 기회가 주어졌다.
(표현) 노벨상 수상자, 수상자 후보에 오르다, 수상자를 발표하다

**0689 습득**
- acquisition
- 習得
- 习得
- sự tiếp thu được

(기출) 전문 지식의 습득을 강조하고 있다.
(52회 듣기 35번)
(추천) 아기에게 이야기를 많이 하면 아기의 언어 습득도 빨라진다고 한다.
(표현) 정보 습득, 지식 습득  (유의) 학습

**0690 시**
- poem
- 詩
- 诗
- thơ, bài thơ

(기출) 독창적인 시로 주목 받고 있는 이정진 시인이 네 번째 시집을 출간했다.
(37회 읽기 41번)
(추천) 그는 그 자리에서 감동적인 시를 낭송했다.
(표현) 시를 짓다, 시를 읊다

**0691 시점**
- time
- 時点
- 时候
- thời điểm

(기출) 소비자는 필요한 시점에 싼 가격으로 상품을 구매할 수 있는 것이다.
(47회 읽기 31번)
(추천) 지금 이 시점에서 말해 봐도 소용이 없을 것 같아요.
(표현) 어느 한 시점, 과거의 시점  (유의) 시각, 때

## 0692 시행되다
- be enforced
- 施行される
- 施行
- được thi hành

(기출) 의약품의 부적절한 처방을 예방하기 위해 이 제도가 **시행되고** 있다.
(52회 읽기 34번)

(추천) 이 공사가 시행되자 주민들의 불편이 늘고 있다.

(표현) 법이 시행되다, 활동이 시행되다   (유의) 실시되다

## 0693 식수
- drinking water
- 飲み水
- 饮用水
- nước uống

(기출) 정수기가 우주인의 **식수**를 해결해 주었다.
(36회 읽기 32번)

(추천) 그 지역은 식수가 부족해서 물을 아껴서 사용해야 한다.

(표현) 식수가 부족하다, 식수를 찾다

## 0694 신기술
- new technology
- 新技術
- 新技术
- kỹ thuật mới

(기출) **신기술** 개발에 힘들게 성공한 사람들이 권리를 확보하지 못하는 경우가 자주 발생하곤 한다. (52회 읽기 48번)

(추천) 그 회사의 신기술이 세계적으로 인정을 받았다.

(표현) 신기술을 개발하다, 신기술을 도입하다   (유의) 첨단 기술

## 0695 신뢰
- trust
- 信頼
- 信任
- sự tin cậy

(기출) 이 **신뢰**를 바탕으로 경쟁에서 유리한 위치를 차지할 수 있는 것이다.
(47회 읽기 36번)

(추천) 판매량을 늘리려면 먼저 고객에게 신뢰를 주는 것이 중요하다.

(표현) 신뢰를 느끼다, 신뢰가 가다   (유의) 신의   (반의) 불신, 의심

## 0696 신속하다
- quick
- 迅速だ
- 迅速
- thần tốc

(기출) 어떤 위기 상황이 발생하더라도 **신속하게** 대처할 수 있는 판단 능력도 있어야 된다. (52회 읽기 36번)

(추천) 위기 상황에서는 최적의 길로 신속하게 이동해야 한다.

(표현) 신속하게 행동하다, 신속한 결정   (유의) 빠르다, 잽싸다   (반의) 느리다

# TOPIK II

**0697 신제품**
- new product
- 新製品
- 新产品
- sản phẩm mới

**기출** 내일 **신제품** 발표 자료는 다 만들었지요?
(52회 듣기 18번)
**추천** 우리 회사의 신제품이 드디어 출시되었다.
**표현** 신제품 개발, 신제품을 출시하다

**0698 신체**
- body
- 身体
- 身体
- thân thể

**기출** 가슴을 편 자세는 **신체** 건강에 도움이 된다.
(41회 읽기 39번)
**추천** 그는 신체의 장애를 극복하고 유명한 운동선수가 되었다.
**표현** 신체의 자유, 신체가 튼튼하다, 신체를 단련하다
**유의** 몸, 육체 **반의** 정신

**0699 악취**
- stink
- 恶臭
- 恶臭
- mùi hôi thối

**기출** **악취**를 없애는 기술을 연구하고 있다.
(52회 읽기 39번)
**추천** 집에서 악취가 심하게 나서 창문을 모두 열었다.
**표현** 악취가 나다, 악취를 풍기다, 악취에 시달리다 **반의** 향기

**0700 안전하다**
- safe
- 安全だ
- 安全
- an toàn

**기출** 이 새는 무리를 **안전하게** 이끄는 역할을 맡는다.
(52회 읽기 36번)
**추천** 우리는 안전한 행사를 만들기 위해 노력했다.
**표현** 안전한 장소, 안전하게 도착하다
**유의** 평안하다 **반의** 불안전하다

**0701 안정**
- stability
- 安定
- 稳定
- sự ổn định

**기출** 인간관계에서 **안정**을 찾으면 물건들을 집에 쌓아 두는 행동은 사라질 수 있다.
(52회 읽기 18번)
**추천** 요즘 같은 때에는 마음의 안정이 중요하다.
**표현** 정신의 안정, 안정을 유지하다 **유의** 편안 **반의** 불안정

## 0702 애벌레
- caterpillar
- 幼虫
- 幼虫
- ấu trùng

(기출) 나방의 **애벌레**는 생태계에서 중요한 역할을 한다.
(52회 듣기 43번)

(추천) 애벌레는 새의 먹이가 되기도 한다.

(표현) 나비의 애벌레, 애벌레가 자라다 (반의) 성충

## 0703 억울하다
- suffer unfairness, feel victimized
- 悔しい
- 委屈
- uất ức

(기출) 주인공의 심정이 **억울하다**.
(52회 읽기 23번)

(추천) 억울한 일을 당해서 마음고생을 많이 했다.

(표현) 억울한 사연, 억울한 누명 (유의) 분하다, 답답하다

## 0704 업체
- company
- 企業
- 公司
- công ty, doanh nghiệp

(기출) 한 가전 **업체**에서 옷을 태우지 않는 다리미를 내놓았다.
(47회 읽기 18번)

(추천) 그 문제를 해결하기 위해서 거래 업체에 전화를 했다.

(표현) 해외 업체, 거래 업체 (유의) 기업체

## 0705 여건
- circumstances
- 与件
- 条件
- điều kiện, hoàn cảnh

(기출) 커피 값은 임대료 등 매장의 **여건**에 따라 가격이 다를 수 있다고 생각합니다.
(52회 듣기 31번)

(추천) 부동산을 통해서 여건에 맞는 집을 구했다.

(표현) 생활 여건, 여건을 갖추다, 여건이 나쁘다 (유의) 상황, 조건

## 0706 여성
- woman
- 女性
- 女性
- nữ giới

(기출) **여성**은 봉사 활동보다 취미 활동을 더 하고 싶어 한다.
(60회 읽기 10번)

(추천) 그 백화점은 여성 고객을 대상으로 설문 조사를 실시했다.

(표현) 여성 고객, 여성 근로자 (유의) 여자 (반의) 남성

# TOPIK II

**0707 연인**
- couple
- 恋人
- 恋人，情侣
- người yêu

(기출) 친구나 **연인**이 함께 보는 장르로 생각했던 뮤지컬, 연극 등도 혼자 보는 사람들이 늘어난 것이다. (52회 쓰기 12번)

(추천) 그는 연인과 함께 여행을 떠났다.

(표현) 연인 사이, 연인이 되다  (유의) 애인

---

**0708 영웅**
- hero
- 英雄
- 英雄
- anh hùng

(기출) 언론은 숨어 있는 시민 **영웅**을 찾아 알려야 한다. (52회 듣기 25번)

(추천) 사람들이 모두 그를 영웅이라고 말했다.

(표현) 민족적 영웅, 영웅이 되다, 영웅 대접을 받다  (유의) 위인

---

**0709 예전**
- past
- 昔
- 以前
- trước đây

(기출) 반 아이들은 **예전** 담임선생님 말을 잘 들었다. (52회 읽기 43번)

(추천) 예전에는 직장에서 회식을 할 때 주로 술을 많이 마셨다.

(표현) 예전 모습  (유의) 옛날

---

**0710 올리다**
- achieve
- 上げる
- 提升
- tăng lên

(기출) 가슴을 편 자세는 업무 실적을 **올린다**. (41회 듣기 39번)

(추천) 나는 열심히 공부해서 성적을 올렸다.

(표현) 실적을 올리다, 성과를 올리다  (유의) 높이다  (반의) 내리다

---

**0711 완성되다**
- be completed
- 完成される
- 完成
- được hoàn thành

(기출) 아이의 인성이 **완성되는** 청소년기에는 '권위 있는 아빠'의 역할도 중요하다. (47회 읽기 19번)

(추천) 대본이 완성되면 바로 촬영에 들어갈 것이다.

(표현) 원고가 완성되다, 작품이 완성되다  (유의) 완결되다  (반의) 미완성되다

160

## 0712 요구되다
- be demanded
- 要求される
- 要求
- được yêu cầu, được đòi hỏi

**기출** 활을 쏘는 그 순간까지 숨을 멈추고 기다리는 인내심이 **요구된다**.
(41회 읽기 19번)

**추천** 요즘은 과거와는 다른 새로운 디자인의 개발이 요구되고 있다.

**표현** 주의가 요구되다, 변화가 요구되다   **유의** 필요하다

## 0713 요청
- request
- 要請
- 请求，邀请
- sự đề nghị, sự yêu cầu

**기출** 한류 배우는 인기에 상관없이 해외에서 광고 출연 **요청**을 받고 있다.
(47회 읽기 25번)

**추천** 그의 인기가 높아지자 방송 출연 요청이 많아졌다.

**표현** 협력 요청, 요청이 오다, 요청을 받다   **유의** 요구, 신청

## 0714 우울증
- mental depression
- うつ病
- 忧郁症
- chứng u uất, chứng trầm cảm

**기출** 행복한 삶을 위해서는 **우울증**을 예방하려고 노력해야 한다.
(52회 읽기 37번)

**추천** 고통이 심해져서 우울증으로까지 발전하는 경우도 있다.

**표현** 우울증에 빠지다, 우울증을 극복하다   **유의** 울증

## 0715 운전자
- driver
- 運転者
- 驾驶员
- người lái xe

**기출** 캡슐이 가득 차면 타이어 옆면의 색이 바뀌어서 **운전자**가 알 수 있게 했고요.
(83회 듣기 25번)

**추천** 운전자들은 반드시 자동차 보험에 가입해야 한다.

**표현** 버스 운전자   **유의** 운전사

## 0716 유도하다
- induce
- 誘導する
- 引导，诱导
- dẫn dắt

**기출** 방백은 관객들의 반응을 **유도하기** 위해 사용된다.
(52회 듣기 42번)

**추천** 경찰은 범인의 대답을 유도하기 위해 다양한 질문을 했다.

**표현** 참여를 유도하다, 대답을 유도하다   **유의** 이끌다

# TOPIK II

### 0717 유리하다
- advantageous
- 有利だ
- 有利
- có lợi

**기출** 이 신뢰를 바탕으로 경쟁에서 **유리한** 위치를 차지할 수 있는 것이다.
(47회 읽기 36번)

**추천** 사회에 빨리 적응하는 것이 성공에 유리하다.

**표현** 유리한 조건, 이용이 유리하다  **유의** 이롭다  **반의** 불리하다

---

### 0718 유발하다
- cause
- 誘発する
- 诱发, 引起
- tạo ra, khơi dậy

**기출** 움직임을 더해 웃음을 **유발하기도** 한다.
(41회 읽기 35번)

**추천** 도로 공사는 교통 체증을 유발한다.

**표현** 흥미를 유발하다, 교통 체증을 유발하다  **유의** 일으키다, 자아내다

---

### 0719 유통
- circulation, distribution
- 流通
- 流通
- sự lưu thông

**기출** 4차 산업 혁명은 **유통** 시스템의 자동화를 말한다.
(47회 듣기 45번)

**추천** 그는 제품의 유통을 책임지고 있다.

**표현** 유통 과정, 상품의 유통  **유의** 순환

---

### 0720 의지
- will
- 意志
- 意志
- ý chí

**기출** 선수는 넘어져도 몇 번이고 다시 일어나려는 **의지**가 있어야 한다.
(37회 읽기 22번)

**추천** 우리 아이는 공부하려는 의지가 없는 것 같다.

**표현** 굳은 의지, 의지가 강하다  **유의** 마음, 의도, 의향, 결심

---

### 0721 이렇게
- like this
- このように
- 这样
- như thế này

**기출** 여기 바퀴를 자세히 보면 **이렇게** 접혀 있는 부분이 보이죠?
(83회 듣기 41번)

**추천** 이렇게 초대해 주셔서 감사합니다.

**표현** 이렇게 보면, 이렇게 생각하다  **유의** 그렇게

0722 **이불**
- blanket
- 掛け布団
- 被子
- tấm chăn

(기출) 이불을 세탁해서 밖에 널어 두고 장을 보러 나갔다.
(47회 읽기 14번)

(추천) 날씨가 추워서 두꺼운 이불을 덮고 잤다.

(표현) 이불을 덮다, 이불을 개다  (유의) 담요  (반의) 요

0723 **이해**
- understand, comprehension
- 理解
- 理解
- sự hiểu, sự biết

(기출) 나는 아이들의 행동이 **이해**가 안 된다.
(41회 읽기 43번)

(추천) 학생들의 이해를 돕기 위해서 쉽게 설명한다.

(표현) 이해가 가다, 이해가 되다  (유의) 납득

0724 **익명**
- anonymity
- 匿名
- 匿名
- nặc danh

(기출) '**익명** 이력서'로는 지원자의 성별과 나이를 알 수 없다.
(47회 듣기 38번)

(추천) 사이버 공간에서 익명으로 악성 댓글을 다는 사람들이 많다.

(표현) 익명으로 제보하다, 익명의 편지  (유의) 무명

0725 **인상**
- increase, raise
- 引き上げ
- 提高
- sự gia tăng

(기출) 담뱃값 **인상**은 흡연율 감소에 도움이 된다.
(41회 듣기 31번)

(추천) 가격 인상은 효과적인 정책이 아니다.

(표현) 금리 인상, 공공요금의 인상  (유의) 상승  (반의) 인하

0726 **인식하다**
- perceive
- 認識する
- 认识
- nhận thức

(기출) 현재의 상황을 제대로 **인식해야** 한다.
(41회 듣기 41번)

(추천) 우울증의 심각성을 인식하지 못하고 방치하는 경우가 많다.

(표현) 현실을 인식하다  (유의) 알다, 의식하다, 깨닫다

# TOPIK II

**0727 입시**
- entrance examination
- 入試
- 入学考试
- kỳ thi tuyển sinh

**기출** 청소년들에게 **입시**의 부담감을 지나치게 주지 않아야 한다. (52회 읽기 22번)
**추천** 그는 대학 입시를 준비하고 있는 학생이다.
**표현** 입시 위주의 교육, 입시제도 **유의** 입학시험

---

**0728 자연스럽다**
- natural
- 自然だ
- 自然
- tự nhiên

**기출** 아기들은 이러한 지시어를 사용해 **자연스럽게** 부모의 관심을 끄는 것이다. (83회 읽기 34번)
**추천** 그의 연기는 자연스럽지 못하다.
**표현** 발음이 자연스럽다, 자연스러운 표정
**유의** 자유스럽다 **반의** 어색하다, 부자연스럽다

---

**0729 작용하다**
- function
- 作用する
- 作用
- tác động

**기출** 사회적 갈등이 타협을 통해 합리적으로 조정된다면 사회를 통합하는 동력으로 **작용할** 수 있을 것이다. (41회 읽기 48번)
**추천** 이런 큰 성공에는 운도 많이 작용했던 것 같다.
**표현** 힘의 논리가 작용하다, 동력으로 작용하다 **유의** 미치다, 발휘하다

---

**0730 적극**
- actively
- 積極
- 积极
- sự tích cực

**기출** 개인 정보 보호를 가입자에게만 요구하지 말고 기업도 보안 기술 개발에 **적극** 투자해야 한다. (52회 읽기 19번)
**추천** 정부는 드론 산업을 적극 지원하고 있다.
**표현** 적극 가담, 적극 지지하다, 적극 협조하다 **반의** 소극

---

**0731 적용하다**
- apply
- 適用する
- 应用
- ứng dụng, áp dụng

**기출** 실리콘밸리의 모델을 한국의 여러 도시에서 다양한 형태로 **적용하려는** 움직임이 활발히 이루어지고 있어 고무적이다. (47회 읽기 48번)
**추천** 이 기술을 적용할 수 있는 분야가 많다.
**표현** 현실에 적용하다, 기술을 적용하다 **유의** 실시하다

## 0732 전문성
- expertise
- 專門性
- 专业性
- tính chuyên môn

**기출** 이곳에서 여러분은 학업과 기업 현장 실습을 병행하며 **전문성**을 키워 사회적 역할을 다하는 인재로 성장할 겁니다. (52회 듣기 35번)

**추천** 김 과장은 맡은 일에 대한 전문성을 기르기 위해 노력했다.

**표현** 전문성을 갖추다, 전문성을 키우다

## 0733 전용
- exclusive
- 專用
- 专用
- chuyên dùng

**기출** 아이가 올라간 다이빙대는 어린이 **전용**으로 만들어졌다. (35회 읽기 43번)

**추천** 그는 전용 수영장까지 갖추어 놓은 저택에 산다.

**표현** 버스 전용 차선, 여성 전용　**반의** 공용, 겸용

## 0734 절차
- procedure
- 手続き
- 手续
- trình tự, thứ tự

**기출** 특허 심사 **절차**를 설명하고 있다. (52회 읽기 48번)

**추천** 회사는 정당한 절차를 통해 신입 사원을 채용하였다.

**표현** 법적 절차, 절차를 밟다, 절차를 거치다, 절차가 복잡하다　**유의** 경로, 수속

## 0735 정상
- summit, top
- 頂上
- 顶峰
- đỉnh, chóp

**기출** 이 책이 3주 연속 **정상**을 차지하고 있는 이유가 바로 여기에 있다. (36회 읽기 41번)

**추천** 산 정상까지 가려면 아직 멀었다.

**표현** 정상에 오르다　**유의** 정점, 절정, 최상

## 0736 정책적
- policy
- 政策的
- 政策的
- tính chính sách

**기출** 삶의 질 지표가 발표된 것은 경제 일변도에서 국민 삶의 질적 제고라는 방향으로 **정책적** 관심이 전환됨을 의미한다. (37회 읽기 46번)

**추천** 정부에서는 정책적으로 실행 가능한 일자리를 만들기 위해 논의 중이다.

**표현** 정책적 지원, 정책적으로 육성하다　**반의** 무정책적

# TOPIK II

**0737 조리실**
- kitchen
- 調理室
- 厨房
- phòng nấu ăn

(기출) 조리실 앞에 있는 재료들은 먼저 보관 창고로 옮기겠습니다.
(41회 듣기 12번)
(추천) 그 가게의 조리실은 깨끗이 정리되어 있었다.
(표현) 조리실에서 요리하다, 대형 조리실  (유의) 부엌, 요리실

**0738 조성하다**
- build
- 造成する
- 造成
- tạo dựng, tạo thành

(기출) 보편적 디자인은 최대한 많은 사람들이 차별 없이 생활할 수 있는 환경을 **조성하는** 데 큰 몫을 하고 있다. (52회 읽기 44번)
(추천) 정부는 그곳에 과학 기술 단지를 조성하였다.
(표현) 공원을 조성하다, 환경을 조성하다  (유의) 만들다, 형성하다

**0739 조심하다**
- be careful, practice caution
- 慎む気をつける
- 小心
- cẩn thận

(기출) 사관의 기록 때문에 왕은 자신의 언행을 **조심하게** 되었다.
(41회 읽기 33번)
(추천) 차가 많은 연휴에는 조심해서 운전해야 한다.
(표현) 말을 조심하다, 몸가짐을 조심하다  (유의) 주의하다

**0740 조절하다**
- control
- 調節する
- 調节
- điều tiết

(기출) 모래의 양을 **조절하면** 다양한 시간 단위의 모래시계를 만들 수 있다.
(83회 읽기 15번)
(추천) 정부가 시장 경제를 조절하려고 한다.
(표현) 체중을 조절하다, 온도를 조절하다  (유의) 맞추다, 절제하다

**0741 존재**
- presence
- 存在
- 存在
- sự tồn tại

(기출) 요즘 아빠들은 아이들에게 친구 같은 **존재**가 되고 싶어 한다.
(47회 읽기 19번)
(추천) 그들에게 음악은 자신의 존재 가치를 확인하게 해 주는 것이다.
(표현) 독보적인 존재, 존재가 되다  (유의) 실체

**0742 존재하다**
- exist
- 存在する
- 存在
- tồn tại

**기출** 신라 시대에는 다양한 계급이 **존재했다**.
(41회 듣기 43번)

**추천** 그 제도를 바라보는 두 가지 입장이 존재합니다.

**표현** 모순이 존재한다, 생명체가 존재한다  **유의** 실존하다, 위치하다, 있다

---

**0743 좌석**
- seat
- 座席
- 座席
- chỗ ngồi

**기출** '**좌석**별 가격 차등제'로 영화 관람의 불편이 줄어들었다.
(47회 듣기 31번)

**추천** 나는 창가 쪽 좌석에 앉아서 창밖의 풍경을 구경했다.

**표현** 좌석에 앉다, 좌석에서 일어나다, 좌석이 편안하다  **유의** 자리

---

**0744 주고받다**
- exchange
- 取り交わす
- 交換
- cho và nhận, trao đổi

**기출** 메일을 쓰거나 문자 메시지를 **주고받을 때** 이모티콘을 통해 감정을 표시한다.
(41회 읽기 35번)

**추천** 그들은 회의를 통해 서로의 생각을 주고받았다.

**표현** 농담을 주고받다, 인사를 주고받다  **유의** 교류하다, 나누다

---

**0745 주요**
- main, major
- 主要
- 主要
- chủ yếu, chính

**기출** 불이나 연기는 위험 상황을 알리는 **주요** 통신 수단이었다.
(47회 읽기 35번)

**추천** 기자는 그 도시의 주요 성장 동력을 분석해서 기사를 썼다.

**표현** 주요 사건, 주요 원인  **유의** 중요, 긴요

---

**0746 주장**
- opinion, assertion
- 主張
- 主张
- chủ trương

**기출** 사례를 들어 상대방의 **주장**을 반박하고 있다.
(64회 듣기 32번)

**추천** 그는 자신의 주장을 글로 정리했습니다.

**표현** 주장을 굽히다, 주장을 고수하다  **유의** 강조, 주도

# TOPIK II

**0747 주제**
- theme, topic
- 主題
- 主题
- chủ đề

(기출) 가족을 **주제**로 한 개성 있는 작품을 만나 볼 수 있습니다.
(36회 읽기 9번)

(추천) 그 글의 주제가 무엇입니까?

(표현) 논문의 주제, 대화의 주제, 주제를 정하다    (유의) 논점, 테마

---

**0748 중시하다**
- put emphasis on
- 重視する
- 重视
- trọng thị, coi trọng

(기출) 자유를 **중시하는** 보수주의자들은 자유가 최대한 보장될 때 경제 성장이 가능하다고 본다. (52회 읽기 46번)

(추천) 인간이라면 누구나 자신의 이익을 가장 중시하는 법이다.

(표현) 전통을 중시하다, 개성을 중시하다

(유의) 떠받들다    (반의) 경시하다, 무시하다

---

**0749 지명**
- name of a place
- 地名
- 地名
- tên địa danh

(기출) **지명**을 들여다보면 그 마을의 특징을 알 수 있는 경우가 있습니다.
(52회 듣기 33번)

(추천) 한 지역의 지명이 변천하는 과정은 참 흥미롭습니다.

(표현) 옛 지명, 지명의 유래

---

**0750 지원자**
- applicant
- 志願者
- 志愿者
- người ứng tuyển

(기출) 여기 해외 파견 근무 **지원자** 명단입니다, 한번 보시겠어요?
(52회 듣기 12번)

(추천) 김 부장은 입사 지원자 명단을 확인했다.

(표현) 지원자를 받다, 대기업 지원자

---

**0751 집안일**
- housework
- 家事
- 家务, 家事
- việc nhà

(기출) 할머니께서는 나에게 온갖 **집안일**을 시키셨다.
(41회 읽기 24번)

(추천) 어머니는 온갖 집안일 중에 청소부터 하기 시작했다.

(표현) 집안일을 돌보다, 집안일을 돕다    (유의) 가사, 살림

## 0752 초고층
- skyscraper
- 超高層
- 超高层
- siêu cao tầng

**기출** 초고층 건물의 화재 시 대피 방안이 마련되어 잘 활용되고 있다. (36회 읽기 47번)

**추천** 이 아파트의 초고층에서는 도시 전체가 보인다.

**표현** 초고층 건물, 초고층으로 올라가다  **유의** 마천루

## 0753 최초
- the first
- 最初
- 最初
- sớm nhất

**기출** 리스본 대지진은 과학적 연구가 이루어진 **최초**의 지진이라는 점에서 의미가 있습니다. (41회 듣기 45번)

**추천** 특허권은 독창적인 기술을 최초로 발명한 사람에게 주어진다.

**표현** 세계 최초, 최초의 발견  **유의** 처음, 시작  **반의** 최후, 최종

## 0754 출원
- application
- 出願
- 申请
- sự nộp đơn đăng ký

**기출** 특허 **출원** 감소를 심각하게 우려하고 있다. (52회 읽기 50번)

**추천** 그는 작품에 대한 저작권 출원을 냈다.

**표현** 출원을 내다, 상표 출원, 특허 출원

## 0755 취지
- purpose
- 趣旨
- 意义，宗旨
- mục đích căn bản

**기출** 공개된 기술 공유를 통해 사회 전체의 기술력을 높이는 것이 특허의 **취지**이다. (52회 읽기 48번)

**추천** 기자는 그 문제를 전 국민이 함께 고민하자는 취지에서 기사를 썼다.

**표현** 취지를 밝히다, 취지에 맞다, 취지에 어긋나다  **유의** 목적, 의도

## 0756 탄수화물
- carbohydrate
- 炭水化物
- 碳水化合物
- chất tinh bột

**기출** **탄수화물** 포장재의 미세 구멍을 줄이는 데 성공했다. (52회 듣기 45번)

**추천** 우리는 주로 쌀밥을 통해서 탄수화물을 섭취했다.

**표현** 탄수화물 섭취, 탄수화물 과다 섭취

# TOPIK II

**0757 탓**
- cause, fault
- せい
- 怪
- vì, bởi

기출) 성대하고 까다로운 제사 준비 탓에 유교 예법을 비판하는 사람들이 많다. (64회 읽기 44번)

추천) 어머니가 다치신 건 누구의 탓도 아니다.

표현) 남의 탓으로 돌리다, 내 탓   유의) 까닭, 때문   반의) 덕, 덕분

**0758 판단**
- decision, judgment
- 判断
- 判断
- sự phán đoán

기출) 권위 있는 아빠는 아이에게 삶의 판단 기준을 제시할 수 있다. (47회 읽기 20번)

추천) 구조대원은 위기 상황에서 신속하게 대처할 수 있는 판단 능력이 있어야 된다.

표현) 판단 능력, 판단을 내리다   유의) 판별, 판정

**0759 편리하다**
- convenient
- 便利だ
- 便利
- tiện lợi

기출) 지퍼 달린 장화가 깔끔한 디자인과 편리함을 앞세워 큰 성공을 거두면서 전 세계로 지퍼가 퍼지게 되었습니다. (83회 듣기 33번)

추천) 그 제품은 누구나 편리하게 이용할 수 있도록 만들어졌다.

표현) 운반이 편리하다, 지하철이 편리하다

유의) 손쉽다, 편하다, 쉽다   반의) 불편하다

**0760 펼치다**
- spread out
- 広げる
- 展開
- mở ra, diễn ra

기출) 첨단 과학 기술 단지를 조성하여 입주 기업들이 자신의 역량을 펼칠 수 있도록 하였다. (52회 읽기 48번)

추천) 내 꿈을 펼칠 그날을 위해서 오늘도 열심히 일할 것이다.

표현) 꿈을 펼치다, 이상을 펼치다   유의) 펴다

**0761 평생**
- whole life
- 一生
- 一生, 終身
- cuộc đời

기출) 평생 한 직장에 다녀야 한다든지 개인 생활보다 직장 생활에 더 비율을 둔다든지 하는 전통적 의식이 약화되고 있다. (36회 읽기 18번)

추천) 내 평생에 그렇게 신기한 일은 처음 본다.

표현) 평생 교육, 평생을 함께하다   유의) 생애, 일평생, 일생

## 0762 평화
- peace
- 平和
- 和平
- sự hòa bình

(기출) 비무장 지대가 **평화**를 상징하는 곳으로 주목받고 있다. (37회 듣기 44번)

(추천) 세계의 평화를 위협하는 전쟁은 막아야 한다.

(표현) 평화를 갈망하다, 평화를 깨뜨리다

(유의) 화합, 평온　(반의) 혼란, 불안, 전쟁

## 0763 포함되다
- be included
- 含まれる
- 包含
- được bao gồm

(기출) 전자레인지는 직접 열을 가하는 것이 아니라 음식에 **포함된** 물 분자의 움직임을 이용하여 음식을 데운다. (52회 읽기 30번)

(추천) 그는 음식에 포함된 영양소를 분석했다.

(표현) 조사 대상에 포함되다, 조식이 포함되다　(반의) 불포함되다

## 0764 폭
- width, range
- 幅
- 幅
- bề rộng

(기출) 현재의 오이 값을 통계에 근거해서 평가할 때 1월을 기준으로 하면 물가가 큰 **폭**으로 오른 것이 된다. (52회 읽기 35번)

(추천) 선택의 폭이 넓어지면 결정이 더 어려워진다.

(표현) 치마 폭, 폭을 넓히다　(유의) 너비, 범위

## 0765 표하다
- express
- 表する
- 表示
- biểu hiện, biểu lộ

(기출) 전문가들의 상황 인식에 우려를 **표하고** 있다. (47회 듣기 46번)

(추천) 그는 결혼식에 참석한 사람들에게 일일이 감사를 표했다.

(표현) 사의를 표하다, 조의를 표하다

(유의) 나타내다, 드러내다, 표명하다　(반의) 감추다

## 0766 표현력
- ability to express
- 表現力
- 表达能力
- năng lực biểu hiện

(기출) 악보를 외우면 작곡가를 좀 더 이해하게 되어 결국 작품에 대한 **표현력**이 풍성해질 수 있다. (47회 읽기 16번)

(추천) 아이는 그 수업을 들은 후에 언어 표현력이 좋아졌다.

(표현) 표현력이 좋다, 풍성한 표현력

# TOPIK II

**0767 할인하다**
- give a discount
- 割引する
- 优惠
- giảm giá

(기출) 보험사는 운동을 꾸준히 한 사람에게 보험료를 **할인해** 준다.
(47회 듣기 45번)

(추천) 백화점은 행사 기간에 할인한 가격에 제품을 판매했다.

(표현) 20% 할인하다, 할인한 가격  (유의) 감하다  (반의) 할증하다

---

**0768 합병**
- merger
- 合併
- 合并
- sự hợp nhất

(기출) 양 기업의 **합병**은 경영 부진에 의한 것이다.
(35회 읽기 47번)

(추천) 요즘 그 두 기업의 합병이 화제가 되고 있다.

(표현) 군사 합병, 합병을 하다  (유의) 합체, 병합  (반의) 분할, 분리

---

**0769 해결책**
- solution, resolution
- 解決策
- 解决方法
- đối sách giải quyết

(기출) 문제에 대한 **해결책**을 제시하고 있다.
(52회 듣기 32번)

(추천) 그의 스트레스 해결책은 산책을 하는 것이다.

(표현) 해결책을 마련하다, 해결책을 모색하다, 해결책이 있다  (유의) 돌파구

---

**0770 해롭다**
- harmful
- 有害だ
- 有害
- gây hại

(기출) 식물 중에는 독성이 있어 몸에 **해로운** 것들이 있다.
(52회 읽기 16번)

(추천) 그 물질은 몸에 해롭기 때문에 조심해야 합니다.

(표현) 인체에 해로운 물질, 건강에 해롭다

(유의) 나쁘다, 유해하다  (반의) 이롭다

---

**0771 해석**
- interpretation
- 解釈
- 解释
- sự giải thích

(기출) 과학적인 **해석**을 시도한 거죠.
(41회 듣기 45번)

(추천) 그의 행동은 법적 해석으로는 무죄였습니다.

(표현) 논리적 해석, 해석을 하다  (유의) 설명, 해설

0772 **행사장**
- event hall
- イベント会場
- 活动场地
- địa điểm tổ chức sự kiện

(기출) 행사장에 가면 청바지를 만 원에 살 수 있다.
(52회 듣기 14번)

(추천) 무료로 주는 선물을 받으려면 행사장으로 가야 한다.

(표현) 가전제품 행사장, 행사장에 입장하다　(유의) 전시장

---

0773 **향**
- scent
- 香り
- 香
- hương thơm

(기출) 화학 물질로 익힌 과일은 대개 자연으로 숙성된 과일에 비해 맛과 **향**이 떨어진다.
(35회 읽기 19번)

(추천) 나는 이 샴푸의 향이 좋아서 계속 같은 제품만 쓰고 있다.

(표현) 향이 좋다, 향을 맡다　(유의) 향기　(반의) 악취

---

0774 **허구**
- fiction
- 虛構
- 虚构
- sự hư cấu

(기출) 한편에서는 역사 사실에 **허구**를 덧붙이는 것에 대해 우려를 표시하고 있다.
(47회 읽기 41번)

(추천) 영화는 사실과 허구가 결합된 것이다.

(표현) 허구와 사실, 허구에 불과하다

(유의) 가공, 조작, 픽션　(반의) 실재, 실존, 실제

---

0775 **협상**
- negotiation
- 交渉
- 协商
- sự hiệp thương

(기출) 당사자 간의 자유로운 대화와 **협상**을 통해 쟁점을 해결하려는 노력이 우선되어야 한다. (41회 읽기 48번)

(추천) 우리는 그 회사와의 협상을 거절했다.

(표현) 임금 협상, 협상을 벌이다, 협상에 응하다　(유의) 협의, 타협

---

0776 **협조**
- cooperation
- 協力
- 协助
- sự hiệp trợ

(기출) 정책 시행을 위해 국민의 **협조**를 요청하고 있다.
(37회 듣기 46번)

(추천) 남편의 협조가 없이는 아내가 일을 하면서 육아를 동시에 할 수 없다.

(표현) 협조를 얻다, 협조가 이루어지다

# TOPIK II

**0777 혹시**
- by any chance
- もし
- 或许
- không biết có phải rằng

[기출] 혹시 다음 주 금요일에 뵈러 가도 괜찮으시겠습니까?
(36회 쓰기 51번)

[추천] 혹시 비가 오더라도 실내에서 하니까 상관없을 거예요.

[표현] 혹시 모르니까, 혹시 일이 생긴다면    [유의] 혹, 혹여

---

**0778 화면**
- screen
- 画面
- 画面
- màn hình

[기출] 이 스피커를 활용하면 컴퓨터 화면이나 액자뿐만 아니라 벽이나 천장에서도 소리가 나오게 할 수 있다. (83회 읽기 16번)

[추천] 내 컴퓨터는 화면이 작아서 사용하기 불편하다.

[표현] 컴퓨터 화면, 화면을 보다    [유의] 영상

---

**0779 활용되다**
- be utilized
- 活用される
- (被)活用
- được áp dụng

[기출] 19세기 말에는 연극에서 방백이 활발히 활용되었다.
(52회 듣기 42번)

[추천] 그 일에는 많은 신기술이 활용되었다.

[표현] 활용된 에너지, 판매에 활용되다    [유의] 이용되다

---

**0780 회복**
- recovery
- 回復
- 恢复
- sự hồi phục

[기출] 초록 콩나물은 노란 콩나물보다 비타민이 많이 들어 있어서 피로 회복에 좋다.
(41회 읽기 11번)

[추천] 내년에는 수출 회복을 기대할 수 있다.

[표현] 건강 회복, 회복이 빠르다

---

**0781 휴게소**
- service area
- 休憩所
- 休息站
- trạm nghỉ

[기출] 버스가 휴게소에 정차하자 승객들이 버스에서 내렸다.
(37회 듣기 11번)

[추천] 너무 피곤해서 휴게소로 들어가 차를 세웠다.

[표현] 고속도로 휴게소, 휴게소에서 쉬다

## 0782 흔히
- commonly
- 珍しくなく，よく
- 常常
- thường, thông thường, hầu như, đại khái là

**기출** 흔히 우주 과학은 투자 비용에 비해 우리 생활에 기여하는 바가 적다고 생각한다.
(36회 읽기 32번)

**추천** 안내 방송은 우리 주위에서 흔히 들을 수 있다.

**표현** 흔히 보다, 흔히 듣다　**유의** 곧잘　**반의** 가끔

## 0783 흡연자
- smoker
- 喫煙者
- 吸烟者
- người hút thuốc

**기출** 금연은 흡연자들 스스로의 참여가 가장 중요하다.
(41회 듣기 31번)

**추천** 우리나라의 흡연자 인구가 꾸준히 줄고 있다고 한다.

**표현** 남성 흡연자, 흡연자가 증가하다　**반의** 비흡연자

## 0784 희망
- hope
- 希望
- 希望
- sự hy vọng

**기출** 배추 농사가 잘되어 농민들이 희망에 차 있다.
(47회 읽기 27번)

**추천** 그들에게 희망을 꿈꾼다는 것은 사치였다.

**표현** 희망 사항, 희망에 부풀다, 희망에 차다　**유의** 소원

## 0785 가꾸다
- cultivate, decorate
- 育てる，装う
- 保持好
- chăm chút

**기출** 남자는 환자들에게 정원 가꾸는 법을 배웠다.
(52회 듣기 30번)

**추천** 그는 꽃과 나무를 가꾸면서 스트레스를 풀었다.

**표현** 정원을 가꾸다, 몸매를 가꾸다

## 0786 가득하다
- full
- 一杯だ
- 满满
- đầy, tràn đầy

**기출** 숫자로 가득한 비즈니스 현장에서 숫자에 강하다는 것은 그만큼 능력을 인정받을 가능성이 높다는 것을 의미한다. (47회 읽기 36번)

**추천** 나는 꽃으로 가득한 정원을 거닐었다.

**표현** 음식이 가득하다, 옷장에 옷이 가득하다

**유의** 차다　**반의** 부족하다, 모자라다

# Chapter 4

# 출제 4순위 어휘
The 4th Most Frequently Tested Vocabulary

# TOPIK II

---

**0787 가리다**
- pay one's own way
- 判断する
- 辨別
- phân định

**기출** 학교생활에는 소홀하면서 앞뒤를 **가리지** 않고 무조건 연예인만 쫓아다닌다. (52회 읽기 21번)

**추천** 그는 자기 앞도 못 가리면서 나한테 잔소리를 많이 한다.

**표현** 자기 앞을 가리다, 앞뒤를 못 가리다  **유의** 판별하다

---

**0788 가입**
- sign up
- 加入
- 加入
- sự gia nhập

**기출** 인터넷으로 회원 **가입**을 할 때 설정하는 비밀번호는 초기에는 숫자 네 개면 충분했다. (52회 읽기 19번)

**추천** 그는 먼저 회원 가입 여부를 확인했다.

**표현** 가입 신청서, 보험 가입  **유의** 신청

---

**0789 감각**
- sense
- 感覚
- 感覚
- cảm giác

**기출** 비즈니스에서 성공하고 싶다면 숫자 활용 **감각**을 키우라고 제안하는 이유가 바로 여기에 있다. (47회 읽기 36번)

**추천** 디자이너는 한복을 현대적인 감각으로 표현했다.

**표현** 신체 감각, 감각을 살리다  **유의** 센스

---

**0790 강점**
- strength
- 強み
- 优势
- điểm mạnh

**기출** 현대 사회에서는 이것이 오히려 **강점**이 될 수 있다. (41회 읽기 44번)

**추천** 그의 강점은 늘 자신감이 넘치고 당당하다는 것이다.

**표현** 강점을 살리다, 강점을 지니다  **유의** 장점  **반의** 약점

---

**0791 거래**
- deal
- 取引
- 交易
- sự giao dịch

**기출** 이와 같은 수표의 발행으로 더욱 안전한 금융 **거래**를 할 수 있을 것으로 보인다. (36회 읽기 34번)

**추천** 경제 위기로 활발했던 물건 거래가 다소 위축되었다.

**표현** 거래를 하다, 거래를 성사하다  **유의** 매매, 흥정, 무역

## 0792 건조
- dry
- 乾燥
- 干燥
- sự khô ráo, sự khô

**기출** 동결 **건조** 식품은 바쁜 일반인들을 위해 개발되었다. (36회 읽기 32번)

**추천** 피부 건조를 막기 위해서 물을 자주 마시고 있다.

**표현** 피부 건조, 건조 상태  **유의** 마르다  **반의** 습기

## 0793 건조하다
- dry
- 乾燥する
- 干燥
- khô

**기출** 손톱 주변을 **건조하지** 않게 해 주면 세포 활동이 활발해져 손톱이 더 빨리 자란다. (52회 읽기 28번)

**추천** 요즘 실내 공기가 건조해서 가습기를 사용한다.

**표현** 피부가 건조하다, 건조한 공기  **유의** 메마르다  **반의** 습하다

## 0794 격려하다
- encourage
- 激励する
- 鼓励
- khích lệ

**기출** **격려해** 주는 남편 덕분에 용기를 냈다. (47회 읽기 23번)

**추천** 친구들이 입사 시험을 앞둔 민수를 응원하며 격려해 주었다.

**표현** 친구를 격려하다, 동료를 격려하다  **유의** (용기를) 북돋우다

## 0795 견해
- opinion, view
- 見解
- 见解
- cách nhìn nhận, quan điểm

**기출** 경제적 관점에서 보수와 진보는 시장 경제를 조절하는 두 축인 시장과 국가의 역할에 대한 **견해**에 따라 구분된다. (52회 읽기 46번)

**추천** 우리는 갈등이 생겼을 때 대화를 통해서 견해의 차이를 좁혀 나갔다.

**표현** 전문가의 견해, 견해를 듣다  **유의** 의견

## 0796 결합
- combination
- 結合
- 结合
- sự kết hợp

**기출** 뿌리, 줄기, 잎이 어우러져 하나의 나무가 되듯 한 집안도 이러한 **결합**을 통해 이루어짐을 나타내는 것이다. (52회 읽기 29번)

**추천** 산소와 수소의 화학적 결합이 일어나 물이 되었다.

**표현** 상품 결합, 결합을 하다  **유의** 결속, 연결, 연합  **반의** 분리, 절단, 분해

# TOPIK II

**0797 경계하다**
- look out
- 警戒する
- 警惕
- cảnh giới, canh phòng, cảnh giác, thận trọng

(기출) 경제 성장의 성공 사례가 활발히 도입되는 현상을 **경계하고** 있다.
(50회 읽기 50번)

(추천) 정부는 사회적 갈등 발생에 대해 경계하고 있다.

(표현) 낯선 사람을 경계하다, 주의를 경계하다  (유의) 주의하다

**0798 경험하다**
- experience
- 経験する
- 经历
- có trải nghiệm

(기출) 또한 과학이 주는 신비로운 세상도 **경험할** 수 있을 것이다.
(41회 읽기 41번)

(추천) 그는 이렇게 큰 국제 대회를 경험한 적이 없다.

(표현) 좌절을 경험하다, 성공을 경험하다

(유의) 체험하다, 겪다  (반의) 상상하다

**0799 공개되다**
- be open to the public, be disclosed
- 公開される
- (被)公开
- được công khai

(기출) 가격 게시를 통해 유통 과정이 **공개되고** 있다.
(36회 읽기 38번)

(추천) 안내문을 여러 사람이 볼 수 있도록 공개된 장소에 붙였다.

(표현) 언론에 공개되다, 일반에게 공개되다  (유의) 알려지다  (반의) 비공개되다

**0800 공개하다**
- open to the public, disclose
- 公開する
- 公开
- công khai

(기출) 그 기술을 사회에 **공개할** 의무를 부과한다.
(52회 읽기 48번)

(추천) 정부는 국민들에게 범죄자들의 신상 정보를 공개했다.

(표현) 진상을 공개하다, 일반인들에게 공개하다  (유의) 알리다  (반의) 감추다

**0801 공급**
- supply
- 供給
- 供给
- sự cung cấp

(기출) 불황에도 과도한 판매 경쟁 때문에 포도주의 **공급**이 증가했다.
(41회 읽기 26번)

(추천) 요금을 계속 내지 않아서 수돗물과 전기 공급이 중단되었다.

(표현) 공급이 원활하다, 석유 공급  (유의) 제공  (반의) 수요

## 0802 공동
- collaboration
- 共同
- 共同
- cộng đồng, chung

**기출** 당시 메디치 가문은 서로 다른 역량을 가진 예술가와 학자들의 **공동** 작업을 후원했다. (41회 읽기 40번)

**추천** 그 회사는 유럽의 명품 디자이너와 공동으로 신제품을 출시한다.

**표현** 공동 개최, 공동 관심사, 공동 시설  **유의** 합동  **반의** 단독

## 0803 공헌
- contribution
- 貢獻
- 贡献
- sự cống hiến

**기출** 수백 년 세월의 때가 묻은 기록물이 지금까지 보존되는 데는 기록을 남긴 사람들의 **공헌**이 크다. (47회 듣기 33번)

**추천** 정부는 사회 발전에 큰 공헌을 한 사람에게 상을 수여하였다.

**표현** 사회 공헌, 공헌을 하다  **유의** 기여, 이바지

## 0804 과연
- indeed
- 果たしてさすが
- 旅游
- quả nhiên

**기출** 이런 상황에서 **과연** 유권자는 올바른 선택을 할 수 있을까요? (41회 듣기 49번)

**추천** 그곳은 소문대로 과연 대단하고 멋진 곳이었다.

**표현** 과연 대단하다, 과연 그러하다  **유의** 역시

## 0805 관광
- tourism
- 観光
- 旅游
- sự tham quan

**기출** 이 캠페인은 국내 **관광**을 활성화하기 위해 시작되었다. (35회 읽기 34번)

**추천** 이번에는 역사가 깊은 유적지로 관광을 가려고 한다.

**표현** 관광을 하다, 관광 산업  **유의** 투어, 시찰, 유람

## 0806 관광업
- tourist business
- 観光業
- 旅游业
- ngành du lịch

**기출** 국내 **관광업**과 관련된 일자리는 5만 개 정도이다. (35회 읽기 34번)

**추천** 아버지는 외국인을 대상으로 하는 관광업에 종사하고 계신다.

**표현** 관광업에 종사하다  **유의** 관광 사업

# TOPIK II

**0807 관람권**
- admission ticket
- 観覧券
- 门票
- vé xem

(기출) 이 박물관의 관람권은 환불 받을 수 없다.
(52회 듣기 24번)

(추천) 나는 친구와 함께 보려고 연극 관람권 두 장을 샀다.

(표현) 관람권을 사다, 관람권을 예매하다, 연극 관람권  (유의) 입장권

---

**0808 관련되다**
- be related
- 関連する
- 有关
- có liên quan

(기출) 캐릭터의 디자인이나 음향 효과 등 사용자의 흥미와 관련된 것들의 문제점도 찾아내고요. (83회 듣기 29번)

(추천) 그 교통사고는 운전자의 부주의와 관련되어 있다.

(표현) 그 사건과 관련되다, 관련된 사람  (유의) 연관되다  (반의) 무관하다

---

**0809 관찰**
- observation
- 観察
- 观察
- sự quan sát

(기출) 추상 활동은 관찰을 바탕으로 대상을 이해하는 것이다.
(47회 읽기 44번)

(추천) 그는 곤충의 이동을 관찰하여 논문을 썼다.

(표현) 관찰 일지, 관찰을 하다  (유의) 관측

---

**0810 교류**
- exchange
- 交流
- 交流
- sự giao lưu

(기출) 동물원 간의 교류를 통해 동물의 개체 수를 늘린다.
(47회 읽기 32번)

(추천) 이 학교는 앞으로 선후배 간의 교류를 위해 노력할 것이다.

(표현) 문화 교류, 교류를 하다  (유의) 소통

---

**0811 구별되다**
- be distinguished
- 区別される
- (被)区別
- được phân biệt

(기출) 서로 다른 것의 결합은 기존의 것과 구별되는 창조의 원천이다.
(37회 읽기 48번)

(추천) 이 사진은 선명해서 범인의 얼굴이 쉽게 구별될 것이다.

(표현) 성별이 구별되다, 거짓이 구별되다  (유의) 구분되다, 가르다

## 0812 구분
- classification, division
- 区分
- 区分
- sự phân loại

(기출) 이 식당은 음식을 먹는 곳과 조리실의 구분이 없다.
(37회 읽기 12번)

(추천) 이 교재는 문제가 난이도에 따라 구분이 되어 있다.

(표현) 지역 구분, 공과 사의 구분 (유의) 분류 (반의) 모으다

## 0813 구슬
- bead, marble
- 玉
- 珠子
- hột, bi, viên bi

(기출) 구슬 안의 얼굴과 제작 기법이 모두 신라에서 발견된 유리구슬과 같다.
(41회 듣기 43번)

(추천) 동그란 진주 구슬 목걸이가 정말 예뻤다.

(표현) 구슬 놀이 (유의) 알, 진주

## 0814 국내외
- domestic and abroad
- 国内外
- 国内外
- trong và ngoài nước

(기출) 최근 한국 기업들이 국내외에서 그 경쟁력을 인정받고 있다.
(41회 읽기 44번)

(추천) 국제기구에 들어가 국내외에서 활약하고 싶다.

(표현) 국내외의 관련사건, 국내외의 학자 (유의) 내외

## 0815 권위
- authority
- 權威
- 权威
- quyền uy

(기출) 아빠의 권위 있는 말과 행동은 아이의 삶에 판단 기준이 되어 아이가 바른 길로 가는 데 도움을 줄 수 있다. (47회 읽기 19번)

(추천) 전통적으로는 집안에서 남자의 권위를 중요하게 생각하였다.

(표현) 권위가 있다, 권위가 서다, 권위를 세우다 (유의) 위신

## 0816 귀하다
- noble
- 尊い
- 尊贵
- quý giá

(기출) 보통 잔치를 할 때에는 맛있고 귀한 음식을 가득 차려 놓고 성대하게 행사를 치렀다.
(35회 읽기 30번)

(추천) 그는 부잣집 아들로 귀하게 자랐다.

(표현) 귀한 선물, 자식이 귀하다 (유의) 소중하다

# TOPIK II

**0817 기부하다**
- donate
- 寄付する
- 捐
- tặng cho

**기출** 이 회사는 신발이 한 켤레 팔릴 때마다 가난한 아이에게 신발 한 켤레씩을 **기부한다**. (47회 듣기 27번)

**추천** 우리 회사는 작년부터 수익의 일부를 불우 이웃에게 기부하고 있다.

**표현** 옷을 기부하다, 재산을 기부하다  **유의** 내놓다, 기증하다

---

**0818 기상**
- weather
- 気象
- 气象
- khí tượng

**기출** 이 방법은 비, 구름, 안개 등의 **기상** 상태에 영향을 받는다는 문제점이 있었다. (47회 읽기 35번)

**추천** 예상치 못한 기상 악화로 비행기가 뜨지 못했다.

**표현** 기상 상태, 기상 연구소  **유의** 날씨

---

**0819 기술력**
- technical prowess
- 技術力
- 技术力
- năng lực kỹ thuật

**기출** 대량으로 생산할 수 있는 **기술력**이 확보된다면 비닐 포장재로 인한 심각한 환경 오염 문제가 크게 개선될 겁니다. (52회 듣기 45번)

**추천** 우리 회사는 뛰어난 기술력으로 신제품을 개발했다.

**표현** 최첨단 기술력, 기술력을 향상시키다

---

**0820 기술자**
- technician
- 技術者
- 技术人员
- kỹ thuật viên

**기출** 복원 **기술자**를 대상으로 한 3D 장치 사용 교육이 필요하다. (64회 읽기 35번)

**추천** 유능한 기술자들이 외국으로 파견되었다.

**표현** 기술자를 뽑다, 기술자가 되다  **유의** 전문가

---

**0821 기한**
- deadline
- 期限
- 期限
- kỳ hạn

**기출** **기한**이 정해져 있는 티켓의 경우 기간이 지나면 사용하지 못하게 된다. (47회 읽기 31번)

**추천** 이번 과제는 제출 기한을 넘기면 감점을 받는다.

**표현** 제출 기한, 기한을 두다, 기한을 정하다, 기한이 지나다

**유의** 기일, 시한, 연한  **반의** 무기한

## 0822 긴급
- emergency
- 緊急
- 緊急
- sự khẩn cấp

**기출** 긴급 상황에는 날씨에 따라 다섯 단계로 나누어 연기를 피웠다.
(47회 읽기 35번)

**추천** 집에 불이 나서 소방서에 긴급 구조를 요청했다.

**표현** 긴급 상황, 긴급 뉴스　**유의** 비상

## 0823 꾸미다
- decorate
- 飾る
- 装饰
- trang trí, trang hoàng

**기출** 소극적인 아이에게는 밝고 따뜻한 색으로 방을 꾸며 주는 것이 좋다.
(47회 읽기 28번)

**추천** 친구는 외모를 꾸미는 데 지출을 아끼지 않았다.

**표현** 머리를 꾸미다, 집 안을 꾸미다　**유의** 장식하다

## 0824 나뉘다
- be divided
- 分けられる
- 分为
- được chia ra

**기출** 지구의 표면은 여러 개의 판으로 나뉘어 있다.
(47회 듣기 43번)

**추천** 곤충의 몸은 머리, 가슴, 배의 세 부분으로 나뉜다.

**표현** 두 편으로 나뉘다, 성별로 나뉘다　**유의** 갈리다　**반의** 합치다

## 0825 나물
- green edible
- ナムル
- 素菜
- rau luộc kiểu Hàn

**기출** 한국에서는 보통 명절에 여러 가지 나물을 만들어 먹는다.
(52회 읽기 29번)

**추천** 어머니는 나물을 다듬어서 반찬을 만드셨다.

**표현** 나물을 먹다, 나물을 캐다

## 0826 나서다
- take the lead, get actively involved
- 乗り出す
- 站出来
- đứng ra

**기출** 불면증 치료법 개발에 적극적으로 나서야 한다.
(52회 듣기 37번)

**추천** 이 일은 본인이 나서서 해결해야 한다고 생각해요.

**표현** 앞으로 나서다, 적극적으로 나서다

**유의** 앞장서다　**반의** 뒤지다, 뒤처지다

# TOPIK II

**0827 나팔꽃**
- morning glory
- 朝顔
- 喇叭花
- hoa bìm biếc

(기출) 나팔꽃은 대기 오염의 지표가 된다.
(52회 읽기 33번)

(추천) 화분에 심어 놓은 나팔꽃이 활짝 피었다.

(표현) 나팔꽃이 피다, 나팔꽃 한 송이

---

**0828 날아오다**
- fly
- 飛んで来る
- 飞来
- bay tới

(기출) 가끔 공이 날아오다가 자기 앞에서 떠오르는 것 같다는 타자들도 있다.
(41회 읽기 46번)

(추천) 무언가가 이쪽으로 빠르게 날아왔다.

(표현) 공이 날아오다 (반의) 날아가다

---

**0829 남성**
- male
- 男性
- 男性
- nam giới

(기출) 가슴을 편 자세는 남성 호르몬과 관계가 없다.
(41회 듣기 40번)

(추천) 요즘 남성 화장품도 다양해지고 있다.

(표현) 남성 중심, 한국 남성 (유의) 남자 (반의) 여성

---

**0830 널리**
- widely
- 広く
- 广泛地
- một cách rộng rãi

(기출) 당시 널리 퍼져 있던 유행의 흐름을 따랐다.
(52회 읽기 45번)

(추천) 이 식당은 독특한 조리법으로 널리 알려졌다.

(표현) 소문이 널리 퍼지다, 널리 알려지다 (유의) 멀리, 두루

---

**0831 농사**
- farming
- 農事
- 农事
- việc làm nông

(기출) 배추 농사가 잘되어 농민들이 희망에 차 있다.
(47회 읽기 27번)

(추천) 올해는 비가 자주 내리지 않아서 농사를 망쳤다.

(표현) 농사를 짓다, 농사가 잘되다 (유의) 밭일

## 0832 다만
- just
- 但し，ただ
- 只是
- duy chỉ

**기출** 다만 사람책을 이용하려면 정해진 인원 이상이 모여야 한다.
(47회 읽기 29번)

**추천** 언제나 만날 수 있다. 다만 이번 주만 아니면 좋겠다.

**표현** 다만 조건이 있다, 다만 문제는    **유의** 단지, 오직

## 0833 다이빙
- diving
- ダイビング
- 跳水
- môn nhảy cầu

**기출** 아이가 올라간 다이빙대는 어린이 전용으로 만들어졌다.
(35회 읽기 43번)

**추천** 이곳에서 다이빙을 하는 것은 위험하다.

**표현** 다이빙을 하다, 다이빙 선수

## 0834 다하다
- devote
- (最善を)尽くす
- 用尽
- làm hết sức

**기출** 혼자서 하는 일에는 최선을 다하던 사람도 공동 작업에서는 그렇지 않을 수 있다.
(35회 읽기 46번)

**추천** 무슨 일이든 맡은 바 역할을 다하는 것이 중요하다.

**표현** 최선을 다하다, 역할을 다하다    **유의** 완수하다, 끝내다

## 0835 당
- per
- 当たり
- 毎
- mỗi, từng

**기출** 기업의 운영 방향은 1인당 국민 소득과 관계가 있다.
(37회 듣기 41번)

**추천** 그는 시간당 두세 번씩 커피를 마시곤 한다.

**표현** 시간당, 1인당    **유의** 마다

## 0836 당뇨병
- diabetes
- 糖尿病
- 糖尿病
- bệnh tiểu đường

**기출** 당뇨병 환자들에게 꿀이 설탕보다 더 나은 것은 결코 아니다.
(41회 읽기 37번)

**추천** 당뇨병이 있어서 식사 전후에 주사를 맞고 몸속의 당분을 조절한다.

**표현** 당뇨병에 걸리다, 당뇨병을 치료하다

# TOPIK II

**0837 당당하다**
- confident
- 堂々とする
- 堂堂正正
- đường đường chính chính

(기출) 여자는 직업을 통해 사회에서 **당당히** 자리 잡게 되었다.
(37회 듣기 47번)
(추천) 그 선수는 세계 신기록을 세우고 당당하게 금메달을 땄다.
(표현) 당당한 태도, 자세가 당당하다
(유의) 떳떳하다, 의연하다 (반의) 비굴하다

**0838 당사자**
- person concerned
- 当事者
- 当事人
- đương sự

(기출) 갈등의 **당사자** 모두에게 이익이 되는 방향으로 해결해야 한다.
(41회 읽기 48번)
(추천) 당사자끼리 합의를 본 후에 그 사건은 종결되었다.
(표현) 당사자를 만나다, 사건의 당사자 (유의) 본인

**0839 당장**
- right now
- 今すぐ
- 马上
- ngay lập tức

(기출) 우리 반은 **당장** 전교에서 제일 말 잘 듣고 가장 깨끗한 반이 되었다.
(52회 읽기 42번)
(추천) 지금 당장 사무실에 전화해서 그 일에 대해 문의해야겠다.
(표현) 당장 시행하다, 당장 중단하다 (유의) 곧, 지금

**0840 닿다**
- touch, reach
- 接する, 届く
- 接触, 到
- chạm tới

(기출) 지우개는 다른 문구류와 오래 **닿으면** 그것에 달라붙는 성질이 있다.
(41회 읽기 30번)
(추천) 이 공원은 장기간 사람들의 발길이 닿지 않아서 풀이 무성하게 자랐다.
(표현) 발길이 닿다, 손이 닿다 (유의) 접하다, 다다르다, 이르다

**0841 대단하다**
- great
- すごい
- 厉害
- vượt bậc, hoành tráng, vang dội

(기출) 요즘 '왕라면'의 인기가 **대단한데요**.
(47회 듣기 29번)
(추천) 시험에서 단 한 문제도 틀리지 않았다니 정말 대단하다.
(표현) 실력이 대단하다, 대단한 사람 (유의) 뛰어나다

## 0842 대담
- conversation
- 対談
- 对谈
- việc đối thoại

**기출** 다음 대담을 잘 듣고 물음에 답하십시오.
(47회 듣기 39번)

**추천** 토론자들의 대담을 들은 후 사람들의 질문이 쏟아졌다.

**표현** 대담을 나누다, 대담에 참여하다 **유의** 대화

## 0843 대여
- lending, rental
- 貸与, レンタル
- 出租
- sự cho thuê

**기출** 문화재 환수에는 정부 간 대여나 기증 등의 방식이 있는데요.
(64회 듣기 39번)

**추천** 무료로 대여하려면 대여 신청서를 작성해야 한다.

**표현** 대여를 하다, 자전거 대여, 대여소 **유의** 임대

## 0844 대지진
- big earthquake
- 大地震
- 大地震
- trận động đất lớn

**기출** 대지진 이후에 인간은 무기력에 빠졌다.
(41회 듣기 45번)

**추천** 대지진으로 도로가 끊어지고 건물이 무너졌다.

**표현** 대지진이 나다, 대지진이 발생하다 **유의** 지진

## 0845 대출하다
- lend
- 貸し出す
- 贷款
- vay mượn

**기출** 사람도서관은 표현 그대로 사람을 책처럼 대출할 수 있는 도서관이다.
(47회 읽기 29번)

**추천** 대출한 돈을 정해진 기간 내에 갚지 못했더니 이자가 늘어났다.

**표현** 책을 대출하다, 전세금을 대출하다 **유의** 빌리다, 대여하다

## 0846 대피
- evacuation
- 避難
- 撤离
- sơ tán

**기출** 초고층 건물의 화재 시 대피 방안이 마련되어 잘 활용되고 있다.
(36회 읽기 47번)

**추천** 지진을 대비한 대피 훈련이 시작되었다.

**표현** 대피를 하다, 대피 훈련, 대피소 **유의** 피난, 피신

# TOPIK II

**0847 대하다**
- treat
- 対する
- 対待
- đối xử, đối đãi

[기출] 사람을 **대하다** 보니 웃을 일도 있었다.
(47회 읽기 23번)

[추천] 그는 낯선 사람을 친구처럼 대했다.

[표현] 친구처럼 대하다, 상냥하게 대하다, 친절히 대하다  [유의] 응하다, 상대하다

---

**0848 덕분**
- thanks to
- おかげ
- 多亏
- nhờ vào, nhờ ơn

[기출] 호모 사피엔스는 높은 친화력 **덕분**에 생존할 수 있었다.
(83회 읽기 37번)

[추천] 한국어 실력이 향상된 것은 잘 가르쳐 주신 선생님 덕분이다.

[표현] 부모님 덕분이다, 덕분에  [유의] 덕택  [반의] 탓

---

**0849 데**
- in terms of
- ところ
- 的
- việc, điều

[기출] 의사소통은 서로의 관계를 유지하고 발전시키는 **데** 중요한 요인이 된다.
(52회 쓰기 54번)

[추천] 유산소 운동은 살을 빼는 데에 효과적이다.

[표현] 아픈 데 먹는 약, 하는 데 필요한 것  [유의] 것

---

**0850 데우다**
- heat up, warm up
- 温める
- 热
- làm nóng lại, hâm nóng lại

[기출] 기내식은 손님에게 내놓기 직전에 다시 따뜻하게 **데운다**.
(35회 읽기 32번)

[추천] 전자레인지에 우유를 따뜻하게 데워서 마셨다.

[표현] 데워 먹다, 밥을 데우다  [유의] 가열하다  [반의] 식히다

---

**0851 데이터**
- data
- データ
- 数据资料
- dữ liệu, data

[기출] 스포츠 경기의 결과에 대한 **데이터** 수집이나 분석과 같은 단순 업무는 로봇 기자가 담당하게 될 것이다. (35회 읽기 38번)

[추천] 바이러스 때문에 컴퓨터에 저장해 놓은 데이터가 모두 지워졌다.

[표현] 데이터를 수집하다, 데이터를 찾다  [유의] 자료

## 0852 돌아오다
- return
- 帰って来る
- 回来
- quay trở về

**기출** 퇴근 후에 집에 와 보니까 동생이 여행에서 **돌아와** 있었다.
(37회 읽기 2번)

**추천** 술에 취해서 집에 돌아오다가 넘어져서 다리를 다쳤다.

**표현** 집에 돌아오다, 고향으로 돌아오다  **유의** 되돌아오다  **반의** 돌아가다

## 0853 동료
- colleague
- 同僚
- 同事
- đồng nghiệp

**기출** 두 사람은 오랫동안 알고 지냈지만 직장 **동료** 사이일 뿐이다.
(35회 읽기 4번)

**추천** 회사에서 동료들과 적당한 거리를 두고 지내고 있다.

**표현** 회사 동료, 동료를 초대하다

## 0854 되찾다
- retrieve
- 取り戻す
- 找回
- tìm lại

**기출** 이 제도가 기업에 대한 소비자의 신뢰를 **되찾는** 계기가 될 수 있을 것이다.
(36회 읽기 38번)

**추천** 그 회사에 투자한 원금을 되찾았다.

**표현** 안정을 되찾다, 휴대 전화를 되찾다  **유의** 돌려받다  **반의** 돌려주다

## 0855 드러내다
- expose
- さらけ出す
- 露出
- bộc lộ

**기출** 한국 기업은 단점을 **드러내지** 않으려고 하는 경향이 있다.
(41회 읽기 44번)

**추천** 힘든 상황이 되자 사람들이 본심을 드러내기 시작했다.

**표현** 속마음을 드러내다, 목적을 드러내다  **유의** 보이다  **반의** 감추다

## 0856 따다
- get, pick
- 取る
- 取，摘
- hái, đạt được

**기출** 연예인을 만나는 것은 하늘의 별 **따기다**.
(31회 읽기 30번)

**추천** 집 앞에 있는 감나무에서 감을 따서 먹었다.

**표현** 사과를 따다, 자격증을 따다  **유의** 얻다, 구하다

# TOPIK II

**0857 뛰어나다**
- outstanding
- 優れる
- 优秀
- nổi trội

(기출) 그 상은 운동 실력이 가장 **뛰어난** 선수에게 준다.
(37회 듣기 47번)

(추천) 나는 한국어 말하기 대회에서 1등을 할 정도로 한국어 실력이 뛰어나다.

(표현) 실력이 뛰어나다, 경치가 뛰어나다 (유의) 훌륭하다, 우수하다, 대단하다

---

**0858 뛰어다니다**
- run around
- 走り回る
- 跑来跑去
- chạy quanh

(기출) 대기실과 화장실, 기차를 타는 곳까지 정신없이 **뛰어다니며** 아이를 찾았지만 없었다. (33회 읽기 53번)

(추천) 아이들은 박물관 여기저기를 뛰어다니면서 소리를 질렀다.

(표현) 이리저리 뛰어다니다, 정신없이 뛰어다니다

---

**0859 리더**
- leader
- リーダー
- 领导者
- người lãnh đạo

(기출) 그는 여러 분야에서 **리더**로서의 면모를 보여 주었다.
(35회 읽기 41번)

(추천) 좋은 리더는 팀원의 의견을 존중할 줄 알아야 한다.

(표현) 리더십 (유의) 지도자

---

**0860 마련**
- preparation
- 用意
- 准备
- sự chuẩn bị

(기출) 정부의 지원 대책 **마련**을 요구하기 위하여 글을 썼다.
(36회 읽기 48번)

(추천) 가정 형편이 어려운 학생들에 대한 정부의 지원 대책 마련이 시급하다.

(표현) 내 집 마련, 마련을 하다 (유의) 준비

---

**0861 마치**
- as if
- まるで
- 好像
- như thể

(기출) 순간 나는 **마치** 천하를 얻은 듯 마음이 든든해졌다.
(35회 읽기 22번)

(추천) 이 작가의 글을 읽을 때면 마치 내가 소설 속 주인공처럼 느껴진다.

(표현) 마치 다 아는 것처럼 (유의) 흡사, 꼭

## 0862 만약
- if
- 万が一, もしも
- 如果, 万一
- nếu như

（기출） **만약** 우리가 이 별을 본다면 우리는 이 별의 현재 모습이 아니라 4억 년 전의 모습을 보는 것이다. (64회 쓰기 52번)

（추천） 만약 머리를 말리기 어려우면 아침에 감는 것이 더 낫다.

（표현） 만약 새라면  （유의） 만일

## 0863 만큼
- as
- ほど
- 程度
- như, tương đương

（기출） 의료 기술의 발전에도 불구하고 여전히 필요한 **만큼**의 장기 기증은 이루어지지 않고 있습니다. (60회 듣기 49번)

（추천） 믿는 만큼 보인다는 말도 있다.

（표현） 이것만큼, 믿는 만큼  （유의） 정도

## 0864 말씀
- words
- お話
- 话
- lời nói

（기출） 지난 1년 어떠셨는지 **말씀** 좀 해 주시죠. (52회 듣기 16번)

（추천） 어머니 말씀대로 30분씩 운동을 하기로 했다.

（표현） 말씀을 듣다, 말씀을 하다  （유의） 말

## 0865 망설이다
- hesitate
- ためらう
- 犹豫
- lưỡng lự

（기출） 나는 오늘 일이 많아서 시골집에 가는 것이 **망설여진다**. (47회 읽기 43번)

（추천） 친구에게 서운한 점을 이야기할지 말지 망설였다.

（표현） 어떻게 할지 망설이다, 망설이지 마세요

（유의） 머뭇거리다  （반의） 덤비다

## 0866 매체
- media
- 媒体
- 媒体
- phương tiện truyền thông

（기출） 대중 **매체**는 인쇄, 전파, 통신으로 나눌 수 있다. (37회 쓰기 53번)

（추천） 어릴 때부터 전자 매체에 자주 노출되면 집중력이 낮다고 한다.

（표현） 대중 매체, 방송 매체

# TOPIK II

**0867 먹이**
- feed, prey
- 餌
- 饲料
- thức ăn

[기출] 도시의 공원에서 다양한 꽃과 식물이 자라고 있어 풍부한 **먹이**를 제공한다고 한다. (35회 읽기 33번)

[추천] 이곳은 먹이가 풍부해서 새들이 서식하기 적합하다.

[표현] 먹이를 먹다, 먹이를 주다　[유의] 사료, 모이

---

**0868 멀리**
- far
- 遠く
- 远处，远远地
- một cách xa xôi

[기출] 함께 있던 그 고객은 괜찮다며 복도 저 **멀리**로 사라졌다. (30회 읽기 53번)

[추천] 멀리 떨어져 사는 가족과 일주일에 한번 영상 통화로 안부를 전한다.

[표현] 멀리 가다, 멀리 보다　[반의] 가까이

---

**0869 멈추다**
- stop
- 止む
- 停
- dừng lại

[기출] 사고 열차가 10분간 **멈추면서** 출근길 시민들이 큰 불편을 겪었습니다. (64회 듣기 15번)

[추천] 누군가 나를 부르는 것 같아 발걸음을 멈췄다.

[표현] 차를 멈추다, 멈춘 시계　[유의] 멎다

---

**0870 명예**
- honor
- 名誉
- 名誉
- danh dự

[기출] 기회는 어떤 사람에게 **명예**와 부를 안겨 준다. (36회 쓰기 52번)

[추천] 할아버지는 가문의 명예를 위해 평생 바르게 사셨다.

[표현] 명예 교수, 명예를 지키다　[유의] 명성　[반의] 불명예

---

**0871 몇몇**
- several
- いくつかの
- 一些
- một vài

[기출] 요즘 **몇몇** 영화관에서는 '좌석별 가격 차등제'가 시행되고 있습니다. (47회 듣기 31번)

[추천] 연일 쏟아지는 비로 인해 몇몇 도시가 홍수 피해를 입었다.

[표현] 몇몇 개, 몇몇 곳　[유의] 몇

## 0872 모방하다
- imitate
- 模倣する
- 模仿
- mô phỏng, bắt chước

**기출** 그 도시는 실리콘밸리의 성공 모델을 **모방하기는** 했지만 새로운 경제 성장 동력의 한 모델이 될 수 있을 것이다. (47회 읽기 48번)

**추천** 그는 다른 사람의 작품을 모방해서 법적인 처벌을 받았다.

**표현** 작품을 모방하다, 행동을 모방하다

**유의** 따라하다, 본뜨다  **반의** 창조하다

## 0873 미술품
- work of art
- 美術品
- 美术作品
- sản phẩm mỹ nghệ

**기출** 미술 작품이 진짜인지를 확인해야 하는 상황이라면 **미술품** 감정 과정이 필요하다. (37회 읽기 19번)

**추천** 해외여행을 할 때면 그 나라의 유명한 미술품을 보러 미술관에 꼭 가곤 한다.

**표현** 미술품을 전시하다, 미술품을 수집하다

## 0874 민주주의
- democracy
- 民主主義
- 民主主义
- chủ nghĩa dân chủ

**기출** 시민들은 직접 **민주주의** 실험에 대해 호의적이다. (36회 읽기 44번)

**추천** 민주주의 사회에서는 누구나 표현의 자유를 가진다.

**표현** 민주주의 사회, 자유 민주주의  **반의** 공산주의

## 0875 믿다
- believe, trust
- 信じる
- 信
- tin tưởng

**기출** 최고가 되기 위해서 자신을 **믿어야** 한다. (47회 듣기 20번)

**추천** 일기 예보를 믿고 우산을 안 가지고 나왔는데 비가 내린다.

**표현** 친구를 믿다, 믿는 사람  **유의** 신뢰하다, 확신하다  **반의** 불신하다

## 0876 및
- and
- および
- 与
- và

**기출** 드론 활용 **및** 악용 방지 기술에 대한 투자가 병행되고 있다. (47회 읽기 47번)

**추천** 그는 어릴 때부터 영어 및 중국어 실력이 뛰어난 언어 천재로 유명했다.

**표현** 서울 및 부산  **유의** 그리고

# TOPIK II

**0877 바닥**
- bottom
- 底
- 地
- sàn, nền

[기출] 지난 5년 동안 바닥에 버려진 10원짜리 동전을 하나하나씩 주워 모았다. (41회 읽기 21번)

[추천] 남편은 퇴근한 후에 양말을 벗어 바닥에 아무렇게나 던져 놓는다.

[표현] 바닥에 눕다, 바닥에 떨어뜨리다  [유의] 땅바닥, 밑바닥

---

**0878 바람직하다**
- desirable
- 望ましい
- 妥当
- đúng đắn

[기출] 강한 의지를 표명해야 한다면 빳빳한 소재의 무채색 옷을 선택하는 것이 바람직하다. (35회 읽기 36번)

[추천] 실수를 했을 때는 인정하고 사과하는 것이 바람직하다.

[표현] 결과가 바람직하다, 바람직한 현상  [유의] 바람직스럽다

---

**0879 박사**
- Ph.D., doctor
- 博士
- 博士
- tiến sĩ

[기출] 나비 박사 석주명은 나비의 종류를 분류하고 이름을 지어 준 생물학자이다. (64회 읽기 32번)

[추천] 그는 대학원에서 박사 과정을 마치고 대학 교수로 임용되었다.

[표현] 박사 학위를 받다, 박사 논문

---

**0880 반드시**
- certainly
- 必ず
- 必须
- nhất thiết

[기출] 등산객들의 사고 방지를 위해서는 사다리가 반드시 있어야 한다고 판단했어요. (41회 듣기 25번)

[추천] 이 서류 작성은 내일 오전까지 반드시 작성해서 보내야 합니다.

[표현] 반드시 해결하다, 반드시 이루어지다  [유의] 기필코, 필히

---

**0881 반박하다**
- refute, argue against
- 反駁する, やり返す
- 反驳
- phản bác

[기출] 근거를 들어 상대방의 주장을 부드럽게 반박하고 있다. (37회 듣기 32번)

[추천] 남자의 말이 끝나기가 무섭게 여자는 조목조목 반박했다.

[표현] 주장을 반박하다, 서로 반박하다  [유의] 따지다, 반론하다

## 0882 반사
- reflection
- 反射
- 反射
- sự phản xạ

**기출** 야간에 차선이 잘 보이도록 **반사** 기능이 있는 특수한 페인트를 사용한다.
(35회 읽기 39번)

**추천** 과거 실패 경험의 반사 작용으로 더 열심히 공부하게 되었다.

**표현** 빛의 반사, 반사 작용  **유의** 비치다

---

## 0883 반성하다
- reflect on, regret
- 反省する
- 反省
- tự nhìn lại, tự suy xét

**기출** 산업 혁명의 부작용에 대해 **반성하고** 있다.
(47회 듣기 46번)

**추천** 자신의 잘못한 점을 반성하고 고치려고 노력해야 한다.

**표현** 잘못을 반성하다, 반성하는 마음  **유의** 각성하다, 성찰하다

---

## 0884 받아들이다
- accept, regret
- 受け入れる
- 接受
- tiếp thu

**기출** 인간은 자기 자신을 중심으로 세상일을 **받아들인다**.
(36회 읽기 30번)

**추천** 그는 직원들의 건의 사항을 받아들이기로 했다.

**표현** 조언을 받아들이다, 신중히 받아들이다  **유의** 수용하다

---

## 0885 발행되다
- be issued
- 発行される
- 发行
- được phát hành

**기출** 위조를 방지하기 위해 색깔과 디자인을 바꾼 수표가 곧 **발행된다**.
(36회 읽기 34번)

**추천** 건국 100주년을 기념하는 우표가 발행되었다.

**표현** 수표가 발행되다, 티켓이 발행되다

---

## 0886 방해
- disturbance, interruption
- 妨害
- 妨碍
- sự cản trở

**기출** 기침 소리가 아무리 작아도 공연에는 **방해**가 되기 마련이잖아요.
(30회 듣기 27번)

**추천** 선택을 할 때는 먼저 방해 요인을 없애야 한다.

**표현** 방해를 놓다, 통행 방해  **유의** 장애, 저해

# TOPIK II

**0887 방해하다**
- disturb, interrupt
- 妨げる
- 妨碍
- cản trở

【기출】 후회 없는 선택을 한 노력이 오히려 선택을 **방해하는** 결과를 불러오게 된다. (35회 읽기 21번)

【추천】 도와줄 것이 아니면 방해하지 말았으면 좋겠다.

【표현】 방해하지 마세요, 공부를 방해하다 【유의】 저해하다.

**0888 배달되다**
- be delivered
- 配達される
- (被)送
- được chuyển phát

【기출】 조사된 가구 중에서 절반은 집으로 **배달되는** 신문을 읽는다. (36회 읽기 12번)

【추천】 오래 전에 보낸 우편물이 아직도 배달되지 않았다.

【표현】 음식이 배달되다, 빠르게 배달되다

**0889 배달하다**
- deliver
- 配達する
- 送~
- chuyển phát

【기출】 요즘도 아침 식사를 **배달해** 먹어요? (37회 듣기 7번)

【추천】 종이 신문을 배달해서 읽는 사람이 점차 줄어들고 있다.

【표현】 음식을 배달하다, 신문을 배달하다 【유의】 가져다주다

**0890 배출량**
- emission quantity
- 排出量
- 排出量
- lượng thải ra, lượng bài tiết

【기출】 업체별로 일정한 **배출량**을 정해 놓고 기준보다 많거나 모자라는 경우 배출권을 사고 팔게 한다. (35회 읽기 44번)

【추천】 정부는 온실가스 배출량의 감소를 위한 제도를 마련하였다.

【표현】 매연의 배출량, 배출량이 초과되다

**0891 번역**
- translation
- 翻訳
- 翻译
- việc biên dịch

【기출】 **번역**은 원작의 표현을 그대로 옮겨야 한다. (41회 듣기 20번)

【추천】 번역은 높은 수준의 어휘력이 요구되는 작업이다.

【표현】 문장 번역, 전문 번역 【유의】 통역

### 0892 보고서
- report
- 報告書
- 报告书
- bản báo cáo

**기출** 보고서를 쓰려면 전문가를 만나야 한다.
(37회 듣기 26번)

**추천** 이 사업이 끝난 후에 관련 보고서를 제출해야 한다.

**표현** 보고서를 쓰다, 보고서를 제출하다   **유의** 리포트

### 0893 보안
- security
- 保安
- 保安
- việc bảo an

**기출** 인터넷으로 회원 가입을 할 때 설정하는 비밀번호는 보안 강화를 위해 특수 문자까지 넣어 만들어야 한다. (52회 읽기 19번)

**추천** 우리 회사는 보안을 위해 출입할 때마다 출입증을 제시해야 한다.

**표현** 보안 장치, 보안을 갖추다   **유의** 지킴

### 0894 보완하다
- supplement
- 補完する
- 弥补
- bổ sung

**기출** 한국 기업들이 발전해 나가기 위해서는 한국인이 가진 장점을 최대화하고 약점을 보완할 수 있는 경영 방식이 필요하다. (41회 읽기 44번)

**추천** 새로운 기술을 분석한 후 단점을 보완할 계획이다.

**표현** 실수를 보완하다, 약점을 보완하다   **유의** 보충하다

### 0895 보험사
- insurance company
- 保険会社
- 保险公司
- công ty bảo hiểm

**기출** 보험사는 운동을 꾸준히 한 사람에게 보험료를 할인해 준다.
(47회 듣기 45번)

**추천** 의료 보험에 가입하려고 보험사 직원에게 상담을 받았다.

**표현** 보험사 업무, 보험사 직원

### 0896 본인
- oneself
- 本人
- 本人
- bản thân

**기출** 개인 정보 유출을 막으려면 본인이 신경 써야 한다.
(37회 듣기 21번)

**추천** 우리 회사는 업무 시간을 본인 스스로 정할 수 있다.

**표현** 본인 책임, 본인의 나이   **유의** 당사자, 장본인

# TOPIK II

**0897 볼거리**
- attraction
- 見物
- 值得看的
- cái để xem, thứ đáng để người ta thích xem

**기출** 다양한 춤과 음악으로 장면을 채우고 묘기나 마술 같은 신기한 **볼거리**도 넣었다. (31회 읽기 29번)

**추천** 이 뮤지컬은 춤, 음악, 마술 등 볼거리가 많다.

**표현** 볼거리가 다양하다, 볼거리를 제공하다  **유의** 구경거리

---

**0898 부과하다**
- impose
- 課する
- 征收, 賦予
- đánh thuế, bắt phạt

**기출** 적은 세금을 국민에게 **부과하고** 소득 불평등이 완화되었다. (36회 읽기 48번)

**추천** 수입 물품에 부과하는 관세를 올릴 예정이다.

**표현** 세금을 부과하다, 과제를 부과하다  **유의** 매기다, 과하다

---

**0899 부피**
- volume
- かさ, 体積
- 容积
- khổ, thể tích, độ to lớn

**기출** 숙성된 아이스크림 원료에 공기를 주입하면 **부피**가 늘어나면서 조직이 부드러워지게 된다. (36회 읽기 29번)

**추천** 짐 부피가 너무 커서 차에 다 실을 수가 없다.

**표현** 부피가 크다, 부피를 늘이다  **유의** 크기, 용적

---

**0900 분노**
- fury
- 怒り
- 憤怒
- sự phẫn nộ

**기출** 혼자 사는 사람들은 **분노**와 적개심이 쌓이는 것을 주의해야 한다. (47회 읽기 37번)

**추천** 남자 친구의 거짓말에 분노가 치밀어서 결국 헤어지고 말았다.

**표현** 분노가 치밀다, 분노를 느끼다  **유의** 화  **반의** 희열

---

**0901 분류하다**
- classify
- 分類する
- 分类
- phân loại

**기출** 기존 정책의 내용을 기준별로 **분류하고** 있다. (47회 듣기 48번)

**추천** 주제별로 책을 분류해 놓았다.

**표현** 두 개로 분류하다  **유의** 구분하다, 구별하다

## 0902 불구하다
- nevertheless
- かかわらず
- 不顾
- bất kể

**기출** 언어 표현력을 퇴보시킨다는 비판에도 **불구하고** 이모티콘은 없어서는 안 될 또 하나의 언어로 자리매김 되었다. (41회 읽기 35번)

**추천** 여러 번의 주의에도 불구하고 계속 결석하더니 결국 제적되었다.

**표현** 그럼에도 불구하고, 감기에도 불구하고  **유의** 무릅쓰다

## 0903 불리다
- be called
- 呼ばれる
- 被叫
- được gọi

**기출** 이름 대신 숫자나 기호 같은 것으로 **불리면서** 개성이 없이 집단화된 모습을 볼 수 있다. (36회 읽기 40번)

**추천** 친구들 사이에서 이름 대신 별명으로 불리곤 한다.

**표현** 대중에게 불리다, 거인으로 불리는 사람

## 0904 불만
- dissatisfaction
- 不満
- 不满
- sự bất mãn

**기출** 병원을 이용하는 환자들의 **불만**의 목소리가 높아지고 있다. (34회 읽기 31번)

**추천** 온라인에서 물건을 구매하는 소비자들의 불만이 높아지고 있다.

**표현** 불만이 쌓이다, 불만에 차다, 불만을 품다  **유의** 불만족  **반의** 만족

## 0905 불편
- inconvenience
- 不便
- 不便
- sự bất tiện

**기출** 점자 표기의 위치, 방식 등이 제조사나 제품별로 달라 시각 장애인들이 **불편**과 혼란을 겪고 있다. (83회 읽기 36번)

**추천** 백화점 이용 중 불편 사항이 생기면 고객 센터에 접수하면 된다.

**표현** 불편을 끼치다, 불편을 겪다  **반의** 편리

## 0906 불필요하다
- unnecessary
- 不要だ
- 不必要
- không cần thiết

**기출** 상가의 불빛 등으로 길거리가 밝기 때문에 가로등이 **불필요하다**. (36회 읽기 15번)

**추천** 집에 불필요한 물건이 너무 많아서 정리해야겠다.

**표현** 도움은 불필요하다, 불필요한 물건  **반의** 필요하다

# TOPIK II

**0907 불합리하다**
- unreasonable
- 不合理だ
- 不合理
- bất hợp lý

（기출） 지역에 따라 동일 제품의 가격이 다른 것은 불합리하다.
(52회 듣기 31번)

（추천） 불합리한 회사 내규에 항의했지만 받아들여지지 않았다.

（표현） 불합리한 상황, 정책이 불합리하다　（반의） 합리적이다

---

**0908 불행**
- unhappiness
- 不幸
- 不幸
- sự bất hạnh

（기출） 개인의 불행은 사회, 국가의 불행으로도 이어진다.
(37회 읽기 48번)

（추천） 그는 어릴 때부터 가족의 사랑을 받지 못하고 불행 속에 살아왔다.

（표현） 불행 중 다행, 불행이 닥치다, 불행을 겪다　（유의） 비극, 비운　（반의） 행복

---

**0909 비법**
- secret
- 秘法
- 秘方
- bí quyết

（기출） 자수성가형 부자는 기술 및 비법 등을 전수하기 위해서 자녀에게 물려준다고 답했다. (35회 읽기 40번)

（추천） 이 식당에서 제일 잘 팔리는 음식 맛의 비법은 사장님 외에 아무도 모른다.

（표현） 비법을 전수하다, 요리 비법　（유의） 기술, 노하우, 비결

---

**0910 뿌리다**
- spray
- 振り撒く
- 洒, 喷
- phun

（기출） 벌을 쫓기 위해 도시의 식물에 약을 뿌리고 있다.
(35회 읽기 33번)

（추천） 날이 더울 때 마당에 물을 뿌리면 잠시나마 시원해진다.

（표현） 물을 뿌리다, 멀리 뿌리다　（유의） 살포하다, 흩날리다

---

**0911 사다리**
- ladder
- はしご
- 梯子
- cái thang

（기출） 등산객들의 사고 방지를 위해서는 사다리가 반드시 있어야 한다.
(41회 듣기 25번)

（추천） 사다리를 타고 올라가다가 떨어져서 다리가 부러졌다.

（표현） 사다리를 올라가다, 사다리를 설치하다

## 0912 사로잡다
- captivate, capture
- 捕える、(心を) 奪う
- 吸引
- hớp hồn, thu hút

**기출** 색다른 모양의 간판이 사람들의 눈길을 사로잡고 있다.
(35회 읽기 26번)

**추천** 그 가수의 새 노래가 사람들의 마음을 사로잡았다.

**표현** 마음을 사로잡다, 눈길을 사로잡다   **유의** 유혹하다, 빼앗다

## 0913 사상
- thought
- 思想
- 思想
- tư tưởng

**기출** 신라 시대에는 문화를 중시하는 사상이 있었다.
(41회 듣기 43번)

**추천** 그 책에는 인생에 대한 작가의 사상이 담겨져 있다.

**표현** 사상 초유, 사상 최대   **유의** 역사상

## 0914 사실적
- realistic, realistically
- 写実的, リアリスティック
- 写实
- tính thực tế

**기출** 그는 모습을 주의 깊게 살펴보고 이를 바탕으로 특징을 아주 사실적으로 묘사했다.
(52회 읽기 44번)

**추천** 그 사진작가는 사람들의 모습을 사실적으로 담아내기로 유명하다.

**표현** 사실적인 묘사, 사실적이다   **유의** 노골적

## 0915 사업체
- business
- 事業体
- 企业
- doanh nghiệp tư nhân

**기출** 상속형 부자들은 자녀에게 사업체를 물려주겠다고 응답했다.
(35회 읽기 40번)

**추천** 경제 불황으로 운영하고 있는 사업체를 정리하기로 했다.

**표현** 사업체를 운영하다   **유의** 회사, 업체

## 0916 산소
- oxygen
- 酸素
- 氧
- ô xi

**기출** 미세 구멍이 많은 이 포장재는 산소를 제대로 막아 내기 어렵다.
(52회 듣기 45번)

**추천** 지대가 높은 곳에서는 산소 공급이 부족해서 숨 쉬기가 어렵다.

**표현** 산소를 마시다, 산소가 부족하다

# TOPIK II

**0917 산업화**
- industrialization
- 産業化
- 产业化
- công nghiệp hóa

[기출] 산업화로 인해 나라 경제가 급격히 발달하였다.
(35회 읽기 31번)
[추천] 산업화는 환경 오염이라는 문제점을 야기하였다.
[표현] 산업화 사회, 산업화를 이끌다

---

**0918 상상력**
- imagination
- 想像力
- 想象力
- sức tưởng tượng

[기출] 그 감독은 과학적 지식을 바탕으로 인간의 상상력을 영화에 구체화한다.
(41회 읽기 41번)
[추천] 그 작가의 소설책을 읽다 보면 상상력이 풍부해지는 것 같다.
[표현] 상상력이 풍부하다, 상상력이 부족하다  [유의] 공상력

---

**0919 상징하다**
- symbolize
- 象徴する
- 象征
- tượng trưng

[기출] 비무장 지대가 평화를 상징하는 곳으로 주목받고 있다.
(37회 듣기 44번)
[추천] 이 색상은 우리 회사를 상징하는 색상인데 편안한 분위기를 연출한다.
[표현] 평화를 상징하다, 남자를 상징하다

---

**0920 생겨나다**
- occur, appear
- 出来る
- 出现
- phát sinh ra

[기출] 정강이와 허벅지에 멍 자국이 생겨났고 팔과 손의 피부가 벗겨졌다.
(37회 읽기 42번)
[추천] 국민을 위한 다양한 법들이 생겨나기 시작했다.
[표현] 가게가 생겨나다, 일자리가 생겨나다
[유의] 돋아나다, 발생하다  [반의] 없어지다

---

**0921 생명**
- life
- 生命
- 生命
- sinh mệnh

[기출] 시민들의 작은 협조가 한 생명을 살리는 길로 통한다.
(36회 읽기 39번)
[추천] 길을 지나가던 남자가 한 사람의 생명을 구했다.
[표현] 생명을 구하다, 생명 존중  [유의] 목숨

## 0922 생산성
- productivity
- 生産性
- 生产率
- năng suất

**기출** 회사 분위기가 좋아지면 회사 일의 생산성도 높아지게 된다.
(33회 읽기 44번)

**추천** 새로운 농기구 덕분에 농작물의 생산성이 향상되었다.

**표현** 생산성이 떨어지다, 생산성을 높이다, 생산성을 향상하다   **유의** 효율성

## 0923 생활비
- living expenses, cost of living
- 生活費
- 生活费
- phí sinh hoạt

**기출** 나는 아르바이트를 해서 생활비가 넉넉했다.
(36회 읽기 24번)

**추천** 쇼핑을 많이 해서 이번 달 생활비를 다 써 버렸다.

**표현** 생활비를 마련하다   **유의** 생계비

## 0924 선정하다
- select
- 選定する
- 选定
- tuyển chọn

**기출** 소비자가 수상 브랜드를 선정했다.
(64회 읽기 11번)

**추천** 정부는 이 도시를 살기 좋은 도시로 선정했다.

**표현** 책을 선정하다, 후보자를 선정하다   **유의** 뽑다, 지정하다

## 0925 선하다
- good-natured
- 善良だ
- 善良
- hiền lành, thiện

**기출** 잘못을 해도 의도가 선하다면 용서를 해야 한다.
(52회 읽기 38번)

**추천** 아이들을 바라보던 그의 선한 눈빛을 잊을 수가 없다.

**표현** 마음이 선하다, 선한 사람

**유의** 착하다, 선량하다   **반의** 모질다, 악랄하다

## 0926 설립
- foundation
- 設立
- 设立
- sự thiết lập

**기출** 여자는 전용 극장 설립이 불가능하다고 생각한다.
(37회 듣기 40번)

**추천** 경제 불황으로 인해 회사 설립 이래 최대의 위기 상황을 맞았다.

**표현** 회사 설립, 설립을 하다   **유의** 세우다, 창립하다

# TOPIK II

**0927 설정하다**
- set up
- 設定する
- 设定
- thiết lập

[기출] 박람회를 유치하기 위해서는 기존과 다른 목적을 **설정해야** 한다고 봅니다. (41회 듣기 47번)

[추천] 회원 가입을 할 때 비밀번호를 설정하셔야 합니다.

[표현] 비밀번호를 설정하다, 방향을 설정하다 [유의] 정하다

---

**0928 설치**
- installation
- 設置
- 设置
- việc lắp đặt

[기출] 태양광 발전소의 **설치**를 원하는 지역 주민들이 늘고 있다. (47회 듣기 40번)

[추천] 초고층 건물의 화장실 설치 기준이 변경됐다.

[표현] 인터넷 설치, 설치 문의 [유의] 시설, 장치

---

**0929 성별**
- sex
- 性別
- 性别
- giới tính

[기출] 보편적 디자인이란 **성별**, 연령, 장애의 유무 등에 관계없이 누구나 편리하게 이용할 수 있도록 제품이나 사용 환경을 만드는 것을 말한다. (52회 읽기 44번)

[추천] 우리 회사는 성별에 상관없이 누구나 지원할 수 있습니다.

[표현] 남녀의 성별, 성별로 구분하다

---

**0930 성인병**
- lifestyle disease
- 生活習慣病
- 生活方式病
- bệnh người lớn

[기출] 심혈관 질환과 같은 **성인병**으로 목숨을 잃을 수도 있다. (41회 읽기 34번)

[추천] 이 연구는 성인병 치료에 도움이 될 것으로 기대된다.

[표현] 성인병에 걸리다, 성인병 환자

---

**0931 성장률**
- growth rate
- 成長率
- 增长率
- tỉ lệ tăng trưởng

[기출] 정책 변화로 인해 경제 **성장률**이 떨어질 것을 예측하고 있다. (36회 읽기 50번)

[추천] 우리 회사의 올해 성장률은 지난해와 비슷한 수준이다.

[표현] 성장률이 감소하다, 경제 성장률 [유의] 상승률

## 0932 세력
- power
- 勢力
- 势力
- thế lực

**기출** 특정한 정치적 이념과 이해관계를 떠나 인재를 고르게 등용함으로써 정치 세력의 균형을 이루고자 했다. (52회 듣기 49번)

**추천** 그 나라는 전 세계를 뒤흔들 정도로 세력이 강력하다.

**표현** 세력을 확장하다, 정치 세력  **유의** 힘, 권력

## 0933 소개
- introduction
- 紹介
- 介绍
- sự giới thiệu

**기출** 강당에서 약 20분 동안 학교 소개 동영상을 보신 후에 도서관과 체육관 그리고 기숙사 순으로 둘러보실 예정입니다. (41회 듣기 14번)

**추천** 그는 우리 회사에서 만든 새 제품에 대한 소개를 하고 있다.

**표현** 소개를 하다, 자기소개  **유의** 주선하다

## 0934 속상하다
- upset
- 悔しい
- 难过
- buồn phiền, bị tổn thương

**기출** 애가 자꾸 다쳐서 너무 속상해요. (41회 듣기 17번)

**추천** 열심히 노력한 것에 비해 성적이 좋지 않아 속상하다.

**표현** 무척 속상하다, 속상한 일  **유의** 화나다, 괴롭다

## 0935 손해
- damage
- 損害
- 损害
- sự tổn hại

**기출** 개발 비용을 정확히 파악하면 손해를 보지 않는다. (41회 듣기 42번)

**추천** 투자가 실패하는 바람에 손해가 크다.

**표현** 손해를 끼치다, 손해를 입다  **유의** 실, 불이익  **반의** 이익

## 0936 숨기다
- hide
- 隠す
- 隐瞒
- che giấu

**기출** 이 쇼핑몰은 개인 정보 유출 사실을 숨겼다. (37회 듣기 22번)

**추천** 사실대로 말하지 않고 계속 숨긴다면 일이 더 커지게 될 거다.

**표현** 범행을 숨기다  **유의** 감추다, 은폐하다  **반의** 들추어내다, 털어놓다

Chapter 4 출제 4순위 어휘

# TOPIK II

**0937 숨다**
- hide
- 隠れる
- 隐藏, 躲
- được giấu đi

**기출** 작가가 과학의 눈으로 영화를 들여다봄으로써 그 속에 **숨어** 있는 과학을 설명한다. (41회 읽기 41번)

**추천** 후회하지 않게 내 안에 숨어 있는 열정을 다해서 노래했다.

**표현** 몰래 숨다, 숨은 그림　**유의** 사라지다, 도피하다　**반의** 나타나다

---

**0938 스며들다**
- permeate
- 滲みる
- 浸透
- thấm vào

**기출** 이 셔츠는 물이 묻어도 옷에 **스며들지** 않고 그대로 흘러내린다. (36회 읽기 33번)

**추천** 이 티셔츠는 땀이 나면 잘 스며드는 재질로 만들어졌다.

**표현** 깊숙이 스며들다, 물이 스며들다　**유의** 파고들다, 스미다, 배다

---

**0939 습득하다**
- acquire
- 拾得する
- 拾得
- nhặt được

**기출** 과거에는 단순히 지식이나 기술을 **습득하여** 이를 활용하는 것만으로도 인재로서의 역할이 가능하였다. (37회 쓰기 54번)

**추천** 길에서 습득한 지갑을 경찰서에 맡겼다.

**표현** 지갑을 습득하다, 기술을 습득하다　**유의** 줍다, 익히다　**반의** 분실하다

---

**0940 시골집**
- country home
- 田舎の実家
- 村舍
- nhà ở thôn quê

**기출** 나는 오늘 일이 많아서 **시골집**에 가는 것이 망설여진다. (47회 읽기 43번)

**추천** 시골집에 혼자 사시는 할머니를 모셔 오기로 했다.

**표현** 시골집을 방문하다, 그리운 시골집　**유의** 촌가

---

**0941 시도하다**
- try
- 試みる
- 尝试
- thử nghiệm

**기출** 늘 새로운 변화를 **시도하고** 있는 작가가 다음에는 우리에게 어떤 모습을 보여 줄지 기대된다. (37회 읽기 41번)

**추천** 우리 회사의 문제점을 개선하기 위해 다양한 방법을 시도할 계획이다.

**표현** 일을 시도하다, 새롭게 시도하다　**유의** 계획하다, 꾀하다　**반의** 포기하다

## 0942 시작되다
- begin
- 始まる
- 开始
- được bắt đầu

**기출** 시험이 **시작되자** 교실은 숨소리가 들릴 만큼 조용해졌다.
(83회 읽기 3번)

**추천** 공연은 광장 앞 무대에서 오후 6시에 시작됩니다.

**표현** 곧 시작되다, 회의가 시작되다　**유의** 비롯되다, 생기다　**반의** 끝나다

## 0943 시절
- days
- 時代
- 时期
- thời kỳ

**기출** 신입 사원 **시절** 만났던 그분과의 소중한 인연이 떠오른다.
(30회 읽기 53번)

**추천** 어린 시절 그는 철이 없고 사고를 잘 치는 아이였다.

**표현** 학창 시절, 어린 시절　**유의** 때

## 0944 식
- way
- 式
- 方式
- cách, cách thức

**기출** 같은 **식**의 시행착오가 수백 번 거듭되었다.
(37회 읽기 42번)

**추천** 그는 항상 자기가 생각하는 식으로만 일을 처리하곤 한다.

**표현** 그런 식으로, 하던 식으로　**유의** 방식, 방법

## 0945 실내
- indoor
- 室内
- 室内
- trong phòng

**기출** 남자는 **실내**보다 야외에서 일할 때 마음이 편하다.
(60회 듣기 30번)

**추천** 실내에서는 담배를 피울 수 없으니 밖으로 나가서 피우도록 하세요.

**표현** 실내 장식, 실내 운동　**유의** 안, 옥내　**반의** 실외

## 0946 실망하다
- be disappointed
- がっかりする
- 失望
- thất vọng

**기출** 선거를 대하는 유권자의 태도에 **실망하고** 있다.
(41회 듣기 50번)

**추천** 정부의 새 정책에 실망한 국민들이 많다.

**표현** 실망한 눈치, 실망한 나머지　**유의** 상심하다, 실의하다

# TOPIK II

**0947 실적**
- result
- 実績
- 实绩
- thành tích

**기출** 가슴을 편 자세는 업무 실적을 올린다.
(41회 듣기 39번)

**추천** 우리 지점의 판매 실적이 좋지 않다.

**표현** 판매 실적, 실적을 올리다  **유의** 성과, 업적

---

**0948 실제로**
- actually
- 実際に
- 实际
- trên thực tế

**기출** 한강에 실제로 와 보니까 어때요?
(31회 읽기 16번)

**추천** 소설에서나 있을 법한 일이 실제로 벌어졌다.

**표현** 실제로 경험하다, 실제로 보다  **유의** 실상, 실지로

---

**0949 실천하다**
- fulfill
- 実践する
- 实践
- làm thực tiễn

**기출** 지난 임기 동안 공약을 잘 실천한 점을 높이 평가해 주신 것 같습니다.
(47회 듣기 35번)

**추천** 현실적으로 실천할 수 있는 계획을 세우세요.

**표현** 사랑을 실천하다, 실천하는 사람

---

**0950 심리적**
- psychological
- 心理的
- 心理的
- tính tâm lý

**기출** 심리적 고통 때문에 잘못된 결정이 지속된다.
(41회 듣기 42번)

**추천** 연인과 헤어진 후 심리적으로 매우 힘들었다.

**표현** 심리적으로 불안정하다, 심리적인 현상  **유의** 정신적  **반의** 육체적

---

**0951 심사**
- evaluation
- 審査
- 评审
- sự thẩm định

**기출** 정책의 제안과 심사를 시민에게 맡기는 직접 민주주의 실험을 하고 있어 관심을 끌고 있다. (36회 읽기 44번)

**추천** 말하기 대회의 심사는 한국어를 전공하는 학생들이 맡았다.

**표현** 심사를 거치다, 심사를 받다  **유의** 검사, 조사, 시험

## 0952 쓴맛
- bitter taste
- 苦味
- 苦味
- vị đắng

**기출** 인삼은 몸에 좋지만 쓴맛 때문에 잘 안 먹는 아이들이 많다.
(34회 읽기 43번)

**추천** 경기에서 지고 패배의 쓴맛을 봤다.

**표현** 쓴맛을 보다, 쓴맛을 느끼다　**반의** 단맛

## 0953 아름다움
- beauty
- 美しさ
- 美
- vẻ đẹp

**기출** 식물의 아름다움을 보여 주는 식물화가 많아져야 한다.
(41회 듣기 37번)

**추천** 한복은 한국 전통 옷의 우아한 아름다움을 보여 준다.

**표현** 아름다움을 느끼다, 꽃의 아름다움

## 0954 악보
- musical score
- 楽譜
- 乐谱
- bản nhạc

**기출** 악보 없이 공연하는 것은 피아니스트들의 오랜 전통이다.
(47회 읽기 16번)

**추천** 그는 악보를 보지 않고 느낌대로 연주한다.

**표현** 악보를 보다, 악보를 쓰다

## 0955 안개
- fog
- 霧
- 雾
- sương mù

**기출** 안개 때문에 사고가 난 것으로 보인다.
(41회 듣기 15번)

**추천** 안개가 짙어서 앞이 잘 보이지 않는다.

**표현** 안개가 끼다, 안개가 짙다, 안개가 자욱하다, 안개가 걷히다　**유의** 물안개

## 0956 안타깝다
- pitiful
- 残念だ
- 可惜
- tiếc nuối

**기출** 안타까운 일이기는 하지만 생계형 범죄도 분명히 범죄입니다.
(60회 듣기 31번)

**추천** 그가 이번 시험에서 1등을 놓쳐서 참으로 안타깝다.

**표현** 안타까운 심정, 참으로 안타깝다　**유의** 딱하다, 애처롭다, 안쓰럽다, 가엾다

# TOPIK II

**0957 앞두다**
- have something ahead
- 控える
- 即将，面临
- còn…

**기출** 새 음악 프로그램으로 다음 주 첫 방송을 **앞두고** 있다. (36회 읽기 11번)
**추천** 시험을 일주일 앞두고 공부하기 시작했다.
**표현** 결전을 앞두다, 시험을 앞두다

**0958 애쓰다**
- make an effort
- 努力する
- 努力
- gắng sức

**기출** 새들은 자유로운 공간에서는 안정을 찾고 도망치려고 **애쓰지** 않는다. (35회 읽기 28번)
**추천** 이번 일을 위해 애쓴 모든 사람들에게 감사하는 마음을 가져야 한다.
**표현** 무척 애쓰다, 도우려고 애쓰다  **유의** 고생하다, 노력하다, 수고하다

**0959 어떠하다**
- which, any
- どうだ
- 怎样
- thế nào đó

**기출** 행복 만족도를 높이기 위해 **어떠한** 노력이 필요한가? (35회 쓰기 54번)
**추천** 그는 이번 일에 어떠한 책임도 지지 않았다.
**표현** 어떠한 노력, 이것은 어떠한가  **유의** 어떻다

**0960 어려움**
- difficulty
- 難しさ
- 困难
- sự khó khăn

**기출** 저희의 작은 노력이 소방관의 **어려움**을 한 번 더 떠올리는 계기가 되었으면 좋겠습니다. (64회 듣기 25번)
**추천** 인간관계에 어려움을 느낄 때마다 책을 통해 해답을 찾는다.
**표현** 어려움이 닥치다, 어려움을 겪다, 어려움을 극복하다  **유의** 곤란, 시련

**0961 여러**
- several
- 色々な
- 多种
- nhiều

**기출** 게임에서 발생하는 **여러** 문제점들을 찾아내는 일을 맡고 계시다고 들었습니다. (83회 듣기 29번)
**추천** 여러 번의 실수를 통해 성장할 수 있다.
**표현** 여러 가지, 여러 나라  **유의** 온갖

## 0962 여론
- public opinion
- 世論
- 舆论
- dư luận

**기출** 여론을 모으고 서로를 견제하면서 효율적인 국정 운영이 이루어졌습니다.
(52회 듣기 49번)

**추천** 정부의 새로운 정책에 대한 비난의 여론이 커지고 있다.

**표현** 여론이 형성되다, 국민 여론   **유의** 공론, 민의

## 0963 여부
- whether or not
- 可否
- 与否
- có hay không

**기출** 기록 연구사는 기록의 보존 여부를 결정한다.
(47회 듣기 34번)

**추천** 이번 행사 참석 여부를 답하지 않은 사람들이 많다.

**표현** 참여 여부, 여부를 묻다   **유의** 가부

## 0964 역설하다
- emphasize
- 力説する
- 强调
- nhấn mạnh

**기출** 그는 능력의 필요성을 역설하고 있다.
(41회 듣기 34번)

**추천** 그녀는 통일이 중요하다고 역설하였다.

**표현** 필요성을 역설하다, 강하게 역설하다   **유의** 주장하다

## 0965 연주하다
- play the instrument
- 演奏する
- 演奏
- trình diễn

**기출** 청소년들에게 전통 악기를 연주할 기회를 주어야 한다.
(37회 듣기 20번)

**추천** 그는 각 나라의 국가를 연주하였다.

**표현** 악기를 연주하다, 연주하는 모습   **유의** (악기를) 켜다

## 0966 염려하다
- be concerned
- 心配する
- 担心
- lo lắng bất an

**기출** 그는 새로운 법의 시행이 가져올 부작용에 대해 염려하고 있다.
(35회 읽기 50번)

**추천** 시험에서 떨어질까 봐 염려하며 마음을 졸였다.

**표현** 건강을 염려하다, 자식을 염려하다   **유의** 걱정하다, 근심하다, 두려워하다

# TOPIK II

**0967 예방**
- prevention
- 予防
- 预防
- sự dự phòng

`기출` 치매 예방을 위해서 잇몸 관리가 중요하다.
(64회 듣기 37번)

`추천` 독감이 유행이라고 해서 독감 예방 주사를 맞았다.

`표현` 예방 주사, 산불 예방　`유의` 방지

---

**0968 예방하다**
- prevent
- 予防する
- 预防
- dự phòng

`기출` 눈이 충혈이 되는 것을 예방하려면 의식적으로 눈을 깜박이는 것이 좋다.
(32회 읽기 45번)

`추천` 하루 세 끼를 잘 챙겨 먹는 것이 질병을 예방하는 데에 가장 좋은 방법이다.

`표현` 감기를 예방하다, 미리 예방하다　`유의` 방지하다, 막다

---

**0969 예상**
- expectation
- 予想
- 预想
- sự dự đoán

`기출` 그 영화에 대한 평가가 예상과 달리 좋지 않다.
(37회 읽기 26번)

`추천` 그 일은 우리의 예상대로 진행될 것이다.

`표현` 예상 온도, 예상 가격　`유의` 전망, 예측

---

**0970 예상하다**
- expect
- 予想する
- 预想
- dự đoán

`기출` 연구 결과는 처음에 예상했던 것과 유사하게 나타났다.
(36회 읽기 20번)

`추천` 시험에 떨어질 거라고 예상했는데 합격해서 깜짝 놀랐다.

`표현` 가격을 예상하다, 날씨를 예상하다　`유의` 예측하다, 전망하다

---

**0971 예절**
- manners
- マナー
- 礼节
- lễ nghi phép tắc

`기출` 바른 식사 예절을 배우는 데 도움을 줄 것으로 보인다.
(35회 읽기 18번)

`추천` 나라마다 식사할 때 지켜야 하는 예절이 다르다.

`표현` 예절이 바르다, 예절을 갖추다　`유의` 예법

### 0972 오늘날
- present day
- 今日
- 今日
- ngày hôm nay

**기출** 역사는 **오늘날**의 우리에게 주는 가치가 분명히 있다.
(41회 쓰기 54번)

**추천** 그는 오늘날에야 비로소 예술가로 인정받게 되었다.

**표현** 오늘날의 현실, 오늘날에 이르다　**유의** 지금, 이제

---

### 0973 오염되다
- be polluted
- 汚染される
- (被)污染
- bị ô nhiễm

**기출** 산업화로 인해 하늘이 **오염되었다**.
(35회 읽기 31번)

**추천** 바다에서 일어난 배 사고로 인해 바다가 기름으로 오염되었다.

**표현** 땅이 오염되다, 오염된 환경　**유의** 물들다　**반의** 정화되다

---

### 0974 외우다
- memorize
- 覚える
- 背
- học thuộc lòng

**기출** 아버지는 단말기 옆에서 빵을 봉투에 담으며 로프, 캉파뉴, 치아바타, 푸가스 같은 낯선 이름들을 **외우려** 애썼다. (60회 읽기 42번)

**추천** 새 학기가 되면 반 친구들 이름을 달달 외우려고 노력한다.

**표현** 단어를 외우다, 이름을 외우다　**유의** 암기하다, 암송하다

---

### 0975 우편함
- mailbox
- 郵便受け
- 邮箱
- hòm thư

**기출** **우편함**에 관리비 고지서를 넣어 둔다.
(37회 듣기 10번)

**추천** 그 편지는 오랜 시간 우편함에 방치되어 있었다.

**표현** 우편함에 넣다, 우편함을 이용하다　**유의** 편지함

---

### 0976 웃음
- smile, laughter
- 笑み
- 笑
- nụ cười

**기출** 요즘의 이모티콘은 소리나 움직임을 더해 **웃음**을 유발하기도 한다.
(41회 읽기 35번)

**추천** 공연을 보는 팬들의 얼굴에 웃음이 가득했다.

**표현** 웃음이 나다　**유의** 웃음소리　**반의** 울음

# TOPIK II

**0977 웅크리다**
- crouch
- しゃがむ
- 蜷
- co ro, co quắp

(기출) 동물들의 **웅크린** 자세는 위험에 맞서려는 자세이다.
(41회 듣기 40번)

(추천) 춥다고 웅크리고 있지만 말고 가볍게 운동이라도 하세요.

(표현) 몸을 웅크리다, 어깨를 웅크리다 (유의) 움츠리다 (반의) 펴다

---

**0978 원고**
- manuscript
- 原稿
- 原稿
- bản gốc, bản thảo

(기출) 대회에서 발표할 **원고**의 양은 제한이 없다.
(37회 읽기 11번)

(추천) 발표할 원고를 담당자에게 제출해야 한다.

(표현) 원고를 쓰다, 원고를 제출하다 (유의) 초고

---

**0979 원료**
- material
- 原料
- 原料
- nguyên liệu

(기출) 아이스크림 **원료**에 공기를 주입하면 부피가 늘어나면서 조직이 부드러워지게 된다. (36회 읽기 29번)

(추천) 이 음식은 콩을 원료로 해서 만들어서 채식주의자들에게 인기가 많다.

(표현) 제품의 원료, 원료를 구입하다 (유의) 재료, 원자재, 원재료

---

**0980 원리**
- principle, mechanism
- 原理
- 原理
- nguyên lý

(기출) 판을 접었다 펴는 단순한 작동 **원리**로 기능을 효과적으로 수행할 것입니다.
(83회 듣기 41번)

(추천) 이 기계의 작동 원리를 도저히 이해할 수가 없다.

(표현) 원리를 도입하다, 원리가 적용되다 (유의) 기초, 원칙

---

**0981 원칙**
- principle
- 原則
- 原则
- nguyên tắc

(기출) 사회적 갈등을 해결하기 위해 모두가 합의할 수 있는 해결 **원칙**을 세워야 한다.
(41회 읽기 48번)

(추천) 그들은 각자의 입장에서 협상 원칙을 제시하였다.

(표현) 원칙을 따르다, 원칙을 고수하다 (유의) 규칙, 법칙, 원리

## 0982 위조
- forgery
- 偽造
- 伪造
- việc làm giả, việc ngụy tạo

(기출) 이 수표는 문자의 색상 변화를 통해 **위조**를 방지한다.
(36회 읽기 34번)
(추천) 그는 졸업장 위조가 발각되어 처벌을 받게 되었다.
(표현) 화폐를 위조하다, 위조지폐
(유의) 날조, 가짜, 모조  (반의) 진품, 정품, 진짜

## 0983 위주
- focus
- 中心（主とすること）
- 为主
- sự coi trọng, sự chú trọng

(기출) 초창기 이모티콘은 문자나 얼굴 표정 **위주**였다.
(41회 읽기 35번)
(추천) 자기 위주의 사고방식은 인간관계를 힘들게 만든다.
(표현) 경쟁 위주, 실력 위주  (유의) 중심

## 0984 유출
- leakage
- 流出
- 泄露
- sự bại lộ, sự rò rỉ

(기출) 개인 정보 **유출**을 막으려면 본인이 신경 써야 한다.
(37회 듣기 21번)
(추천) 시험 문제 유출로 인해 시험 일정이 며칠 미루어졌다.
(표현) 정보를 유출하다, 기름을 유출하다

## 0985 유행하다
- be in fashion
- 流行する
- 流行
- thịnh hành, mốt

(기출) 예전에 **유행했던** 가수들의 노래가 현대적인 감각으로 재해석돼 인기를 얻고 있다.
(36회 읽기 36번)
(추천) 청소년들은 유행하는 것을 모두 따라 하려고 하는 경향이 있다.
(표현) 유행하는 노래, 새롭게 유행하다  (유의) 퍼지다, 만연하다

## 0986 음료
- beverage, drink
- 飲み物
- 饮料
- đồ uống, nước uống

(기출) **음료**를 쏟아도 얼룩이 생기지 않는 티셔츠가 개발되었다.
(36회 읽기 33번)
(추천) 이 건물의 회의장을 이용하면 음료가 할인된다.
(표현) 음료를 마시다, 청량음료  (유의) 음료수

# TOPIK II

**0987 응급실**
- emergency room
- 応急室
- 急诊室
- phòng cấp cứu

[기출] 아버지는 다친 큰애를 데리고 응급실에 가셨다.
(52회 읽기 23번)

[추천] 응급실에서는 의사들이 위급한 환자를 치료하고 있었다.

[표현] 응급실에 실려가다, 응급실 환자

---

**0988 의식**
- consciousness, sense
- 意識
- 意识
- ý thức

[기출] 주소를 써서 버리면 책임 의식이 생길 것이라고 보았기 때문이다.
(47회 읽기 15번)

[추천] 올바른 의식이 있는 사람이라면 그런 행동을 안 했을 거다.

[표현] 의식을 가지다, 의식이 높다   [유의] 인식, 자각, 정신   [반의] 무의식

---

**0989 의심하다**
- doubt
- 疑う
- 怀疑
- nghi ngờ

[기출] 한번 의심하게 되면 관계를 되돌리기 어렵다.
(37회 읽기 16번)

[추천] 무기력한 상태가 지속된다면 질병을 의심해 보아야 한다.

[표현] 말을 의심하다, 약속을 의심하다   [유의] 의문하다   [반의] 신뢰하다

---

**0990 의욕**
- will, desire
- 意欲
- 热情
- lòng đam mê, ý chí

[기출] 노동 없이 돈을 주면 사람들의 노동 의욕이 감소할 거라는 우려가 있다.
(52회 듣기 47번)

[추천] 그는 매사에 의욕이 없고 일도 열심히 하지 않는다.

[표현] 의욕이 넘치다, 의욕이 있다   [유의] 노력, 욕망, 의지

---

**0991 이끌다**
- lead
- 引っ張る
- 引导
- dẫn dắt

[기출] 만약 그들이 살아 있다면 국가 간 자유 무역 협상을 어떻게 이끌었을까?
(36회 읽기 41번)

[추천] 그는 우리나라 축구계를 이끌어 갈 주역이다.

[표현] 팀을 이끌다, 가정을 이끌다

[유의] 끌다, 리드하다, 유도하다   [반의] 쫓다, 따르다

### 0992 이내
- within
- 以内
- 以内
- trong vòng

**기출** 웹 소설은 5분 이내에 읽을 수 있는 짧은 분량의 인터넷 소설을 말한다.
(35회 읽기 29번)

**추천** 학교 도서관에서 대출한 책은 2주일 이내에 반납해야 한다.

**표현** 2주 이내에    **유의** 안    **반의** 이외

### 0993 이동하다
- move
- 移動する
- 移动
- di chuyển

**기출** 철새는 최적의 항로로 신속하게 이동해야 한다.
(52회 읽기 36번)

**추천** 다음 달에 회사 내 다른 부서로 이동할 예정이다.

**표현** 철새가 이동하다, 도시로 이동하다    **유의** 이전하다, 움직이다, 옮기다

### 0994 이미
- already
- 既に
- 已经
- rồi, đã

**기출** 이미 구식이 되어 버린 카세트테이프를 구매하려는 사람들이 늘어나고 있다.
(37회 읽기 35번)

**추천** 이미 벌어진 일에 대해 후회해도 소용없다.

**표현** 미리 가보다, 미리 알아보다    **유의** 벌써, 미리, 앞서    **반의** 아직

### 0995 이후
- after
- 以後
- 以后
- sau, sau khi

**기출** 전자책이 등장한 이후에도 종이책을 찾는 사람이 여전히 많다.
(30회 읽기 45번)

**추천** 설날 이후에 수술을 하기로 했지만 건강 상태가 나빠져서 날짜를 앞당겼다.

**표현** 그 이후에, 만난 이후에    **유의** 향후, 뒤, 앞, 이다음    **반의** 이전

### 0996 익다
- ripen
- 熟れる，焼ける
- 熟
- chín

**기출** 화학 물질로 익힌 과일은 겉은 익었지만 속이 잘 익지 않은 경우가 많다.
(35회 읽기 19번)

**추천** 고기가 다 익은 후에 먹어야 배탈이 안 난다.

**표현** 푹 익다, 고기가 익다    **유의** 무르익다, 영글다    **반의** 설익다

# TOPIK II

**0997 익히다**
- cook, ripen
- 熟させる, 火を通す
- 做熟，让熟
- làm chín

[기출] 과일을 빨리 **익히기** 위해 화학 물질이 사용되기도 한다.
(35회 읽기 19번)
[추천] 채소를 살짝 익혀서 먹으면 비타민 섭취가 더 잘 된다.
[표현] 고기를 익히다, 불로 익히다　[유의] 끓이다, 삶다

---

**0998 인간관계**
- relationship
- 人間関係
- 人际关系
- mối quan hệ giữa người với người

[기출] 현대인은 복잡한 **인간관계**로 얽힌 회사에서 스트레스를 많이 받는다.
(35회 읽기 16번)
[추천] 대학에서의 인간관계가 힘들어 휴학을 해 버리고 말았다.
[표현] 인간관계를 맺다, 인간관계를 유지하다

---

**0999 인격**
- personality
- 人格
- 人格
- nhân cách

[기출] 훌륭한 **인격**을 갖추는 것이 전문 지식이나 실력보다 더 중요하다.
(52회 듣기 35번)
[추천] 그는 뛰어난 학문적 성과는 물론이거니와 인격 또한 존경받을 만하다.
[표현] 인격이 훌륭하다, 훌륭한 인격　[유의] 인품, 인성, 인간성

---

**1000 인공 지능**
- artificial intelligence
- 人工知能
- 人工知能
- trí tuệ nhân tạo

[기출] 4차 산업 혁명은 기계와 제품에 **인공 지능**을 부여해서 새로운 가치를 창출하는 것을 말합니다. (47회 듣기 45번)
[추천] 우리 회사는 인공 지능을 활용한 전자 제품 개발에 최선을 다하고 있다.
[표현] 인공 지능 시대, 인공 지능을 전공하다

---

**1001 인식되다**
- be recognized
- 認識される
- (被)识别，视为
- được nhận thức

[기출] 나방의 애벌레는 식물의 잎을 먹어 해충으로 **인식된다**.
(52회 듣기 43번)
[추천] 지문이 인식되면 전원이 켜지는 전자 기기가 개발되었다.
[표현] 사건이 인식되다, 강하게 인식되다　[유의] 판단되다, 분간되다

## 1002 인원
- the number of people
- 人員
- 人员
- số người, số thành viên

**기출** 지원하려고 하는 **인원**이 두세 명인 경우에도 신청할 수 있다.
(41회 읽기 9번)

**추천** 행사를 진행할 때 필요한 인원을 정확하게 조사한다.

**표현** 인원이 많다, 인원 파악  **유의** 인원수

## 1003 인정
- acknowledgment
- 認定
- 肯定
- sự công nhận

**기출** 그 기업은 그동안 신속한 업무 처리로 재계의 **인정**을 받아 왔다.
(35회 읽기 47번)

**추천** 그는 자신의 잘못에 대해 인정을 하고 사과를 했다.

**표현** 인정을 받다  **유의** 긍정, 허락, 용납, 허용, 승인  **반의** 거절, 기각, 부인

## 1004 인정받다
- be acknowledged
- 認定される
- 被肯定
- được công nhận, được thừa nhận

**기출** 최근 한국 기업들이 국내외에서 그 경쟁력을 **인정받고** 있다.
(41회 읽기 44번)

**추천** 그녀는 부모님께 인정받기 위해서 얼마나 노력했는지 모른다.

**표현** 인정받는 사원, 모두에게 인정받다  **유의** 허락되다, 승인되다

## 1005 인터뷰
- interview
- インタビュー
- 采访
- phỏng vấn

**기출** 기자들은 심층 분석이나 **인터뷰**와 같은 깊이 있는 기사 작성을 한다.
(35회 읽기 38번)

**추천** 그 배우는 인터뷰를 통해 차기 작품에 대해 설명하였다.

**표현** 인터뷰하다, 인터뷰에 응하다  **유의** 면담

## 1006 일상
- everyday life
- 日常
- 日常
- cuộc sống thường nhật

**기출** 그런 표현들이 우리의 **일상**으로 들어와 삶의 곳곳에서 사용됐으면 하는 마음으로 책을 쓰게 됐어요. (83회 듣기 20번)

**추천** 반복되는 일상에서 벗어나려고 세계 일주를 떠나기로 했다.

**표현** 일상생활, 일상을 살다  **유의** 생활

# TOPIK II

**1007 일으키다**
- arouse, cause
- 起こす
- 引起
- gây ra

〔기출〕 등산을 하다가 아무 생각 없이 버린 생수병이 산불을 **일으킬** 수 있다. (37회 읽기 14번)

〔추천〕 그 문제를 일으킨 사람을 찾아 처벌하기로 했다.

〔표현〕 문제를 일으키다, 사건을 일으키다  〔유의〕 내다, 야기하다, 유발하다, 벌이다

---

**1008 일정하다**
- regular, certain
- 一定だ
- 一定
- nhất định

〔기출〕 모래에 수분이 **일정하게** 유지되면 모랫길이 단단해져서 운반이 수월했기 때문이다. (83회 읽기 29번)

〔추천〕 지금 다니는 회사는 퇴근 시간이 일정하지 않다.

〔표현〕 수입이 일정하다, 스케줄이 일정하다

〔유의〕 불변하다, 균등하다  〔반의〕 변하다

---

**1009 일회용**
- disposable
- 使い捨て
- 一次性
- đồ dùng một lần

〔기출〕 우주인의 식사용으로 개발된 동결 건조 식품이 물만 넣으면 먹을 수 있는 **일회용** 국이 되었다. (36회 읽기 32번)

〔추천〕 일회용 종이컵 사용을 줄이기 위해 개인 컵을 가지고 다닌다.

〔표현〕 일회용품, 일회용 마스크  〔반의〕 재활용

---

**1010 입맛**
- taste
- 口当たり, 食欲
- 胃口
- khẩu vị

〔기출〕 오미자는 무더위에 지친 사람에게 **입맛**이 나게 하는 데도 도움이 된다. (41회 읽기 13번)

〔추천〕 연일 계속되는 더위로 입맛이 없다.

〔표현〕 입맛이 나다, 입맛이 없다  〔유의〕 미각, 식욕, 맛

---

**1011 자꾸**
- repeatedly
- しょっちゅう
- 总是
- cứ

〔기출〕 세탁기가 오래돼서 그런지 수리를 해도 **자꾸** 고장이 나네요. (31회 읽기 26번)

〔추천〕 매일 일찍 일어나려고 노력해도 자꾸 늦잠을 자곤 한다.

〔표현〕 자꾸 보다, 자꾸 일으키다  〔유의〕 빈번히, 자주  〔반의〕 가끔, 이따금

## 1012 자발적
- voluntary
- 自発的
- 自愿的
- tính tự giác

**기출** 사라질 위기에 처해 있는 중요한 자산을 지키기 위해 시민들이 **자발적**으로 모금에 나섰다. (47회 읽기 34번)

**추천** 지역의 문제를 해결하기 위해서는 지역 주민들의 자발적인 참여가 필요하다.

**표현** 자발적 참여, 자발적으로 움직이다  **유의** 능동적  **반의** 수동적

## 1013 자부심
- pride
- プライド
- 自豪感
- lòng tự tôn

**기출** 새 신발을 갖게 된 아이들은 스스로에 대한 **자부심**이 높아지게 되는 거지. (47회 듣기 27회)

**추천** 그녀는 자신의 외모에 대한 자부심이 대단하다.

**표현** 자부심이 강하다, 자부심을 느끼다  **유의** 긍지

## 1014 자선
- charity
- 慈善
- 慈善
- từ thiện

**기출** **자선** 단체가 불우이웃을 돕기 위해 물건을 파는 행사를 하려고 한다. (37회 듣기 24번)

**추천** 소아암 어린이를 돕기 위한 자선 모금을 진행하고 있다.

**표현** 자선을 베풀다, 자선 사업  **유의** 기부

## 1015 자세히
- in detail
- 詳しく
- 仔细地
- một cách chi tiết

**기출** **자세히**는 모르겠지만 그 사람에게 무슨 일이 생긴 것 같다. (32회 읽기 17번)

**추천** 경찰은 어제 일어난 사고에 대해 자세히 기록해 두었다.

**표현** 자세히 읽다, 자세히 설명하다  **유의** 상세히, 소상히  **반의** 대략

## 1016 자신감
- confidence
- 自信感
- 自信感
- sự tự tin

**기출** **자신감**이 부족한 사람에게는 용기를 주는 책을 추천하는 방식으로 서비스를 제공한다. (64회 읽기 16번)

**추천** 그는 항상 자신감이 넘치는 모습으로 다닌다.

**표현** 자신감이 줄다, 자신감을 가지다  **유의** 자존감  **반의** 좌절감

# TOPIK II

**1017 잘못되다**
- go wrong
- 間違う
- 错
- bị nhầm lẫn

(기출) 잘못된 정보 때문에 오히려 건강을 잃는 사람들을 종종 볼 수 있다.
(30회 읽기 29번)

(추천) 이 일이 잘못되면 내가 책임을 져야 한다.

(표현) 일이 잘못되다, 뭔가 잘못되다

(유의) 망치다, 그르치다, 그릇되다, 틀리다  (반의) 잘되다

**1018 재다**
- measure
- 計測する, 計る, 測る
- 测量
- đo, đo đạc

(기출) 인공 지능을 갖춘 만보기는 걸음의 횟수를 재서 보험사에 보냅니다.
(47회 듣기 45번)

(추천) 병원에 들어가자마자 간호사가 환자들의 체온을 잰다.

(표현) 체온을 재다, 무게를 재다  (유의) 측정하다, 측량하다, 계량하다

**1019 재해**
- disaster
- 災害
- 灾害
- tai họa

(기출) 자연재해가 발생해도 수라상은 동일하게 구성됐다.
(60회 듣기 42번)

(추천) 지진으로 인해 재해를 입은 사람들이 갈 곳을 잃었다.

(표현) 재해를 입다, 자연 재해  (유의) 재앙, 난리, 사고

**1020 쟁점**
- issue
- 争点
- 争议焦点
- điểm tranh luận

(기출) 새로운 법안 제정이 뜨거운 쟁점으로 부각되고 있다.
(35회 읽기 48번)

(추천) 당사자 간의 오랜 대화를 통해 쟁점을 해결하려고 노력하고 있다.

(표현) 쟁점으로 떠오르다, 최근의 쟁점  (유의) 이슈, 논제

**1021 저렴하다**
- cheap
- 安い
- 便宜
- rẻ

(기출) 선풍기는 가격도 저렴하고 전력 사용량도 적다.
(32회 읽기 29번)

(추천) 나는 재래시장에서 음식 재료를 저렴하게 구입한다.

(표현) 가격이 저렴하다, 물건이 저렴하다  (유의) 싸다  (반의) 비싸다

**1022 저편**
- the other side
- 向こう
- 那边
- phía bên kia

(기출) 수화기 **저편**의 아버지 목소리에서 힘이 빠졌다.
(47회 읽기 42번)

(추천) 길 저편에서 들리는 음악 소리에 귀를 기울였다.

(표현) 저편에 보이다, 저편에 두다  (유의) 저쪽

---

**1023 저해하다**
- disrupt
- 阻害する
- 阻碍
- cản trở

(기출) 무분별한 특허 출원으로 기술 개발을 **저해한다면** 특허가 가진 본래의 취지를 훼손하는 것이다. (52회 읽기 48번)

(추천) 선생님이 수업 시간에 분위기를 저해하는 학생들을 혼내셨다.

(표현) 성장을 저해하다, 저해하는 요소  (유의) 방해하다  (반의) 돕다

---

**1024 적성**
- aptitude
- 適性
- 能力倾向
- khả năng, năng khiếu

(기출) 직업을 고를 때 자신의 **적성**에 맞는지를 우선순위에 둔다.
(36회 읽기 18번)

(추천) 지금 하는 일이 적성에 맞지 않아서 그만둘까 한다.

(표현) 적성에 맞다, 적성 검사

---

**1025 적절하다**
- appropriate
- 適切だ
- 适合
- phù hợp

(기출) 법 시행의 **적절한** 시기를 제안하고자 한다.
(35회 읽기 48번)

(추천) 글을 쓸 때는 표현이 정확하고 적절해야 읽는 사람이 이해하기 쉽다.

(표현) 양이 적절하다, 주제가 적절하다

(유의) 적합하다, 타당하다, 알맞다, 적당하다  (반의) 부적절하다

---

**1026 전기**
- electricity
- 電気
- 电气
- điện năng

(기출) 9시 이후에는 모든 **전기** 제품을 끈다.
(36회 듣기 14번)

(추천) 여름에 에어컨 사용을 많이 했더니 전기 요금이 많이 나왔다.

(표현) 전기 자동차, 전기를 쓰다  (유의) 전자

# TOPIK II

**1027 전달**
- delivery
- 伝達
- 传达
- sự truyền đạt

(기출) 역사 드라마는 사실 전달이 중요하다.
(37회 듣기 19번)

(추천) 의견 전달을 효과적으로 하기 위해서 메모를 했다.

(표현) 메시지 전달, 전달 사항　(유의) 시달

---

**1028 전달하다**
- deliver
- 渡す, 伝達する
- 传达
- truyền đạt

(기출) 동영상을 보고 재미있으면 사람들은 친한 사람들에게 그 동영상을 전달한다.
(37회 읽기 13번)

(추천) 그는 회사에서 정보를 전달하는 역할을 주로 해 왔다.

(표현) 편지를 전달하다, 제품을 전달하다　(유의) 전하다, 주다

---

**1029 전망**
- prospect
- 見通し
- 展望
- triển vọng

(기출) 전년에 비해 꽃샘추위가 늦어질 전망이다.
(34회 읽기 31번)

(추천) 그는 자신의 미래에 대해 긍정적인 전망을 하고 있다.

(표현) 주가 전망, 경제 전망　(유의) 예상　(반의) 회상, 회고

---

**1030 전시**
- exhibition
- 展示
- 展示
- triển lãm

(기출) 극장 내부에서 추억의 영화 포스터, 영화표 등의 전시를 볼 수 있다.
(35회 읽기 11번)

(추천) 국립 박물관의 유물 전시는 인기를 끌고 있다.

(표현) 작품 전시, 전시를 하다　(유의) 전람, 쇼

---

**1031 전쟁**
- war
- 戦争
- 战争
- chiến tranh

(기출) 비무장 지대는 전쟁으로 인해 모든 것이 파괴되었다.
(37회 듣기 44번)

(추천) 그들은 전쟁을 겪으며 힘든 시기를 이겨내 온 사람들이다.

(표현) 전쟁을 겪다, 전쟁을 하다　(유의) 전투, 싸움　(반의) 평화

## 1032 정규직
- regular position
- 正規職
- 正式职位
- nhân viên chính thức

**기출** 시간제 일자리의 확대는 <u>정규직</u> 취업 기회를 감소시킬 수 있다. (37회 듣기 31번)

**추천** 오랜 기간의 비정규직 생활을 마치고 정규직으로 전환되었다.

**표현** 정규직 직원, 정규직이 되다   **반의** 비정규직, 계약직

## 1033 정치적
- political
- 政治的
- 政治的
- tính chính trị

**기출** 중도층의 의견이 <u>정치적</u> 양극화를 완화하고 합리적으로 사회적 합의가 도출되도록 이끄는 토대가 될 수 있다. (83회 읽기 38번)

**추천** 그는 자신의 성공을 위해서 정치적인 수단을 가리지 않는다.

**표현** 정치적으로 이용하다, 정치적 성향

## 1034 정화
- purification
- 浄化
- 净化
- sự thanh lọc

**기출** 빗물은 <u>정화</u> 과정을 거쳐도 식수로 사용할 수 없다. (37회 듣기 38번)

**추천** 학생들은 환경 정화 운동에 참여하였다.

**표현** 환경 정화, 수질 정화   **유의** 순화

## 1035 정확히
- accurately
- 正確に
- 正确
- một cách chính xác

**기출** 효과적인 약물 치료를 위해서는 무엇보다 복용 방법을 <u>정확히</u> 지키는 것이 중요하다. (37회 읽기 40번)

**추천** 계약서를 정확히 파악하고 이해한 후에 서명해야 한다.

**표현** 정확히 설명하다, 정확히 표현하다   **유의** 딱   **반의** 부정확

## 1036 제안
- suggestion
- 提案
- 提案
- đề án

**기출** 새로운 정책의 <u>제안</u>과 심사를 시민에게 맡겨 관심을 끌고 있다. (36회 읽기 44번)

**추천** 나는 그의 제안을 듣자마자 성공을 확신하고 계약을 진행했다.

**표현** 참가 제안, 제안을 받다   **유의** 제언, 제의

# TOPIK II

**1037 제출하다**
- submit
- 提出する
- 提交
- gửi nộp

**[기출]** 신입 사원 연수 때는 문자로 안내 드린 증명서만 **제출하시면** 됩니다.
(83회 듣기 23번)

**[추천]** 쓰기 과제물은 다음 주까지 제출해야 한다.

**[표현]** 과제를 제출하다, 내일까지 제출하다  **[유의]** 내다, 내놓다

---

**1038 제한**
- limit, limitation
- 制限
- 限制
- sự hạn chế

**[기출]** 대회에서 발표할 원고의 양은 **제한**이 없다.
(37회 읽기 11번)

**[추천]** 이 영화는 성인만 볼 수 있도록 연령 제한을 두었다.

**[표현]** 제한을 두다, 제한을 가하다  **[유의]** 한계, 한정  **[반의]** 무제한, 방치

---

**1039 조선**
- Joseon
- 朝鮮
- 朝鮮
- Joseon; Triều Tiên

**[기출]** **조선** 시대 교육 기관인 서당은 계절에 따라 교육 방법을 달리하였다.
(37회 읽기 18번)

**[추천]** 조선은 소박하지만 아름다운 백자를 널리 사용하였다.

**[표현]** 조선 시대, 조선의 학자

---

**1040 조정하다**
- mediate
- とり成す
- 調和
- điều chỉnh

**[기출]** 집단 간의 충돌을 **조정할** 도덕적 기준이 필요하다.
(47회 듣기 49번)

**[추천]** 여러 의견을 잘 조정해서 최상의 결과를 얻어냈다.

**[표현]** 분쟁을 조정하다, 수치를 조정하다  **[유의]** 중재하다

---

**1041 졸업생**
- graduate
- 卒業生
- 毕业生
- học sinh tốt nghiệp, sinh viên tốt nghiệp

**[기출]** 학교의 **졸업생**들은 해외 진출에 어려움을 겪고 있다.
(52회 듣기 36번)

**[추천]** 그는 우리 학교 졸업생을 대표해서 졸업장을 받았다.

**[표현]** 졸업생이 되다, 졸업생 할인  **[유의]** 졸업자  **[반의]** 입학생

### 1042 준비
- preparation
- 準備
- 准备
- sự chuẩn bị

**기출** 이벤트 행사 준비는 빠를수록 좋다.
(41회 읽기 21번)

**추천** 시험 준비가 부족해서 성적이 좋지 않다.

**표현** 외출 준비, 준비가 소홀하다  **유의** 예비, 계획

### 1043 증상
- symptom
- 症状
- 症状
- triệu chứng

**기출** 증상에 맞는 치료법을 개발해야 한다.
(35회 읽기 37번)

**추천** 감기 증상이 나타나자마자 약을 먹었더니 금방 나았다.

**표현** 증상이 나타나다, 감기 증상  **유의** 병세, 증세

### 1044 지속되다
- last
- 持続する
- 持续
- được tiếp diễn, được liên tục

**기출** 심리적 고통 때문에 잘못된 결정이 지속된다.
(41회 듣기 42번)

**추천** 증상이 지속된다면 병원에 다시 방문해야 한다.

**표현** 상태가 지속되다, 성장이 지속되다  **유의** 계속되다, 연속되다

### 1045 증명하다
- prove
- 証明する
- 证明
- chứng minh

**기출** 사업 실행 방법의 타당성을 증명하고 있다.
(41회 듣기 48번)

**추천** 이 반지는 우리가 부부 사이임을 증명해 주는 증거다.

**표현** 무죄를 증명하다, 졸업을 증명하다  **유의** 밝히다

### 1046 지지
- support
- 支持
- 支持
- sự ủng hộ

**기출** 국민 전체의 이익과 부합되는 방향으로 해결되어야 그 해결 방안이 국민의 지지를 받을 수 있다. (41회 읽기 48번)

**추천** 많은 사람들의 지지를 받은 그가 학생 대표로 선출됐다.

**표현** 지지를 받다, 지지를 하다  **유의** 후원, 지원, 뒷받침

# TOPIK II

**1047 지켜보다**
- watch
- 見守る
- 注視
- theo dõi

**[기출]** 수영장의 모든 사람이 이 모습을 **지켜보고** 있었다.
(35회 읽기 42번)

**[추천]** 사람들이 지켜본다고 생각하자 긴장되고 떨렸다.

**[표현]** 사건을 지켜보다, 조용히 지켜보다 **[유의]** 망보다, 바라보다

---

**1048 진행**
- progress
- 進行
- 进行
- sự tiến hành

**[기출]** 현재 인공 장기 이식 연구가 **진행** 중에 있다.
(60회 듣기 49번)

**[추천]** 프로젝트의 빠른 진행을 위해 필요한 인재만으로 팀을 꾸렸다.

**[표현]** 원활한 진행, 진행이 매끄럽다 **[유의]** 추진, 전진 **[반의]** 정지

---

**1049 질환**
- illness, disease
- 疾患
- 疾病，病患
- bệnh tật

**[기출]** 심혈관 **질환**과 같은 성인병으로 목숨을 잃을 수도 있다.
(41회 읽기 34번)

**[추천]** 그는 질환이 악화되어 입원하게 되었다.

**[표현]** 기저 질환, 질환이 있다 **[유의]** 질병, 병

---

**1050 집들이**
- housewarming party
- 引っ越し祝い
- 乔迁宴
- tiệc tân gia

**[기출]** **집들이**가 있는지 모르고 안 갔어요.
(41회 듣기 7번)

**[추천]** 이사한 기념으로 집들이를 할 테니까 꼭 와 주세요.

**[표현]** 집들이를 하다, 집들이 선물

---

**1051 집중력**
- concentration
- 集中力
- 集中力
- khả năng tập trung

**[기출]** 시간이 부족하면 사람은 본능적으로 놀라운 **집중력**을 발휘한다.
(60회 읽기 44번)

**[추천]** 음악을 들으면서 공부를 하면 집중력이 떨어지지 않나요?

**[표현]** 집중력이 떨어지다, 집중력을 기르다 **[유의]** 몰입력

### 1052 차원
- level, dimension
- 次元
- 层面，角度
- góc độ, mức

**기출** 삶의 질 지표는 국가 **차원**에서 도달해야 할 목표를 의미한다.
(37회 읽기 47번)

**추천** 고객에 대한 서비스를 강화하는 차원에서 직원 교육을 진행하고 있다.

**표현** 교육적 차원, 차원이 다르다　**유의** 수준, 레벨

---

### 1053 참
- really, truly
- とても, 本当に
- 真
- thật sự

**기출** 사람들 말대로 야경이 **참** 아름답네요.
(31회 읽기 16번)

**추천** 그는 생각이 참 바르고 멋있는 사람이다.

**표현** 참 예쁘다, 참 근사하다　**유의** 진짜, 참으로, 참말로, 정말　**반의** 거짓

---

### 1054 참고하다
- refer to, consult
- 参考にする
- 参考
- tham khảo

**기출** 당시의 왕들은 '일성록'을 신하들이 볼 수 있게 하여 국정 업무에 **참고하게** 했습니다. (64회 듣기 49번)

**추천** 이 책을 참고해서 과제를 완성했다.

**표현** 책을 참고하다, 참고할 것　**유의** 살피다

---

### 1055 참석자
- participant
- 参会者
- 参加者
- người tham dự

**기출** **참석자** 명단은 아까 드렸는데요.
(47회 듣기 8번)

**추천** 참석자들이 모두 도착하면 파티를 시작하도록 하겠습니다.

**표현** 참석자 명단, 참석자를 확보하다　**유의** 참여자, 참가자

---

### 1056 창고
- warehouse
- 倉庫
- 仓库
- kho, nhà kho

**기출** 지하에 있는 빈 교실을 **창고**나 토론방으로 이용하자는 의견이 있었습니다.
(60회 듣기 21번)

**추천** 창고 안에는 내가 어릴 때 사용하던 물건들이 보관되어 있었다.

**표현** 창고에 쌓아두다, 부품 창고

# TOPIK II

**1057 처리하다**
- handle
- 処理する
- 処理
- xử lý

(기출) 교통사고가 나서 **처리하느라** 시간이 오래 걸렸다.
(52회 듣기 13번)

(추천) 급한 일을 처리하다 보니 약속 시간이 지난 것도 몰랐다.

(표현) 일을 처리하다, 빨리 처리하다  (유의) 수습하다, 취급하다

---

**1058 체계적**
- systematic
- 体系的
- 系统的
- tính hệ thống

(기출) 이번 예산 지원을 기반으로 앞으로 **체계적**인 연구 활동이 이루어져야 한다.
(37회 읽기 38번)

(추천) 보고서의 내용을 체계적으로 정리해서 제출하세요.

(표현) 체계적으로 준비하다, 체계적인 분석  (유의) 조직적

---

**1059 초기**
- beginning, initial stage
- 初期
- 初期
- thời kỳ đầu, sơ kỳ

(기출) 치료 **초기**에는 환자가 편안한 감정을 느끼는 것이 중요하다.
(60회 쓰기 52번)

(추천) 그 문제를 초기에 발견해서 금방 해결할 수 있었다.

(표현) 초기 증상, 초기 단계  (유의) 초창기  (반의) 말기

---

**1060 초래하다**
- lead to, cause
- もたらす
- 招致
- dẫn đến, đem đến

(기출) 지금도 곳곳에서 발생하고 있는 무력 충돌이라는 부작용을 **초래하기도** 한다.
(37회 읽기 48번)

(추천) 남편의 건강이 악화되어 결국 가족의 불행을 초래했다.

(표현) 사건을 초래하다, 비극을 초래하다  (유의) 가져오다, 빚다, 일으키다

---

**1061 초창기**
- initial stage
- 草創期, 初期
- 初创期
- thời kỳ đầu

(기출) **초창기** 이모티콘은 대부분 얼굴 표정을 나타내는 것이었다.
(41회 읽기 35번)

(추천) 사업 초창기에는 인력이 부족해서 정말 힘들었다.

(표현) 사업 초창기  (유의) 초기  (반의) 말기

### 1062 추진하다
- push ahead
- 推進する
- 推進
- xúc tiến, thúc đẩy

(기출) 정부는 한류 행사를 열고 향후 에너지 협력 프로젝트를 **추진하겠다고** 밝혔다.
(37회 읽기 33번)

(추천) 정부는 많은 반대에도 불구하고 새로운 정책을 강력하게 추진하고 있다.

(표현) 사업을 추진하다, 강력하게 추진하다  (유의) 진행하다

### 1063 축적
- accumulation
- 蓄積
- 积累
- sự tích lũy

(기출) 경제 발전에는 자본 **축적**이 전제되어야 한다.
(37회 듣기 42번)

(추천) 수많은 경험 축적은 하나의 경쟁력이 될 수 있다.

(표현) 기술 축적, 경험의 축적  (유의) 누적

### 1064 출발하다
- depart, leave
- 出発する
- 出发
- xuất phát

(기출) 회사에 지각할 것 같아서 막 **출발하려는** 버스를 뛰어가서 탔다.
(60회 읽기 14번)

(추천) 서울역을 출발한 열차가 종착역인 부산역에 들어서고 있다.

(표현) 일찍 출발하다, 공항으로 출발하다

(유의) 가다, 떠나다  (반의) 도착하다, 당도하다, 다다르다

### 1065 출입증
- pass
- 通門証
- 出入证
- thẻ ra vào

(기출) 도서관 **출입증**을 만들려면 사진이 필요하다.
(37회 듣기 13번)

(추천) 출입증이 없으면 회사 안으로 들어올 수 없습니다.

(표현) 출입증을 받다, 출입증을 보여주다  (유의) 회원증, 외출증

### 1066 치유하다
- cure
- 治す
- 治愈
- chữa khỏi

(기출) 힐링 강연으로 마음의 상처를 **치유할** 수 있다.
(36회 읽기 37번)

(추천) 불면증을 치유하기 위해서 잘 때마다 명상 음악을 듣는다.

(표현) 마음을 치유하다, 병을 치유하다  (유의) 아물다, 낫다

# TOPIK II

**1067 타인**
- others
- 他人
- 他人
- người khác

(기출) 지시어는 대화하는 상황을 **타인**과 공유해야 그 의미를 이해할 수 있다는 특성이 있다. (83회 읽기 34번)

(추천) 그는 타인에 대한 경계심이 많아서 남을 쉽게 믿지 않는다.

(표현) 타인을 배려하다, 타인으로 생각하다

(유의) 남, 타자　(반의) 자기, 본인, 자신

**1068 타자**
- batter
- 打者
- 击球手
- người đánh bóng

(기출) 가끔 공이 날아오다가 자기 앞에서 떠오르는 것 같다는 **타자**들도 있다. (41회 읽기 46번)

(추천) 첫 타자가 감독의 사인대로 공을 치지 못했다.

(표현) 야구 타자, 타자가 등장하다　(유의) 타수

**1069 탄생**
- birth
- 誕生
- 诞生
- sự ra đời, sự sinh ra

(기출) 이 용어는 르네상스의 **탄생**과 발전에 큰 역할을 했던 메디치라는 가문의 이름에서 유래되었다. (41회 읽기 40번)

(추천) 회사는 미국 지사의 탄생을 축하하는 행사를 열었다.

(표현) 예수의 탄생, 탄생을 축하하다　(유의) 출생　(반의) 죽음

**1070 투수**
- pitcher
- 投手
- 投手
- cầu thủ ném bóng

(기출) **투수**가 던진 공은 중력으로 인해 절대로 위로 올라갈 수 없다. (41회 읽기 46번)

(추천) 타자는 상대편 투수가 던지는 공을 배트로 쳤다.

(표현) 야구 투수, 투수가 공을 던지다

**1071 편의**
- convenience
- 便宜
- 便宜
- sự tiện lợi

(기출) 사람들은 휴식의 **편의**를 위해 거실이나 욕실을 새롭게 고쳐 쓰는 등 집을 휴식의 공간으로 꾸미는 데 관심이 많다. (47회 읽기 33번)

(추천) 지하철 이용객의 편의를 위해 계단마다 에스컬레이터를 설치했다.

(표현) 편의를 도모하다, 고객 편의　(유의) 편리　(반의) 불편

### 1072 평소
- ordinary days, as usual
- ふだん
- 平时
- thường ngày, ngày thường

(기출) 손가락이 불편한 사람들은 **평소**보다 필요한 단어를 떠올리는 시간이 길어진다.
(36회 읽기 17번)

(추천) 평소에 운동을 많이 해서 등산이 힘들지 않았다.

(표현) 평소 실력, 평소에   (유의) 평상시, 평일

### 1073 포함하다
- include
- 含む
- 包含
- bao gồm, gộp cả

(기출) 사회 문화적 요소를 **포함한** 사회적 갈등들은 여러 요인에 의해 끊임없이 발생한다.
(41회 읽기 48번)

(추천) 이번 세무 조사 대상에 국내 대부분의 기업들을 포함했다.

(표현) 조식을 포함하다, 평가를 포함하다.

(유의) 넣다, 들다   (반의) 빼다, 배제하다, 제외하다

### 1074 표시하다
- express
- 表示する
- 表示
- biểu thị

(기출) 한편에서는 역사 사실에 허구를 덧붙이는 것에 대해 우려를 **표시하고** 있다.
(47회 읽기 41번)

(추천) 많은 사람들을 구조해 낸 소방관에게 모두들 경의를 표시했다.

(표현) 마음을 표시하다, 틀린 것을 표시하다   (유의) 표하다, 표현하다, 드러내다

### 1075 표정
- facial expression
- 表情
- 表情
- biểu cảm

(기출) 기분이 안 좋을 때 밝은 **표정**을 지으면 기분도 따라서 좋아진다.
(52회 쓰기 52번)

(추천) 그는 무슨 일이 있는지 표정이 좋지 않았다.

(표현) 표정을 짓다, 웃는 표정   (유의) 낯빛, 얼굴빛

### 1076 품다
- keep, have, bear
- 抱く
- 抱
- có, giữ

(기출) 물은 끓는 순간에도 에너지를 **품고** 있다.
(37회 듣기 34번)

(추천) 사람들이 그 사건에 대해 의문을 품고 있다.

(표현) 의문을 품다, 야심을 품다, 알을 품다   (유의) 안다

Chapter 4  출제 4순위 어휘

# TOPIK II

**1077 한참**
- quite a while
- しばらく
- 好一阵, 好一会儿
- một lúc lâu

`기출` 자전거 옆에 **한참** 누워 있다가 일어났다.
(37회 읽기 42번)

`추천` 산길을 한참 걸었지만 마을은 나오지 않았다.

`표현` 한참 바라보다, 한참 생각하다   `유의` 한동안   `반의` 순간, 찰나

---

**1078 한편**
- meanwhile
- 一方
- 一方面
- một mặt

`기출` **한편** 이번 조사는 지난해에 조사에 참여한 집으로 전화를 거는 방식으로 진행되었다. (36회 읽기 12번)

`추천` 한편 남부 지방은 대체로 맑은 날씨가 되겠습니다.

`표현` 다른 한편으로   `유의` 한쪽, 일편

---

**1079 행복하다**
- happy
- 幸せだ
- 幸福
- hạnh phúc

`기출` 저는 **행복했던** 어린 시절을 기억하고 싶어서 70세가 넘어서야 그림을 그리기 시작했어요. (83회 듣기 16번)

`추천` 요즘 행복한 나날을 보내고 있다.

`표현` 행복한 가정, 삶이 행복하다   `유의` 다복하다   `반의` 불행하다, 박복하다

---

**1080 향기**
- scent
- 香り
- 香气
- hương thơm

`기출` 남자는 식물의 **향기**를 이용해 약을 만든다.
(52회 듣기 30번)

`추천` 꽃병에 꽂아 둔 장미가 은은한 향기를 냈다.

`표현` 향기가 나다, 아름다운 향기   `유의` 향취, 향내, 향   `반의` 악취

---

**1081 허전하다**
- feel empty
- 寂しい
- 空虚
- trống trải, trống vắng

`기출` 주인공의 마음이 **허전하다**.
(52회 읽기 23번)

`추천` 여자 친구와 헤어지고 나니 마음이 너무 허전했다.

`표현` 마음이 허전하다, 배가 허전하다   `유의` 공허하다

## 1082 혁신
- innovation
- 革新
- 革新
- sự cách tân

**기출** 특허 제도는 기술 **혁신**과 산업 발전에 크게 이바지해 왔다. (52회 읽기 48번)

**추천** 이러한 기업의 혁신을 통해 경쟁력을 강화할 수 있다.

**표현** 체재 혁신, 교육의 혁신  **유의** 개혁, 혁명, 변혁, 쇄신  **반의** 보수

## 1083 현실
- reality
- 現実
- 现实
- hiện thực

**기출** 행복은 크고 거창한 꿈에만 있는 것이 아니라 **현실** 속의 작고 소소한 일에서도 찾을 수 있음을 발견한다. (60회 읽기 17번)

**추천** 나는 지금의 현실에 만족하지 않고 끊임없이 도전한다.

**표현** 현실을 직시하다, 나라의 현실

**유의** 실재, 사실, 실제  **반의** 이상, 꿈, 공상

## 1084 현장
- field
- 現場
- 现场
- hiện trường

**기출** 비즈니스 **현장**에서 숫자에 강하다는 것은 그만큼 능력을 인정받을 가능성이 높다는 것을 의미한다. (47회 읽기 36번)

**추천** 사람들은 현장 경험이 많은 민수를 잘 따랐다.

**표현** 사건 현장, 작업 현장  **유의** 자리

## 1085 형편
- circumstances
- 状況
- 情况
- hoàn cảnh, tình hình

**기출** 그 돈으로 **형편**이 어려운 학생들에게 장학금을 준다고 들었다. (41회 듣기 27번)

**추천** 경제적으로 형편이 좋지 않아서 대학을 휴학하고 돈을 벌기로 했다.

**표현** 집안 형편, 형편이 나쁘다  **유의** 상태, 상황

## 1086 홀로
- alone
- 独りで
- 独自
- một mình

**기출** 고독력이란 **홀로** 있는 시간을 즐기고 창의적으로 활용하는 능력을 말한다. (47회 읽기 37번)

**추천** 나는 고향을 떠나 홀로 지내는 것이 힘들었다.

**표현** 홀로 다니다, 홀로 돌아오다  **유의** 스스로, 혼자, 따로  **반의** 함께

# TOPIK II

**1087 화려하다**
- colorful, fancy
- 派手だ
- 华丽
- hoa lệ, sặc sỡ

(기출) 나비보다 색이 다양하고 무늬가 **화려한** 나방이 많다.
(52회 듣기 43번)

(추천) 그녀는 항상 화려한 무늬가 있는 옷을 즐겨 입는다.

(표현) 화려한 장식, 화려하게 꾸미다

(유의) 호화롭다, 다채롭다, 눈부시다  (반의) 단출하다, 소박하다, 간단하다

---

**1088 화장품**
- cosmetics
- 化粧品
- 化妆品
- mỹ phẩm

(기출) **화장품** 좀 주문하려고 하는데요.
(52회 듣기 8번)

(추천) 자신의 피부에 맞는 화장품을 사는 것이 중요하다.

(표현) 색조 화장품, 화장품을 바르다

---

**1089 화제**
- issue
- 話題
- 话题
- chủ đề bàn tán

(기출) 수백 명의 취재진이 **화제**의 인물에게 몰려들 경우 사고가 발생해 취재를 망칠 수 있다. (64회 읽기 30번)

(추천) 이 건물은 아주 빠른 시간에 지어져 화제가 됐다.

(표현) 화제의 인물, 화제가 되다

---

**1090 확대**
- expansion
- 拡大
- 扩大
- mở rộng, khuếch đại

(기출) 투자 예산 **확대**나 세금 감면 혜택 등을 통해 창의 기업 활동의 길을 활짝 열어 준 것이다. (47회 읽기 48번)

(추천) 정부는 고용 확대를 위한 투자를 늘리기로 했다.

(표현) 투자 확대, 고용 확대  (유의) 확장  (반의) 축소

---

**1091 환기하다**
- ventilate
- 喚起する
- 通风
- thông gió

(기출) 제가 **환기하려고** 좀 전에 창문을 열어 놓았어요.
(47회 듣기 7번)

(추천) 겨울이라 창문을 항상 닫아 놓으니까 환기가 잘 안 되고 답답하다.

(표현) 실내 환기, 환기 시설  (유의) 배기

**1092 회식**
- staff dinner
- 会食
- 会餐
- buổi liên hoan, gặp mặt ăn uống

(기출) 예전에는 직장에서 **회식**을 할 때 주로 술을 많이 마셨다.
(52회 읽기 14번)

(추천) 오랜만에 직원들과 회식을 했다.

(표현) 연말 회식, 회식이 잦다, 회식을 갖다

---

**1093 회원**
- member
- 会員
- 会员
- hội viên

(기출) 신입 **회원**은 태권도에 관심 있는 학생이면 누구나 환영합니다.
(37회 쓰기 51번)

(추천) 한 신입 회원이 먼저 자기소개를 시작했다.

(표현) 신입 회원, 회원 자격, 회원이 되다   (유의) 일원

---

**1094 횟수**
- number of times
- 回数
- 回数
- số lần

(기출) 작은 목표를 달성하는 **횟수**가 늘어 한 해의 목표에 가까워진다.
(64회 읽기 28번)

(추천) 이 전자시계는 걸음의 횟수를 잴 수 있다.

(표현) 횟수를 거듭하다

---

**1095 효율성**
- effectiveness
- 効率性
- 效率
- tính năng suất, tính hiệu quả

(기출) 사회 전체의 **효율성**과 수익성이 높아지고 이는 곧 경제적 자본의 성장으로 이어지죠. (83회 듣기 47번)

(추천) 회사는 경제적 효율성을 높이기 위해 직원을 줄였다.

(표현) 효율성이 좋다, 효율성을 고려하다

---

**1096 효율적**
- being efficient
- 効率的
- 有效的
- mang tính năng suất, mang tính hiệu quả

(기출) 인간에게 시간 부족은 **효율적**인 일 처리의 원동력이 된다.
(60회 읽기 44번)

(추천) 회사는 적은 비용으로 제품을 생산할 수 있는 효율적 방법을 모색했다.

(표현) 효율적인 수단, 효율적으로 이용하다   (유의) 능률적, 효과적

# TOPIK II

**1097 흐리다**
- cloudy
- 曇っている
- 阴
- âm u, u ám

**기출** 낮에는 **흐리고** 밤부터 일부 지역에는 비가 쏟아지겠다.
(41회 읽기 25번)

**추천** 하늘이 흐려지더니 소나기가 퍼붓기 시작했다.

**표현** 날씨가 흐리다, 흐린 하늘   **유의** 맑다

**1098 흡연율**
- smoking rate
- 喫煙率
- 吸烟率
- tỷ lệ hút thuốc

**기출** **흡연율** 감소를 위해 더 강력한 정책이 필요하다.
(41회 듣기 31번)

**추천** 최근 청소년의 흡연율이 높아졌다.

**표현** 흡연율이 증가하다, 흡연율이 감소하다

# Chapter 5

★☆☆☆☆
# 출제 5순위 어휘
The 5th Most Frequently Tested Vocabulary

# TOPIK II

**1099 가구**
- household
- 世帯
- 家庭, 户
- hộ gia đình

기출) 최근 한국 사회에서는 1인 **가구**가 계속 증가하고 있습니다. (36회 쓰기 53번)

추천) 여기는 가구당 두 대까지 주차할 수 있다.

표현) 도시 가구, 가구 소득  유의) 식구, 세대

**1100 가득**
- full
- いっぱい
- 满
- đầy, tràn đầy

기출) 사포닌 성분이 **가득** 들어 있는 이 나뭇잎은 지역 주민들에게 강력한 진통제로 쓰인다. (60회 듣기 43번)

추천) 이 거리는 식당과 카페로 가득 차 있다.

표현) 가득 차다, 가득 싣다  유의) 그득, 꽉, 가득히

**1101 가라앉다**
- sink
- 沈む
- 沉
- chìm, lắng, khuất xuống

기출) 공에 회전을 주어 공이 **가라앉는** 정도를 줄였기 때문이다. (41회 읽기 46번)

추천) 몸이 점점 바다 밑으로 가라앉는 것을 느꼈다.

표현) 배가 가라앉다, 기분이 가라앉다

유의) 침몰하다, 침강하다  반의) 솟아오르다, 솟다, 떠오르다

**1102 가루**
- powder
- 粉
- 粉
- bột

기출) 무중력 공간인 우주선에서는 음식의 국물이나 **가루**가 떠다니다 기계에 고장을 일으킬 수 있다. (60회 듣기 33번)

추천) 약사는 아이가 먹기 쉽도록 알약을 빻아 가루로 만들었다.

표현) 가루약, 가루가 날리다  유의) 분, 분말  반의) 덩어리

**1103 가문**
- family, clan
- 家門
- 家门
- gia môn, gia tộc

기출) 이 **가문**은 서로 다른 역량을 가진 예술가와 학자들의 공동 작업을 후원했다. (41회 읽기 40번)

추천) 우리 가문은 대대로 교육자를 배출했다.

표현) 가문을 일으키다, 가문을 빛내다  유의) 문벌, 집안, 문중

## 1104 가사
- lyrics
- 歌詞
- 歌词
- lời bài hát

**기출** 사용료를 지불하긴 했지만 원작자 허락 없이 **가사**를 바꾸고 곡을 편집한 것에 대해서도 금액을 지불하라는 것이죠. (60회 듣기 39번)

**추천** 연인과 헤어진 뒤 듣는 노래 가사는 전부 자신의 이야기인 양 생각된다.

**표현** 노래 가사, 가사를 쓰다　**유의** 노랫말

## 1105 가장
- most
- 最も
- 最
- nhất

**기출** 타이어에서 생기는 작은 플라스틱들이 대기 오염의 **가장** 큰 원인이 되고 있거든요. (83회 듣기 25번)

**추천** 금연을 할 때 가장 중요한 것은 흡연자들의 마음가짐이다.

**표현** 가장 중요하다, 가장 나쁘다　**유의** 제일

## 1106 가정하다
- assume, suppose
- 仮定する
- 假定
- giả định, giả sử

**기출** 예컨대 오이의 가격이 1월에 1,000원이고 2월에 3,000원이며 현재 2,000원이라고 **가정해** 보자. (52회 읽기 35번)

**추천** 그는 일이 실패할 경우를 가정해 모든 준비를 끝냈다.

**표현** 상황을 가정하다, 사실로 가정하다

## 1107 각색하다
- dramatize, modify
- 脚色する
- 改编
- chuyển thể

**기출** 유행했던 기존의 소설을 **각색해서** 만들었다. (35회 읽기 29번)

**추천** 이 영화는 실제 있었던 사건들을 각색해서 연출한 작품이다.

**표현** 소설을 각색하다

## 1108 간과하다
- overlook
- 見過ごす
- 忽略
- xem thường, bỏ qua

**기출** 무료함은 **간과해도** 되는 사소한 것이 아니다. (52회 읽기 37번)

**추천** 그 문제는 더 이상 간과할 수 없는 수준에 이르렀다.

**표현** 사실을 간과하다, 문제를 간과하다　**유의** 지나치다

# TOPIK II

**1109 감사**
- gratitude
- 感謝
- 感谢
- sự cảm tạ, cảm ơn

**기출** 감사의 인사를 전하는 나에게 아주머니는 환하게 웃어 주셨다.
(60회 읽기 14번)

**추천** 시민 여러분께 존경과 감사의 인사를 드립니다.

**표현** 호의에 감사하다, 방문에 감사하다  **유의** 고마움

---

**1110 감소**
- reduction
- 減少
- 减少
- sự giảm bớt

**기출** 세제 지원의 변화가 투자 감소로 이어질 것을 우려하고 있다.
(60회 읽기 50번)

**추천** 이것을 마시면 체중 감소 효과가 있을 거예요.

**표현** 투자가 감소하다, 체중이 감소하다  **유의** 감량  **반의** 증가

---

**1111 감탄하다**
- be amazed, be impressed
- 感嘆する
- 感叹
- thán phục, cảm thán

**기출** 우리는 야구 만화를 볼 때 공이 상하좌우로 강하게 휘어 들어가는 장면에서 감탄하게 된다. (41회 읽기 46번)

**추천** 청중들은 그의 화려한 연주에 감탄했다.

**표현** 경치를 감탄하다, 정성을 감탄하다  **유의** 놀라다

---

**1112 강조되다**
- be emphasized
- 強調される
- 强调
- được nhấn mạnh

**기출** 조각보는 실용성보다 예술성이 강조되었다.
(41회 읽기 32번)

**추천** 최근 정치인들의 도덕성이 더욱 강조되고 있다.

**표현** 실천이 강조되다, 중요성이 강조되다

---

**1113 강좌**
- lecture
- 講座
- 讲座
- khóa học

**기출** 최근 '자서전 쓰기' 강좌를 듣는 70~80대 노년층이 늘고 있다.
(36회 읽기 31번)

**추천** 외국어 강좌는 수강 신청이 시작되자마자 자리가 찰 정도로 인기가 많다.

**표현** 강좌를 듣다  **유의** 강의

## 1114 강화
- reinforcement
- 強化
- 強化
- sự tăng cường

**기출** 음주 운전으로 인명 피해를 낸 사람에 대한 처벌 **강화** 법안이 국회에서 통과되었다. (64회 읽기 38번)

**추천** 비밀번호는 보안 강화를 위해 특수 문자까지 넣어 만들어야 한다.

**표현** 세력 강화, 강화 훈련　**반의** 약화

## 1115 강화하다
- strengthen
- 強化する
- 強化
- tăng cường

**기출** 신상 정보를 등록해야만 카메라의 판매 및 유통이 가능하도록 법적 규제를 **강화할** 필요가 있다. (60회 읽기 35번)

**추천** 서울시는 불법 주차 단속을 강화하고 있다.

**표현** 법률을 강화하다　**유의** 다지다　**반의** 약화하다

## 1116 개봉
- release
- 公開
- 首映
- công chiếu, khởi chiếu, ra mắt

**기출** 영화 '사랑'의 **개봉**을 기대하고 있는 사람들이 많다. (41회 읽기 26번)

**추천** 그 감독의 새 영화는 개봉 열흘 만에 관객 백만 명을 돌파했다.

**표현** 영화 개봉, 개봉 예정　**유의** 열다

## 1117 개장
- opening
- 開場
- 开场
- sự mở cửa, sự khai trương

**기출** **개장** 기념으로 식빵을 반값에 팔고, 어떤 제품을 사든지 아메리카노를 한 잔 무료로 제공하는 행사를 벌이는 중이다. (60회 읽기 42번)

**추천** 때 이른 더위로 야외 수영장 개장이 작년보다 일주일 빨라졌다.

**표현** 가게를 개장하다　**반의** 폐장

## 1118 개최
- holding, hosting
- 開催
- 举办
- việc tổ chức

**기출** 어떻게 하면 우리 시가 박람회 **개최** 도시로 선정될 수 있을까요? (41회 듣기 47번)

**추천** 올림픽 개최를 앞두고 경기장을 건설하는 등 준비가 한창이다.

**표현** 경기 개최, 개최 국가　**유의** 주최

# TOPIK II

**1119 걱정**
- worry
- 心配
- 担心
- nỗi lo

**기출** 병원에서 온 연락을 받고 **걱정**이 되어 정신없이 달려갔다.
(41회 읽기 23번)

**추천** 성적이 나쁠까 봐 걱정만 하지 말고 미리 준비를 하세요.

**표현** 걱정거리, 걱정스럽다  **유의** 근심

---

**1120 건네다**
- speak to, hand over
- (話を) かける
- 递, 搭(话)
- trao, đưa

**기출** 서투른 영어를 총동원해서 말을 **건네려고** 하자, 그가 "봉투 하나 주세요."라며 한국말을 하는 게 아닌가. (47회 읽기 23번)

**추천** 그는 사람들에게 인사를 건네면서 항상 밝게 웃었다.

**표현** 술을 건네다  **유의** 넘겨주다, 넘기다, 주다

---

**1121 건성**
- half-heartedness
- 上の空
- 敷衍
- đại khái, qua loa, phiên phiến

**기출** 사과를 할 때 진심 없이 **건성**으로 하는 사람들이 있다.
(52회 읽기 38번)

**추천** 나는 교과서를 건성으로 읽고 시험을 봤다.

**표현** 건성으로 말하다  **유의** 대강

---

**1122 검진**
- medical checkup
- 検診
- 体検
- việc khám bệnh

**기출** 남성은 밥보다 건강 **검진**을 더 많이 선택했다.
(37회 읽기 10번)

**추천** 남성은 건강 검진을 위해 식사를 하지 않았다.

**표현** 건강 검진  **유의** 검사

---

**1123 검토**
- examination
- 検討
- 审查
- kiểm tra, xem xét

**기출** 사업 내용의 **검토**를 요구하고 있다.
(41회 듣기 48번)

**추천** 예산안에 대한 검토가 이루어졌다.

**표현** 검토하다  **유의** 검사

## 1124 겉
- outside, surface
- 表
- 表
- bên ngoài, bề ngoài

**기출** 화학 물질로 익힌 과일은 **겉**은 익었지만 속이 잘 익지 않은 경우가 많다.
(35회 읽기 19번)

**추천** 그녀는 겉으로 보기에는 차가워 보이지만 이야기를 해 보니 아니었다.

**표현** 안과 겉, 겉모습

**유의** 표면, 겉면, 외양, 껍데기, 외피  **반의** 내면, 내부, 속

## 1125 겉면
- surface
- 表面
- 表面
- mặt ngoài

**기출** 햄버거 **겉면**에 '햄버거 1개를 먹을 경우 9km 정도 달려야 한다'고 쓰여 있다.
(47회 읽기 30번)

**추천** 그 과일의 겉면은 딱딱해서 맛이 없다.

**표현** 겉면이 딱딱하다, 겉면을 닦다  **유의** 겉, 외면, 표면

## 1126 게다가
- additionally, moreover
- その上
- 而且
- thêm nữa, hơn nữa, và lại

**기출** **게다가** 비밀번호 변경도 주기적으로 해야 한다.
(52회 읽기 19번)

**추천** 날씨가 춥고 게다가 비까지 내린다.

**유의** 더욱이

## 1127 게시하다
- post
- 掲示する
- 公布, 发布
- đăng lên, đưa lên

**기출** 국내의 모든 자동차 회사들은 의무적으로 회사 홈페이지에 부품 가격을 **게시한다**.
(36회 읽기 38번)

**추천** 신입 회원 모집 공고를 학생회관 게시판에 게시해 두었다.

**표현** 게시한 사진, 공지 사항을 게시하다

## 1128 게으르다
- lazy
- 怠惰だ
- 懒
- lười biếng

**기출** 한 농부가 **게으른** 아들에게 밭에 보물을 숨겼다는 말을 남기고 죽었다.
(52회 읽기 15번)

**추천** 게으른 동생은 방학 내내 놀았다.

**표현** 게으른 성격, 성품이 게으르다

**유의** 느리다, 나태하다, 안일하다, 태만하다  **반의** 부지런하다, 근면하다

# TOPIK II

**1129 겨우**
- only
- やっと
- 才
- mới chỉ

**기출** **겨우** 신발 한 켤레 준다고 아이들의 삶이 얼마나 달라지겠어?
(47회 듣기 27번)

**추천** 겨우 이 정도 돈을 벌기 위해서 그렇게 노력을 했던 거야?

**표현** 겨우 끝내다　**유의** 고작, 기껏

---

**1130 결과물**
- output
- 結果物
- 成果
- kết quả

**기출** 이처럼 추상 활동의 **결과물**은 대상의 특징을 포착하는 데에서 얻어진다.
(47회 읽기 44번)

**추천** 그가 만들어 낸 결과물은 대단했다.

**표현** 노력의 결과물　**유의** 완성품

---

**1131 결합하다**
- combine
- 結合する
- 结合
- kết hợp

**기출** 지우개의 재료인 고무에 약품을 넣으면 고무 분자들이 **결합하게** 된다.
(41회 읽기 30번)

**추천** 회사는 여행과 골프를 결합한 새 여가 상품을 홍보하였다.

**표현** 원자들이 결합하다, 타인과 결합하다

**유의** 연합하다, 결속하다　**반의** 흩어지다, 갈라지다

---

**1132 경관**
- landscape
- 景観
- 景观
- cảnh quan, phong cảnh

**기출** **경관**을 위해 등산을 금지하자는 의견이 있다.
(41회 듣기 26번)

**추천** 그곳은 계절마다 뛰어난 경관을 자랑한다.

**표현** 경관이 뛰어나다, 경관이 멋있다　**유의** 미관, 전망

---

**1133 경사지다**
- be tilted
- 傾く
- 倾斜
- nghiêng, dốc

**기출** 석빙고의 **경사진** 바닥은 온도 유지에 도움이 된다.
(47회 듣기 42번)

**추천** 이 건물은 눈으로만 봐도 삼십 도쯤 경사졌다.

**표현** 경사진 언덕, 경사가 높다　**유의** 비탈지다, 비스듬하다, 기울어지다, 기울다

## 1134 계산
- calculation
- 計算
- 计算
- tính toán

**기출** 계산을 잘못해서 창피한 적도 많았다.
(47회 읽기 23번)

**추천** 계산기로 하면 좀 더 빠르고 정확한 계산이 될 것이다.

**표현** 계산이 빠르다, 계산 실수　**유의** 셈

## 1135 계층
- class
- 階層
- 阶层
- giai cấp, tầng lớp

**기출** 이 유리구슬은 상위 계층이 사용했다.
(41회 듣기 44번)

**추천** 우리나라는 조선 시대까지 계층의 구분이 있었다.

**표현** 상류 계층, 소외 계층　**유의** 계급, 부류, 신분

## 1136 계획
- plan
- 計画
- 计划
- kế hoạch

**기출** 한편 통계청은 앞으로 측정 지표를 개방하고 국민들의 의견을 수렴하여 측정 체계의 완성도를 높여 갈 계획이다. (37회 읽기 46번)

**추천** 나는 방학 계획을 세워 놓고 한 번도 실행한 적이 없다.

**표현** 계획을 세우다, 방학 계획　**유의** 구상, 준비, 도모

## 1137 고난
- hardship
- 苦難
- 困难, 苦难
- khổ nạn, nghịch cảnh

**기출** 우리는 시련이나 고난이 닥쳤을 때일수록 더욱 긍정적으로 생각할 필요가 있다.
(37회 쓰기 52번)

**추천** 그는 암이라는 고난을 극복하고 다시 건강을 되찾았다.

**표현** 고난을 겪다, 고난을 극복하다　**유의** 고초, 시련, 고통, 고생

## 1138 고대
- ancient era
- 古代
- 古代
- thời kỳ cổ đại

**기출** 인류는 판의 경계에 고대 문명을 건설했다.
(47회 듣기 43번)

**추천** 그곳에는 고대에 지어진 건물들이 아직도 많이 남아 있다.

**표현** 고대 사회, 고대 역사　**유의** 옛날, 옛적

# TOPIK II

**1139 고도**
- altitude
- 高度
- 高度
- độ cao

**기출** 거친 바람을 맨 앞에서 맞서 비행하며 최고의 항로와 **고도**를 찾아낼 수 있는 경험을 두루 갖추고 있어야 한다. (52회 읽기 36번)

**추천** 비행기의 고도가 높아지면서 기압에 변화가 생긴다.

**표현** 고도를 높이다, 고도가 높다   **유의** 높이다

---

**1140 고발하다**
- accuse
- 告発する
- 揭露
- tố cáo, tố giác

**기출** 인류에 잔재하는 반문명적 요소를 **고발하기** 위해 이 글을 썼다. (37회 읽기 48번)

**추천** 그는 환경 파괴의 실태를 고발했다.

**표현** 현실을 고발하다, 실상을 고발하다   **유의** 밀고하다, 이르다

---

**1141 고생하다**
- have difficulty
- 苦労する
- 受苦
- vất vả, khổ nhọc

**기출** **고생하는** 딸이 안쓰러워서 눈물이 핑 돈 적도 있었다. (36회 읽기 23번)

**추천** 그가 불면증으로 고생하더니 결국 일하다가 쓰러졌대요.

**표현** 심하게 고생하다, 고생한 기억   **유의** 수고하다, 애쓰다

---

**1142 고유하다**
- unique
- 固有だ
- 固有的
- vốn có, có sẵn

**기출** 한국인의 **고유한** 특성은 무엇인가? (41회 읽기 44번)

**추천** 이 전통 놀이는 우리의 고유한 민족 문화이다.

**표현** 고유한 특성, 고유한 문화   **유의** 특유하다

---

**1143 곳곳**
- here and there
- 所々
- 到处
- nơi nơi, khắp nơi

**기출** 지금도 **곳곳**에서 발생하고 있는 무력 충돌이라는 부작용을 초래하기도 한다. (37회 읽기 48번)

**추천** 요즘 세계 곳곳에서 폭우와 지진 등 자연재해가 발생한다.

**표현** 세계 곳곳에   **유의** 이곳저곳, 각지, 여기저기, 군데군데, 도처

## 1144 공개
- open
- 公開
- 公开
- sự công khai

**기출** 부품 가격 **공개**는 소비자의 알 권리와 관계가 있다.
(36회 읽기 38번)

**추천** 경찰은 그 사건을 비공개 수사에서 공개 수사로 전환하였다.

**표현** 공개 방송    **유의** 개방    **반의** 비공개, 은폐, 은닉

## 1145 공공
- public
- 公共
- 公共
- công cộng

**기출** 이미 설치해 놓은 **공공** 시설물을 없애는 것만이 최선은 아닐 것이다.
(36회 읽기 15번)

**추천** 새 도서관을 짓는 것보다 이미 설립해 놓은 공공 도서관을 잘 활용해야 한다.

**표현** 공공 도서관, 공공 목적    **유의** 공동, 사회

## 1146 공공시설
- public facilities
- 公共施設
- 公共设施
- cơ sở vật chất công cộng

**기출** 30대와 60대 성인 남녀 50명을 대상으로 '필요하다고 생각하는 **공공시설**'에 대해 설문 조사를 하였다. (35회 쓰기 53번)

**추천** 정부는 시민들을 위해 공공시설을 늘리려고 한다.

**표현** 공공시설을 설치하다

## 1147 공공장소
- public place
- 公共の場
- 公共场所
- nơi công cộng

**기출** 다양한 **공공장소**에 태양광 시설을 설치하고 있다.
(47회 듣기 39번)

**추천** 아이한테 공공장소에서 지켜야 할 예절을 가르쳤다.

**표현** 공공장소를 이용하다

## 1148 공약
- pledge
- 公約
- 公约
- sự cam kết, lời cam kết, lời hứa

**기출** 지난 임기 동안 **공약**을 잘 실천한 점을 높이 평가해 주신 것 같습니다.
(47회 듣기 35번)

**추천** 그 정치인은 자신이 내세운 공약을 하나도 지키지 않았다.

**표현** 공약을 내세우다, 공약을 내걸다    **유의** 약속

# TOPIK II

**1149 과도하다**
- excessive
- 過度だ
- 过渡
- quá mức

[기출] 이 그림은 몸을 이루는 요소가 **과도하게** 사라졌음에도 실체를 토대로 했기 때문에 '황소다움'의 본질을 잘 보여 준다. (47회 읽기 44번)

[추천] 돈을 과도하게 써서 용돈이 얼마 남지 않았다.

[표현] 과도한 욕심, 지출이 과도하다  [유의] 심하다, 지나치다, 무리하다

**1150 관람료**
- admission fee
- 観覧料
- 参观费
- phí tham quan, phí vào xem

[기출] 가족 사진을 들고 가면 **관람료**를 내지 않아도 된다. (36회 읽기 9번)

[추천] 그 뮤지컬은 유명 배우들이 출연해서 관람료가 매우 비싸다.

[표현] 관람료를 지불하다, 관람료가 있다  [유의] 입장료

**1151 관리자**
- manager
- 管理者
- 管理者
- người quản lý

[기출] 중간 **관리자**는 단순히 수직적 조직에서의 메신저가 아니라 다차원 교차 지점에 있는 조정자들이다. (37회 읽기 44번)

[추천] 그는 이 구역의 관리자로 일하고 있다.

[표현] 건물 관리자, 관리자가 되다  [유의] 감독

**1152 괘씸하다**
- disgraceful
- けしからん
- 可恶
- vô lễ, vênh váo, hỗn xược

[기출] 그가 **괘씸했**다. (47회 읽기 42번)

[추천] 그의 말투가 괘씸하게 생각되었다.

[표현] 괘씸한 녀석, 괘씸하게 생각하다  [유의] 발칙하다, 얄밉다

**1153 교체**
- replacement
- 交替
- 更換
- sự thay thế

[기출] 문화재 수리는 반복되는 **교체** 작업이다. (37회 듣기 30번)

[추천] 우리 팀은 주전 선수와 교체 선수가 항상 함께 훈련하고 있다.

[표현] 세대 교체, 교체 비용  [유의] 교환, 교체

## 1154 교환하다
- exchange
- 交換する
- 交换
- đổi, hoán đổi

**기출** 이 시장에서는 판매자와 소비자가 실시간으로 필요한 정보를 **교환한다**.
(47회 읽기 31번)

**추천** 노란색 치마를 파란색으로 교환하러 갔다.

**표현** 물건을 교환하다, 정보를 교환하다   **유의** 바꾸다

## 1155 구급차
- ambulance
- 救急車
- 救护车
- xe cấp cứu

**기출** 골든 타임이 잘 지켜지려면 **구급차** 주행 시 운전자들의 협조가 요구된다.
(36회 읽기 39번)

**추천** 사고 현장에서 수많은 부상자들이 구급차에 실려 병원으로 이동했다.

**표현** 구급차에 실리다, 구급차를 타다   **유의** 앰뷸런스

## 1156 구리
- copper
- 銅
- 铜
- đồng đỏ

**기출** 인간은 **구리** 등을 이용하여 단단한 연장을 만들었다.
(47회 듣기 43번)

**추천** 전기도 잘 통하고 가격도 싸기 때문에 구리를 주로 사용한다.

**표현** 구리 반지, 구리를 녹이다

## 1157 구매하다
- purchase
- 購入する
- 购买
- mua hàng, mua

**기출** 소비자는 필요한 시점에 싼 가격으로 상품을 **구매할 수** 있는 것이다.
(47회 읽기 31번)

**추천** 마트에 가서 라면 한 상자를 구매했다.

**표현** 상품을 구매하다, 싼값에 구매하다   **유의** 구입하다, 매입하다, 사다

## 1158 국가 대표
- member of the national team
- 國家代表
- 国家代表
- đại diện quốc gia

**기출** 남자는 장애를 극복하고 **국가 대표**가 되었다.
(47회 듣기 26번)

**추천** 한국 국가 대표 선수들은 모두 열 개의 금메달을 땄다.

**표현** 국가 대표가 되다, 국가 대표로 출전하다

# TOPIK II

**1159 국가적**
- national
- 国家的
- 国家的
- mang tính quốc gia

**기출** 당시에는 **국가적**인 긴급 상황에 대처하는 데 중요한 역할을 담당했다.
(47회 읽기 35번)

**추천** 고급 인력이 해외로 빠져나가는 것은 국가적으로 막대한 손실이다.

**표현** 국가적 행사, 국가적으로 관리하다

---

**1160 궁**
- palace
- 宮
- 宫
- cung điện

**기출** 조선 시대에는 큰 명절이나 나라에 축하할 일이 생겼을 때 **궁**에서 잔치를 열었다.
(35회 읽기 30번)

**추천** 한복을 입고 궁에 가면 입장료가 무료다.

**표현** 궁을 관람하다 **유의** 궁궐

---

**1161 권유하다**
- advise, suggest
- 勧誘する
- 劝说, 建议
- khuyên nhủ, khuyên bảo

**기출** 정장 기증에 참여할 것을 **권유하기** 위해 이 말을 했다.
(41회 듣기 27번)

**추천** 의사는 꾸준한 운동을 권유했다.

**표현** 가입을 권유하다, 운동을 권유하다 **유의** 권고하다, 권장하다

---

**1162 권익**
- rights and benefits
- 権益
- 权益
- quyền lợi, lợi ích

**기출** 올림픽을 통해 장애인의 **권익**이 보호되기를 기대하고 있다.
(37회 듣기 48번)

**추천** 우리 회사는 직원 개개인의 권익을 보호해 주려고 노력한다.

**표현** 권익을 보호하다, 권익 옹호

---

**1163 권하다**
- recommend
- 勧める
- 劝, 建议
- khuyên nhủ, khuyên bảo, khuyến khích

**기출** 아들이 제 경험을 살려 보라며 이 일을 적극 **권했습니다**.
(41회 듣기 16번)

**추천** 그는 나에게 짧은 머리를 해 보라고 권했다.

**표현** 술을 권하다, 독서를 권하다 **유의** 권고하다

**1164 근무**
- work
- 勤務
- 工作
- sự làm việc

**기출** 근무 조건을 중요하게 생각하는 사람이 전체의 반을 넘는다. (52회 읽기 10번)

**추천** 이 회사는 초과 근무 수당이 너무 적은 것 같다.

**표현** 근무 시간, 근무 환경　**유의** 근로

---

**1165 급격하다**
- rapid
- 急激だ
- 急剧
- nhanh chóng, mau lẹ

**기출** 인간은 구리 등을 이용하여 단단한 연장을 만들었고 인류 문명을 **급격하게** 발달시켰다. (47회 듣기 43번)

**추천** 한국은 1970년대 급격한 경제 성장을 이루었다.

**표현** 급격하게 변하다, 급격한 발달　**유의** 급하다, 과격하다　**반의** 완만하다

---

**1166 기관**
- organization
- 機関
- 机关，机构
- cơ quan

**기출** 이 제도는 의료 **기관**에서 의약품을 처방하기 전에 환자가 다른 기관에서 어떤 약을 처방 받았는지 온라인으로 점검하도록 하는 것이다. (52회 읽기 34번)

**추천** 이 업무는 교육 기관에서 담당했던 것이다.

**표현** 정부 기관, 공적 기관

---

**1167 기대**
- expectation
- 期待
- 期待
- sự mong đợi

**기출** 칭찬을 들으면 그 **기대**에 부응해야 한다는 압박감이 생긴다. (47회 쓰기 54번)

**추천** 사람들이 기대도 하지 않았던 선수가 대회에서 우승하였다.

**표현** 기대가 되다, 기대가 높다　**유의** 고대, 바람, 희망, 소망

---

**1168 기부**
- donation
- 寄付
- 捐赠
- đóng góp, ủng hộ, cho tặng

**기출** 참된 **기부**란 돈의 액수가 중요한 것이 아니라 다른 사람을 향한 사랑의 마음이다. (41회 읽기 21번)

**추천** 한 부자의 기부로 가난한 학생들도 마음 편히 공부할 수 있게 되었다.

**표현** 기부하다, 기부금　**유의** 기증, 기탁, 기여, 증여

# TOPIK II

**1169 기울이다**
- put effort
- 傾ける
- 傾注
- dốc, nghiêng về

（기출） 근 반세기 동안 한국 사회는 경제 성장을 지상 최대의 과제로 삼아 총력을 **기울여** 왔다. (37회 읽기 46번)

（추천） 노력을 기울였으니 합격할 것이라고 믿어요.

（표현） 정성을 기울이다, 노력을 기울이다 　（유의） 쏟아 붓다, 총동원하다

**1170 길거리**
- street
- 通り
- 街道，街头
- đường, đường phố

（기출） 아이를 임신한 사람은 **길거리**에서 유난히 임산부만 눈에 들어온다. (36회 읽기 30번)

（추천） 많은 사람들이 바쁜 걸음으로 길거리를 지나갔다.

（표현） 길거리를 헤매다, 길거리에 나앉다 　（유의） 거리, 길

**1171 까다롭다**
- complex, picky
- ややこしい
- 麻烦
- khắt khe, phức tạp, kỹ tính

（기출） 비밀번호 설정을 **까다롭게** 요구한다. (52회 읽기 20번)

（추천） 이민 절차는 꽤 까다로운 편이다.

（표현） 절차가 까다롭다 　（유의） 깐깐하다, 복잡하다, 난해하다

**1172 껍질**
- peel, shell
- 皮
- 皮
- vỏ

（기출） 화학 물질이 과일 **껍질**에 남게 될 수도 있다. (35회 읽기 19번)

（추천） 귤의 껍질을 버리지 않고 말려 차를 끓였다.

（표현） 껍질을 벗기다, 껍질이 단단하다 　（유의） 껍데기

**1173 꽃가루**
- pollen
- 花粉
- 花粉
- phấn hoa

（기출） 나방은 나비와 달리 **꽃가루**를 모으지 않는다. (52회 듣기 44번)

（추천） 저는 꽃가루 알레르기가 있어요.

（표현） 꽃가루가 날리다, 꽃가루를 모으다

**1174** 꽤
- fairly
- かなり
- 挺
- khá, tương đối, đáng kể

기출) 진로를 결정하는 데에도 **꽤** 도움이 됐어.
(83회 듣기 19번)

추천) 그녀는 외모도 나쁘지 않고 노래도 꽤 하는 편이다.

표현) 꽤 비싸다    유의) 제법, 상당히

---

**1175** 꾸준하다
- steady
- 根気強い
- 持续
- đều đặn, bền bỉ

기출) 성공 비결은 **꾸준하게** 노력했기 때문인 것 같습니다.
(36회 읽기 35번)

추천) 그의 꾸준한 노력으로 결국 성공하였다.

표현) 꾸준한 인기, 꾸준하게 노력하다    유의) 끊임없다

---

**1176** 꾸준히
- steadily
- こつこつと
- 持续地
- một cách đều đặn

기출) 드론의 안전성 검증에 대한 필요성이 **꾸준히** 제기되어 왔다.
(47회 읽기 47번)

추천) 그 소설은 꾸준히 많이 팔렸다.

표현) 꾸준히 노력하다, 꾸준히 늘다    유의) 지긋이, 한결같이, 끊임없이

---

**1177** 꿈꾸다
- dream
- 夢見る
- 梦想
- mơ, mơ ước

기출) 희망을 **꿈꾼다**는 것이 사치였던 사람들에게 힙합은 서로의 생각을 주고받는 몸짓이며 외침이다. (41회 읽기 31번)

추천) 네가 꿈꾸고 원하는 일이 다 이루어지길 바라.

표현) 결혼을 꿈꾸다, 성공을 꿈꾸다    유의) 염원하다

---

**1178** 끄덕이다
- nod
- うなずく
- 点头
- gật gù, gật đầu

기출) 고개를 **끄덕이는** 행동을 하면 좋다.
(52회 읽기 17번)

추천) 그는 내 말에 고개를 끄덕였다.

표현) 고개를 끄덕이다, 끄덕이며 듣다    유의) 끄덕거리다, 끄덕끄덕하다

# TOPIK II

**1179 끊임없이**
- constantly
- たえず
- 不斷地
- một cách không ngừng nghỉ, ko dừng lại

(기출) 1980년대 초 이모티콘이 처음 생긴 이래 **끊임없이** 진화를 계속하고 있는 것이다.
(41회 읽기 35번)

(추천) 요즘 아이가 끊임없이 먹어서 걱정이에요.

(표현) 끊임없이 변하다, 끊임없이 먹다  (유의) 자꾸, 꾸준히, 내내, 계속, 항상, 줄곧

---

**1180 난처하다**
- embarrassing
- 困る
- 尴尬
- khó xử

(기출) 주인공의 심정이 **난처했다**.
(52회 읽기 42번)

(추천) 남자 친구에 대해 질문할 때면 상당히 난처했다.

(표현) 난처한 질문, 난처한 처지, 입장이 난처하다  (유의) 어렵다, 난감하다

---

**1181 날다**
- fly
- 飛ぶ
- 飞
- bay

(기출) 가끔 공이 **날아오다가** 자기 앞에서 떠오르는 것 같다는 타자들도 있다.
(41회 읽기 46번)

(추천) 하늘을 날던 비행기가 중심을 잃고 추락하였다.

(표현) 하늘을 날다, 새가 날다

(유의) 비행하다, 날아가다, 뜨다, 떠다니다  (반의) 기다

---

**1182 남다르다**
- unusual, extraordinary
- 格別だ
- 与众不同
- khác người

(기출) 세종의 **남다른** 리더십은 인재의 등용에서도 잘 나타난다.
(35회 읽기 41번)

(추천) 그는 한국 사람이 아닌데도 한국 문화에 대한 관심과 사랑이 남다르다.

(표현) 남다른 외모, 성격이 남다르다  (유의) 다르다, 특별하다, 뛰어나다, 유별나다

---

**1183 낮추다**
- lower
- 下げる
- 降低
- giảm, hạ thấp

(기출) 이 사업에서는 도로의 제한 속도를 **낮추는** 방안을 검토 중이다.
(52회 듣기 40번)

(추천) 채소를 많이 먹으면 지방 수치를 많이 낮출 수 있다.

(표현) 몸을 낮추다, 속도를 낮추다

(유의) 내리다, 떨어뜨리다  (반의) 높이다, 올리다

## 1184 내면
- inner side
- 内面
- 内心
- mặt trong, nội tâm

**기출** 분위기에 휩쓸려 무작정 강연에 매달리기보다는 스스로를 치유할 수 있는 **내면**의 힘을 찾아야 할 것이다. (36회 읽기 37번)

**추천** 외모보다 내면의 아름다움을 가꾸려고 노력해야 한다.

**표현** 내면의 아름다움, 인간의 내면

**유의** 안, 내부, 속마음, 안쪽  **반의** 외면, 겉

## 1185 넓어지다
- widen
- 広がる
- 变宽
- rộng ra, trở nên rộng hơn

**기출** 선택의 폭이 **넓어지면** 결정이 더 어려워진다. (35회 읽기 22번)

**추천** 일자리가 늘어서 직업 선택의 폭이 넓어졌다고 한다.

**표현** 넓어진 화면, 도로가 넓어지다, 마음이 넓어지다

## 1186 넘기다
- go over, go through
- 越す
- 渡过, 移交
- vượt qua

**기출** 기업들은 각 회사에 최종 결정 권한을 **넘김으로써** 시장 변화에 신속히 대처하고 있다. (52회 읽기 31번)

**추천** 직원들이 모두 노력한 덕분에 회사의 어려운 위기를 잘 넘겼다.

**표현** 위기를 넘기다, 일을 넘기다, 무사히 넘기다

## 1187 노출되다
- be exposed
- 露出する
- (被)露出
- bị lộ, bị rò rỉ

**기출** 한쪽으로 치우친 정보에 **노출될** 가능성이 커집니다. (41회 듣기 49번)

**추천** 개인 정보가 노출되는 방송 사고가 났다.

**표현** 공기에 노출되다, 위험에 노출되다

## 1188 녹화
- recording
- 録画
- 录像
- sự quay phim, sự ghi hình

**기출** 이 프로그램은 평일에 **녹화**를 진행한다. (36회 읽기 11번)

**추천** 결혼식 때 녹화한 영상을 보면 감회가 새롭다.

**표현** 녹화 영상, 녹화 비디오

# TOPIK II

**1189 논리적**
- logical
- 論理的
- 逻辑性
- tính lý luận, tính logic

**기출** 사회 현상을 **논리적**으로 분석하고 있다.
(47회 듣기 50번)

**추천** 논문이 논리적인 방법론을 갖추지 못했다.

**표현** 논리적 사고, 논리적인 방법

---

**1190 놀이**
- play, game
- 遊び
- 游戏
- trò chơi

**기출** 특별권을 사면 **놀이** 시설 이용료가 할인된다.
(35회 읽기 9번)

**추천** 자녀 학습에 도움이 되는 놀이 방법이 인기를 얻고 있다.

**표현** 전통 놀이, 놀이 규칙

---

**1191 농작물**
- crop
- 農作物
- 农作物
- nông sản, sản phẩm nông nghiệp

**기출** 태양광 발전소가 생긴 후 **농작물**의 생산성이 향상되었다.
(47회 듣기 40번)

**추천** 그 농부는 여러 농작물을 경작한다.

**표현** 농작물을 재배하다, 농작물을 가꾸다  **유의** 농작, 작물

---

**1192 뇌**
- brain
- 脳
- 脑
- não

**기출** 특정 장면에 대한 공포는 생존을 위한 **뇌**의 학습 결과인 것이다.
(83회 듣기 43번)

**추천** 자주 사용하지 않는 손을 움직일 때 뇌가 더 효과적으로 자극될 수 있다.

**표현** 뇌 기능, 뇌가 손상되다  **유의** 두뇌, 머리

---

**1193 눈치**
- wits, sense
- 勘, センス
- 眼力劲儿
- sự tinh ý, tinh tế

**기출** **눈치**만 빨라진다.
(35회 읽기 21번)

**추천** 그는 제법 눈치가 있어서 분위기를 띄우기 위해 노력했다.

**표현** 눈치를 주다, 눈치가 빠르다, 눈치가 없다  **유의** 센스, 낌새, 기미, 기색

## 1194 다듬다
- trim, revise
- 整える
- 修整
- chỉnh sửa, cắt tỉa

**기출** 그 조각상은 자연석을 **다듬어서** 만들었다.
(37회 듣기 49번)

**추천** 선생님은 내가 쓴 글을 항상 간결하게 다듬어 주셨다.

**표현** 말을 다듬다, 글을 다듬다

**유의** 정비하다, 정리하다, 정돈하다  **반의** 어지르다

## 1195 다루다
- deal with
- 扱う
- 处理
- đối xử, xử lý

**기출** 이 책에서는 영화에 등장하는 투명 인간이나 인공 지능 로봇 등을 **다루고** 있다.
(41회 읽기 41번)

**추천** 신문사들은 그 사건을 주요 기사로 다루었다.

**표현** 사건을 다루다, 주제로 다루다  **유의** 취급하다

## 1196 다행
- good fortune, luck
- 幸い
- 幸运
- sự may mắn

**기출** 대회가 문제없이 잘 끝나서 **다행**이다.
(41회 듣기 8번)

**추천** 아이가 건강하게 태어난 것을 다행으로 여기고 감사하는 중이다.

**표현** 다행으로 여기다, 그나마 다행이다

**유의** 행운, 천행  **반의** 불행하다, 박복하다, 불운하다

## 1197 다행히
- luckily
- 幸いに
- 幸好
- một cách may mắn

**기출** **다행히** 오늘은 사고가 없었지만 사고가 발생하면 어떻게 하시나요?
(60회 듣기 29번)

**추천** 친구는 사고를 당했지만 다행히 많이 다치지는 않았다.

**표현** 다행히 잘 끝나다, 다행히 찾다, 다행히 해결하다

## 1198 단단하다
- solid
- しっかりしている
- 坚韧，坚硬
- vững chắc, cứng cáp, mạnh mẽ

**기출** 여기에서 소개하는 길을 따라 그곳 사람들의 소박하지만 **단단한** 일상을 들여다 보고 있으면 포기하고 좌절했던 나의 모습들이 부끄러워진다. (47회 읽기 40번)

**추천** 민수는 소심해 보이는 겉모습과 다르게 속이 단단하다.

**표현** 단단한 바위, 단단하게 뭉치다, 단단하게 박히다

**유의** 굳세다, 튼튼하다, 야무지다  **반의** 약하다, 무르다

# TOPIK II

**1199 단순화하다**
- simplify
- 単純化する
- 简单化
- đơn giản hóa

**기출** 이는 의사 결정 단계를 **단순화하려는** 의도에서 비롯된 것이다.
(52회 읽기 31번)

**추천** 복잡한 자료를 단순화하여 간단하게 정리했다.

**표현** 단순화 작업, 단순화하다, 단순화되다

---

**1200 단지**
- only
- ただ
- 只是
- chỉ

**기출** 이건 **단지** 만화라서 가능한 일일까?
(41회 읽기 46번)

**추천** 나도 그 말을 하려고 했어. 단지 아직은 이르다는 생각이 들어서 말을 안 했어.

**유의** 다만, 단, 오직

---

**1201 단추**
- button
- ボタン
- 扣子
- cúc áo, nút áo

**기출** 셔츠에 **단추**가 떨어졌다.
(41회 듣기 9번)

**추천** 떨어진 코트의 단추를 바느질해서 다시 달았다.

**표현** 단추를 달다, 단추 구멍

---

**1202 담담하다**
- calm
- 淡々としている
- 平静
- bình tĩnh, bình lặng

**기출** 여주인공의 심정이 **담담하다**.
(52회 읽기 42번)

**추천** 그의 표정은 의외로 담담해 보였다.

**표현** 담담한 모습, 담담한 목소리, 마음이 담담하다

**유의** 평온하다, 평안하다, 덤덤하다

---

**1203 대규모**
- large scale
- 大規模
- 大规模
- đại quy mô, quy mô lớn

**기출** **대규모** 회의장에만 컴퓨터가 설치되어 있다.
(41회 듣기 24번)

**추천** 회사는 해외에 대규모 공장을 건설하겠다는 계획을 발표했다.

**표현** 대규모 사업, 대규모 실험  **반의** 소규모

### 1204 대기
- atmosphere, air
- 大気
- 空气
- bầu khí quyển

**기출** 한 예로 나팔꽃은 **대기** 오염의 지표가 된다.
(52회 읽기 33번)

**추천** 그 도시의 대기는 매연으로 인해 심각하게 오염되었다.

**표현** 대기 오염, 대기 온도  **유의** 공기

---

### 1205 대여하다
- lend, rent
- 貸し出す
- 借
- cho mượn, cho vay, cho thuê

**기출** 학교에서 남는 공간을 창업 동아리에 무료로 **대여해** 준대.
(83회 듣기 27번)

**추천** 도서관에서 대여한 책을 늦게 반납해서 벌금을 내야 한다.

**표현** 책을 대여하다, 옷을 대여하다  **유의** 임대하다

---

### 1206 대중
- the public
- 大衆
- 大众
- đại chúng

**기출** 딱딱한 역사를 허구가 더해진 이야기로 풀어내 쉽고 재미있게 **대중**들에게 다가갈 수 있었던 것이다. (47회 읽기 41번)

**추천** 요즘 대중의 영향력이 커졌다.

**표현** 대중 매체, 대중 가요

---

### 1207 대표
- representative
- 代表
- 代表
- đại diện

**기출** 정책 결정에 참여할 **대표**를 정하는 기회다.
(36회 읽기 45번)

**추천** 그는 우리나라 축구 대표 팀의 주장이다.

**표현** 대표 작가, 대표 작품  **유의** 대표인, 대표자

---

### 1208 대표적
- being representative, typical
- 代表的
- 代表性的
- tính tiêu biểu, tính đại diện

**기출** 이 때문에 점묘법은 회화의 **대표적**인 표현 기법으로 자리 잡게 되었고 화가들도 즐겨 사용하고 있다. (52회 읽기 32번)

**추천** 이곳은 서울의 대표적인 관광 명소입니다.

**표현** 대표적인 문화재, 대표적인 책

# TOPIK II

**1209 도덕성**
- morality
- 道德性
- 道德性
- tính đạo đức

**기출** 도덕성과 타인을 배려하고 존중하는 마음을 갖춘 사람이 되십시오.
(52회 듣기 35번)

**추천** 나이가 많은 사람들 중에도 도덕성이 결여된 사람이 있다.

**표현** 도덕성이 결여되다, 도덕성을 갖추다

---

**1210 도래하다**
- arrive
- 到来する
- 到来
- du nhập, du nhập đến

**기출** 도래하는 신문명 시대의 가치는 동질성이 아닌 다름에서 찾아야 한다.
(37회 읽기 48번)

**추천** 정보화 시대가 도래하면서 컴퓨터 이용이 급격히 늘었다.

**표현** 새로운 시대가 도래하다, 정보화 시대가 도래하다  **유의** 되다, 닥치다

---

**1211 도서**
- book
- 図書
- 图书
- sách

**기출** 사월 한 달 동안 도서 신청을 받는다.
(52회 읽기 9번)

**추천** 도서관에 없는 도서는 어떻게 빌려야 하나요?

**표현** 신간 도서, 도서를 구입하다  **유의** 책, 서적

---

**1212 독신**
- unmarried person, single person
- 独身
- 单身
- độc thân

**기출** 결혼관의 변화와 독신의 증가에 관한 자료이다.
(36회 쓰기 53번)

**추천** 오랫동안 독신으로 지내던 형이 드디어 결혼을 한다.

**표현** 독신으로 살다, 독신주의자  **유의** 독신자, 혼자

---

**1213 독자**
- reader
- 読者
- 读者
- độc giả

**기출** 도서관이 전문적인 지식과 경험을 가진 사람을 '사람책'으로 등록하면 독자는 관심 있는 분야의 사람책을 대출하면 된다. (47회 읽기 29번)

**추천** 이 책은 다양한 내용으로 독자의 흥미를 끌고 있다.

**표현** 다양한 독자, 독자 수준  **반의** 작자, 필자, 저자

## 1214 독점권
- exclusive right
- 独占権
- 独占权，专有权
- quyền độc quyền

**기출** 최근 들어 특허의 본래 취지가 변질되어 기술 개발보다 **독점권** 확보를 우선하는 현상이 두드러지게 나타나고 있다. (52회 읽기 48번)

**추천** 그 회사는 김 박사가 개발한 제품의 미국 수출 독점권을 갖고 있다.

**표현** 독점권을 따다, 독점권을 부여하다

## 1215 독창적
- creative
- 独創的
- 创造性的
- tính sáng tạo, tính độ đáo

**기출** 특허법은 **독창적**인 기술을 최초로 발명한 사람에게 기술에 대한 독점적 사용권을 부여하는 대신 그 기술을 사회에 공개할 의무를 부과한다. (52회 읽기 48번)

**추천** 김 대리는 회의에서 독창적인 아이디어를 내어 주목을 받았다.

**표현** 독창적 사고

## 1216 돌보다
- take care of
- 面倒を見る
- 照顾
- chăm sóc, trông nom

**기출** 동물은 **돌보려면** 많은 시간과 비용이 드는 데 비해 식물은 키우기도 쉽고 실내 공기도 깨끗하게 해 주기 때문이다. (47회 읽기 21번)

**추천** 어린아이를 돌볼 때는 여러 가지로 신경 쓸 것이 많다.

**표현** 아이를 돌보다, 식물을 돌보다   **유의** 보살피다, 보호하다

## 1217 동작
- movement
- 動作
- 动作
- động tác

**기출** 혼자서 운동을 하니까 **동작**이 맞는지 모르겠고 효과도 없는 것 같아. (64회 듣기 17번)

**추천** 그는 몸이 마비되어 손가락을 움직이는 간단한 동작도 할 수 없다.

**표현** 몸동작, 손동작, 동작이 유연하다   **유의** 몸짓, 몸놀림, 행위, 움직임

## 1218 동화되다
- assimilate
- 同化する
- 同化
- bị đồng hóa, được đồng hóa

**기출** 석축이 특별한 이유는 자연과 **동화됐기** 때문이다. (37회 듣기 49번)

**추천** 그는 산에서 자연과 동화된 삶을 살고 있다.

**표현** 자연에 동화되다, 환경에 동화되다

# TOPIK II

**1219 되돌아보다**
- look back
- 顧みる
- 回顾
- quay lại, nhìn lại

(기출) 어린 시절을 **되돌아보려는** 어른들이 많다. (41회 읽기 28번)

(추천) 그 강연을 듣고 내 지난날을 되돌아보게 됐다.

(표현) 추억을 되돌아보다, 과거를 되돌아보다

---

**1220 두통약**
- painkiller for headache
- 頭痛薬
- 头痛药
- thuốc đau đầu

(기출) **두통약** 좀 먹어야겠어요. (47회 듣기 10번)

(추천) 머리가 아파서 당장 약국으로 달려가서 두통약을 사 왔다.

(표현) 두통약을 먹다, 두통약을 받다

---

**1221 둘러보다**
- look around
- 見回す
- 环顾，参观
- nhìn xung quanh

(기출) 도서관과 체육관 그리고 기숙사 순으로 **둘러보실** 예정입니다. (41회 듣기 14번)

(추천) 카페 안을 둘러보다가 민수를 발견했다.

(표현) 주위를 둘러보다, 집을 둘러보다 (유의) 살펴보다, 살피다, 휘둘러보다

---

**1222 둘러싸다**
- surround
- 囲む
- 包围
- bao quanh, vây quanh

(기출) 갈등 해결에 따른 이익이 한쪽에만 돌아가면 쟁점을 **둘러싼** 갈등이 계속 이어지기 때문이다. (41회 듣기 48번)

(추천) 외교 문제를 둘러싼 각 나라의 갈등이 심해졌다.

(표현) 경찰이 둘러싸다, 주위를 둘러싸다 (유의) 싸다, 포위하다, 에워싸다, 두르다

---

**1223 드러나다**
- be exposed, be revealed
- 現れる, 見つかる
- (被)揭露，露出
- tiết lộ, lộ diện

(기출) 추상 활동의 결과에는 대상의 새로운 측면이 **드러난다**. (44회 읽기 44번)

(추천) 그가 회사를 망하게 했다는 사실이 드러났다.

(표현) 얼굴이 드러나다, 표정이 드러나다

(유의) 노출되다, 나타나다, 나다 (반의) 사라지다

### 1224 드물다
- rare
- 稀だ
- 罕见
- hiếm, không nhiều, không phổ biến

(기출) 지진은 **드물게** 발생하는 자연재해이다.
(41회 듣기 45번)

(추천) 남편이 집에 일찍 귀가하는 일이 드물다.

(표현) 인적이 드물다, 드문 일

(유의) 적다, 희귀하다, 드문드문하다  (반의) 허다하다, 수두룩하다

---

### 1225 들르다
- drop by, stop by
- 寄る
- 順便去
- ghé qua, ghé vào, tạt vào, tạt qua

(기출) 카센터에 **들러서** 차를 점검한다.
(37회 듣기 11번)

(추천) 지난 가을에 시골집에 들렀다.

(표현) 가게에 들르다, 잠시 들르다

---

### 1226 들여다보다
- look into
- 覗く
- 观察, 窥看
- nhìn vào, nhìn thấu

(기출) 여기에서 소개하는 길을 따라 그곳 사람들의 소박하지만 단단한 일상을 **들여다보고** 있으면 포기하고 좌절했던 나의 모습이 부끄러워진다. (47회 읽기 40번)

(추천) 선생님은 학생들의 마음을 들여다보고 있었다.

(표현) 방을 들여다보다, 자세히 들여다보다

---

### 1227 들여오다
- bring in
- 運び入れる
- 带进来
- nhập vào

(기출) 서울의 한 동물원에서는 사자의 개체 수를 줄이기 위해 많은 수의 사자를 다른 동물원에 보내고 대신 개체 수가 적은 낙타를 **들여오는** 방법을 썼다. (47회 읽기 32번)

(추천) 창고에 물건을 들여오느라 트럭들이 여러 번 오갔다.

(표현) 수입품을 들여오다, 물건을 들여오다  (유의) 가져오다, 장만하다, 사다

---

### 1228 등록하다
- register
- 登録する
- 登记
- đăng ký

(기출) 도서관이 전문적인 지식과 경험을 가진 사람을 '사람책'으로 **등록하면** 독자는 관심 있는 분야의 사람책을 대출하면 된다. (47회 읽기 29번)

(추천) 수학 공부가 어려워 수학 학원에 등록했다.

(표현) 스포츠 센터에 등록하다, 대학에 등록하다

# TOPIK II

**1229 등산로**
- hiking trail
- 登山路
- 登山路
- đường leo núi

**기출** 등산로의 위치를 확인하고 있다. (47회 듣기 23번)
**추천** 그 산은 등산로의 경사가 완만하다.
**표현** 등산로를 오르다, 등산로가 가파르다 **유의** 등산길

**1230 딱딱하다**
- hard, dry
- 固い
- 生硬，枯燥
- khô khan, cứng nhắc, cộc lốc

**기출** 딱딱한 역사를 허구가 더해진 이야기로 풀어내 쉽고 재미있게 대중들에게 다가갈 수 있었던 것이다. (47회 읽기 41번)
**추천** 시사 프로는 딱딱해서 별로 보고 싶지 않다.
**표현** 딱딱한 분위기, 딱딱한 인상, 딱딱하게 말하다 **유의** 근엄하다

**1231 떨어뜨리다**
- decrease
- 落とす
- 降低
- đánh rơi, làm giảm

**기출** 이모티콘의 지속적인 사용은 언어 표현력을 **떨어뜨릴** 수 있다. (41회 읽기 35번)
**추천** 직원의 수를 줄이면 서비스의 질을 떨어뜨리게 된다.
**표현** 질을 떨어뜨리다, 수준을 떨어뜨리다

**1232 떼다**
- take off
- 離す，剥がす
- 松开，撕下
- bóc ra, bỏ ra, thả ra

**기출** 작동 원리는 다림질하다 손을 **떼면** 다리미 밑판 앞뒤에서 다리가 튀어나와 옷과 다리미 사이에 간격이 생기는 방식이다. (47회 읽기 18번)
**추천** 아이는 스티커를 벽에 붙였다가 떼었다.
**표현** 스티커를 떼다, 손을 떼다 **반의** 붙이다, 대다

**1233 뜨다**
- float, rise
- 浮く，上る
- 漂浮，升起
- nổi lên, mọc, hiện lên

**기출** 준은 여행지에서 해 **뜨는** 방향을 한 번에 찾았다. (83회 읽기 43번)
**추천** 연꽃이 연못 위에 떠 있었다.
**표현** 해가 뜨다, 달이 뜨다 **유의** 솟다, 떠오르다 **반의** 지다, 가라앉다

## 1234 뜻하다
- mean
- 意味する
- 表示，意味着
- có nghĩa, có ý nghĩa

**기출** 미꾸라지가 살면 깨끗하지 않은 3급수의 물이라는 것을 **뜻한다**.
(52회 읽기 33번)

**추천** 진리가 무엇을 뜻하느냐에 따라 그 내용이 달라질 수 있다.

**표현** 뜻하지 않은 사고, 사랑을 뜻하다

## 1235 띄다
- outstand
- 目につく
- 明显
- nổi bật

**기출** 그 학생의 수업 태도는 눈에 **띄게** 달라졌다.
(41회 듣기 33번)

**추천** 그녀의 옷차림이 너무 화려해서 눈에 잘 띈다.

**표현** 눈에 띄다, 눈에 띄게 늘어나다

## 1236 로마
- Rome
- ローマ
- 罗马
- La Mã Roma

**기출** 방백은 부자연스러워서 **로마** 시대에는 사용되지 않았다.
(52회 듣기 42번)

**추천** 로마야말로 고대 유럽 문화를 가장 잘 느낄 수 있는 도시일 것이다.

**표현** 로마 시대, 로마의 역사

## 1237 마치다
- finish
- 終える
- 结束
- kết thúc, chấm dứt, làm xong

**기출** 인주시는 소방관의 정신 건강 조사를 모두 **마쳤다**.
(83회 읽기 22번)

**추천** 수업이 마치자마자 학생식당으로 달려갔다.

**표현** 일을 마치다, 준비를 마치다  **유의** 끝내다, 종결하다

## 1238 막대하다
- enormous
- 莫大だ
- 莫大
- to lớn, khổng lồ, kếch xù

**기출** 초기에 들어간 **막대한** 비용 때문에 결정을 주저하다가 결국 더 큰 손해를 보고 말았다. (41회 듣기 41번)

**추천** 부모의 작은 행동이라도 자녀에게 끼치는 영향은 막대하다.

**표현** 손해가 막대하다, 막대한 피해

**유의** 방대하다, 거대하다, 엄청나다, 어마어마하다

Chapter 5 출제 5순위 어휘

# TOPIK II

**1239 만만하다**
- negligible, approachable
- 甘く見る
- 容易应付，好说话
- dễ dãi

**기출** 그 일은 **만만하게** 생각해서는 안 될 일이다. (47회 듣기 21번)
**추천** 항상 웃는다고 만만하게 여겨서는 안 된다.
**표현** 일이 만만하지 않다, 만만하게 여기다　**유의** 편하다, 쉽다, 호락호락하다

**1240 만일**
- if
- 万が一
- 万一
- nếu

**기출** **만일** 그에게 탁월한 리더십이 없었더라면 한글 창제와 같은 업적은 불가능했을지도 모른다. (35회 읽기 41번)
**추천** 만일 무슨 일이 생기면 나에게 바로 연락하도록 해.
**유의** 만약, 혹시

**1241 많아지다**
- increase
- 多くなる
- 增多
- nhiều lên, trở nên nhiều hơn

**기출** 연구팀은 최근 컴퓨터나 휴대 전화의 자판을 누르는 등 손가락 끝을 사용하는 일이 **많아지면서** 손톱이 자라는 것에 영향을 준 것으로 보았다. (52회 읽기 28번)
**추천** 올해 사과의 수확량이 작년보다 많아졌다.
**표현** 일이 많아지다, 걱정이 많아지다

**1242 맞서다**
- confront
- 対立する，直面する
- 面对，抗击
- đối diện, đối đầu

**기출** 거친 바람을 맨 앞에서 **맞서** 비행하며 최고의 항로와 고도를 찾아낼 수 있는 경험을 두루 갖추고 있어야 한다. (52회 읽기 36번)
**추천** 어려운 현실에 맞서서 순수한 꿈을 지켜야 한다.
**표현** 불의에 맞서다, 차별에 맞서다
**유의** 저항하다, 대적하다　**반의** 피하다

**1243 매달리다**
- cling to
- すがりつく没頭する
- 坚持
- theo đuổi, theo bám

**기출** 한 식당의 경우는 한 달 넘게 찾아가서 가르쳐 달라고 **매달린** 적도 있었습니다. (47회 듣기 29번)
**추천** 김 교수님은 평생을 학문에만 매달려 사셨다.
**표현** 일에 매달리다　**유의** 붙들다, 늘어지다

## 1244 매번
- all the time, every time
- 每回
- 每次
- mỗi lần

**기출** 예술 감독에 도전했으나 **매번** 떨어졌다.
(37회 듣기 39번)

**추천** 그는 매번 내가 힘들 때면 제일 먼저 도와주곤 한다.

**표현** 매번 늦다, 매번 떨리다   **유의** 늘, 자주, 번번이

## 1245 먼지
- dust
- 塵
- 灰尘
- bụi

**기출** 일반적으로 공기 중에 **먼지**가 많으면 해가 질 때 하늘은 더 붉게 보인다고 한다.
(35회 읽기 31번)

**추천** 미세 먼지가 심하니까 마스크를 꼭 쓰고 나가라.

**표현** 미세 먼지, 먼지가 날리다

## 1246 멋지다
- nice
- 素敵だ
- 帅气
- ngầu, tuyệt vời

**기출** 예쁘고 **멋진** 데다 현명하기까지 한 박 선생님 앞에서 때아닌 눈물까지 한 방울 선을 보일 뻔했다. (52회 읽기 42번)

**추천** 멋진 시를 한 편 읽고 나서 감동을 받았다.

**표현** 작품이 멋지다, 옷이 멋지다   **유의** 훌륭하다, 멋있다

## 1247 면접시험
- interview
- 面接試験
- 面试
- kỳ thi phỏng vấn

**기출** 가슴을 편 자세는 **면접시험**에 긍정적 영향을 미친다.
(41회 듣기 40번)

**추천** 회사 간부들 앞에서 면접시험을 봤다.

**표현** 면접시험을 보다, 면접시험이 있다   **유의** 면접, 구두시험

## 1248 면하다
- avoid
- 免れる
- 免
- trốn tránh, né tránh, thoát khỏi

**기출** 개인들은 자신의 책임은 **면하면서** 집단의 힘이 시키는 것은 무엇이든 하는 비도덕성에 합류하게 됩니다. (47회 듣기 49번)

**추천** 가난함을 면하기 위해서 밤낮 가리지 않고 일하고 있다.

**표현** 책임을 면하다, 죽음을 면하다

**유의** 벗어나다, 피하다, 벗다   **반의** 당하다

# TOPIK II

**1249 모금**
- fund-raising
- 募金
- 募捐
- việc quyên góp

기출: 사라질 위기에 처해 있는 중요한 자산을 지키기 위해 시민들이 자발적으로 **모금**에 나선 것이다. (47회 읽기 34번)

추천: 그는 장애인을 위한 모금 활동을 후원하고 있다.

표현: 성금 모금, 돈을 모금하다

---

**1250 모색하다**
- seek
- 模索する
- 探索
- tìm tòi, tìm hiểu

기출: 모두가 공감하고 참여할 수 있는 방안을 **모색해야** 된다. (41회 듣기 47번)

추천: 어려운 회사 사정을 해결하기 위한 방안을 모색하고 있다.

표현: 돌파구를 모색하다, 방법을 모색하다, 진출을 모색하다

---

**1251 목숨**
- life
- 命
- 命
- tính mạng, mạng sống

기출: 사람이 이만큼의 지방을 가지고 있으면 심혈관 질환과 같은 성인병으로 **목숨**을 잃을 수도 있다. (41회 읽기 34번)

추천: 누구에게나 목숨은 하나밖에 없다.

표현: 목숨을 건지다, 목숨을 잃다 유의: 생명, 삶, 생

---

**1252 몫**
- portion
- 役目
- 比重
- phần vai trò

기출: 다양한 대상의 특성을 고려한 보편적 디자인은 최대한 많은 사람들이 차별 없이 생활할 수 있는 환경을 조성하는 데 큰 **몫**을 하고 있다. (52회 읽기 44번)

추천: 이 음식은 우리 가게의 전체 매출에서 큰 몫을 차지한다.

표현: 큰 몫, 몫을 담당하다, 몫을 차지하다 유의: 역할, 배당, 책임

---

**1253 몸집**
- build
- 体格
- 体格
- vóc dáng

기출: 그동안 기업들은 큰 **몸집** 탓에 복잡한 결재 절차를 거쳐야 했다. (52회 읽기 31번)

추천: 그 아이는 조그만 몸집의 예쁜 아이였다.

표현: 조그만 몸집, 몸집이 작다, 몸집이 좋다 유의: 몸, 덩치, 체구

### 1254 무기력하다
- spiritless
- 無気力だ
- 没力气
- ko có thể lực, bất lực, yếu đuối

**기출** 대지진 이후 사람들이 **무기력하게** 쓰러져 있던 것이 아니라 오히려 원인을 찾으려고 노력했어요. (41회 듣기 45번)

**추천** 그는 거듭된 취업 실패로 인해 무기력한 나날을 보내고 있다.

**표현** 무기력한 자세, 무기력한 태도   **유의** 힘없다, 무능하다, 무력하다

### 1255 무용수
- dancer
- 舞踊手
- 舞蹈演员
- diễn viên múa

**기출** 이 공연에는 어린이들이 **무용수**로 나온다. (35회 듣기 15번)

**추천** 무용수가 음악에 맞춰 춤을 춘다.

**표현** 발레 무용수, 무용수가 되다   **유의** 댄서, 무용가

### 1256 무작정
- blindly, thoughtlessly
- あてもなく
- 贸然，无计划
- sự không tính toán trước, sự không có kế hoach

**기출** **무작정** 이런 제품을 사용하기보다는 수면 장애가 왜 생겼는지 그 원인을 먼저 생각해 봐야 합니다. (52회 듣기 37번)

**추천** 그는 아무 계획도 없이 무작정 여행을 떠났다.

**표현** 무작정 시작하다, 무작정 나서다   **유의** 무조건, 무턱대고

### 1257 문서
- document
- 文書
- 文件
- tài liệu, tư liệu

**기출** 그중에는 없애도 되는 것도 있지만 외교 **문서**처럼 보존되어야 하는 것도 있고요. (47회 듣기 33번)

**추천** 이 문서를 거래처에 전달해 주십시오.

**표현** 문서를 작성하다   **유의** 서류, 문헌, 기록

### 1258 문화생활
- cultural life
- 文化生活
- 文化生活
- đời sống văn hóa, sinh hoạt văn hóa

**기출** 사람들은 **문화생활**을 위한 시간을 따로 내기가 어렵다고들 한다. (35회 읽기 29번)

**추천** 나는 주말이면 영화나 연극을 보면서 문화생활을 한다.

**표현** 문화생활을 누리다, 문화생활을 즐기다, 문화생활을 하다

# TOPIK II

**1259 문화 센터**
- cultural center
- 文化センター
- 文化中心
- trung tâm văn hóa

〔기출〕 지난달부터 일요일마다 **문화 센터**에서 우리 지역 문화재를 소개하는 강의를 하고 있죠. (41회 듣기 16번)

〔추천〕 어머니는 문화 센터에서 운영하는 노래 교실에 다니신다.

〔표현〕 문화 센터에 다니다, 문화 센터 강좌

---

**1260 물가**
- price
- 物價
- 物价
- vật giá, giá cả

〔기출〕 현재의 오이 값을 통계에 근거해서 평가할 때 1월을 기준으로 하면 **물가**가 큰 폭으로 오른 것이 된다. (52회 읽기 35번)

〔추천〕 물가 상승으로 인해 서민 경제가 점점 어려워지고 있다.

〔표현〕 물가 상승, 물가가 내리다  〔유의〕 가격, 값

---

**1261 미각**
- sense of taste
- 味覚
- 味觉
- vị giác

〔기출〕 이 책은 **미각**을 자극하기보다는 한 끼 식사가 마련되는 과정의 어려움을 일깨운다. (52회 읽기 40번)

〔추천〕 요리사가 되려면 미각이 뛰어나야 한다.

〔표현〕 미각을 자극하다, 미각이 즐겁다, 미각이 뛰어나다  〔유의〕 입맛, 구미

---

**1262 민감하다**
- sensitive
- 敏感だ
- 敏感
- nhạy cảm

〔기출〕 생물들은 환경 변화에 **민감하게** 반응하기 때문에 환경 오염을 나타내는 지표 역할을 한다. (52회 읽기 33번)

〔추천〕 아버지가 퇴직하신 후 엄마는 돈 얘기가 나오면 항상 민감하게 반응하신다.

〔표현〕 민감한 부분, 민감한 사람, 민감하게 반응하다

〔유의〕 예민하다, 날카롭다  〔반의〕 둔감하다

---

**1263 믿음**
- belief
- 信賴
- 信任
- niềm tin, lòng tin

〔기출〕 가능하다는 **믿음**을 가지고 긍정적인 결과를 기대하는 것이다. (37회 쓰기 52번)

〔추천〕 자신의 능력에 믿음을 가지면 어려운 상황을 쉽게 이겨낼 수 있다.

〔표현〕 믿음을 가지다, 믿음이 가다, 굳은 믿음, 믿음이 깨지다

〔유의〕 신념, 신뢰  〔반의〕 의심, 불신

## 1264 밀접하다
- close
- 密接だ
- 密切
- mật thiết

**기출** 언어를 사용하는 능력은 손가락과 **밀접한** 관련성이 있다.
(36회 읽기 17번)

**추천** 이 자료는 수업 내용과 밀접한 관련이 있다.

**표현** 밀접한 관계, 밀접하게 연결되다　**유의** 가깝다, 친하다, 친근하다

## 1265 바라보다
- look, gaze
- 眺める
- 凝視
- nhìn, nhìn ngắm, ngắm nghía

**기출** 정상에서 멀리 **바라보고** 있으면 마음이 편해져요.
(35회 듣기 2번)

**추천** 아이는 아무 말도 없이 엄마의 얼굴만 바라보았다.

**표현** 바라보는 시선, 바라보는 사람, 멀리 바라보다　**유의** 쳐다보다, 응시하다

## 1266 바삭바삭하다
- crispy
- サクサクしている, パリパリしている
- 脆
- giòn

**기출** 작은딸은 **바삭바삭한** 피자를 주문했다.
(42회 읽기 43번)

**추천** 이 과자는 바삭바삭해서 맛있다.

**표현** 바삭바삭하게 튀기다, 바삭바삭한 과자　**유의** 바삭거리다

## 1267 바퀴
- wheel
- 車輪
- 车轮
- bánh xe

**기출** 양쪽 **바퀴**의 크기를 유연하게 바꿀 수 있어 균형 잡기가 쉽습니다.
(83회 듣기 41번)

**추천** 자전거의 바퀴가 고장 나서 집으로 끌고 가야 했다.

**표현** 자동차 바퀴, 바퀴가 돌다, 바퀴가 굴러가다　**유의** 수레바퀴

## 1268 반대로
- on the contrary
- かえって, 反対
- 相反
- ngược lại

**기출** 그러나 냉동실은 **반대로** 음식물을 가득 채우는 것이 좋다.
(30회 읽기 44번)

**추천** 아이는 집 방향과 반대로 갔다.

**표현** 반대로 돌다, 반대로 가다　**유의** 거꾸로　**반의** 똑바로

# TOPIK II

**1269 발걸음**
- step
- 歩み
- 脚步
- bước chân

**기출** 할머니를 시골에 두고 혼자 서울로 올라오는 **발걸음**은 가볍지 않았다.
(42회 읽기 23번)

**추천** 어머니는 나보다 발걸음이 더 빠르시다.

**표현** 발걸음을 맞추다, 힘찬 발걸음, 발걸음이 느리다　**유의** 걸음

---

**1270 발명하다**
- invent
- 発明する
- 发明
- phát minh

**기출** 독창적인 기술을 최초로 **발명한** 사람에게 기술에 대한 독점적 사용권을 부여한다.
(52회 읽기 48번)

**추천** 한국 기업이 새로운 기술을 도입해 이 기계를 발명해 냈다.

**유의** 개발하다, 고안하다, 창안하다

---

**1271 발전**
- development
- 発展
- 发展
- sự phát triển

**기출** 정치적 신념을 적극적으로 표출하는 것은 사회의 **발전**에 도움이 된다.
(83회 읽기 38번)

**추천** 70년대 한국은 산업 발전으로 경제 성장을 이루어 냈다.

**표현** 발전을 거듭하다, 경제 발전, 사회 발전

**유의** 발달, 성장, 전진　**반의** 퇴보

---

**1272 방과 후**
- after school
- 放課後
- 课后
- sau giờ học, sau khi tan học

**기출** 일어나는 시간, **방과 후** 할 일 등 생활 규칙을 아이와 의논하여 정하다.
(35회 읽기 28번)

**추천** 아이는 방과 후 활동으로 한자를 배우고 있다.

**표현** 방과 후 활동, 방과 후 교실

---

**1273 방울**
- drop
- 滴
- 滴
- giọt

**기출** 눈물까지 한 **방울** 선을 보일 뻔했다.
(52회 읽기 42번)

**추천** 가뭄이 들어 비 한 방울도 오지 않는 날이 계속되고 있다.

**표현** 두 방울, 방울이 맺히다, 물 한 방울

## 1274 배경
- background
- 背景
- 背景
- bối cảnh

**기출** 우울한 미래가 **배경**인 소설이나 영화를 보면 등장인물의 이름이 없는 경우가 많다. (36회 읽기 40번)

**추천** 이 지역의 생활 방식을 이해하기 위해서는 역사적 배경을 알아야 한다.

**표현** 성장 배경, 역사적 배경, 배경을 살펴보다  **유의** 뒷배경

## 1275 백성
- the people
- 国民
- 百姓
- bách tính, nhân dân

**기출** 잔치가 끝난 뒤 가난한 **백성**들에게 나누어 주기 위해 일부러 많은 음식을 준비했던 것이다. (35회 읽기 30번)

**추천** 한글을 창제하신 세종 대왕은 백성을 사랑하는 왕이었다.

**표현** 백성을 다스리다, 힘없는 백성, 온 백성  **유의** 국민, 시민

## 1276 벌이다
- start
- 起こす
- 进行
- bắt đầu, triển khai

**기출** 정부에서 '휴가 하루 더 가기' 캠페인을 **벌이고** 있다. (35회 읽기 34번)

**추천** 그는 학교에서 플라스틱 사용을 제한하는 운동을 벌이고 있다.

**표현** 잔치를 벌이다, 사업을 벌이다, 일을 벌이다  **유의** 일으키다, 차리다

## 1277 벌점
- penalty points
- 罰点
- 罚分
- điểm phạt, điểm trừ

**기출** 이는 교통 규칙을 잘 지키는 운전자에게 **벌점**이 아니라 상점을 주는 방식이다. (36회 읽기 14번)

**추천** 운전을 할 때 신호를 위반해서 벌점을 받았다.

**표현** 벌점을 주다, 벌점을 받다, 벌점 부과  **반의** 상점

## 1278 벌칙
- penalty
- 罰則, ペナルティー
- 罚则
- hình phạt

**기출** 반칙한 선수들에게는 그 자리에서 바로 **벌칙**을 줘야 경기가 원활하게 진행되니까요. (41회 듣기 29번)

**추천** 게임에서 지는 사람은 벌칙을 받게 된다.

**표현** 벌칙을 정하다, 벌칙을 주다, 벌칙 강화  **유의** 형벌

# TOPIK II

**1279 범죄**
- crime
- 犯罪
- 犯罪
- sự phạm tội

`기출` 도입한 지 6개월 만에 **범죄** 발생률이 절반 가까이 줄어 이 제도를 다른 지역으로 확대하는 방안이 검토되고 있습니다. (36회 듣기 15번)

`추천` 사회 복지가 늘면서 크고 작은 범죄가 점점 줄어들었다.

`표현` 범죄를 저지르다, 범죄율, 범죄자, 범죄를 예방하다　`유의` 죄, 위법 행위

---

**1280 변경**
- change
- 変更
- 变更
- thay đổi, sửa đổi

`기출` 가입자는 비밀번호 **변경**으로 스트레스를 받는다. (52회 읽기 20번)

`추천` 김 대리는 사내 게시판에 일정 변경을 공지하였다.

`표현` 시간 변경, 항로 변경, 변경이 되다　`유의` 수정, 개정

---

**1281 병행되다**
- do things at the same time
- 並行する
- 并行
- được song hành

`기출` 드론 활용 및 악용 방지 기술에 대한 투자가 **병행되고** 있다. (47회 읽기 47번)

`추천` 취업을 위해서는 학업과 기업 실습이 병행되어야 한다.

`표현` 병행되는 사업, 병행되는 작업, 일과 학업이 병행되다

---

**1282 보람**
- worth
- やりがい
- 意义
- sự hài lòng, ích lợi

`기출` 큰 실수 없이 무사히 경기를 마쳤을 때는 **보람**을 느끼기도 합니다. (41회 듣기 29번)

`추천` 교사는 학생들이 공부를 열심히 할 때 보람을 느낀다.

`표현` 보람을 느끼다, 보람 있는 일, 보람되다　`유의` 만족감

---

**1283 보물**
- treasure
- 宝物
- 宝物
- báu vật, bảo vật

`기출` 아들은 **보물**을 찾기 위해 밭을 파 봤지만 아무것도 나오지 않았다. (52회 읽기 15번)

`추천` 그는 보물을 찾기 위해 여행을 떠났다.

`표현` 보물 상자, 보물을 찾다, 값비싼 보물　`유의` 귀중품, 보배

**1284 보수**
- conservative
- 保守
- 保守
- bảo thủ

**기출** 보수와 진보의 개념은 정치분만 아니라 경제 분야에서도 사용된다.
(52회 읽기 46번)

**추천** 정치 개혁에 대한 보수 세력의 반대가 심하다.

**표현** 보수주의자, 보수파, 보수 단체, 보수와 진보  **반의** 진보

---

**1285 보조금**
- subsidy
- 補助金
- 补助金
- tiền trợ cấp, tiền hỗ trợ

**기출** 농가의 국가 보조금은 국가 예산에 부담을 준다.
(36회 듣기 40번)

**추천** 정부는 가난한 시민을 위해 생활 보조금을 지원하고 있다.

**표현** 보조금을 받다, 학비 보조금  **유의** 지원금

---

**1286 보존**
- preservation
- 保存
- 保存
- sự bảo tồn

**기출** 시민 운동이 희귀 식물 보존에까지는 미치지 못하고 있다.
(47회 읽기 34번)

**추천** 경찰은 사건 보존을 위해 사고 현장을 통제했다.

**표현** 보존 문서, 현장 보존, 보존 구역  **유의** 유지

---

**1287 복**
- fortune
- 福
- 福
- phúc, phúc lộc

**기출** 조각보에는 복을 기원하는 정성스러운 마음이 담겨 있다.
(41회 읽기 32번)

**추천** 새해 복 많이 받으세요.

**표현** 복을 받다, 복을 빌다, 복을 바라다, 복을 주다  **유의** 행운

---

**1288 복원하다**
- restore
- 復元する
- 恢复
- khôi phục, phục hồi, phục nguyên

**기출** 이런 자료들을 통해서 옛 사람들의 삶을 구체적이고 사실적으로 복원할 수 있다.
(36회 듣기 47번)

**추천** 파괴된 환경을 복원하는 데에는 많은 시간과 돈이 든다.

**표현** 그림을 복원하다, 문서를 복원하다  **유의** 회복하다

# TOPIK II

**1289 복장**
- dress, cloth
- 服裝
- 服装
- trang phục

[기출] 광택이 있는 부드러운 소재의 **복장**을 통해 편안한 분위기를 연출하는 것이 좋다.
(35회 읽기 36번)

[추천] 내일은 체육대회가 있으니 간편한 복장으로 출근하세요.

[표현] 복장 검사, 간편한 복장　[유의] 옷차림

---

**1290 본능**
- instinct
- 本能
- 本能
- bản năng

[기출] 이것은 자신의 몸을 보호하려는 **본능**과 관계가 있다.
(52회 읽기 16번)

[추천] 동물은 본능에 따라 행동한다.

[표현] 본능적, 생존 본능

---

**1291 본래**
- original
- 本来
- 原本
- nguyên bản, vốn dĩ

[기출] 특허의 **본래** 취지가 변질되어 기술 개발보다 독점권 확보를 우선하는 현상이 두드러지게 나타나고 있다. (52회 읽기 48번)

[추천] 내 동생은 본래 몸이 약해서 운동을 좋아하지 않았다.

[표현] 본래의 취지, 본래의 모습　[유의] 본디, 애초, 원래

---

**1292 본선**
- main match
- 本選
- 決賽
- vòng chung kết

[기출] **본선** 참가자는 홈페이지에서 확인할 수 있다.
(37회 읽기 11번)

[추천] 한국 축구팀은 월드컵 본선에 출전했다.

[표현] 본선에 오르다, 본선에 나가다, 본선을 치르다　[유의] 결선

---

**1293 본성**
- nature
- 本性
- 本性
- bản tính, bản chất

[기출] 기본 소득이 인간의 **본성**에 어긋남을 지적하고 있다.
(52회 듣기 48번)

[추천] 그는 착한 본성을 타고났다.

[표현] 본성이 드러나다, 본성이 착하다　[유의] 천성

## 1294 본질
- essence
- 本質
- 本质
- bản chất

**기출** 이 그림은 실체를 토대로 했기 때문에 '황소다움'의 **본질**을 잘 보여 준다.
(47회 읽기 44번)

**추천** 저는 교육의 본질이 학생을 사랑하는 마음이라고 생각합니다.

**표현** 문제의 본질, 삶의 본질, 본질적　**유의** 본바탕

## 1295 볼일
- things to do
- 用事
- 要办的事
- việc cần phải làm

**기출** 다른 **볼일**을 보러 간다.
(36회 듣기 10번)

**추천** 은행에 볼일이 있어서 좀 다녀오겠습니다.

**표현** 볼일을 보다, 볼일이 있다, 급한 볼일　**유의** 용건, 용무

## 1296 봉사
- voluntary service
- 奉仕
- 志愿服务
- tình nguyện

**기출** 자신에게 필요하지 않은 물건을 **봉사** 단체에 기증하는 시민들이 늘고 있다.
(47회 읽기 17번)

**추천** 요즘 지역 봉사 단체에서 학생들의 공부를 돕는 봉사 활동을 하고 있다.

**표현** 자원 봉사, 봉사 단체, 봉사하다　**유의** 이바지

## 1297 부각되다
- stand out
- 目立つ
- 突出
- được nổi lên, được nhấn mạnh

**기출** 정부에서 미래 유망 사업으로 선정할 정도로 점차 중요성이 **부각되고** 있습니다.
(36회 듣기 37번)

**추천** 청소년의 스마트폰 사용은 새로운 사회 문제로 부각되고 있다.

**표현** 크게 부각되다, 사건이 부각되다　**유의** 조명 받다

## 1298 부끄럽다
- shy, ashamed
- 恥ずかしい
- 害羞
- ngại ngùng, thẹn thùng

**기출** 사람들의 소박하지만 단단한 일상을 들여다보고 있으면 포기하고 좌절했던 나의 모습들이 **부끄러워진다**. (47회 읽기 40번)

**추천** 엄마는 요리 실력이 좋다는 칭찬에 부끄럽게 웃으셨다.

**표현** 부끄럽게 말하다, 매우 부끄럽다　**유의** 쑥스럽다, 민망하다

# TOPIK II

**1299 부상**
- injury
- 負傷
- 负伤
- bị thương

기출) 초반에 다리 **부상**으로 한 달간 경기에 못 나갔을 때 많이 답답했다. (52회 듣기 16번)

추천) 축구 경기를 하다가 부상을 당했다.

표현) 부상을 입다, 부상을 당하다  유의) 상처

**1300 부여하다**
- grant, assign
- 付与する
- 赋与
- phát, ban phát, trao

기출) 특허법은 독창적인 기술을 최초로 발명한 사람에게 기술에 대한 독점적 사용권을 **부여하는** 대신 그 기술을 사회에 공개할 의무를 부과한다. (52회 읽기 48번)

추천) 나는 명예를 얻는 것에 큰 가치를 부여하지 않는다.

표현) 의미를 부여하다, 권력을 부여하다  유의) 주다

**1301 부장**
- general manager
- 部長
- 部长
- trưởng bộ phận, trưởng ban

기출) 어디 갔다 오셨어요? **부장**님께서 계속 찾으시던데요. (41회 듣기 11번)

추천) 우리 부장님은 직원들을 편하게 대해 주신다.

표현) 부장으로 승진하다, 부장 회의, 영업부 부장

**1302 부재**
- absence
- 不在
- 不在
- sự thiếu vắng, không có

기출) 정치 이념의 **부재**로 인한 혼란을 경계하고 있다. (52회 듣기 50번)

추천) 부모님의 부재는 아이들의 교육에 영향을 준다.

표현) 대화의 부재, 능력의 부재, 부재하다

**1303 부풀리다**
- inflate
- 膨らませる
- 夸大
- thổi phồng

기출) 암컷의 선택을 받기 위해 헛배를 **부풀려** 크기를 과시하기도 하지요. (36회 듣기 43번)

추천) 영수는 부모님께 시험 점수를 10점이나 부풀려 말했다.

표현) 풍선을 부풀리다, 배를 부풀리다, 결과를 부풀리다

282

## 1304 부합하다
- accord with
- 付け合わせる, 合致する
- 符合
- phù hợp

**기출** 이런 취지에 **부합하여** 실제로 특허 제도는 기술 혁신과 산업 발전에 크게 이바지해 왔다. (52회 읽기 48번)

**추천** 국민 전체의 이익과 부합하는 방향으로 문제가 해결되어야 한다.

**표현** 사실과 부합하다, 요청에 부합하다   **유의** 일치하다, 들어맞다

## 1305 분명히
- clearly
- 確かに
- 分明地
- một cách rõ ràng, một cách phân minh

**기출** 이는 지나간 일을 기록한 역사가 오늘날의 우리에게 주는 가치가 **분명히** 있기 때문일 것입니다. (41회 쓰기 54번)

**추천** 찬성인지 반대인지 태도를 분명히 해 주세요.

**표현** 분명히 말하다, 분명히 보이다   **유의** 확실히, 명백히

## 1306 불과하다
- just, only
- 過ぎない
- 只不過
- không quá, không hơn

**기출** 서른이 넘은 나는 할머니가 보기엔 여전히 아이에 **불과했다**. (41회 읽기 23번)

**추천** 2000년 전체 가구 수의 16%에 불과했던 1인 가구는 2023년에는 34.5%에 도달했다.

**표현** 한 명에 불과하다, 극소수에 불과하다

## 1307 불꽃
- flame
- 火花, 花火
- 火焰
- pháo hoa, tia lửa

**기출** 그 **불꽃**이 주위로 번지면서 화재로 이어지게 된다. (37회 읽기 14번)

**추천** 우리는 마당에 모여 앉아 아름답게 타오르는 불꽃을 바라보았다.

**표현** 빨간 불꽃, 불꽃이 솟다, 불꽃이 일다   **유의** 불길

## 1308 불러오다
- cause
- 呼び付ける, もたらす
- 引发
- gây ra

**기출** 후회 없는 선택을 한 노력이 오히려 선택을 방해하는 결과를 **불러오게** 된다. (35회 읽기 21번)

**추천** 부실 공사가 대형 사고를 불러왔다.

**표현** 갈등을 불러오다, 위기를 불러오다   **유의** 초래하다

# TOPIK II

**1309 불법**
- illegality
- 不法
- 非法
- bất hợp pháp, phi pháp

기출) 서울시에서 **불법** 주차 단속을 강화하고 있다.
(52회 듣기 39번)

추천) 불법 동영상을 촬영한 사람들이 경찰에 체포되었다.

표현) 불법 주차, 불법 동영상   유의) 위법   반의) 합법

**1310 불빛**
- light
- 明かり
- 灯光
- ánh lửa, ánh đèn

기출) 네온사인, 상가의 **불빛** 등으로 길거리가 밝기 때문에 불필요하다는 것이다.
(36회 읽기 15번)

추천) 공원의 가로등은 늦은 시간까지 불빛을 밝힌다.

표현) 전등 불빛, 밝은 불빛

**1311 붉다**
- red
- 赤い
- 红
- đỏ, đỏ rực

기출) 산업화가 진행된 20세기 말 그림 속에 표현된 하늘이 다른 시대의 그림보다 더 **붉다**. (35회 읽기 31번)

추천) 하늘이 노을에 붉게 물들었다.

표현) 붉은 색, 붉은 노을, 붉게 물들다   유의) 빨갛다, 발갛다

**1312 비닐**
- plastic
- ビニール
- 塑料
- ni lông

기출) **비닐** 포장재도 환경 오염의 원인 중 하나입니다.
(52회 듣기 45번)

추천) 갑자기 비가 내리는 바람에 길거리에서 비닐로 된 우산을 샀다.

표현) 비닐봉지, 비닐을 덮다, 비닐 포장

**1313 비우다**
- vacate
- 空ける
- 腾空
- làm trống, bỏ trống, làm cho trống không

기출) 이번 주 금요일까지 방을 **비워** 줘야 합니다.
(35회 쓰기 51번)

추천) 나는 배가 고파서 밥 두 그릇을 깨끗하게 비웠다.

표현) 집을 비우다, 휴지통을 비우다   유의) 없애다

### 1314 비롯되다
- originate
- はじめとする
- 源于
- được bắt nguồn, được bắt đầu

**기출** 이는 의사소통 단계를 단순화하려는 의도에서 **비롯된** 것이다.
(52회 읽기 31번)

**추천** 아이로부터 비롯된 싸움이 어른의 싸움이 되었다.

**표현** 오해로 비롯되다, 비롯된 싸움　**유의** 비롯하다

### 1315 비영리 기관
- non-profit organization
- 非営利団体, NPO法人
- 非营利机构
- tổ chức phi lợi nhuận

**기출** 의료 서비스 산업을 위한 **비영리 기관**의 설립이 시급하다.
(35회 듣기 47번)

**추천** 이 양로원은 비영리 기관에서 운영 중이다.

**유의** 비영리 단체

### 1316 비중
- importance
- 比重
- 比重
- tỷ trọng

**기출** 지난 10년간 연령별 구매율에 따르면 가장 많은 **비중**을 차지했던 20대의 구매율은 감소하였습니다. (47회 듣기 3번)

**추천** 우리 학교는 중간고사보다 기말고사의 비중이 더 크다.

**표현** 비중이 높다, 비중이 낮다, 비중이 크다

### 1317 비행하다
- fly
- 飛行する
- 飞行
- bay

**기출** 철새의 리더가 되려면 대형의 선두에서 **비행해야** 한다.
(52회 읽기 36번)

**추천** 저기 하늘에서 비행하는 물체가 뭔가요?

**표현** 하늘을 비행하다, 비행 물체　**유의** 비상

### 1318 빚어지다
- be made, becaused
- もたされる
- 造成
- được gây ra

**기출** 태양광 발전소 사업자와 주민 사이에 마찰이 **빚어지고** 있다.
(47회 듣기 39번)

**추천** 사소한 오해로 인해 갈등이 빚어지게 되었다.

**표현** 혼선이 빚어지다, 논란이 빚어지다

# TOPIK II

**1319 빠져나가다**
- get out
- 抜け出す
- 摆脱
- thoát ra, thoát ra khỏi

〔기출〕 지붕에 구멍을 내서 더운 공기가 바로 **빠져나가도록** 했습니다.
(47회 듣기 41번)

〔추천〕 범인은 경찰의 수사망을 뚫고 빠져나갔다.

〔표현〕 돈이 빠져나가다, 범인이 빠져나가다

---

**1320 뽑아내다**
- pull out
- 引き抜く
- 拔出
- nhổ ra, chọn ra

〔기출〕 추상 활동이란 어떤 대상의 특성을 **뽑아내어** 파악하는 활동이다.
(47회 읽기 44번)

〔추천〕 그는 정원에 생긴 잡초들을 사정없이 뽑아냈다.

〔표현〕 잡초를 뽑아내다, 흰머리를 뽑아내다, 뿌리를 뽑아내다 〔유의〕 뽑다, 추출하다

---

**1321 뿌리**
- root
- 根
- 根
- rễ cây, gốc gác

〔기출〕 **뿌리**는 조상, 줄기는 부모, 잎은 자손을 뜻하기 때문이다.
(52회 읽기 29번)

〔추천〕 화초에 물을 많이 줘서 뿌리가 썩고 말았다.

〔표현〕 뿌리가 뽑히다, 뿌리내리다

---

**1322 사귀다**
- get along with
- 付き合う
- 交
- kết bạn, kết giao, làm quen

〔기출〕 낯선 동네에서 친구까지 **사귄** 할머니는 친구를 따라 시장에 갔다가 넘어지시고 말았다. (41회 읽기 23번)

〔추천〕 한국에서 유학하는 동안 한국 친구를 많이 사귀고 싶다.

〔표현〕 친구를 사귀다, 둘이 사귀다 〔유의〕 교제하다, 어울리다

---

**1323 사료**
- historical materials
- 史料
- 史料
- sử liệu, tài liệu lịch sử

〔기출〕 '일성록'은 한국뿐만 아니라 세계 역사에도 매우 중요한 **사료**로 인정받고 있습니다. (64회 듣기 49번)

〔추천〕 박물관에는 역사적으로 가치가 높은 사료가 보존되어 있다.

〔표현〕 사료 수집, 사료 발굴

### 1324 사생활
- privacy
- プライバシー
- 私生活，隐私
- đời tư, cuộc sống riêng

**기출** 사생활 침해와 테러 위험 등의 보안 문제는 드론이 대중화되기 위해 넘어야 할 큰 산이다. (47회 읽기 46번)

**추천** 연예인도 그들의 사생활을 보장받을 권리가 있다.

**표현** 사생활 보호, 사생활 침해　**유의** 프라이버시

### 1325 사소하다
- trivial
- 些細だ
- 琐碎
- nhỏ nhặt, tầm thường

**기출** 사람들은 이런 무료함을 별것 아닌 **사소한** 것으로 여기는 경향이 있다. (52회 읽기 37번)

**추천** 그런 사소한 일로 다툴 것까지는 없지 않습니까?

**표현** 사소한 말다툼, 사소한 일　**유의** 미미하다　**반의** 중요하다

### 1326 사유화하다
- privatize
- 私有化する
- 私有化
- tư hữu hóa

**기출** 기존의 정책은 전승 종목을 **사유화할** 우려가 있다. (47회 듣기 47번)

**추천** 그 회사를 한 기업이 인수하여 사유화했다.

**표현** 토지의 사유화, 사유화가 되다　**반의** 국유화

### 1327 살아가다
- make a living
- 生きる
- 活下去
- sống

**기출** 자연과 사람이 어울러서 **살아가야** 한다. (41회 듣기 25번)

**추천** 그는 얼마 안 되는 월급으로 간신히 살아간다.

**표현** 간신히 살아가다, 하루하루를 살아가다　**유의** 생활하다

### 1328 살펴보다
- examine
- 探る
- 观察
- quan sát, theo dõi, xem xét

**기출** 제일 먼저 황소의 모습을 주의 깊게 **살펴보고** 이를 바탕으로 그 외의 특징을 아주 사실적으로 묘사했다. (47회 읽기 44번)

**추천** 회사는 고객들의 반응을 살펴야 한다.

**표현** 유심히 살펴보다, 주위를 살펴보다　**유의** 들여다보다, 조사하다, 관찰하다

# TOPIK II

**1329 상담하다**
- consult
- 相談する
- 咨询
- tư vấn

기출) 장소를 둘러보실 겸 직접 방문해 주시면 자세하게 **상담해** 드리겠습니다. (41회 듣기 23번)

추천) 선생님께 집안 문제를 상담했다.

표현) 전문가와 상담하다, 진로 문제를 상담하다   유의) 면담하다

**1330 상당히**
- considerably
- 相当
- 相当
- tương đối, khá

기출) 지금은 처음 우려했던 것과는 달리 주민 만족도가 **상당히** 높습니다. (52회 듣기 39번)

추천) 이번에 출간된 그의 도서는 상당히 좋은 평가를 받고 있다.

표현) 상당히 멀다, 상당히 어렵다   유의) 무척, 아주

**1331 상속**
- inheritance
- 相続
- 继承
- thừa kế

기출) 부자들을 대상으로 사업체 **상속** 계획에 대해 조사한 결과 부의 축적 유형에 따라 차이를 보였다. (35회 읽기 40번)

추천) 부모님이 돌아가신 후 형제들 간의 상속 문제로 집안이 시끄럽다.

표현) 상속을 받다, 상속 재판   유의) 계승, 세습

**1332 상징**
- symbol
- 象徵
- 象征
- tượng trưng, biểu tượng

기출) 미국의 실리콘밸리는 전 세계적으로 '창의적 기술 혁신'의 **상징**이 되었다. (47회 듣기 48번)

추천) 태극기는 한국의 상징이다.

표현) 상징이 되다, 상징을 하다   유의) 심볼

**1333 상품권**
- gift certificate
- 商品券
- 商品券
- phiếu mua hàng, phiếu quà tặng

기출) 여자는 **상품권**을 선물로 드리고 싶어 한다. (41회 듣기 13번)

추천) 명절 선물로 부모님께 드릴 백화점 상품권을 구매했다.

표현) 문화 상품권, 백화점 상품권, 십만 원 상품권

### 1334 생계
- living
- 生計
- 生计
- kế sinh nhai

(기출) 장애인이 되고 나니 **생계**를 유지하기가 어려웠죠.
(47회 듣기 25번)

(추천) 남편이 실업자가 되니 생계가 막막합니다.

(표현) 생계가 어렵다, 생계를 꾸리다, 생계가 막막하다

### 1335 생명 과학
- life science
- 生命科学
- 生命科学
- khoa học đời sống

(기출) 작년에 **생명 과학** 분야에서 세계 10위권에 진입하는 쾌거를 이뤘습니다.
(52회 듣기 35번)

(추천) 생명 과학의 발전으로 인해 많은 질병이 치료되었다.

(표현) 생명 과학을 전공하다, 생명 과학이 발전되다

### 1336 생산되다
- be produced
- 生産される
- 生产
- được sản xuất

(기출) 배추가 적게 **생산되어** 농민들의 기대감이 낮아졌다.
(47회 읽기 27번)

(추천) 이 지방에는 양질의 쌀이 생산된다.

(표현) 쌀이 생산되다, 한국에서 생산되다, 대량으로 생산되다

### 1337 생산량
- production
- 生産量
- 产量
- lượng sản xuất, sản lượng

(기출) 배추의 **생산량**이 부족하여 농민들이 실망했다.
(47회 읽기 27번)

(추천) 기술 혁신으로 곡물의 생산량이 증대되었다.

(표현) 높은 생산량, 생산량이 감소하다, 생산량을 조절하다

### 1338 생존
- survival
- 生存
- 生存
- sự sinh tồn

(기출) 수질 오염은 우리의 **생존**과 직결되는 중요한 문제이기 때문에 이에 대해 우려하는 사람들이 많다. (36회 읽기 21번)

(추천) 경찰은 실종자의 생존 여부를 확인 중이다.

(표현) 생존을 위협하다, 생존을 확인하다, 생존 경쟁

(유의) 존립, 존재  (반의) 사망

# TOPIK II

**1339 서류**
- document, papers
- 書類
- 文件
- tài liệu

(기출) 잠깐 **서류** 받으러 홍보부에 다녀왔는데요.
(41회 듣기 11번)

(추천) 입학 서류를 허위로 작성해서 입학이 취소되었다.

(표현) 서류 묶음, 서류 탈락  (유의) 문서

**1340 서식**
- inhabit
- 生息
- 栖息
- cư trú, sinh sống

(기출) 바다 생물의 **서식** 환경이 개선되면 소득이 증대할 것이라 기대했다.
(83회 듣기 39번)

(추천) 여기가 야생 동물의 서식 지역이다.

(표현) 철새의 서식, 서식 조건, 서식 지역

**1341 서운하다**
- feel sad, feel sorry
- 寂しい気持ちだ
- 可惜
- buồn, không hài lòng, tiếc nuối

(기출) 평생에 한 번뿐인 결혼식인데 너무 작게 하면 **서운할** 것 같아.
(52회 듣기 17번)

(추천) 가족들이 내 생일을 잊어버리다니 정말 서운하다.

(표현) 서운한 마음, 서운한 생각  (유의) 아쉽다, 섭섭하다

**1342 선두**
- head
- 先頭
- 领先
- sự di đầu, sự tiên phong

(기출) 철새의 리더가 되려면 대형의 **선두**에서 비행해야 한다.
(52회 읽기 36번)

(추천) 한국 대학은 IT 사업의 선두에 서 있다.

(표현) 선두에 서다, 선두를 지키다, 선두 주자

(유의) 앞장(을 서다)  (반의) 후미

**1343 선명하다**
- clear
- 鮮やかだ
- 鮮明
- rõ rệt, rõ nét, rõ ràng

(기출) 이 수표는 발행 번호의 색상이 기존 수표보다 더 **선명하게** 인쇄된다.
(36회 읽기 34번)

(추천) 어린 시절의 기억이 너무도 선명하다.

(표현) 선명한 화질, 색깔이 선명하다, 기억이 선명하다

(유의) 뚜렷하다, 분명하다  (반의) 흐리다, 불선명하다

### 1344 설립하다
- establish
- 設立する
- 设立
- thành lập, thiết lập

**기출** 남자는 정부 지원을 받기 위해 회사를 **설립했다**.
(47회 듣기 26번)

**추천** 소비자를 보호하기 위한 협회를 설립하였다.

**표현** 회사를 설립하다, 봉사 단체를 설립하다  **유의** 창립하다, 조직하다

---

### 1345 설치되다
- be installed
- 設置される
- (被)设置
- được lắp đặt, cài đặt

**기출** 회의장에는 발표할 때 사용할 수 있는 컴퓨터와 마이크가 **설치되어** 있지요?
(41회 듣기 23번)

**추천** 도난을 방지하기 위해 건물 곳곳에 감시 카메라가 설치되었다.

**표현** 승강기가 설치되다, 신호등이 설치되다, 건물에 설치되다  **유의** 설비되다

---

### 1346 섭취하다
- intake
- 摂取する
- 摄取
- hấp thụ

**기출** 당뇨병 환자는 설탕 대신에 꿀을 **섭취해야** 한다.
(41회 읽기 37번)

**추천** 건강을 위해 음식물을 골고루 섭취해야 한다.

**표현** 영양분을 섭취하다, 골고루 섭취하다  **유의** 먹다, 흡수하다

---

### 1347 성공적
- successful
- 成功的
- 成功的
- mang tính thành công

**기출** **성공적**인 비즈니스를 위해 숫자를 잘 활용하는 연습을 해야 한다.
(47회 읽기 36번)

**추천** 그는 성공적으로 연설을 마쳤다.

**표현** 성공적인 결과, 성공적인 삶, 성공적으로 마치다

---

### 1348 성인
- adult
- 成人
- 成人
- người trưởng thành

**기출** 30대와 60대 **성인** 남녀 500명을 대상으로 '필요하다고 생각하는 공공시설'에 대해 설문 조사를 하였다. (35회 쓰기 53번)

**추천** 성인이 되면 자신의 행동에 책임을 져야 한다.

**표현** 성인 여성, 성인 요금, 성인이 되다  **유의** 어른  **반의** 미성년

# TOPIK II

**1349 성패**
- success or failure
- 成敗
- 成败
- sự thành bại

[기출] 숫자 활용 능력은 비즈니스 **성패**에 중요한 영향을 끼친다.
(47회 읽기 36번)

[추천] 이번 안건에 회사의 성패가 달려있다.

[표현] 성패를 가르다, 성패 여부

---

**1350 소극적**
- passive
- 消極的
- 消极的
- tính tiêu cực, tính thụ động

[기출] **소극적**인 아이에게는 밝고 따뜻한 색으로 방을 꾸며 주는 것이 좋다.
(47회 읽기 28번)

[추천] 미영이는 소극적이어서 언제나 앞에 나서기를 꺼려했다.

[표현] 소극적인 성격, 소극적 자세  [유의] 수동적  [반의] 적극적

---

**1351 소방**
- fire fighting
- 消防
- 消防
- việc chữa cháy

[기출] **소방** 점검은 두 시간 동안 진행될 것이다.
(37회 듣기 14번)

[추천] 화재를 대비하여 최소한의 소방 시설은 반드시 갖추어야 한다.

[표현] 소방 시설, 소방서, 소방관  [유의] 진화

---

**1352 소음**
- noise
- 騷音
- 噪音
- tiếng ồn

[기출] 공사 **소음** 때문에 일에 집중이 안 되네요.
(64회 듣기 7번)

[추천] 우리 집은 공항 근처라서 소음 공해가 심하다.

[표현] 공장 소음, 소음 공해, 소음을 줄이다  [유의] 잡음

---

**1353 소홀하다**
- negligent
- 疎かにする
- 疏忽
- chểnh mảng, lơ là, lỏng lẻo, cẩu thả

[기출] 드론의 악용과 위험성을 최소화하는 기술에 대한 투자에도 **소홀하지** 않아야 한다.
(47회 읽기 46번)

[추천] 경찰의 감시가 소홀한 틈을 타 범인이 도주했다.

[표현] 소홀하게 대접하다, 손님에게 소홀하다, 관리에 소홀하다

[유의] 등한시하다, 무시하다  [반의] 철저하다

### 1354 소화
- digestion
- 消化
- 消化
- sự tiêu hóa

**기출** 이제 음식을 빨리 먹어서 **소화**가 잘 안되는 문제를 쉽게 해결할 수 있게 되었다.
(35회 읽기 18번)

**추천** 과식을 했더니 소화가 잘되지 않는다.

**표현** 소화 불량, 소화를 돕다, 소화 장애

### 1355 속하다
- belong
- 属する
- 属于
- thuộc về, thuộc loại

**기출** 그러다 보니 여기에 **속하지** 못한 대상들은 불편을 겪을 수밖에 없었다.
(52회 읽기 44번)

**추천** 토마토는 채소에 속한다.

**표현** 범위에 속하다, 모임에 속하다  **유의** 소속되다, 종속되다

### 1356 손실
- loss
- 損失
- 损失
- sự tổn thất

**기출** 그 고통을 피하려고만 하니까 현재의 **손실**을 제대로 파악하지 못하는 거죠.
(42회 듣기 41번)

**추천** 아버지는 주식 투자에 실패하여 경제적으로 큰 손실을 입었다.

**표현** 손실을 입다, 손실을 보다, 손실이 크다

**유의** 손해  **반의** 이익, 이득, 수익

### 1357 손자
- grandson
- 孫
- 孙子
- cháu trai

**기출** 친정아버지가 **손자**들이 보고 싶다며 오랜만에 우리 집에 오셨다.
(52회 읽기 23번)

**추천** 할머니의 손자 사랑은 어쩔 수 없나 보다.

**표현** 손자를 얻다, 손자가 있다, 손자 손녀  **반의** 손녀

### 1358 손짓
- gesture
- 手振り, ジェスチャー
- 手势
- động tác tay, cử chỉ tay

**기출** 부모로 보이는 사람이 내려오라는 **손짓**을 했다.
(35회 읽기 42번)

**추천** 그는 의사소통이 잘 되지 않아 손짓 발짓으로 상황을 설명했다.

**표현** 손짓하다, 손짓을 보내다, 손짓 발짓  **유의** 제스처

# TOPIK II

**1359 송편**
- half-moon-shaped rice cake
- ソンピョン（松の餅）
- 松片（和松叶一起蒸的糕点）
- bánh songpyeon (bánh trung thu Hàn Quốc)

**기출** 송편의 반달 모양에는 앞으로 모든 일이 발전해 나가기를 바라는 희망이 담겨 있다. (35회 읽기 17번)
**추천** 추석에는 집집마다 송편을 빚는다.
**표현** 송편을 빚다, 송편을 먹다, 송편을 찌다

**1360 수분**
- moisture
- 水分
- 水分
- độ ẩm

**기출** 음식에 있는 **수분**을 줄여 기내식이 상하는 것을 방지한다. (35회 읽기 32번)
**추천** 건조한 실내에서는 가습기를 통해 수분을 공급해야 한다.
**표현** 수분을 유지하다, 수분을 섭취하다, 수분 보충   **유의** 물기

**1361 수집하다**
- gather, collect
- 収集する
- 收集
- thu thập

**기출** 선택이 필요할 때 정보를 많이 **수집하려고** 노력한다. (35회 읽기 21번)
**추천** 저는 세계 각국의 우표를 수집하고 있어요.
**표현** 우표를 수집하다, 자료를 수집하다   **유의** 모으다

**1362 수치**
- figure
- 数値
- 数値
- trị số, chỉ số

**기출** 현실이 반영되지 않는 통계 **수치**는 무의미하다. (52회 읽기 35번)
**추천** 입국자가 몇 명인지 정확한 수치를 파악할 수가 없다.
**표현** 통계 수치, 수치를 분석하다, 수치가 나오다   **유의** 값

**1363 수하물**
- luggage, baggage
- 手荷物
- 行李
- hành lý

**기출** 2014년까지 비행기 **수하물** 사고 수는 2010년에 최고였다가 감소하고 있습니다. (41회 듣기 3번)
**추천** 비행기를 탈 때 수하물의 무게는 제한된다.
**표현** 수하물을 나르다, 수하물이 무겁다, 수하물을 부치다   **유의** 손짐

### 1364 숙면
- deep sleep
- 熟睡
- 熟睡
- giấc ngủ sâu

**기출** 입욕제나 수면 안대 같은 **숙면**을 도와주는 제품들도 많이 나오고 있는데요.
(52회 듣기 37번)

**추천** 오랜만에 숙면을 취했더니 몸이 개운하다.

**표현** 숙면을 취하다, 숙면이 들다, 숙면을 하다　**유의** 단잠

---

### 1365 숙성되다
- mature, be ripened
- 熟成される
- (被)熟成
- chín

**기출** 자연에서 **숙성된** 과일이 인공 숙성 과일보다 맛이 더 낫다.
(35회 읽기 20번)

**추천** 하루 정도 숙성된 고기로 요리하는 것이 맛이 좋다.

**표현** 술이 숙성되다, 고기가 숙성되다, 김치가 숙성되다

---

### 1366 순간적
- momentary
- 瞬間的
- 瞬间的
- tính nhất thời, tính khoảnh khắc

**기출** 체력뿐만 아니라 **순간적**인 판단도 중요한 일이군요.
(41회 듣기 29번)

**추천** 미연은 헤어진 남자 친구의 얼굴을 보자 순간적으로 말을 잃었다.

**표현** 순간적인 일, 순간적인 판단, 순간적으로 깨닫다

**유의** 일시적　**반의** 영구적

---

### 1367 숨
- breath
- 息
- 呼吸
- sự hít thở

**기출** 활을 쏘는 그 순간까지 **숨**을 멈추고 기다리는 인내심이 요구된다.
(41회 읽기 19번)

**추천** 오랜만에 등산을 하려니 숨이 차다.

**표현** 숨을 멈추다, 숨을 쉬다, 숨이 차다　**유의** 호흡

---

### 1368 승용차
- car
- 乗用車
- 轿车
- xe ô tô con

**기출** 오늘 아침 6시쯤 인주시 부근 도로에서 화물차와 **승용차**가 충돌한 사고가 있었습니다. (41회 듣기 15번)

**추천** 백화점 입구는 승용차를 몰고 나온 사람들로 길이 막혔다.

**표현** 승용차를 몰다, 승용차를 운전하다, 승용차를 타다　**유의** 자가용, 자동차

# TOPIK II

**1369 시민운동**
- social movement
- 市民運動
- 市民运动
- phong trào nhân dân

(기출) 이를 관리하고 보존하려는 **시민운동**이 새롭게 시작되고 있다.
(47회 읽기 34번)

(추천) 요즘 환경을 보호하기 위한 시민운동이 활발하다.

(표현) 대규모의 시민운동, 시민운동이 계속되다, 시민운동을 벌이다

---

**1370 시범**
- demonstration
- 手本
- 示范
- thị phạm, làm mẫu

(기출) 모든 사원을 대상으로 자율 근무제를 **시범** 운영할 예정이다.
(41회 읽기 39번)

(추천) 승무원은 승객들에게 산소마스크 사용법을 알려 주기 위해 직접 시범을 보였다.

(표현) 시범 단지, 시범 운영, 시범 실시

---

**1371 시상식**
- awards ceremony
- 授賞式
- 颁奖典礼
- lễ trao giải

(기출) 수상자가 원하지 않으면 **시상식**은 언론에 공개하지 않고 조용하게 진행합니다.
(52회 듣기 25번)

(추천) 영화 시상식을 위해 각국의 유명 배우들이 초대되었다.

(표현) 시상식을 진행하다, 시상식을 개최하다

---

**1372 시장 경제**
- market economy
- 市場景気
- 市场经济
- kinh tế thị trường

(기출) **시장 경제** 체제의 문제인 불평등을 해소할 수 있다고 주장한다.
(52회 읽기 46번)

(추천) 시장 경제는 시장에서의 공급과 수요로 가격이 결정된다.

(표현) 시장 경제를 발전시키다, 시장 경제 모델 (반의) 계획 경제

---

**1373 신경을 쓰다**
- be concerned
- 気にする, 気を配る
- 在意
- bận tâm, quan tâm

(기출) 사람들은 공연을 볼 때 다른 사람에게 **신경을 쓰지** 않는다.
(52회 읽기 12번)

(추천) 식물이 잘 자라도록 신경을 썼지만 시들어 버렸다.

(표현) 신경이 쓰이다, 신경에 거슬리다, 신경이 날카롭다 (유의) 염려하다, 걱정하다

### 1374 신규
- new
- 新規
- 新
- sự tạo mới

**기출** **신규** 채용의 폭을 줄여 실업 문제를 해결할 수 있다.
(37회 듣기 31번)

**추천** 올해는 신규 사업 계획이 없습니다.

**표현** 신규 가입, 신규 채용, 신규 사업　**유의** 새로운

---

### 1375 신기하다
- mysterious
- 不思議だ
- 神奇
- thần kỳ, kỳ diệu

**기출** 다양한 춤과 음악으로 장면을 채우고 묘기나 마술 같은 **신기한** 볼거리도 넣었다.
(31회 읽기 29번)

**추천** 이렇게 날씨가 좋은데 밖에 사람이 없다니 신기하다.

**표현** 신기한 일, 신기한 존재, 신기하게 느끼다　**유의** 희한하다

---

### 1376 신념
- faith
- 信念
- 信念
- niềm tin, lòng tin

**기출** 방송 후원에 담긴 **신념**을 설명하고 있다.
(37회 듣기 35번)

**추천** 국회의원이 되기 위해서는 강한 정치적 신념이 필요하다.

**표현** 신념이 강하다, 굳은 신념　**유의** 믿음, 확신

---

### 1377 실상
- real situation
- 実状
- 实情
- thực tế, thực trạng

**기출** 현대인들은 통계를 이용해 **실상**을 파악하는 경우가 많다.
(52회 읽기 35번)

**추천** 기자는 사건의 실상을 알리기 위해 노력하였다.

**표현** 실상을 파악하다, 실상을 알리다

---

### 1378 실시되다
- take effect
- 実施される
- (被)实施
- được thực thi, được tiến hành

**기출** 그때 처음으로 지진 상황을 파악하기 위한 조사가 **실시됐거든요**.
(41회 듣기 45번)

**추천** 다음 달에 대통령을 뽑는 선거가 실시된다.

**표현** 제도가 실시되다, 선거가 실시되다　**유의** 실행되다

---

Chapter 5　출제 5순위 어휘　297

# TOPIK II

**1379 실용성**
- practicality
- 実用性
- 实用性
- tính thực tế, tính thiết thực

**기출** 조각보는 **실용성**보다 예술성이 강조되어 있다. (42회 읽기 32번)

**추천** 이 옷은 디자인이 화려하지만 실용성은 떨어지는 것 같네요.

**표현** 실용성이 있다, 실용성이 뛰어나다, 실용성이 떨어지다

---

**1380 실용적**
- practical
- 実用的
- 实用的
- mang tính thực tế, mang tính thiết thực

**기출** 보자기는 물건을 싸는 **실용적**인 용도로 사용된다. (42회 읽기 32번)

**추천** 이 책은 실생활에 적용할 수 있는 내용이 많아 실용적이다.

**표현** 실용적인 목적, 실용적인 지식, 실용적인 학문

---

**1381 실천**
- action
- 実践
- 实践
- thực hành, thực hiện

**기출** 작은 **실천**이 아름다운 산을 지킵니다. (60회 읽기 7번)

**추천** 그는 자신의 계획을 실천에 옮겼다.

**표현** 실천하다, 실천 방법 **유의** 실행, 이행 **반의** 이론

---

**1382 실체**
- true nature
- 実体
- 实体
- thực thể

**기출** 이 그림은 몸을 이루는 요소가 과도하게 사라졌음에도 **실체**를 토대로 했기 때문에 '황소다움'의 본질을 잘 보여 준다. (47회 듣기 44번)

**추천** 비밀 조직의 실체가 밖으로 드러났다.

**표현** 실체를 파악하다, 실체가 없다 **유의** 본질, 실질

---

**1383 실험실**
- laboratory
- 実験室
- 实验室
- phòng thí nghiệm, phòng thực nghiệm

**기출** 그 비결들을 가지고 **실험실**에서 다양한 실험을 수없이 반복했습니다. (47회 듣기 29번)

**추천** 다음 주 화학 수업은 실험실에서 진행합니다.

**표현** 과학 실험실, 실험실 장비, 실험실에서 실험하다 **유의** 연구실

### 1384 실현
- realization
- 実現
- 实现
- sự thực hiện

**기출** 그 계획은 **실현** 가능성이 너무 낮은 것 같다.
(35회 읽기 27번)

**추천** 취업률을 높일 수 있는 정부의 실현 가능한 대책이 요구된다.

**표현** 실현하다, 실현되다, 정의의 실현  **유의** 성취, 달성

### 1385 심리학자
- psychologist
- 心理学者
- 心理学者
- nhà tâm lý học

**기출** 한 **심리학자**가 수업을 듣는 학생들에게 몇 가지 행동을 하도록 지시했습니다.
(41회 듣기 33번)

**추천** 미국의 한 사회 심리학자는 다음과 같은 실험을 했다.

### 1386 심사하다
- examine
- 審査する
- 审查
- thẩm tra, xem xét

**기출** 각계각층에서 모인 시민들이 토론을 통해 정책을 **심사하고** 과제의 순위를 정한다. (36회 읽기 44번)

**추천** 학생들이 제출한 작품을 심사 위원들이 심사해 순위를 결정한다.

**표현** 자격을 심사하다, 공정하게 심사하다, 엄격히 심사하다, 조사하다, 감정하다

### 1387 심혈관
- cardiovascular
- 心(臓)血管
- 心血管
- tim mạch

**기출** 사람이 이만큼의 지방을 가지고 있으면 **심혈관** 질환과 같은 성인병으로 목숨을 잃을 수도 있다. (41회 읽기 34번)

**추천** 심혈관 질환은 원인을 빨리 찾아내 치료하는 게 무엇보다 중요하다.

**표현** 심혈관 질환

### 1388 아쉽다
- feel sorry
- 惜しい
- 可惜
- tiếc, đáng tiếc

**기출** 하지만 여전히 식물 세밀화가 많지 않은 점은 **아쉽습니다**.
(41회 듣기 37번)

**추천** 여행지에서의 시간이 너무 빨리 지나가서 아쉬웠다.

**표현** 돈이 아쉽다, 시간이 아쉽다

# TOPIK II

**1389 아이디어**
- idea
- アイデア
- 想法, 主义
- ý tưởng

기출) 많은 사람들이 고민하던 문제를 새로운 **아이디어**로 해결했기 때문이다.
(47회 읽기 18번)

추천) 김 대리가 이번 회의에서 참신한 아이디어를 내놓았다.

표현) 아이디어가 좋다, 아이디어가 뛰어나다

**1390 악수**
- handshake
- 握手
- 握手
- bắt tay

기출) 원래 **악수**는 상대를 안심시키기 위한 행동이었다.
(60회 읽기 16번)

추천) 우리는 서로 악수를 하며 인사했다.

표현) 친근한 악수, 악수를 거절당하다, 악수를 건네다

**1391 악영향**
- bad influence
- 悪影響
- 坏影响
- ảnh hưởng xấu

기출) 휴가 기간이 늘어나면 경제에 **악영향**을 끼친다.
(35회 읽기 34번)

추천) 그 기업의 실패는 다른 기업에까지 악영향을 끼쳤다.

표현) 악영향을 끼치다, 악영향을 미치다

**1392 악용**
- abuse
- 悪用
- 恶用
- sự lạm dụng, sự dùng vào mục đích xấu

기출) 드론 활용 및 **악용** 방지 기술에 대한 투자가 병행되고 있다.
(47회 읽기 47번)

추천) 인터넷의 단점은 무분별한 정보의 악용이다.

표현) 악용이 되다, 악용을 막다   반의) 선용

**1393 안심하다**
- feel easy, relax
- 安心する
- 放心
- an tâm, yên tâm

기출) 수질 오염으로 물을 **안심하고** 먹기가 어렵다.
(36회 읽기 22번)

추천) 우리 아파트 단지는 경비를 철저하게 하니 안심하셔도 됩니다.

유의) 안도하다

### 1394 안정시키다
- calm down
- 安定させる, 落ち着かせる
- 平静
- giữ ổn định, trấn tĩnh

**기출** 마음을 **안정시키는** 효과를 얻을 수 있기 때문이다.
(47회 읽기 13번)

**추천** 그는 조용한 음악을 들으면서 복잡한 마음을 안정시켰다.

**표현** 심신을 안정시키다, 마음을 안정시키다

### 1395 앓다
- suffer
- 病む
- 患
- mệt mỏi, ốm đau

**기출** 연휴 마지막 날 교통 체증, 고속도로 몸살 **앓아**
(52회 읽기 26번)

**추천** 그는 몸에 열이 나서 잠도 못 자고 계속 앓고 있었다.

**표현** 병을 앓다, 감기를 앓다

### 1396 앞뒤
- front and back
- 前後
- 前后
- trước sau

**기출** 나는 몸을 **앞뒤**로 흔들어 자전거를 출발시켰다.
(47회 읽기 42번)

**추천** 학생들은 운동장에서 허리를 앞뒤로 굽히며 체조를 하고 있다.

**표현** 동전의 앞뒤, 앞뒤 간격

### 1397 앨범
- album
- アルバム
- 专辑, 相册
- album

**기출** 노래를 하는 사람은 정기적으로 **앨범**을 내야 한다.
(52회 듣기 20번)

**추천** 지금도 앨범 속의 그 노래를 가끔씩 듣는다.

**표현** 앨범을 정리하다, 앨범을 듣다

### 1398 야간
- night
- 夜間
- 夜间
- ban đêm, đêm

**기출** **야간** 운전 중에 차선이 잘 보이지 않으면 크고 작은 사고들이 발생하게 될 것이다.
(35회 읽기 39번)

**추천** 집 근처에 야간에도 진료를 하는 병원이 있다.

**표현** 야간 근무, 야간 진료, 야간 개장 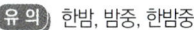 한밤, 밤중, 한밤중  주간

# TOPIK II

**1399 야외**
- outdoors
- 野外
- 野外
- ngoài trời

**기출** 실내보다 **야외**에서 일할 때 마음이 편하다.
(60회 듣기 30번)

**추천** 놀이공원에서 펼쳐지는 야외 공연은 누구나 관람할 수 있다.

**표현** 야외 수업, 야외 촬영, 야외로 나가다  **유의** 밖  **반의** 실내

---

**1400 양성하다**
- train, educate
- 養成する
- 养成
- đào tạo, bồi dưỡng

**기출** 내부 교육 기관을 두어 전문 음악인을 **양성했다**.
(83회 듣기 45번)

**추천** 그는 지금 그의 후계자를 양성하고 있다.

**표현** 인력을 양성하다, 인재를 양성하다, 후계자를 양성하다

**유의** 육성하다, 기르다

---

**1401 어르신**
- elderly, senior citizen
- お年寄り
- 老人家
- người lớn

**기출** 마을 **어르신**들이 '지킴이' 역할 톡톡히, 주민 얼굴에 웃음
(41회 읽기 27번)

**추천** 동네 청년들이 마을 어르신들을 모시고 잔치를 열었다.

**표현** 어르신 제사, 어르신을 뵙다, 어르신을 모시다  **유의** 어른

---

**1402 어우러지다**
- be in harmony
- 調和する
- 融合
- hòa đồng, hòa hợp, đồng lòng

**기출** 뿌리, 줄기, 잎이 **어우러져** 하나의 나무가 되듯 한 집안도 이러한 결합을 통해 이루어짐을 나타내는 것이다. (52회 읽기 29번)

**추천** 마을 사람들이 모두 어우러진 마을 잔치는 흥겹고 즐거웠다.

**표현** 나무들이 어우러지다, 빛이 어우러지다, 잘 어우러지다

---

**1403 어휘력**
- vocabulary
- 語彙力
- 词汇量
- khả năng từ vựng, vốn từ

**기출** 번역가는 높은 수준의 **어휘력**을 갖춰야 한다.
(41회 듣기 20번)

**추천** 내일 어휘력 평가가 있는 날이라 오늘 열심히 단어를 외워야 돼.

**표현** 어휘력 발달, 어휘력 신장, 어휘력 검사

## 1404 언론
- press, mass media
- 言論
- 言论
- ngôn luận

**기출** 사업의 실효성에 대해 의문을 제기하는 **언론** 보도가 있었다.
(83회 듣기 39번)

**추천** 신문, 방송 등 언론의 영향력은 꽤 크다.

**표현** 언론 매체, 언론 활동, 언론의 역할

## 1405 언행
- words and actions
- 言動
- 言行
- lời nói và hành động, nói và làm

**기출** 사관의 기록 때문에 왕은 자신의 **언행**을 조심하게 되었다.
(41회 읽기 33번)

**추천** 나는 그동안 언행을 바르게 하려고 노력했다.

**표현** 언행의 불일치, 언행이 거칠다

## 1406 얽히다
- be related to, be involved in
- 絡みつく
- 绞结
- bị rối rắm, chằng chịt, đan xen

**기출** 현대 사회는 다양한 이익 집단의 관계가 복잡하게 **얽혀** 있기 때문에 많은 사회적 갈등이 존재한다. (41회 읽기 48번)

**추천** 그 일은 여러 사람들의 이해관계가 복잡하게 얽혀 있어 해결하기가 쉽지 않다.

**표현** 이해관계가 얽히다, 복잡하게 얽히다  **유의** 뒤섞이다, 섞이다

## 1407 없어지다
- disappear
- なくなる
- 消失
- mất đi

**기출** 여러분, 혹시 비행기를 이용하면서 짐이 **없어지거나** 늦게 도착한 적이 있으십니까? (41회 듣기 3번)

**추천** 할머니는 잘 지내고 있다는 손자의 연락을 받고 걱정이 없어지셨다.

**표현** 말이 없어지다, 문제가 없어지다, 물건이 없어지다

## 1408 엇갈리다
- differ in opinion
- すれ違う
- 分歧
- bất đồng

**기출** 규약문은 개인들 사이의 이해관계가 **엇갈려** 다툼이 생길 경우 이를 해결하는 역할을 한다. (41회 듣기 38번)

**추천** 여러 사람이 모이면 의견이 엇갈릴 가능성이 높다.

**표현** 엇갈린 생각, 엇갈린 주장, 의견이 엇갈리다  **유의** 갈리다

# TOPIK II

**1409 여겨지다**
- be considered
- 思われる
- (被)视为
- được coi là, bị xem là

[기출] '빨리빨리' 문화는 참을성이 없고 급한 성격의 부정적인 의미로 **여겨져** 왔다.
(41회 읽기 44번)

[추천] 그 영화는 장르 자체가 남성적으로 여겨진다.

[표현] 오해로 여겨지다, 따분하게 여겨지다

**1410 연결되다**
- be connected
- 連結される
- (被)链接
- được kết nối, được liên kết

[기출] 다양한 지식들이 서로 **연결되어서** 창의적인 생각이 되는 것이다.
(37회 읽기 15번)

[추천] 회사 건물이 지하철역과 바로 연결되어 있어서 출퇴근이 편하고 좋다.

[표현] 지하철이 연결되다, 서로 연결되다  [유의] 통하다

**1411 연구팀**
- research team
- 研究チーム
- 研究小组
- nhóm nghiên cứu

[기출] 한 **연구팀**이 냄새가 나지 않는 무취 상태의 조건을 알아냈다.
(52회 읽기 39번)

[추천] 이 프로그램은 저희 회사 연구팀에 의해 개발되었습니다.

[표현] 컴퓨터 연구팀, 연구팀의 성과

**1412 연령**
- age
- 年齢
- 年龄
- độ tuổi

[기출] 보편적 디자인이란 성별, **연령**, 장애의 유무 등에 관계없이 누구나 편리하게 이용할 수 있도록 제품이나 사용 환경을 만드는 것을 말한다. (52회 읽기 44번)

[추천] 의학의 발달로 국민들의 평균 연령이 높아지고 있다.

[표현] 정신 연령, 평균 연령, 연령이 낮다  [유의] 나이

**1413 연속**
- continuity
- 連続
- 连续
- sự liên tục

[기출] 하지만 사회로 나가면 여러분을 기다리는 건 끊임없는 거절의 **연속**일 겁니다.
(41회 듣기 35번)

[추천] 그 신문은 정부의 정책을 비판하는 기사를 이틀 연속으로 실었다.

[표현] 이틀 연속, 고생의 연속, 연속으로 도전하다

[유의] 계속  [반의] 불연속

### 1414 연수
- training
- 硏修
- 研修，培训
- sự đào tạo, sự rèn luyện

**기출** 신입 사원 **연수** 일정을 문자로 보내 드렸는데 확인하셨나요? (83회 듣기 23번)

**추천** 이번 연수에서는 분야 최고의 전문가 강의를 들을 수 있었다.

**표현** 직원 연수, 해외 연수, 연수 교육    **유의** 수련

### 1415 열풍
- fever, craze
- 熱風
- 烈风
- cơn sốt, làn sóng, trào lưu

**기출** 치유 **열풍**이 거센 것에 비해서 이를 통해 마음의 평화와 안정을 얻었다고 하는 사람들은 그리 많지 않다. (36회 읽기 37번)

**추천** 한류 열풍으로 한국 가수들이 다른 나라에서 공연을 많이 한다.

**표현** 열풍이 잦다, 열풍이 일다, 독서 열풍

### 1416 영양소
- nutrient
- 榮養素
- 营养素
- chất dinh dưỡng

**기출** 꿀에는 **영양소**가 풍부하지만 혈당을 높이기 때문에 당뇨병 환자들에게 설탕보다 더 나은 것은 결코 아니다. (41회 읽기 37번)

**추천** 단백질은 어린아이의 성장에 꼭 필요한 영양소이다.

**표현** 영양소가 공급되다, 영양소가 첨가되다, 영양소가 풍부하다

### 1417 영역
- area
- 領域
- 领域
- lĩnh vực

**기출** 지금 우리는 기계가 인간의 인지적인 **영역**까지 대신하는 제2의 기계 시대로 접어들고 있다. (52회 읽기 41번)

**추천** 평등권은 사회의 모든 영역에서 차별 받지 않을 권리라고 할 수 있다.

**표현** 활동 영역, 영역 확장, 영역이 좁다    **유의** 부문, 분야

### 1418 예상되다
- be expected
- 予想される
- 预想
- được dự tính, được dự đoán

**기출** 업계에 5만 개 이상의 일자리가 생길 것으로 **예상된다**. (35회 읽기 34번)

**추천** 이번 폭우로 인한 수재민이 많을 거라고 예상된다.

**표현** 예상되는 변화, 성장이 예상되다, 어려움이 예상되다

# TOPIK II

**1419 예술성**
- artistry, artistic value
- 芸術性
- 艺术性
- tính nghệ thuật

(기출) 조각보는 실용성보다 **예술성**이 강조되어 있다. (41회 읽기 32번)
(추천) 이 작품은 예술성이 높다.
(표현) 작품의 예술성, 예술성이 높다, 예술성이 돋보이다

**1420 예측**
- prediction
- 予測
- 预测
- sự dự đoán, sự tiên đoán

(기출) 4차 산업 혁명이 가져올 미래는 전문가들도 **예측**이 불가능하다고 할 만큼 변화가 클 텐데요. (47회 듣기 45번)
(추천) 그의 언행은 하도 유별나서 예측을 할 수 없다.
(표현) 예측 결과, 예측이 가능하다, 예측이 되다  (유의) 예상

**1421 예컨대**
- for example
- 例えば
- 例如
- ví dụ như, chẳng hạn như

(기출) **예컨대** 오이의 가격이 1월에 1,000원이고 2월에 3,000원이며 현재 2,000원이라고 가정해 보자. (52회 읽기 35번)
(추천) 보라색 음식, 예컨대 포도, 블루베리 등은 비타민이 풍부하다고 알려져 있다.
(유의) 예를 들자면

**1422 오디션**
- audition
- オーディション
- 面试
- buổi diễn thử, buổi thử vai, buổi thử giọng

(기출) **오디션**에서 감독에게 자신의 능력과 끼를 보여 줘도 결국 돌아오는 건 대부분 거절일 겁니다. (41회 듣기 35번)
(추천) 오디션에서 최종 합격한 사람들이 영화에 출연하게 된다.
(표현) 오디션을 보다, 오디션에 참가하다

**1423 온갖**
- all kinds of
- あらゆる
- 各种，百般
- mọi, tất cả

(기출) 할머니는 청소며 빨래며 나에게는 안 보이던 **온갖** 집안일들을 찾아서 하기 시작했다. (41회 읽기 23번)
(추천) 그는 성공하기까지 온갖 어려움을 모두 겪었다.
(표현) 온갖 노력, 온갖 방법  (유의) 갖은, 갖가지

306

### 1424 올바르다
- proper
- 正しい
- 正确
- đúng đắn

**기출** 청소년의 **올바른** 성장을 돕기 위해서 어떤 노력이 필요한가?
(64회 쓰기 54번)

**추천** 부모는 아이들이 올바른 가치관을 가지도록 교육해야 한다.

**표현** 올바른 지적, 올바른 태도, 생각이 올바르다  **유의** 옳다

---

### 1425 완성하다
- complete
- 完成する
- 完成
- hoàn thành

**기출** 개발팀은 **완성한** 게임을 일정 기간 동안 직접 해 보면서 기술적인 오류를 찾아내고 있습니다. (83회 듣기 29번)

**추천** 보고서를 완성하는 대로 과장님께 보내 드려야 한다.

**표현** 건물을 완성하다, 소설을 완성하다

**유의** 완성시키다  **반의** 미완성하다

---

### 1426 외관
- external appearance
- 外観
- 外观
- vẻ bên ngoài, hình dáng bên ngoài

**기출** 추상 활동은 **외관**의 세부적 기술에서 시작되는 것이다.
(47회 읽기 44번)

**추천** 그가 새로 구입한 자동차는 외관은 단순하나 성능이 무척 좋다.

**표현** 건물 외관, 외관이 아름답다, 외관이 허름하다  **유의** 겉보기, 외견

---

### 1427 외치다
- cry out
- 叫ぶ
- 大喊
- gào thét, kêu gọi, hò hét

**기출** 현관문을 열고 맨발로 뛰어나가 계단을 올라가는 본희 뒷모습에 대고 **외쳤다**.
(64회 읽기 42번)

**추천** 아침이면 어김없이 문을 두드리며 이름을 외쳐 댔다.

**표현** 큰소리로 외치다, 실컷 외치다  **유의** 고함치다, 소리치다, 부르짖다

---

### 1428 용기
- courage
- 勇気
- 勇气
- dũng khí

**기출** 격려해 주는 남편 덕분에 **용기**를 냈다.
(47회 읽기 23번)

**추천** 아무리 힘들어도 용기를 잃지 마라.

**표현** 용기를 내다, 용기를 얻다, 용기를 주다

# TOPIK II

**1429 용도**
- use
- 用途
- 用途
- mục đích sử dụng

**기출** 보자기는 물건을 싸는 실용적인 **용도**로 사용된다.
(41회 읽기 32번)

**추천** 용도에 맞게 물건을 잘 사용할 줄 알아야 한다.

**표현** 건물의 용도, 용도가 다르다, 용도를 모르다

---

**1430 용돈**
- allowance
- 小遣い
- 零用钱
- tiền tiêu vặt

**기출** 엄마, 저 **용돈**이 부족한데 좀 더 주시면 안 될까요?
(41회 듣기 5번)

**추천** 그는 아내에게 용돈을 타서 쓰고 있다.

**표현** 한 달 용돈, 용돈이 궁하다, 용돈이 떨어지다

---

**1431 우선하다**
- prioritize
- 優先する
- 优先
- ưu tiên

**기출** 안전을 **우선하다** 보면 환경이 훼손될 수도 있다.
(41회 듣기 25번)

**추천** 우리 회사에서는 회사의 이익보다는 종업원들의 복지가 우선한다.

**표현** 지위나 명예에 우선하다, 공이 사보다 우선하다, 집안보다 개인이 우선하다

**유의** 앞서다

---

**1432 우수성**
- excellency
- 優秀性
- 优秀性
- tính ưu tú, tính vượt trội, tính xuất sắc

**기출** 신제품 발표회에서는 제품의 **우수성**을 데이터로 제시해야 한다.
(47회 읽기 36번)

**추천** 이 제품은 세계적으로 우수성을 인정받았다.

**표현** 한글의 우수성, 우수성이 돋보이다, 우수성을 보이다

---

**1433 우편물**
- mail
- 郵便物
- 邮件
- bưu phẩm

**기출** 그럼 들어올 때 **우편물**도 좀 갖다줘요.
(52회 듣기 9번)

**추천** 집 주소를 똑바로 적어야 우편물이 제대로 배달된다.

**표현** 우편물 발송, 우편물을 수령하다, 우편물을 보내다

**1434 우화**
- fable
- 寓話
- 寓言
- truyện ngụ ngôn

**기출** 우리는 **우화**를 통해 진정한 배려가 무엇인지 배울 수 있다.
(41회 읽기 36번)

**추천** 토끼와 거북이 우화에서는 거북이가 토끼를 이긴다.

**표현** 우화 형식, 우화를 남기다, 우화를 인용하다

---

**1435 운행하다**
- operate
- 運行する
- 运行，行驶
- vận hành, điều hành

**기출** 서울로 가는 우리 열차는 지금 공사 구간을 지나가고 있어서 천천히 **운행하고** 있습니다. (47회 듣기 14번)

**추천** 택시 요금은 운행한 거리에 따라 다릅니다.

**표현** 운행한 거리, 노선을 운행하다, 버스를 운행하다

---

**1436 움직임**
- movement
- 動き
- 动作，运动
- sự chuyển động, sự di chuyển

**기출** 전자레인지는 직접 열을 가하는 것이 아니라 음식에 포함된 물 분자의 **움직임**을 이용하여 음식을 데운다. (52회 읽기 30번)

**추천** 선수들이 지쳐서 그런지 다들 움직임이 둔해졌다.

**표현** 움직임이 느려지다, 움직임이 둔하다, 움직임이 빨라지다

---

**1437 원동력**
- driving force
- 原動力
- 动力
- nguồn động lực, nguồn sức mạnh

**기출** 인간에게 시간 부족은 효율적인 일 처리의 **원동력**이 된다.
(60회 듣기 44번)

**추천** 딸아이는 나에게 힘든 나날을 견디게 해 주는 원동력이다.

**표현** 삶의 원동력, 성공의 원동력, 원동력이 되다

---

**1438 원로**
- elder, doyen
- 元老
- 元老
- gạo cội, kì cựu, lớn tuổi

**기출** **원로** 가수의 노래가 젊은이들의 관심을 끌고 있다.
(36회 읽기 36번)

**추천** 수많은 학생들이 원로 교수님의 특강을 들으러 왔다.

**표현** 원로 가수, 원로 정치인

# TOPIK II

**1439 원형**
- original form
- 原形
- 原形
- nguyên hình, nguyên dạng ban đầu

(기출) 문화재 수리는 **원형**을 훼손하지 않아야 한다. (37회 듣기 30번)
(추천) 이 건축물은 처음 지어질 때의 원형을 잘 유지하고 있다.
(표현) 원형이 손상되다, 원형을 보존하다, 원형을 복구하다

---

**1440 원활하다**
- smooth
- 円滑だ
- 顺畅
- suôn sẻ, thuận lợi

(기출) 반칙한 선수들에게는 그 자리에서 바로 벌칙을 줘야 경기가 **원활하게** 진행되니까요. (41회 듣기 29번)
(추천) 성격이 원만한 민수는 회사에서 인간관계 또한 원활하다.
(표현) 관계가 원활하다, 소통이 원활하다, 원활하게 진행되다 (유의) 원만하다

---

**1441 위급하다**
- urgent
- 危急だ, 緊急を要する
- 危急
- nguy cấp, cấp bách

(기출) 안내견이 다가오는 것은 **위급한** 상황이 생겼다는 뜻이다. (60회 읽기 20번)
(추천) 구조대가 생명이 위급한 환자를 급히 병원으로 옮겼다.
(표현) 위급한 상태, 위급한 상황 (유의) 급하다

---

**1442 위기**
- crisis
- 危機
- 危机
- nguy cơ

(기출) 사라질 **위기**에 처해 있는 중요한 자산을 지키기 위해 시민들이 자발적으로 모금에 나선 것이다. (47회 읽기 34번)
(추천) 투수가 연속 안타를 맞으면서 우리 팀은 위기를 맞았다.
(표현) 위기 상황, 위기를 겪다, 위기를 넘기다, 위기를 맞다

---

**1443 위로하다**
- comfort
- 慰める
- 安慰
- an ủi

(기출) 힙합은 함께 노래를 부르고 춤을 추는 사이에 개인의 아픔도 서로 격려하고 **위로하는** 집단적 의식으로 나타난다. (41회 읽기 31번)
(추천) 그는 힘들 때마다 따뜻한 말로 나를 위로해 준다.
(표현) 아픔을 위로하다, 친구를 위로하다, 노래로 위로하다

### 1444 위반
- violation
- 違反
- 违反
- sự vi phạm

**기출** 벌점 제도가 있어도 규칙 **위반**은 크게 줄어들지 않고 있다. (36회 읽기 14번)

**추천** 교통 신호 위반으로 벌금을 냈다.

**표현** 신호 위반, 속도위반, 법규 위반   **유의** 위배

---

### 1445 위험성
- risk
- 危険性
- 危险性
- tính nguy hiểm

**기출** 정부는 드론 활용 기술에 한 투자 못지않게 드론의 악용과 **위험성**을 최소화하는 기술에 대한 투자에도 소홀하지 않아야 한다. (47회 읽기 46번)

**추천** 게임 중독의 위험성을 줄이기 위해 아이가 정해진 시간 동안만 게임을 하게 한다.

**표현** 폭발 위험성, 다칠 위험성, 위험성이 높다

---

### 1446 유난히
- unusually, particularly
- ひときわ
- 特別
- một cách bất thường

**기출** 아이를 임신한 사람은 길거리에서 **유난히** 임신부만 눈에 들어온다. (36회 읽기 30번)

**추천** 가족 중에서 나만 유난히 말랐다.

**표현** 유난히 많다, 유난히 밝다, 유난히 아름답다

---

### 1447 유리알
- glass bead
- ビー玉, ガラス玉
- 玻璃球
- hạt thủy tinh, viên thủy tinh

**기출** 반사 성능을 더욱 강화하고자 할 때에는 **유리알**이 혼합된 페인트를 사용할 수 있다. (35회 읽기 39번)

**추천** 아이의 눈은 유리알처럼 반짝이며 빛났다.

**표현** 유리알이 빛나다, 유리알처럼 반짝이다

---

### 1448 유전자
- gene
- 遺伝子
- 遗传基因
- gen di truyền

**기출** 이 동물의 **유전자**를 연구하면 인간의 성인병 치료에 도움이 될 것으로 기대된다. (41회 읽기 34번)

**추천** 유전자가 남들보다 적거나 많으면 고치기 어려운 질병에 걸릴 수 있다.

**표현** 유전자 조작, 유전자를 물려받다

# TOPIK II

**1449 유지**
- maintenance, keeping
- 維持
- 保持，维持
- sự duy trì

**기출** 석빙고의 경사진 바닥은 온도 **유지**에 도움이 된다. (47회 듣기 42번)

**추천** 건강 유지의 지름길은 꾸준한 운동이다.

**표현** 질서 유지, 평화 유지　**유의** 지속

---

**1450 유출되다**
- be leaked
- 流出される
- (被)泄漏，流出
- bị rò rỉ

**기출** 쇼핑몰에 가입하면 쉽게 개인 정보가 **유출된다**. (37회 듣기 21번)

**추천** 공장에서 나온 산업 폐수가 강으로 유출되는 사고가 났다.

**표현** 가스가 유출되다, 정보가 유출되다

---

**1451 유치원**
- kindergarten
- 幼稚園
- 幼儿园
- trường mẫu giáo

**기출** 그날 회사에 나와야 하는데 아이 **유치원**이 쉬니까 당장 아이 맡길 데를 알아봐야 해. (52회 듣기 27번)

**추천** 민수는 유치원에 가서 친구들과 함께 놀고 함께 공부하는 것을 좋아한다.

**표현** 사립 유치원, 유치원 교사, 유치원을 졸업하다

---

**1452 유형**
- type
- 類型
- 类型
- hữu hình

**기출** 나아가 이 제도의 도입을 계기로 조직 문화의 개선을 위하여 다양한 **유형**의 시도를 계속할 것이라고 밝혔다. (41회 읽기 39번)

**추천** 생물은 크게 동물과 식물의 두 유형으로 나눌 수 있다.

**표현** 소비 유형, 전형적인 유형, 유형의 분류

---

**1453 육체적**
- physical
- 肉体的
- 肉体的，身体上的
- thể chất, tính thể chất

**기출** **육체적**·정신적 피로로 인해 무기력한 상태가 지속된다면 소진 증후군을 의심해 보아야 한다. (35회 읽기 37번)

**추천** 육체적인 고통은 참을 수 있으나 정신적인 스트레스는 참기 힘들다.

**표현** 육체적인 고통, 육체적인 질병, 육체적으로 지치다　**반의** 정신적

## 1454 응급
- emergency
- 応急
- 紧急, 急诊
- sự cấp cứu, sự ứng cứu

**기출** **응급** 상황이 생기면 언제든지 전화하세요.
(36회 읽기 39번)

**추천** 응급 환자가 바로 내 가족이라고 생각하고 구급차에 길을 양보해 주자.

**표현** 응급 환자, 응급 처치, 응급 상황

## 1455 응답하다
- respond
- 答える
- 回答
- trả lời, ứng đáp

**기출** 여자는 자유로운 생활을 원해서라고 **응답한** 경우가 가장 많았다.
(52회 쓰기 53번)

**추천** 그는 기자의 질문에 조심스럽게 응답했다.

**표현** 설문에 응답하다, 질문에 응답하다  **유의** 대답하다  **반의** 질의하다

## 1456 의료원
- medical center
- 医療院
- 医疗院
- trung tâm y tế

**기출** 이를 위한 첫 번째 과제는 현재 건립 중에 있는 전국 최대 규모의 **의료원**을 완공하는 것입니다. (47회 듣기 35번)

**추천** 그 의료원은 첨단 의료 장비를 마련했다.

**표현** 의료원을 세우다  **유의** 병원, 의원

## 1457 의무
- duty
- 義務
- 义务
- nghĩa vụ

**기출** 특허법은 독창적인 기술을 최초로 발명한 사람에게 기술에 대한 독점적 사용권을 부여하는 대신 그 기술을 사회에 공개할 **의무**를 부과한다. (42회 읽기 48번)

**추천** 언론은 국민에게 진실을 알려야 할 의무가 있다.

**표현** 의무가 있다, 의무를 가지다, 의무를 다하다

**유의** 책무  **반의** 권리

## 1458 의심
- doubt
- 疑心
- 怀疑
- sự nghi ngờ, nghi hoặc

**기출** **의심**과 믿음을 색깔로 비유한다면 **의심**은 검은색과 같고 믿음은 하얀색과 같다.
(37회 읽기 16번)

**추천** 나는 의심이 많은 편이라 쉽게 사람을 믿지 못한다.

**표현** 의심의 눈초리, 의심이 가다, 의심이 들다, 의심을 받다

**유의** 의문, 의혹  **반의** 신뢰, 믿음

# TOPIK II

**1459 이념**
- ideology
- 理念
- 理念
- tư tưởng, lý tưởng, ý niệm

(기출) 정치 **이념**의 부재로 인한 혼란을 경계하고 있다. (52회 듣기 50번)
(추천) 누구든 생각이나 이념 등을 자유롭게 가질 수 있고 존중받아야 한다.
(표현) 기업 이념, 정치적 이념, 이념의 벽

**1460 이동**
- moving
- 移動
- 移动
- sự di chuyển, sự di động

(기출) 텃새는 자리를 옮기지 않고 한 지역에서만 살기 때문에 장거리 **이동**을 거의 하지 않는다. (83회 읽기 18번)
(추천) 나는 식사할 시간이 없어서 회사로 이동 중에 빵을 먹었다.
(표현) 근무지 이동, 이동 시간, 이동 거리

**1461 이상하다**
- unusual, strange
- いじょうだ
- 异常, 奇怪
- khác thường

(기출) 본희가 멘 가방이 **이상하게** 커 보여 소희는 자리에서 벌떡 일어났다. (64회 읽기 42번)
(추천) 그는 정신이 이상한 사람처럼 멍하니 하늘만 바라보고 있다.
(표현) 이상한 사람, 이상한 일 (유의) 수상하다, 이상스럽다

**1462 이질성**
- difference
- 異質性
- 异质性
- tính khác biệt

(기출) **이질성**이 없어진 후 발생한 문제점을 염려한다. (47회 읽기 50번)
(추천) 이질성과 예외성을 인정하는 상호 존중의 문화를 만들어 가야 한다.
(표현) 이질성이 있다, 이질성이 증가하다, 이질성을 발견하다 (반의) 동질성

**1463 이해관계**
- interests
- 利害関係
- 利害关系
- quan hệ lợi ích, quan hệ lợi hại

(기출) 특정한 정치적 이념과 **이해관계**를 떠나 인재를 고르게 등용함으로써 정치 세력의 균형을 이루고자 했던 것이죠. (52회 듣기 49번)
(추천) 그 두 회사는 상업적인 이해관계를 떠나서 서로 돕고 있다.
(표현) 이해관계가 복잡하다, 이해관계를 달리하다, 이해관계를 따지다, 이해관계를 떠나다

### 1464 인력
- manpower, labor
- 人力
- 人力
- nhân lực, sức người

**기출** 본사에서 나온 지원 **인력**들이 손님을 맞고 질문에 답변하고 계산을 했다. (60회 읽기 42번)

**추천** 회사는 새로운 기술을 개발하기 위해 전문 인력을 확충했다.

**표현** 건설 인력, 산업 인력, 연구 인력

### 1465 인사
- human resources affairs
- 人事
- 人事
- nhân sự

**기출** 그런데 **인사** 담당자들이 이 사진을 보고 전혀 영향을 받지 않는다는 건 아주 힘든 일입니다. (47회 듣기 37번)

**추천** 이번 인사로 최 대리는 과장으로 승진했다.

**표현** 승진 인사, 인사 관리, 인사 조치, 인사를 단행하다

### 1466 인사과
- human resources department
- 人事課
- 人事科
- phòng nhân sự

**기출** 그럼 **인사과**에 연락해서 추가 지원을 받을 수 있는지 알아보세요. (52회 듣기 12번)

**추천** 그녀는 총무과에서 인사과로 전근 발령을 받았다.

**표현** 인사과 직원, 인사과 연락처

### 1467 인성
- personality
- 人性
- 人性
- nhân tính, tính người

**기출** 아이의 **인성**이 완성되는 청소년기에는 '권위 있는 아빠'의 역할도 중요하다. (47회 읽기 19번)

**추천** 과도한 학업 경쟁은 학생들의 인성을 파괴할 우려가 있다.

**표현** 올바른 인성, 타고난 인성, 인성 교육, 인성 지도  **유의** 인간성, 인격

### 1468 인증하다
- certify
- 認証する
- 认证
- chứng nhận

**기출** 전승자들의 작품을 **인증하는** 제도가 사라질 것이다. (47회 듣기 47번)

**추천** 시험에 합격한 사람들은 정부가 인증한 교사 자격증을 받았다.

**표현** 실력을 인증하다, 기록을 인증하다, 기술을 인증하다

# TOPIK II

**1469 일깨우다**
- make someone aware of
- 思い起こさせる
- 提醒
- đánh thức, làm thức tỉnh

(기출) 동화 속 이야기는 지난 기억과 소중한 것들을 다시 **일깨워** 어른들을 동심의 세계로 인도한다. (41회 읽기 28번)

(추천) 정부는 환경의 중요성을 일깨우기 위해 내일부터 환경 캠페인을 연다고 하였다.

(표현) 잘못을 일깨우다, 중요성을 일깨우다

---

**1470 일단**
- for now
- いったん
- 一旦
- trước hết

(기출) **일단** 이 병을 앓게 되면 휴식과 재충전을 통해 심신의 건강을 유지해야 한다. (35회 읽기 37번)

(추천) 배가 고프니까 일단 밥부터 먹자.

(표현) 일단 시작하다

---

**1471 일대일**
- one-on-one
- 一対一
- 一对一
- một đối một, một kèm một

(기출) 지금까지의 정책은 주요 전승자들을 인간문화재로 지정하고 그분들이 제자를 **일대일**로 교육해 전통 공예를 이어 나가는 것이었습니다. (47회 듣기 47번)

(추천) 동업을 하는 김 사장과 나는 이익을 일대일로 나누기로 했다.

(표현) 일대일 교육, 일대일 대결, 일대일로 나누다, 일대일로 맞서다

---

**1472 일부러**
- intentionally, on purpose
- わざわざ, わざと
- 故意地
- cố tính, cố ý

(기출) 기내식은 고도가 높아졌을 때 사람들의 미각이 둔해지는 것에 대비해서 **일부러** 음식을 조금 짜게 만든다. (35회 읽기 32번)

(추천) 너를 보기 위해서 늦었는데도 일부러 왔다.

(표현) 일부러 말하다, 일부러 오다, 일부러 찾아가다 (유의) 고의로

---

**1473 일탈**
- deviation
- 逸脱
- 失控, 偏离
- sự đi lệch, sự thoát khỏi

(기출) 사회적 **일탈** 행동은 돈과 명예가 없는 데에서 기인한다. (52회 읽기 37번)

(추천) 어떻게 하면 개인의 일탈을 막을 수 있을까요?

(표현) 일탈을 막다, 일탈을 벌이다, 일탈을 저지르다

### 1474 임산부
- pregnant or postpartum woman
- 妊産婦
- 孕产妇
- thai phụ, sản phụ

**기출** 이 버스는 타고 내리기 쉬워 어린이와 노인, **임산부**와 장애인 등 모두가 편리하게 이용할 수 있다. (52회 읽기 44번)

**추천** 그 제품은 임산부의 편안한 수면을 도와줄 수 있다.

**표현** 임산부 전용, 임산부 좌석  **유의** 산부, 임부

### 1475 입사하다
- join a company
- 入社する
- 进公司，入职
- vào công ty, gia nhập công ty

**기출** **입사하고** 싶은 기업의 선발 기준을 파악하고 있어야 한다. (47회 듣기 37번)

**추천** 그녀는 이제 막 입사한 신입 사원이다.

**표현** 회사에 입사하다, 공채로 입사하다  **유의** 들어가다  **반의** 퇴사하다

### 1476 입증되다
- be proved
- 立証される
- 被证明
- được kiểm chứng, được chứng minh

**기출** 식초가 피로 회복과 혈압 조절, 피부 미용 등에 효과가 있다는 것이 **입증되면서** 판매량이 늘고 있다 (36회 읽기 35번)

**추천** 객관적인 자료가 없는 주장은 사실로 입증되기 어렵다.

**표현** 효능이 입증되다, 논리적으로 입증되다, 사실로 입증되다

### 1477 입히다
- put clothes on
- 着せる
- 给……穿
- mặc cho (quần áo)

**기출** 어린이집에 보내려고 옷을 **입히고** 머리를 빗겨 줄 때 항상 "동생들 하고 나서 해 줄게." 라고 하며 첫째를 기다리게 했던 나의 모습이 떠올랐다. (37회 읽기 23번)

**추천** 나는 새로 산 옷을 딸에게 입혀 보았다.

**표현** 셔츠를 입히다, 옷을 입히다

### 1478 자극하다
- stimulate
- 刺激する
- 刺激
- gây kích thích

**기출** 이 책은 미각을 **자극하기보다는** 한 끼 식사가 마련되는 과정의 어려움을 일깨운다. (52회 읽기 40번)

**추천** 화장품도 피부를 자극할 수 있다.

**표현** 신경을 자극하다, 위를 자극하다, 피부를 자극하다

# TOPIK II

**1479 자동화**
- automation
- 自動化
- 自动化
- tự động hóa

[기출] 4차 산업 혁명은 유통 시스템의 **자동화**를 말한다.
(47회 듣기 45번)

[추천] 요즘은 업무의 자동화를 위한 설비를 갖춘 회사가 많다.

[표현] 사무의 자동화, 생산의 자동화, 자동화기기, 자동화 설비

**1480 자매**
- sisters
- 姉妹
- 姐妹
- chị em gái

[기출] 남녀 모두 형제와 **자매**에게 고민 상담을 가장 많이 한다.
(36회 읽기 10번)

[추천] 우리는 꼭 닮은 쌍둥이 자매다.

[표현] 세 자매, 자매 사이, 자매가 있다  [유의] 여형제  [반의] 형제

**1481 자본**
- capital
- 資本
- 资本
- vốn

[기출] 처음 시작할 때는 충분한 **자본** 투자가 필수적이다.
(64회 읽기 47번)

[추천] 사업을 시작하기에는 자본이 좀 부족했다.

[표현] 자본이 부족하다, 자본을 대다  [유의] 돈

**1482 자산**
- assets
- 財産
- 财产
- tài sản

[기출] 시민들이 역사적 가치가 높은 **자산**을 보존하기 시작했다.
(47회 읽기 34번)

[추천] 그는 회사의 전체 자산을 관리하는 일을 한다.

[표현] 기업의 자산, 자산 가치, 자산을 갖다

**1483 자수성가**
- a self-made person
- 自手成家
- 白手起家
- sự tự thân làm nên

[기출] **자수성가**형 부자는 자녀 상속 의향이 20% 정도에 지나지 않았다.
(35회 읽기 40번)

[추천] 그는 자수성가를 목표로 하루 종일 일에만 몰두했다.

[표현] 자수성가를 꿈꾸다, 자수성가를 이루다, 자수성가를 하다

## 1484 자체
- itself
- 自体
- 本身
- tự thể, tự bản thân

**기출** 그 **자체**로 맛을 가지고 있지는 않지만 다른 맛들과 결합해 음식의 풍미를 높여 줍니다. (64회 듣기 41번)

**추천** 김 감독은 늘 승패보다는 경기 그 자체에 최선을 다해야 한다고 말했다.

**표현** 자체 수사, 자체 점검, 자체 제작

## 1485 자체적
- independently
- 自ら
- 自行
- tính tự thể, tính tự bản thân

**기출** 이 박물관에서는 **자체적**으로 식당을 운영하고 있다. (52회 듣기 24번)

**추천** 자체적으로 판단했을 때 나는 아직 실력이 부족한 것 같아.

**표현** 자체적으로 결정하다, 자체적으로 마련하다

## 1486 작성
- writing
- 作成
- 写
- viết, ghi

**기출** 고객들에게 후기 **작성**에 대해 적극적으로 알려야 할 것 같아요. (64회 듣기 21번)

**추천** 우리는 계약서 작성에 오랜 시간을 들였다.

**표현** 계약서 작성, 목록 작성, 문서 작성

## 1487 작업하다
- work
- 作業する
- 工作
- làm việc, tác nghiệp

**기출** 이 기술이 개발 되면 심한 악취 환경에서 **작업하는** 사람들의 어려움을 줄여 줄 수 있을 것이다. (52회 읽기 39번)

**추천** 컴퓨터로 작업하니까 훨씬 시간이 덜 드는 것 같다.

**표현** 인부가 작업하다, 열심히 작업하다

## 1488 장기간
- long term
- 長期間
- 长期
- trường kỳ, dài hạn

**기출** **장기간** 사람들의 발길이 닿지 않았다. (37회 듣기 43번)

**추천** 환자는 장기간의 음주로 간이 손상되어 있었다.

**표현** 장기간의 출장, 장기간에 걸치다, 장기간 결석하다

**유의** 장기  **반의** 단기간

# TOPIK II

**1489 장기적**
- long-term
- 長期的
- 长期的
- tính trường kỳ, tính lâu dài

**기출** 수면 보조 용품 사용은 **장기적**인 측면에서 효과가 있다.
(52회 듣기 38번)
**추천** 그 증상이 장기적으로 지속되면 병원에 가서 진찰을 받아야 합니다.
**표현** 장기적인 계획, 장기적인 대책, 장기적인 목표   **반의** 단기적

---

**1490 장단점**
- strengths and weaknesses
- 長所と短所
- 优缺点
- ưu nhược điểm

**기출** 특수 목재 가공 기술의 **장단점**을 파악해야 한다.
(60회 듣기 37번)
**추천** 이 방법 또한 장단점을 지니고 있다.
**표현** 성격의 장단점, 장단점이 있다, 장단점이 드러나다

---

**1491 장식하다**
- decorate
- 飾る
- 装饰
- trang trí, tô vẽ

**기출** 지붕에 구멍을 만들어 석빙고를 아름답게 **장식했다**.
(47회 듣기 42번)
**추천** 그녀는 온몸을 화려하게 장식하고 나섰다.
**표현** 꽃으로 장식하다, 보석으로 장식하다, 아름답게 장식하다, 화려하게 장식하다
**유의** 꾸미다

---

**1492 재계**
- financial circles
- 財界
- 财界
- giới tài chính

**기출** 그동안 신속한 업무 처리로 **재계**의 인정을 받아 왔다.
(35회 읽기 47번)
**추천** 재계는 앞으로 경기 회복이 어려울 것으로 내다보았다.
**표현** 재계 대표, 재계 소식, 재계의 관심   **유의** 경제계

---

**1493 저장하다**
- store
- 貯蔵する
- 储存
- lưu, lưu trữ

**기출** 사용 여부에 관계없이 물건을 못 버리고 **저장해** 두는 사람들이 있다.
(52회 읽기 18번)
**추천** 나는 냉동실에 저장해 두었던 옥수수를 꺼내 삶아 먹었다.
**표현** 먹이를 저장하다, 술을 저장하다, 식량을 저장하다

## 1494 적개심
- hostility
- 敵意
- 敌意，仇恨
- lòng căm ghét, lòng giận dữ, lòng thù hận

**기출** 혼자 사는 사람들은 분노와 **적개심**이 쌓이는 것을 주의해야 한다.
(47회 읽기 37번)

**추천** 그는 상대방에 대해 안 좋게 말하며 적개심을 드러냈다.

**표현** 적개심이 생기다, 적개심을 가지다, 적개심을 느끼다, 적개심을 드러내다

## 1495 적용되다
- be applied
- 適用される
- (被)适用
- được ứng dụng

**기출** 적정 인구 기준은 모든 나라에 동일하게 **적용된다**.
(60회 듣기 47번)

**추천** 이번에 새로 나온 약은 부작용이 많아 실제 치료에 적용되기는 어렵다.

**표현** 규칙이 적용되다, 기술이 적용되다, 법률이 적용되다, 모두에게 적용되다

## 1496 전망하다
- predict
- 見通す
- 展望
- dự đoán, tiên đoán, triển vọng

**기출** 산업의 미래에 대해 긍정적으로 **전망하고** 있다.
(47회 듣기 46번)

**추천** 지금 상태로서는 그의 생사 여부를 전망하는 것 자체가 불가능하다.

**표현** 미래를 전망하다, 앞일을 전망하다, 낙관적으로 전망하다

**유의** 내다보다, 예상하다

## 1497 전문
- professional
- 專門
- 专门
- chuyên môn

**기출** 인주시는 문제를 겪는 소방관이 있으면 **전문** 상담사를 보내 상담을 진행하기로 했다. (83회 읽기 21번)

**추천** 김 박사는 의학 전문 저서를 집필하였다.

**표현** 전문 경영인, 전문 기관, 전문 분야

## 1498 전시하다
- exhibit
- 展示する
- 展示
- trưng bày, triển lãm

**기출** 해외에 있는 문화재를 대여해서 **전시하고** 있다.
(64회 듣기 39번)

**추천** 나는 그가 그린 그림을 모아 전시하였다.

**표현** 그림을 전시하다, 물품을 전시하다, 사진을 전시하다

# TOPIK II

**1499 전액**
- full amount
- 全額
- 全额
- toàn bộ số tiền

[기출] **전액** 장학금을 주겠다는 지방 학교를 포기하고 택한 서울행이었다. (36회 읽기 23번)
[추천] 그는 우수한 성적으로 전액 장학금을 받았다.
[표현] 장학금 전액, 전액 부담, 전액 지불 [반의] 반액

**1500 절반**
- half
- 半分
- 一半
- một nửa, sự chia đôi

[기출] 대학생들은 용돈의 **절반** 이상을 식비로 지출했다. (83회 읽기 10번)
[추천] 나는 매달 월급의 절반을 저축한다.
[표현] 절반가량, 절반 이상, 절반을 자르다, 절반으로 가르다 [유의] 반반, 반절

**1501 절약하다**
- save
- 節約する
- 节约
- tiết kiệm

[기출] 큰돈을 모으려면 아끼고 **절약하는** 습관을 길러야 한다. (41회 듣기 22번)
[추천] 사장님은 전기를 절약하기 위해 실내 난방을 약하게 했다.
[표현] 절약하는 습관, 돈을 절약하다 [유의] 아끼다 [반의] 낭비하다

**1502 젊은이**
- young person
- 若者
- 年轻人
- giới trẻ, thanh niên

[기출] 그런데 이런 방식은 요즘 **젊은이**들이 별로 선호하지 않는다는 단점이 있었죠. (47회 듣기 47번)
[추천] 요즘 젊은이들은 다른 사람들의 눈을 의식하지 않는 경향이 있다.
[표현] 젊은이 한 명, 젊은이의 꿈, 젊은이의 용기 [유의] 청년 [반의] 늙은이

**1503 점점**
- gradually
- だんだん
- 越来越
- dần dần, dần

[기출] 태양광 발전소를 설립하는 개인 사업자가 늘어나면서 이런 상황은 **점점** 심각해지고 있는데요. (47회 듣기 39번)
[추천] 나는 그 일이 점점 싫증이 났다.
[표현] 점점 강해지다, 점점 작아지다 [유의] 점차

### 1504 정당
- political party
- 政党
- 政党
- chính đảng

**기출** 현대의 **정당** 정치는 탕평책에서 비롯되었다.
(52회 듣기 49번)

**추천** 대통령 선거가 다가오자 각 정당에서는 후보를 선정했다.

**표현** 정당의 입장, 정당의 후보, 정당을 결성하다, 정당에 가입하다

### 1505 정서
- sentiment
- 情緒
- 情绪
- tình cảm, cảm xúc

**기출** 번역할 때는 한국의 **정서**를 반영해야 한다.
(41회 듣기 20번)

**추천** 음악 감상은 아이의 정서 순화에 도움이 됩니다.

**표현** 정서 발달, 정서 불안   **유의** 감정

### 1506 정서적
- emotional
- 情緒的
- 情绪的
- tính tình cảm, tính cảm xúc

**기출** **정서적** 안정을 위해 반려동물을 키우는 것이 좋다.
(47회 읽기 22번)

**추천** 고전 음악을 들으면 정서적 안정감이 느껴진다.

**표현** 정서적인 안정, 정서적으로 불안하다, 정서적으로 메마르다

### 1507 정수기
- water purifier
- 浄水器
- 净水器
- bình lọc nước

**기출** **정수기**가 우주인의 식수를 해결해 주었다.
(36회 읽기 32번)

**추천** 매번 생수를 사는 게 성가셔서 정수기를 한 대 살까 해요.

**표현** 정수기 성능, 정수기 업체, 정수기 필터

### 1508 정신적
- mental
- 精神的
- 精神的
- tính tinh thần, mặt tinh thần

**기출** **정신적** 피로로 인해 무기력한 상태가 지속된다면 소진 증후군을 의심해 봐야 한다. (35회 읽기 37번)

**추천** 정신적으로 성숙한 수미는 또래 아이들보다 행동이 의젓했다.

**표현** 정신적인 고통, 정신적인 부담, 정신적인 안정

**유의** 내적   **반의** 물질적, 육체적

# TOPIK II

**1509 정오**
- noon
- 正午
- 正午
- chính ngọ, giữa trưa

**기출** 서울아트센터에서 하는 '**정오**의 콘서트'가 요즘 큰 인기를 얻고 있다고 들었는데요. (47회 듣기 16번)
**추천** 멀리서 정오를 알리는 종소리가 들려왔다.
**표현** 정오 뉴스, 정오의 햇살, 정오가 되다, 정오가 지나다

---

**1510 정착**
- settlement
- 定着
- 定居，落实
- sự định cư, sự gắn chặt

**기출** 새 제도의 **정착**을 위해 모두가 납득할 수 있는 합리적인 시행 방안이 마련되어야 할 것이다. (35회 읽기 44번)
**추천** 그는 정착 생활을 견디지 못하는 것 같다.
**표현** 정착 기간, 정착 생활, 정착을 지원하다  **반의** 방랑, 유랑

---

**1511 정화되다**
- be purified
- 浄化される
- 净化
- được thanh lọc

**기출** 아직 **정화된** 빗물의 사용은 다양하지 않은 수준이다. (37회 듣기 38번)
**추천** 폐수 처리장에서는 오염된 폐수가 정화되어 나왔다.
**표현** 정화된 강물, 공기가 정화되다, 사회가 정화되다

---

**1512 젖다**
- get wet
- 濡れる
- 湿
- ướt, ẩm ướt

**기출** 그런데 **젖은** 머리로 자면 머릿결이 상하기 쉽다. (41회 쓰기 52번)
**추천** 나는 책들이 물에 젖지 않도록 조심했다.
**표현** 머리카락이 젖다, 종이가 젖다, 땀에 젖다, 물에 젖다

---

**1513 제시간**
- on time
- 定刻
- 按时
- đúng thời gian

**기출** **제시간**에 도착해서 다행이야. (37회 듣기 4번)
**추천** 곧 차가 밀릴 시간이라 제시간에 도착하려면 지금 출발해야 해요.
**표현** 제시간에 끝내다, 제시간에 도착하다, 제시간에 마치다

## 1514 제출
- submission
- 提出
- 提出
- nộp

**기출** 남자에게 전화해서 **제출** 날짜를 물었다.
(37회 듣기 9번)

**추천** 기획서 제출은 언제까지입니까?

**표현** 작품 제출, 제출 서류, 제출이 되다

## 1515 제한하다
- limit
- 制限する
- 限制
- hạn chế, giới hạn

**기출** 목조 건물의 높이를 **제한할** 필요가 있다.
(60회 듣기 37번)

**추천** 도로 공사를 하고 있어서 당분간 차량 통행을 제한하고 있습니다.

**표현** 통행을 제한하다, 행동을 제한하다, 법규로 제한하다

**유의** 통제하다  **반의** 무제한하다

## 1516 조사되다
- be investigated
- 調査される
- (被)调查
- được điều tra

**기출** 공원 시설의 필요성에 대한 견해는 30대와 60대가 22%로 **조사되었다**.
(35회 쓰기 35번)

**추천** 실업률이 작년보다 더 증가될 것으로 조사되었다.

**표현** 사건이 조사되다, 진상이 조사되다

## 1517 조상
- ancestor
- 先祖
- 祖先
- tổ tiên

**기출** 뿌리는 **조상**, 줄기는 부모, 잎은 자손을 뜻하기 때문이다.
(52회 읽기 29번)

**추천** 조상을 섬기는 것은 우리의 전통적인 풍습이다.

**표현** 조상의 산소, 조상을 모시다

## 1518 조언하다
- advise
- 助言する, アドバイスする
- 建议
- khuyên bảo, cho lời khuyên

**기출** 말을 잘하기 위해서 손동작을 많이 사용하라고 **조언하는** 것도 이런 이유 때문이다.
(36회 읽기 17번)

**추천** 나는 친구에게 공부하는 방법을 조언해 주었다.

**표현** 전문가들이 조언하다, 방법을 조언하다

# TOPIK II

**1519 조절**
- control
- 調節
- 调节
- sự điều chỉnh, điều tiết

**기출** 동물원의 동물들은 빠른 번식으로 인해 개체 수 **조절**이 어렵다. (47회 읽기 32번)

**추천** 교사는 학생들이 이해하기 쉽도록 속도 조절을 하면서 수업을 했다.

**표현** 식사 조절, 체중 조절

---

**1520 조정되다**
- be adjusted
- 調整される
- (被)调整
- được điều chỉnh

**기출** 이러한 사회적 갈등이 타협을 통해 합리적으로 **조정된다면** 사회를 통합하는 동력으로 작용할 수 있을 것이다. (41회 듣기 48번)

**추천** 회의 시간이 오후로 조정되면서 다소 여유가 생겼다.

**표현** 시간이 조정되다, 순서가 조정되다, 일정이 조정되다

---

**1521 조직**
- organization
- 組織
- 组织
- tổ chức

**기출** 이처럼 경찰 **조직**이 이중 구조일 때 어려움을 겪는 것은 국민이 될 수 있다. (64회 읽기 48번)

**추천** 우리 회사는 이번에 조직을 재편성하였다.

**표현** 판매 조직, 조직 사회

---

**1522 존경**
- admiration
- 尊敬
- 尊敬
- sự kính trọng, sự tôn kính

**기출** 지난 선거에 이어 이번에도 저를 선택해 주신 시민 여러분들께 **존경**과 감사의 인사를 드립니다. (47회 듣기 35번)

**추천** 많은 사람들이 훌륭한 인품을 가진 그에게 존경을 표했다.

**표현** 존경의 마음, 존경을 받다

---

**1523 졸리다**
- feel sleepy
- 眠い
- 困
- buồn ngủ

**기출** **졸리면** 기숙사에 들어가서 일찍 자고 일찍 일어나서 하든지. (41회 듣기 10번)

**추천** 수업 시간 내내 졸려서 아주 혼났어.

**표현** 졸려서 자다, 졸리고 피곤하다, 너무 졸리다

## 1524 종목
- item, event
- 種目
- 项目
- danh mục

**기출** 기존의 정책은 전승 **종목**을 사유화할 우려가 있다.
(47회 듣기 47번)

**추천** 나는 빠진 물품이 없는지 각 종목을 꼼꼼히 확인해 보았다.

**표현** 경기 종목, 판매 종목

## 1525 좌절
- failure, setback
- 挫折
- 挫折
- sự nản lòng, sự nhụt chí

**기출** 이런 밝은 전망과 달리 사실 드론 산업은 드론 사용의 위험성에 대한 문제 제기로 인해 그동안 번번이 **좌절**을 겪어 왔다. (47회 듣기 47번)

**추천** 불합격 소식을 들은 그는 좌절이 큰 모양이었다.

**표현** 좌절을 겪다, 좌절을 맛보다, 좌절을 이겨내다

## 1526 좌절하다
- despair
- 挫折する
- 挫折
- nản lòng, nhụt chí

**기출** 수많은 거절에 **좌절해서** 도전을 포기했다면 저도 지금 이 자리에 없었을 겁니다.
(41회 듣기 35번)

**추천** 선생님은 좌절한 그에게 따뜻한 격려를 아끼지 않으셨다.

**유의** 실패하다, 낙심하다, 절망하다

## 1527 주거
- habitation
- 住居
- 居住
- sự cư trú

**기출** **주거** 지역과 발전소의 거리가 가까워지자 피해를 입게 된 지역 주민들이 반대를 하고 나선 거죠. (47회 듣기 39번)

**추천** 주택난이 심한 대도시에서는 시민들의 주거 문제를 빨리 해결해야 한다.

**표현** 주거 공간, 주거 문화, 주거 지역, 주거 환경

## 1528 주도하다
- lead
- 主導する
- 主导
- chủ đạo

**기출** 경제 성장을 위해서는 국가가 시장을 **주도해야** 한다.
(52회 읽기 47번)

**추천** 정보가 사회의 변화를 주도해 나가게 될 것이다.

**표현** 모임을 주도하다, 변화를 주도하다

# TOPIK II

**1529 주문서**
- order sheet
- 注文書
- 订单
- đơn đặt hàng

**기출** 빠진 걸 알려 주면 제가 **주문서**를 다시 확인하고 업체에 전화해 보겠습니다.
(41회 듣기 12번)

**추천** 아래에 주문서 양식에 맞게 써 주세요.

**표현** 주문서를 보내다, 주문서를 작성하다

---

**1530 주요하다**
- major
- 主要だ
- 主要
- chủ yếu

**기출** 사람, 햇빛, 바람 등에 의한 접촉도 **주요한** 촉각 경험이 된다.
(64회 읽기 36번)

**추천** 그는 이번 사업에서 주요한 업무를 맡고 있다.

**표현** 주요한 과제, 주요한 내용

---

**1531 주의하다**
- practice caution, be careful
- 注意する
- 注意
- chú ý

**기출** 혼자 사는 사람들은 분노와 적개심이 쌓이는 것을 **주의해야** 한다.
(47회 읽기 37번)

**추천** 그는 발목 부상이 심해지지 않게 주의하며 걸었다.

**표현** 건강을 주의하다, 행동에 주의하다, 각별히 주의하다  **유의** 조심하다

---

**1532 주인공**
- main character
- 主人公
- 主人公
- nhân vật chính

**기출** 특별한 사건 없이 **주인공**의 단순하고 반복적인 일상을 다룬 한 영화가 인기를 끌고 있다. (60회 읽기 17번)

**추천** 결국 주인공은 죽고 말았다.

**표현** 영화 주인공, 드라마의 주인공

---

**1533 주체**
- main agent
- 主体
- 主体
- chủ thể, làm chủ

**기출** 시장 경제를 제어할 수 있는 **주체**는 시장이 유일하다.
(52회 읽기 47번)

**추천** 주민은 이 시의 주체로서 시의원 선거에 참여했다.

**표현** 주체 세력, 주체가 되다

### 1534 줍다
- pick up
- 拾う
- 捡
- nhặt, lượm nhặt

**기출** 지난 5년 동안 바닥에 버려진 10원짜리 동전을 하나하나씩 **주워** 모은 것이다.
(41회 읽기 21번)

**추천** 누가 잃어버린 카드를 주웠는데 주인을 찾아 주려고요.

**표현** 돈을 줍다, 지갑을 줍다   **유의** 습득하다   **반의** 잃어버리다, 잃다

---

### 1535 중략
- omitted
- 中略
- 中略
- lược bỏ, rút gọn

**기출** 그러고는 바로 전화를 끊어 버렸다. ( 중략 ) 매장은 사람들로 북적였다.
(60회 읽기 42번)

**추천** 시간이 없어서 중략이 되어 있는 글만 대충 읽고 썼다.

**표현** 이하 중략, 중략이 되다, 중략을 하다

---

### 1536 중력
- gravity
- 重力
- 重力
- trọng lực

**기출** 사실 투수가 던진 공은 **중력**으로 인해 절대로 위로 올라갈 수 없다.
(41회 읽기 46번)

**추천** 우주 공간에는 중력이 없다.

**표현** 지구의 중력, 중력의 문제, 중력의 법칙

---

### 1537 중요시하다
- put stress on, value
- 重要視する
- 重視
- xem trọng, coi trọng

**기출** 놀이공원이 수익은 중요시하고 이용객의 안전은 **중요시하지** 않고 있다.
(60회 읽기 26번)

**추천** 저희 회사에서는 면접시험을 가장 중요시하고 있습니다.

**표현** 외모를 중요시하다, 현실을 중요시하다   **반의** 등한시하다

---

### 1538 중점
- emphasis
- 重点
- 重点
- trọng điểm

**기출** 이 타이어는 성능 향상에 **중점**을 두고 개발되었다.
(83회 듣기 26번)

**추천** 이번 회의의 중점 논의 대상은 대기 오염 문제다.

**표현** 중점 관리, 중점 논의

# TOPIK II

**1539 증명되다**
- be proved
- 証明される
- (被)证明
- được chứng minh

**기출** 꿀이 건강에 미치는 영향은 과학적으로 **증명되었다**. (41회 읽기 37번)

**추천** 범인이 잡힘으로 그 용의자는 결백했음이 증명되었다.

**표현** 실력이 증명되다, 과학적으로 증명되다

---

**1540 증후군**
- syndrome
- 症候群
- 综合征
- hội chứng

**기출** 무기력한 상태가 지속된다면 소진 **증후군**을 의심해 보아야 한다. (35회 읽기 37번)

**추천** 요즘 만성 피로 증후군을 앓는 사람이 늘고 있대.

**표현** 증후군이 나타나다, 증후군이 발병하다, 증후군에 걸리다

---

**1541 지각**
- earth's crust
- 地殻
- 地壳
- vỏ trái đất, lớp thạch quyển

**기출** 판이 충돌하면서 **지각**이 바뀔 때 지구 깊숙한 곳에 있던 구리나 금, 석유 등의 자원이 지표면으로 올라왔기 때문이다. (47회 듣기 43번)

**추천** 그곳은 튀어나온 지각 덕분에 물살이 그리 세지 않았다.

**표현** 지각 충돌, 지각 변동

---

**1542 지나가다**
- pass
- 通り過ぎる, 過ぎる
- 过去
- đi qua, trôi qua

**기출** 우리 열차는 지금 공사 구간을 **지나가고** 있어서 천천히 운행하고 있습니다. (47회 듣기 14번)

**추천** 이사 준비를 하다 보니 주말이 다 지나갔다.

**표현** 방학이 지나가다, 연휴가 지나가다  **유의** 가다, 지나다

---

**1543 지니다**
- have, retain
- 身に付ける, 持つ
- 具有
- giữ gìn, có

**기출** 과학 기술이 **지닌** 한계점을 지적하고 있다. (52회 듣기 46번)

**추천** 사람은 보통 어릴 때 형성된 성품을 평생 동안 지니며 산다.

**표현** 가치를 지니다, 객관성을 지니다

### 1544 지배하다
- dominate
- 支配する
- 支配
- chi phối

(기출) 인류의 지난 문명은 동질성이 **지배해** 왔다.
(37회 읽기 48번)

(추천) 동물의 세계에서는 강한 동물이 약한 동물을 지배한다.

(표현) 나라를 지배하다, 세계를 지배하다

### 1545 지속적
- continuous
- 持続的
- 持続的
- tính liên tục

(기출) 수준 높은 삶의 조건에 대해 **지속적**으로 전 국민이 함께 고민하자는 취지에서이다.
(37회 읽기 46-47번)

(추천) 회사 발전을 위해 여러분 모두가 지속적으로 노력해 주시기를 부탁드립니다.

(표현) 지속적인 발전, 지속적 경제 성장

(유의) 연속적, 계속적 (반의) 간헐적, 산발적

### 1546 지위
- position, status
- 地位
- 地位
- địa vị, vị trí, chức vụ

(기출) 왕관에 장식도 화려하게 더해져 그것을 쓴 왕의 **지위**를 더욱 돋보이게 했다.
(64회 읽기 39번)

(추천) 옛날보다는 여성의 사회적 지위가 향상된 것 같아요.

(표현) 경제적 지위, 법적 지위, 높은 지위 (유의) 신분, 계급

### 1547 지적하다
- point out
- 指摘する
- 指出
- chỉ ra, chỉ trích

(기출) 제도 시행의 문제를 **지적하며** 시정을 촉구하고 있다.
(64회 듣기 48번)

(추천) 아버지께서는 민수의 잘못을 지적하시고 타이르셨다.

(표현) 문제점을 지적하다, 실수를 지적하다

### 1548 지휘자
- conductor
- 指揮者
- 指揮者
- người chỉ huy, người chỉ đạo

(기출) 한 달에 한 번 **지휘자**가 음악에 대해 설명하는 시간이 있다.
(47회 듣기 16번)

(추천) 연주가 끝나자 지휘자가 대표로 청중들에게 인사를 했다.

(표현) 교향악단 지휘자, 성가대 지휘자

# TOPIK II

**1549 직결되다**
- be connected directly
- 直結する
- 直接连接
- liên quan, trực tiếp

기출) 수질 오염은 우리의 생존과 **직결되는** 중요한 문제이기 때문에 이에 대해 우려하는 사람들이 많다. (36회 읽기 21번)

추천) 운전 중 휴대 전화 사용은 교통사고로 직결될 수 있다.

표현) 생존과 직결되다, 문제와 직결되다, 이익과 직결되다

**1550 진단하다**
- diagnose
- 診断する
- 诊断
- chẩn đoán

기출) 생명 과학의 발전 가능성을 **진단하고** 있다. (52회 듣기 35번)

추천) 조사관은 사고 현장을 진단하기 위해 부산으로 떠났다.

표현) 문제점을 진단하다, 사태를 진단하다

**1551 진로**
- future path
- 進路
- 前途
- con đường tương lai

기출) 구청에서 **진로** 상담 프로그램을 운영한대. (47회 듣기 13번)

추천) 학교를 졸업하기 전에 자신의 진로를 충분히 고민해야 한다.

표현) 진로 탐색, 진로를 고민하다

**1552 진보**
- progressive
- 進歩
- 进步
- sự tiến bộ

기출) 보수와 **진보**의 개념은 정치분만 아니라 경제 분야에서도 사용된다. (52회 읽기 46번)

추천) 진보 진영의 주장에 대해서 어떻게 생각하십니까?

표현) 진보 정당, 진보 진영, 진보와 보수

**1553 진심**
- sincerity
- 真心
- 真心
- thật lòng, thật tâm

기출) 사과를 할 때 **진심** 없이 건성으로 하는 사람들이 있다. (52회 읽기 38번)

추천) 나는 친구의 생일을 진심으로 축하했다.

표현) 진심을 전하다, 진심으로 사랑하다

**1554** **진입하다**
- enter
- 進入する
- 进入
- tiến vào

(기출) 세계 10위권에 **진입하는** 쾌거를 이뤘습니다.
(52회 듣기 36번)

(추천) 차는 고속도로로 진입했다.

(표현) 시내에 진입하다, 선진국으로 진입하다  (유의) 들어가다

---

**1555** **진출하다**
- expand, work one's way up to
- 進出する
- 晋级，进入
- bước vào, tiến vào

(기출) 국내 배구 선수로는 처음으로 해외 무대에 **진출한** 김미경 선수가 나와 계시는데요.
(52회 듣기 16번)

(추천) 우리나라가 월드컵 4강에 진출하게 되었다.

(표현) 본선에 진출하다, 사회에 진출하다

---

**1556** **질문하다**
- ask a question
- 質問する
- 提问，质问
- đặt câu hỏi, chất vấn, hỏi

(기출) 학생들은 교사에게 수업 방식에 대해 **질문했다**.
(41회 듣기 34번)

(추천) 나는 모르는 것이 있으면 항상 선생님께 질문했다.

(표현) 수업 시간에 질문하다, 선생님께 질문하다

---

**1557** **질적**
- qualitative
- 質的
- 质的
- tính chất lượng

(기출) 현 시점에서 삶의 질 지표가 발표된 것은 경제 일변도에서 국민 삶의 **질적** 제고라는 방향으로 정책적 관심이 전환됨을 의미한다. (37회 읽기 46번)

(추천) 이 제품은 질적으로도 우수하고 가격도 저렴하다.

(표현) 질적인 측면, 질적인 차이

---

**1558** **짙다**
- heavy, thick
- 濃い
- 浓密
- đậm đặc

(기출) 사람의 코는 다양한 냄새 중에 농도가 **짙은** 것 위주로 냄새를 맡는다.
(52회 읽기 39번)

(추천) 그녀가 타 준 커피는 너무 짙어서 맛이 쓰다.

(표현) 짙게 타다, 농도가 짙다  (반의) 옅다

Chapter 5 출제 5순위 어휘    333

# TOPIK II

**1559 짝**
- pair
- 対，一組，ペア
- 只
- một chiếc, một nửa

**기출** 신발의 **짝**이 맞아야 누군가 신을 수 있다고 생각했기 때문이었다.
(35회 읽기 14번)
**추천** 내 장갑 한 짝이라도 빌려줄 테니 껴.
**표현** 바퀴 두 짝, 신발 한 짝, 장갑 한 짝

---

**1560 차도**
- road
- 車道
- 车道
- đường xe chạy, phần đường dành cho ô tô

**기출** 서울시에서 **차도**를 줄이고 인도를 넓혔다.
(52회 듣기 39번)
**추천** 시위대는 차도로 나와서 시위를 이어갔다.
**표현** 인도와 차도, 차도를 넓히다  **유의** 차로, 찻길  **반의** 보도, 인도

---

**1561 차량**
- vehicle
- 車両
- 车辆
- xe

**기출** 이 사업으로 **차량** 흐름이 원활해진 곳이 있다.
(52회 듣기 40번)
**추천** 경찰은 먼저 차량 번호를 확인했다.
**표현** 도난 차량, 차량 등록  **유의** 차

---

**1562 차이점**
- difference
- 違い
- 差异
- điểm khác biệt

**기출** **차이점**을 말씀드리면 이해하기가 쉬우실 것 같아요.
(41회 듣기 37번)
**추천** 나는 그 두 개의 차이점을 잘 모르겠다.
**표현** 차이점이 있다, 차이점을 밝히다  **유의** 공통점

---

**1563 착각하다**
- delude oneself, misconsider
- 勘違いする
- 错觉
- nhầm lẫn

**기출** 그렇게 **착각하는** 것은 공에 회전을 주어 공이 가라앉는 정도를 줄였기 때문이다.
(41회 읽기 46번)
**추천** 나는 약속 시간을 착각해 엉뚱한 시간에 친구를 기다렸다.
**표현** 자리를 착각하다, 남자를 여자로 착각하다

### 1564 찬성
- agreement
- 赞成
- 赞成
- sự tán thành, sự đồng tình

**기출** 찬성 쪽으로 공감대가 형성되어 있는 듯하다.
(35회 읽기 48번)

**추천** 이 법이 통과되기 위해서는 과반수 이상의 찬성이 있어야 한다.

**표현** 찬성과 반대, 찬성이 많다, 찬성을 얻다   **유의** 동의   **반의** 반대

### 1565 참가자
- participant
- 参加者
- 参加者
- người tham dự

**기출** 본선 참가자는 홈페이지를 통해 공지할 예정이다.
(37회 읽기 11번)

**추천** 우리 딸이 참가자들 가운데 실력이 제일 좋아서 대상을 받았어.

**표현** 대회 참가자, 시민 참가자, 참가자 명단, 참가자를 모집하다

### 1566 참다
- endure
- 耐える
- 忍耐
- chịu đựng

**기출** 대중교통을 이용할 때는 불편해도 참아야 한다.
(41회 듣기 18번)

**추천** 안나는 졸음을 참지 못하고 그만 책상에 엎드려 잠이 들고 말았다.

**표현** 고통을 참다, 기침을 참다, 졸음을 참다   **유의** 인내하다

### 1567 참되다
- true
- 真実だ
- 真实
- đúng đắn, chân chính

**기출** 참된 기부는 자신보다 남을 먼저 생각해야 한다.
(41회 읽기 22번)

**추천** 선생님은 우리에게 참된 지식은 다양한 경험에서 나온다고 하셨다.

**표현** 참된 마음, 참된 모습, 참된 사랑

### 1568 창작
- creation
- 創作
- 创作
- sự sáng tạo

**기출** 추상 활동의 단계는 추상화의 창작 과정에 잘 나타난다.
(47회 읽기 44번)

**추천** 아무리 창작이 어렵다고 해도 남의 것을 그대로 베끼면 안 된다.

**표현** 창작과 모방, 창작이 가능하다, 창작을 하다

# TOPIK II

**1569 창출**
- creation
- 創出
- 创出
- sự tạo ra

**기출** 기업들은 인주 지역 경제 활성화와 일자리 **창출**에 핵심 역할을 하고 있다. (47회 읽기 48번)

**추천** 최 과장은 우리 부서의 경쟁력 창출 방안을 내놓았다.

**표현** 고용 창출, 일자리 창출

---

**1570 창출하다**
- create
- 創出する
- 创出
- tạo ra

**기출** 4차 산업 혁명은 기계와 제품에 인공 지능을 부여해서 새로운 가치를 **창출하는** 것을 말합니다. (47회 듣기 45번)

**추천** 정부에서는 고용을 창출하기 위해 많은 노력을 기울이고 있다.

**표현** 고용을 창출하다, 기회를 창출하다

---

**1571 채용**
- recruitment, hiring
- 採用
- 录用，采用
- sự tuyển dụng

**기출** 금융권에서 이공계 출신 인력의 **채용**이 확대되어야 한다. (37회 읽기 37번)

**추천** 그 회사의 채용 공고문을 자세히 읽었다.

**표현** 공개 채용, 채용 공고문, 채용 규모  **유의** 기용  **반의** 해임

---

**1572 채용하다**
- recruit, hire
- 採用する
- 录用，采用
- tuyển dụng

**기출** 기업은 시민 영웅을 **채용해야** 한다. (52회 듣기 25번)

**추천** 저희 회사에서는 경력 사원을 채용하고 있습니다.

**표현** 신입 사원을 채용하다, 인재를 채용하다, 직원으로 채용하다

---

**1573 책정하다**
- arrange
- 策定する
- 制定
- xác định

**기출** 매장의 관리 비용을 고려하여 커피 값을 **책정해야** 한다. (52회 듣기 31번)

**추천** 정부는 내년도 예산을 올해 수준으로 책정한다고 발표했다.

**표현** 가격을 책정하다, 예산을 책정하다

## 1574 챙기다
- take
- 揃える, 仕舞う
- 收拾
- sắp xếp, chuẩn bị, chăm sóc, giữ gìn

**기출** 대중교통에서 물건을 잃어버리지 않도록 잘 **챙겨야** 한다.
(41회 듣기 18번)

**추천** 옷을 잃어버리지 않게 가방 속에 챙겨 두었다.

**표현** 서류를 챙기다, 준비물을 챙기다   **유의** 간수하다

## 1575 철저하다
- exhaustive
- 徹底している
- 彻底
- triệt để

**기출** 천여 명에 달하는 소속 음악인들의 연습 일정까지 법으로 정해 놓을 만큼 **철저하게** 운영되었습니다. (83회 듣기 45번)

**추천** 집을 비울 때는 언제나 문단속을 철저하게 해야 한다.

**표현** 철저한 예방, 맡은 일에 철저하다   **유의** 꼼꼼하다   **반의** 소홀하다

## 1576 철학
- philosophy
- 哲学
- 哲学
- triết học

**기출** 개인의 인생과 **철학**을 보여 준다.
(36회 읽기 31번)

**추천** 그에게 삶의 철학이 있는지 물었다.

**표현** 인생 철학, 각자의 철학, 삶의 철학   **유의** 세계관, 주관

## 1577 첫날
- first day
- 初日
- 第一天
- ngày đầu tiên

**기출** 영화 '사랑' 기대감 속에 개봉 **첫날** 관객 수 오만 넘어
(41회 읽기 26번)

**추천** 대회 첫날인데 우리 팀이 잘할 수 있을까요?

**표현** 새해 첫날, 첫날이 되다

## 1578 청소년기
- adolescence
- 青少年期
- 青少年期
- thời kì thanh thiếu niên

**기출** 아이의 인성이 완성되는 **청소년기**에는 '권위 있는 아빠'의 역할도 중요하다.
(47회 읽기 19번)

**추천** 아들은 방황하던 청소년기를 지나 이십 대에 접어들었다.

**표현** 청소년기가 끝나다, 청소년기를 겪다

# TOPIK II

**1579 체력**
- physical strength
- 体力
- 体力
- thể lực

*기출* 　**체력**뿐만 아니라 순간적인 판단도 중요한 일이군요.
　　　　(41회 듣기 29번)
*추천* 　그 선수는 지칠 줄 모르는 체력을 가지고 있다.
*표현* 　체력 관리, 체력이 부족하다

---

**1580 체험하다**
- experience
- 体験する
- 体验
- trải nghiệm

*기출* 　축제에서 한국 전통 요리를 **체험하려면** 예약해야 한다.
　　　　(47회 읽기 9번)
*추천* 　시골에 가서 농촌 생활을 체험해 보는 건 어때요?
*표현* 　자연을 체험하다, 직접 체험하다　　*유의* 　경험하다, 겪다, 맛보다

---

**1581 쳐다보다**
- look, gaze
- 見つめる
- 看
- nhìn chằm chằm, nhìn thẳng

*기출* 　여주인이 이상한 눈으로 나를 흘깃 **쳐다본다**.
　　　　(41회 읽기 42번)
*추천* 　어디를 그렇게 쳐다보는지 옆에 사람이 와도 모른다.
*표현* 　똑바로 쳐다보다, 물끄러미 쳐다보다　　*유의* 　바라보다

---

**1582 총량**
- total quantity
- 総量
- 总量
- tổng trọng lượng

*기출* 　환경부는 향후 3년간 온실가스 **총량**을 정해 업종별로 할당한다는 계획을
　　　　발표했다. (35회 읽기 44번)
*추천* 　기후 변화로 연간 강수 총량이 10% 이상 늘어났대.
*표현* 　총량 표시, 총량을 계산하다

---

**1583 총무과**
- general affairs
- 総務課
- 总务科
- phòng tổng hợp, phòng tổng vụ

*기출* 　불편한 점은 **총무과**에 전화하면 된다.
　　　　(37회 듣기 14번)
*추천* 　그는 총무과 직원으로 일하고 있다.
*표현* 　총무과에 연락하다, 총무과 직원

### 1584 최대한
- maximum
- 最大限
- 尽可能
- lớn nhất

**기출** 다양한 대상의 특성을 고려한 보편적 디자인은 **최대한** 많은 사람들이 차별 없이 생활할 수 있는 환경을 조성하는 데 큰 몫을 하고 있다. (52회 읽기 44번)

**추천** 저희 호텔은 최대한의 편의를 손님에게 제공하겠습니다.

**표현** 최대한 노력하다, 최대한 반영하다  **유의** 가장  **반의** 최소한

---

### 1585 최소한
- minimum
- 最小限
- 最低限度
- nhỏ nhất

**기출** 경제를 시장의 자율에 맡기고 정부는 **최소한**의 역할만을 담당해야 한다고 주장한다. (52회 읽기 46번)

**추천** 집에 들어가는 비용을 최소한으로 줄였다.

**표현** 최소한의 권리, 최소한의 비용  **반의** 최대한

---

### 1586 최소화하다
- minimize
- 最小化する
- 最小化
- tối thiểu hóa

**기출** 민간 기업이 과학 기술 개발을 주도하며 성장할 수 있게 된 것은 정부가 지원을 확대하면서도 간섭을 **최소화했기** 때문이다. (83회 읽기 46번)

**추천** 최근 무게를 최소화한 노트북이 출시되었다.

**표현** 규모를 최소화하다, 사이즈를 최소화하다  **반의** 최대화하다

---

### 1587 최적
- optimal
- 最適
- 最佳
- thích hợp nhất, phù hợp nhất

**기출** 철새는 **최적**의 항로로 신속하게 이동해야 한다. (52회 읽기 36번)

**추천** 고추를 말리는 데는 마른 바람이 최적이에요.

**표현** 최적의 상태, 최적의 인물

---

### 1588 최종
- final
- 最終
- 最終
- cuối cùng, sau cùng

**기출** 김 의원이 마음을 바꾸어 대통령 선거에 나가겠다고 **최종** 발표하였다. (64회 읽기 26번)

**추천** 그가 사법 고시에 최종으로 합격해서 고향으로 돌아왔다.

**표현** 최종 단계, 최종 목표  **반의** 최초

# TOPIK II

**1589 추가**
- additional
- 追加
- 额外
- sự bổ sung

(기출) 문화재가 **추가**로 손상되지 않아야 한다.
(64회 읽기 35번)

(추천) 그가 추가 비용을 모두 지불했다.

(표현) 추가 모집, 추가 비용, 추가로 공급하다　(반의) 삭제

**1590 추진**
- propulsion
- 推進
- 推进
- xúc tiến

(기출) 사업의 **추진** 방향을 제시하고 있다.
(41회 듣기 48번)

(추천) 사장님은 추진 사항을 다시 점검하셨다.

(표현) 추진 과정, 추진 방향　(유의) 진행

**1591 축**
- axis
- 軸
- 轴
- trục

(기출) 경제적 관점에서 보수와 진보는 시장 경제를 조절하는 두 **축**인 시장과 국가의 역할에 대한 견해에 따라 구분된다. (52회 읽기 46번)

(추천) 나는 발꿈치를 축으로 하여 빙그르르 반원을 그렸다.

(표현) 한 축, 중요한 축

**1592 출처**
- source
- 出どころ, 出典
- 来源
- xuất xứ, nguồn

(기출) 우리는 그 **출처**를 찾아 나섰다.
(41회 듣기 43번)

(추천) 나는 논문의 출처를 조사하기 위해 인터넷을 검색했다.

(표현) 소문의 출처, 자료의 출처

**1593 충돌하다**
- collide, crash
- 衝突する
- 冲突
- xung đột, va chạm

(기출) 승용차 두 대가 **충돌해** 사고가 났다.
(41회 듣기 15번)

(추천) 새는 유리창과 충돌하여 땅바닥으로 떨어졌다.

(표현) 차와 충돌하다, 강하게 충돌하다　(유의) 들이받다

### 1594 충분히
- enough
- 十分に
- 充分
- một cách đầy đủ

**기출** 작품에 초점을 두고 작품의 구성 요소, 표현 방식 등을 **충분히** 설명하는 입문서가 늘어나기를 희망한다. (83회 읽기 35번)

**추천** 그는 충분히 생각하고 이직을 결정했다.

**표현** 충분히 논의하다, 충분히 만족하다  **유의** 넉넉히, 제대로

### 1595 취업
- getting a job
- 就業
- 就业
- sự tìm việc

**기출** 시간제 일자리의 확대는 정규직 **취업** 기회를 감소시킬 수 있다. (37회 듣기 31번)

**추천** 형은 증권 회사 취업을 위해 열심히 준비하고 있다.

**표현** 취업 경쟁, 취업 준비, 취업 희망자, 취업이 되다

**유의** 취직  **반의** 실업, 실직

### 1596 취하다
- take a stance
- 取る
- 采取
- áp dụng

**기출** 힙합은 자아도취적인 형식으로 나타나기도 하고 집단적 형태를 **취하기도** 한다. (41회 읽기 31번)

**추천** 경찰은 이 사건에 대해 강경한 태도를 취했다.

**표현** 강경한 태도를 취하다, 냉정한 자세를 취하다  **유의** 나타내다, 보이다

### 1597 측정하다
- measure
- 測定する
- 測定
- đo, đo lường

**기출** 삶의 질을 **측정하는** 지표는 논의 결과에 따라 달라질 수 있다. (37회 읽기 47번)

**추천** 간호사는 온도계로 체온을 측정하였다.

**표현** 측정한 거리, 측정한 결과  **유의** 재다

### 1598 치료법
- remedy
- 治療法
- 治疗法
- phương pháp trị liệu, phương pháp chữa trị

**기출** 불면증 **치료법** 개발에 적극적으로 나서야 한다. (52회 듣기 37번)

**추천** 그는 이미 어떤 치료법도 쓰기 힘든 상태였다.

**표현** 전통적인 치료법, 치료법이 없다, 치료법을 개발하다

# TOPIK II

**1599 치르다**
- hold
- 支払う, 執り行なう
- 挙行
- tiếp đãi, tiếp đón

**기출** 보통 잔치를 할 때에는 맛있고 귀한 음식을 가득 차려 놓고 성대하게 행사를 **치렀다**.
(35회 읽기 30번)

**추천** 어머님 장례는 잘 치르셨어요?

**표현** 전투를 치르다, 행사를 치르다, 혼례를 치르다

---

**1600 치유**
- cure, healing
- 治癒
- 治愈
- chữa khỏi, chữa lành

**기출** 요즘 **치유**를 목적으로 '힐링' 강연을 듣는 사람들이 많아지고 있다.
(36회 읽기 37번)

**추천** 감기는 약을 먹지 않아도 시간이 지나면 자연 치유가 된다.

**표현** 치유 방법, 치유가 가능하다, 치유가 힘들다

---

**1601 친정아버지**
- (married woman's) father
- 実家の父
- (已婚妇女的) 父亲
- cha ruột, cha đẻ (cách gọi của con gái sau khi đi lấy chồng)

**기출** 나는 **친정아버지**를 모시고 살고 있다.
(52회 읽기 24번)

**추천** 그녀는 친정아버지 생각에 끝내 울음을 터뜨렸다.

**표현** 그리운 친정아버지, 친정아버지가 위독하다, 친정아버지를 모시다

---

**1602 친환경**
- eco-friendly
- 環境にやさしい, エコ
- 环保
- sự thân thiện với môi trường

**기출** **친환경** 제품의 문제점을 비판하고 있다.
(52회 듣기 46번)

**추천** 오리를 이용하는 친환경 농법을 적극 채택해야 한다고 생각한다.

**표현** 친환경 에너지, 친환경 제품

---

**1603 침**
- acupuncture
- 針
- 针
- cây kim

**기출** 병에 걸린 사람들을 한의학에서는 바늘처럼 생긴 **침**을 이용하여 치료한다.
(41회 읽기 18번)

**추천** 한의원에 가서 다친 부위에 침을 맞았다.

**표현** 침을 놓다

**1604 침해하다**
- intrude, infringe
- 侵害する
- 侵害
- xâm hại

(기출) 국민의 자유를 **침해하는** 정치가 되어서는 안 될 것이다.
(35회 읽기 49번)

(추천) 개인의 권리를 침해해서는 안 된다.

(표현) 권리를 침해하다, 독립을 침해하다, 사생활을 침해하다

(유의) 침범하다, 해치다

---

**1605 카센터**
- automobile repair shop
- 自動車整備センター
- 汽车维修厂
- gara ô tô

(기출) **카센터**에 들러서 차를 점검한다.
(37회 듣기 11번)

(추천) 사고가 난 차량을 카센터로 보냈다.

(표현) 카센터를 차리다, 카센터에서 수리하다

---

**1606 콘텐츠**
- contents
- コンテンツ
- 内容
- nội dung, chủ đề

(기출) 부담 없이 즐길 수 있는 새로운 문화 **콘텐츠**들이 등장하고 있다.
(35회 읽기 29번)

(추천) 그 업체는 경쟁업체 인터넷 사이트의 콘텐츠를 무단으로 복제했다.

(표현) 문화 콘텐츠, 콘텐츠가 풍부하다

---

**1607 타협**
- compromise
- 妥協
- 妥协
- sự thỏa hiệp

(기출) **타협**을 통한 갈등 해결에 대해 회의적이다.
(41회 읽기 50번)

(추천) 회사와 직원 간의 타협이 이루어졌다.

(표현) 노사 타협, 상호 타협, 대화 타협  (유의) 협의

---

**1608 태산**
- tremendous thing
- 山ほどある
- (如)泰山(高)
- núi Thái Sơn

(기출) 나도 박 선생님에게 잘 보이고 싶은 마음이 **태산** 같지만 늘 그렇듯이 머리가 따라 주지를 않았다. (52회 읽기 42번)

(추천) 할 일이 태산인데 그는 잠만 자고 있다.

(표현) 걱정이 태산이다, 할 일이 태산이다, 태산처럼 쌓이다

Chapter 5 출제 5순위 어휘   343

# TOPIK II

### 1609 토론
- debate
- 討論
- 讨论
- thảo luận

**기출** 토론 수업을 위해 교실을 넓게 지어야 한다.
(60회 듣기 21번)

**추천** 학생들은 그 문제에 대하여 찬반 토론을 벌였다.

**표현** 토론이 길어지다, 토론을 벌이다　**유의** 논의

### 1610 토지
- land
- 土地
- 土地
- đất đai

**기출** 시민들이 국가 토지 관리에 적극 참여하고 있다.
(47회 읽기 34번)

**추천** 그곳은 토지가 비옥하다.

**표현** 토지 개발, 토지 거래　**유의** 땅

### 1611 통합
- integration
- 統合
- 统一，整合
- hội nhập, sáp nhập

**기출** 사회 통합의 어려움에 대해 공감하고 있다.
(41회 읽기 50번)

**추천** 계층 간의 심한 갈등은 국가 통합에 장애가 될 수 있다.

**표현** 통합이 되다, 통합이 이루어지다　**유의** 응집　**반의** 분리

### 1612 특허
- patent
- 特許
- 专利权
- bằng sáng chế

**기출** 특허는 발명의 대가로 당연히 보호받을 가치가 있다.
(52회 읽기 48번)

**추천** 그 회사는 새로운 소재를 개발해 특허를 따냈다.

**표현** 특허 제도, 특허 출원

### 1613 특허법
- patent law
- 特許法
- 专利权法
- luật sáng chế

**기출** 특허법은 독창적인 기술을 최초로 발명한 사람에게 기술에 대한 독점적 사용권을 부여하는 대신 그 기술을 사회에 공개할 의무를 부과한다.　(52회 읽기 48번)

**추천** 이 기구는 특허법을 세계적으로 통일하기 위해 설립하여 지금까지 운영되고 있다.

**표현** 특허법을 제정하다

### 1614 틀
- frame
- 型
- 框架
- khung, khuôn mẫu

**기출** 이제 새로운 사고의 **틀**로 인류의 역사를 새롭게 쓸 때이다.
(37회 읽기 48번)

**추천** 그는 틀에 박힌 생활에 지쳤다.

**표현** 틀에 맞추다, 틀에 박히다, 틀에서 벗어나다

---

### 1615 퍼지다
- spread out
- 広がる
- 传播, 蔓延
- mở rộng, lan rộng

**기출** 당시 널리 **퍼져** 있던 유행의 흐름을 따랐다.
(52회 읽기 45번)

**추천** 금융 위기가 전 세계로 퍼져 나갔다.

**표현** 소문이 퍼지다, 전염병이 퍼지다

---

### 1616 페인트
- paint
- ペイント
- 油漆
- sơn

**기출** 야간에 차선이 잘 보이도록 반사 기능이 있는 특수한 **페인트**를 사용한다.
(35회 읽기 39번)

**추천** 밝은색 페인트로 칠하니 방이 환해졌네요.

**표현** 페인트를 바르다, 페인트를 뿌리다, 페인트를 칠하다

---

### 1617 페트병
- plastic bottle
- ペットボトル
- PET瓶
- chai nhựa, lon nhựa

**기출** **페트병**을 통해 모아진 빛은 얼마 지나지 않아 불꽃을 만든다.
(37회 읽기 14번)

**추천** 페트병은 함께 모아 재활용한다.

**표현** 페트병 뚜껑, 페트병이 찌그러지다

---

### 1618 펴내다
- publish
- 発行する, 出版する
- 发行
- phát hành

**기출** 최은영이 두 번째 소설집 『내게 무해한 사람』을 **펴냈다**.
(64회 읽기 41번)

**추천** 그는 요리 관련 자료를 수집하여 책으로 펴냈다.

**표현** 서적을 펴내다, 신문을 펴내다  **유의** 발간하다, 창간하다

# TOPIK II

**1619 편견**
- prejudice
- 偏見
- 偏见
- thành kiến

（기출） 이러한 노력은 동물 보호를 위한 마음에도 **편견**이 깃들어 있었음을 일깨우고 있다. (64회 읽기 40번)

（추천） 그는 편견에 사로잡혀 다른 사람과는 대화도 하지 않았다.

（표현） 편견이 심하다, 편견을 가지다

---

**1620 평범하다**
- ordinary
- 平凡だ
- 平凡
- phàm thường, bình phàm

（기출） 우리 주변의 흔하고 **평범한** 소재를 따뜻하게 그리기 때문이 아닐까요? (83회 듣기 16번)

（추천） 그는 외모도 성격도 특별한 것 없이 평범한 사람이다.

（표현） 평범한 수준, 평범한 학생　（유의） 비범하다, 특이하다

---

**1621 폐단**
- negative effect, evil
- 弊害
- 弊端
- tệ nạn, việc xấu xa

（기출） 붕당 정치의 **폐단**을 해결하기 위해 탕평책이 나왔다. (52회 듣기 49번)

（추천） 혹시 폐단이 있다면 한시라도 빨리 바로 잡아야만 한다.

（표현） 폐단이 따르다, 폐단이 있다, 폐단을 낳다

---

**1622 포스터**
- poster
- ポスター
- 海报
- poster, áp phích

（기출） 극장 내부에는 추억의 영화 **포스터**, 영화표 등이 전시되어 있다. (35회 읽기 11번)

（추천） 나는 경찰관 모집 포스터를 보고 경찰관에 지원해 보기로 했다.

（표현） 영화 포스터, 포스터 제작, 포스터를 그리다

---

**1623 폭발**
- explosion
- 暴発
- 爆发
- sự bùng phát, sự bùng nổ

（기출） 한류 배우 인기 **폭발**, 해외 광고 요청 줄 이어 (47회 읽기 25번)

（추천） 연이은 가스 폭발 사고로 인해 주민들의 불안감이 커지고 있다.

（표현） 인기 폭발, 매력 폭발

### 1624 표현되다
- be expressed
- 表現される
- (被)表现，表达
- được biểu hiện

**기출** 상상력으로 **표현된** 허구를 실제 역사라고 믿을 수 있기 때문이다. (47회 읽기 41번)

**추천** 신문에 그가 결승전에서 벌인 활약은 그의 생애 최고의 활약이었다고 표현됐다.

**표현** 감정이 표현되다, 언어로 표현되다

### 1625 풀어내다
- reinterpret, solve
- 解きほぐす
- 融入，解决
- tháo gỡ, giải quyết

**기출** 딱딱한 역사를 허구가 더해진 이야기로 **풀어내** 쉽고 재미있게 대중들에게 다가갈 수 있었던 것이다. (47회 읽기 41번)

**추천** 아무도 못 푼 문제를 내가 풀어냈다.

**표현** 난제를 풀어내다, 문제를 풀어내다  **유의** 풀다

### 1626 품질
- quality
- 品質
- 品质
- chất lượng

**기출** 제품의 **품질**이 소비자의 기대에 미치지 못하는 경우 브랜드 이미지까지 나빠지기도 한다. (83회 읽기 19번)

**추천** 그 공장에서 생산된 제품은 품질이 좋다.

**표현** 품질 개선, 품질이 좋다  **유의** 질

### 1627 풍경화
- landscape
- 風景画
- 风景画
- tranh phong cảnh

**기출** **풍경화**에 사용된 색을 연구하여 그 시대의 대기 상태를 알아본다. (35회 읽기 31번)

**추천** 산에 울긋불긋 단풍이 마치 풍경화를 보는 것 같다.

**표현** 풍경화를 그리다

### 1628 플라스틱
- plastic
- プラスチック
- 塑料
- nhựa

**기출** 이 때문에 지우개와 **플라스틱** 문구류를 함께 두면 잘 붙는다. (41회 읽기 30번)

**추천** 우리는 플라스틱 제품들을 녹여서 만든 재활용품을 사용한다.

**표현** 재활용 플라스틱, 투명 플라스틱, 플라스틱 용기

# TOPIK II

**1629 피로**
- fatigue
- 疲労
- 疲劳
- mệt mỏi

`기출` 눈 밑 떨림의 주된 원인은 **피로**이므로 푹 쉬면 증상은 완화된다. (60회 읽기 15번)

`추천` 며칠 동안 잠을 푹 잤더니 피로가 많이 풀렸다.

`표현` 피로가 몰려오다, 피로가 쌓이다, 피로가 풀리다 `유의` 피곤

**1630 필수**
- necessariness
- 必須
- 必修
- bắt buộc

`기출` 결혼은 **필수**가 아니라 선택이라고 생각하는 사람들이 증가했다. (35회 읽기 35번)

`추천` 이 과목은 전공 필수 과목인데 재수강해야 할 것 같아.

`표현` 필수 과목, 필수 학점

**1631 한 끼**
- one meal
- 一食
- 一顿
- một bữa ăn

`기출` 이 책은 미각을 자극하기보다는 **한 끼** 식사가 마련되는 과정의 어려움을 일깨운다. (52회 읽기 40번)

`추천` 밥 한 끼라도 따뜻이 먹고 일하자.

`표현` 밥 한 끼, 한 끼를 먹다, 한 끼를 해결하다

**1632 한층**
- much more
- 一層
- 更加
- một bậc, hơn nữa

`기출` 그 결과로 피렌체 지역의 문화 수준이 **한층** 높아졌다. (41회 읽기 40번)

`추천` 바람이 한층 강해져 창문이 흔들리기 시작했다.

`표현` 한층 빨라지다, 한층 깊어지다 `유의` 더욱

**1633 할당**
- allocation
- 割り当て
- 分配，配额
- sự phân công

`기출` 배출권 **할당**은 기업의 사정에 따라 조정되어야 한다. (35회 읽기 44번)

`추천` 직원 채용 시 여성 할당 비율을 설정하는 기업이 늘어나고 있습니다.

`표현` 비용 할당, 지역 할당 `유의` 배당

## 1634 할당하다
- assign
- 割り当てる
- 分配
- phân công

**기출** 환경부는 향후 3년간 온실가스 총량을 정해 업종별로 **할당한다는** 계획을 발표했다. (35회 읽기 44번)

**추천** 부장님은 업무를 사원들에게 할당해 주었다.

**표현** 업무를 할당하다, 일을 할당하다　**유의** 배분하다

## 1635 할인되다
- be discounted
- 割り引かれる
- (被)打折
- được giảm giá

**기출** 식품을 영업 마감 시간을 앞두고 사람들에게 **할인된** 가격으로 판매하는 서비스가 큰 호응을 얻고 있다. (64회 읽기 17번)

**추천** 그 가게에서는 물품을 20% 할인된 가격으로 구입할 수 있다.

**표현** 가격이 할인되다, 비용이 할인되다

## 1636 합격하다
- pass, be admitted
- 合格する
- 考上
- đỗ đạt

**기출** 학창시절 내내 서울 생활을 꿈꿨던 나는 대학에 **합격하면서** 그토록 바라던 서울에서 살게 되었다. (36회 읽기 23번)

**추천** 철수가 몇 년 동안 열심히 고시 공부를 하더니 드디어 합격했대.

**표현** 고시에 합격하다, 대학에 합격하다, 시험에 합격하다　**반의** 불합격하다

## 1637 항로
- seaway, airway
- 航路
- 航路
- đường hàng không

**기출** 철새는 최적의 **항로**로 신속하게 이동해야 한다. (52회 읽기 36번)

**추천** 그 비행기의 조종사는 폭우로 항로를 변경했다.

**표현** 항로 이탈, 항로가 끊기다, 항로를 개척하다　**유의** 길

## 1638 해설하다
- explain
- 解説する
- 解说
- diễn giải

**기출** 남자는 문화재를 **해설하는** 사람이다. (37회 듣기 29번)

**추천** 오늘 축구 경기에 대해 간단히 해설해 주시지요.

**표현** 경기를 해설하다, 내용을 해설하다, 작품에 대해 해설하다　**유의** 설명하다

# TOPIK II

**1639 핵심**
- key point, gist
- 核心
- 核心
- trọng tâm

**기출** 정보의 양이 폭발적으로 증가하면서 **핵심**만 집어낸 요약형 정보를 찾는 사람들이 늘고 있다. (60회 읽기 36번)

**추천** 그들의 회의는 사건의 핵심을 비껴가고 있었다.

**표현** 핵심 내용, 핵심 인물

---

**1640 향상되다**
- improve
- 向上する
- 提高，提升
- được phát triển, được tiến bộ, được nâng cao

**기출** 태양광 발전소가 생긴 후 농작물의 생산성이 **향상되었다**. (47회 듣기 40번)

**추천** 실력이 크게 향상된 걸 보니 열심히 연습했나 보다.

**표현** 실력이 향상되다, 품질이 향상되다

---

**1641 향후**
- henceforward
- 以後
- 今后
- sắp tới, tiếp theo

**기출** **향후** 여러 도시에서도 각자의 여건에 맞추어 창의적인 기업 활동 지원책을 마련할 필요가 있다. (47회 읽기 48번)

**추천** 그 도로는 향후 부산까지 연장될 예정이다.

**표현** 향후 계획, 향후 과제  **유의** 이다음, 이후

---

**1642 현대적**
- modern
- 現代的
- 现代的
- tính hiện đại

**기출** 예전에 유행했던 원로 가수들의 노래를 젊은 가수가 **현대적**인 감각으로 재해석해 부르면서 원곡이 폭발적인 인기를 얻기도 한다. (36회 읽기 36번)

**추천** 이 거리는 현대적으로 꾸며져서 사람들이 많이 찾는다.

**표현** 현대적인 감각, 현대적인 사고, 현대적으로 개선하다, 현대적으로 꾸미다

---

**1643 현실성**
- practicality
- 現実性
- 现实性
- tính hiện thực

**기출** **현실성**을 고려한 환경 보호 대책이 마련되어야 한다. (35회 읽기 44번)

**추천** 시장님, 좀 더 현실성이 있는 대책이 필요합니다.

**표현** 현실성이 있다, 현실성이 없다  **유의** 사실성, 현실감  **반의** 비현실성

### 1644 협상가
- negotiator
- 交渉人
- 谈判家
- nhà đàm phán

**기출** 이 책은 역사 속의 위대한 **협상가**를 내세워 그들로부터 배워야 할 점이 무엇인지를 담고 있다. (36회 읽기 41번)

**추천** 그는 국제 문제의 최고의 협상가이다.

**표현** 협상가로 일하다, 노사 문제 협상가

### 1645 형성하다
- form, build
- 形成する
- 形成
- hình thành

**기출** 조선 시대에도 입장을 같이 하는 사람들끼리 정치 세력을 **형성하고**, 반대되는 집단과 대립하기도 하는 정치 형태가 있었습니다. (52회 듣기 49번)

**추천** 부모는 자녀와 신뢰를 형성하기 위해 노력해야 한다.

**표현** 관계를 형성하다, 여론을 형성하다   **유의** 이루다

### 1646 호응
- response, reaction
- 反響
- 响应
- sự hưởng ứng

**기출** 사전 설명회에서 나온 주민들의 의견을 사업에 적극 반영한 것도 큰 **호응**을 얻었고요. (52회 듣기 39번)

**추천** 공연은 관객의 호응에 힘입어 다음 달까지 연장되었다.

**표현** 호응하다, 열띤 호응, 호응을 얻다   **유의** 응답

### 1647 혼란
- confusion
- 混乱
- 混乱
- sự hỗn loạn

**기출** 정치 이념의 부재로 인한 **혼란**을 경계하고 있다. (52회 듣기 50번)

**추천** 잘못된 뉴스로 인해 시민들은 혼란에 빠졌다.

**표현** 사회 혼란, 혼란을 가져오다   **유의** 무질서, 혼동   **반의** 안녕, 안락

### 1648 홍보부
- PR department
- 広報部
- 宣传部
- bộ phận quảng cáo

**기출** 잠깐 서류 받으러 **홍보부**에 다녀왔는데요. (41회 듣기 11번)

**추천** 기업 광고는 홍보부 담당입니다.

**표현** 홍보부 부장, 홍보부에서 일하다

# TOPIK II

**1649 확대하다**
- expand
- 拡大する
- 扩大
- khuếch đại, mở rộng

**기출** 흡연자들을 돕기 위한 금연 클리닉이나 상담 센터를 **확대하는** 게 더 효과적이라고 생각합니다. (41회 읽기 31번)

**추천** 정부는 노인들을 위한 실버 사업에 투자를 확대하였다.

**표현** 영토를 확대하다, 투자를 확대하다 **유의** 높이다, 늘리다 **반의** 축소하다

**1650 확률**
- probability
- 確率
- 概率
- xác suất

**기출** 긍정적인 결과를 기대할수록 좋은 결과를 얻을 **확률**이 높다. (37회 쓰기 52번)

**추천** 이 경기에서 우리 팀이 우승할 확률이 높다.

**표현** 확률이 높다, 확률이 낮다 **유의** 가능성, 확실성

**1651 확보하다**
- ensure, secure
- 確保する
- 确保
- đảm bảo, bảo đảm

**기출** 이와 더불어 심리 안정 프로그램 개발과 진료비 지원을 위한 예산을 **확보했다**고 발표했다. (83회 읽기 21번)

**추천** 수출 증대로 국가 경쟁력을 확보하였다.

**표현** 세력을 확보하다, 증거를 확보하다

**1652 확산되다**
- be dispersed, be spread
- 拡散される
- 扩散
- được mở rộng, được phát triển, bị lan rộng, bị lan tỏa

**기출** 이제는 영화, 드라마 등 대중문화계 전체로 **확산되어** 큰 인기를 끌고 있다. (47회 읽기 41번)

**추천** 독감이 마을로 확산되어 휴교가 결정되었다.

**표현** 전염병이 확산되다, 유행이 확산되다 **유의** 만연하다, 번지다

**1653 확정되다**
- be decided
- 確定される
- (被)确定
- được xác định

**기출** 직원 연수 프로그램은 **확정됐나요**? (64회 듣기 12번)

**추천** 우리 팀이 결승에 진출하는 것이 확정되었다.

**표현** 승리가 확정되다, 유죄가 확정되다, 대표로 확정되다 **유의** 결정되다

## 1654 환불
- refund
- 払い戻し
- 退钱
- hoàn tiền

**기출** 이 박물관의 관람권은 **환불** 받을 수 없다.
(52회 듣기 24번)

**추천** 세일 제품은 교환이나 환불이 어렵습니다.

**표현** 환불하다, 환불 받다, 요금 환불

## 1655 활력
- vitality
- 活力
- 活力
- sinh lực, sinh khí

**기출** 상점은 거리에 **활력**을 불어넣어 걷고 싶은 거리를 만드는 데 중요한 역할을 한다.
(60회 읽기 39번)

**추천** 아버지는 운동을 시작하시고 활력을 찾으셨다.

**표현** 활력이 넘치다, 활력이 있다   **유의** 활기, 생기

## 1656 활약
- outstanding performance, active participation
- 活躍
- 活跃
- sự hoạt động tích cực, hoạt động sôi nổi

**기출** 미래 세대의 **활약**에 기대를 걸고 있다.
(47회 듣기 46번)

**추천** 그는 스포츠 대회에서 눈부신 활약을 보였다.

**표현** 눈부신 활약, 활약을 보이다   **유의** 활동

## 1657 활짝
- wide, completely
- ぱっと
- 大大地，大开
- rạng rỡ, rộng mở

**기출** 투자 예산 확대나 세금 감면 혜택 등을 통해 창의 기업 활동의 길을 **활짝** 열어 준 것이다. (47회 읽기 48번)

**추천** 아이는 엄마의 얼굴을 보고 활짝 웃었다.

**표현** 활짝 웃다, 활짝 피다   **유의** 한껏

## 1658 획기적
- revolutionary, innovative
- 画期的
- 划时代的
- tính đột phá

**기출** 현대 정보화 사회에 이르러서는 독서 방식이 **획기적**으로 변하였다.
(47회 읽기 39번)

**추천** 지금껏 보지 못한 획기적인 방식의 사진 전시회가 열린다고 한다.

**표현** 획기적인 사건, 획기적인 발명품

# TOPIK II

**1659 효능**
- effectiveness
- 効能
- 效能
- hiệu năng

기출) 식초의 다양한 **효능**이 입증되고 있다.
(36회 읽기 35번)

추천) 레몬차는 비타민이 많아 피로 회복에 효능이 좋다.

표현) 효능이 좋다, 효능이 우수하다   유의) 효력, 효과

---

**1660 후회**
- regret
- 後悔
- 后悔
- sự hối hận, sự ân hận

기출) **후회** 없는 선택을 하려면 풍부한 정보가 필요하다.
(35회 읽기 22번)

추천) 후회가 남지 않도록 최선을 다하겠습니다.

표현) 후회가 되다, 후회가 남다

---

**1661 훌륭하다**
- excellent
- 立派だ
- 优秀
- tuyệt vời, xuất sắc

기출) 저는 **훌륭한** 인격을 갖추는 것이 전문 지식이나 실력보다 더 중요하다는 말씀을 드리고 싶습니다. (52회 듣기 35번)

추천) 그 화가의 작품은 언제 봐도 훌륭하다.

표현) 훌륭한 사람, 훌륭한 일   유의) 뛰어나다, 위대하다   반의) 시원찮다

---

**1662 훼손되다**
- be damaged
- 毀損される
- (被)毁损
- bị tổn hại, bị phá hoại

기출) 안전을 우선하다 보면 환경이 **훼손될** 수도 있다.
(42회 듣기 25번)

추천) 이번 사건으로 회사의 명예가 크게 훼손되었다.

표현) 자연이 훼손되다, 명예가 훼손되다, 훼손된 물건   유의) 손상되다

---

**1663 흐르다**
- flow
- 流れる
- 流
- chảy

기출) 모래밭과 물이 **흐르는** 개울이 있고, 작은 언덕도 있어요.
(60회 듣기 25번)

추천) 한강은 서울의 상징으로 서울을 가로질러 흐르는 강이다.

표현) 흐르는 물, 물이 흐르다, 바다로 흐르다

**1664 흥미롭다**
- interesting
- 興味深い
- 有趣
- hứng thú, hứng khởi

(기출) 독자들이 더 **흥미롭게** 읽을 수 있도록 문답의 형식으로 구성된 것이 돋보인다.
(60회 읽기 40번)
(추천) 관객들은 야구 경기를 흥미롭게 지켜보았다.
(표현) 흥미로운 이야기, 흥미로운 사실
(유의) 재미있다  (반의) 시시하다

**1665 희귀 식물**
- rare plants
- 希少植物
- 稀有植物
- thực vật quý hiếm

(기출) 시민운동이 **희귀 식물** 보존에까지는 미치지 못하고 있다.
(47회 읽기 34번)
(추천) 이 식물원에는 희귀 식물 30종이 전시되어 있다.
(표현) 희귀 식물을 보존하다, 희귀 식물을 채집하다

**1666 희다**
- white
- 白い
- 白
- trắng

(기출) **흰** 봉투 안에는 직원들이 쓴 편지가 들어 있었다.
(35회 읽기 24번)
(추천) 흰 눈이 내린 후 온 마을이 하얗게 변했다.
(표현) 얼굴이 희다, 흰 눈  (유의) 하얗다  (반의) 까맣다

MEMO

MEMO

MEMO

# 부록 Appendix

- 색인 Index

# 색인 Index

## ㄱ

| | |
|---|---|
| 가구 | 242 |
| 가꾸다 | 175 |
| 가난하다 | 112 |
| 가능성 | 114 |
| 가능하다 | 28 |
| 가득 | 242 |
| 가득하다 | 175 |
| 가라앉다 | 242 |
| 가루 | 242 |
| 가리다 | 178 |
| 가문 | 242 |
| 가사 | 243 |
| 가입 | 178 |
| 가입자 | 138 |
| 가입하다 | 83 |
| 가장 | 243 |
| 가정하다 | 243 |
| 가치 | 23 |
| 각색하다 | 243 |
| 각자 | 114 |
| 간격 | 138 |
| 간과하다 | 243 |
| 간담회 | 138 |
| 간판 | 114 |
| 갈등 | 27 |
| 갈아입다 | 138 |
| 감각 | 178 |
| 감독 | 65 |
| 감사 | 244 |
| 감소 | 244 |
| 감소하다 | 41 |
| 감정 | 44 |
| 감탄하다 | 244 |
| 강력하다 | 139 |
| 강의 | 83 |
| 강점 | 178 |
| 강조되다 | 244 |
| 강조하다 | 36 |
| 강좌 | 244 |
| 강하다 | 58 |
| 강화 | 245 |
| 강화하다 | 245 |
| 갖추다 | 41 |
| 개발 | 32 |
| 개발되다 | 72 |
| 개발하다 | 139 |
| 개봉 | 245 |
| 개선 | 96 |
| 개성 | 96 |
| 개인적 | 48 |
| 개장 | 245 |
| 개체 | 65 |
| 개최 | 245 |
| 개최하다 | 139 |
| 객관적 | 114 |
| 거래 | 178 |
| 거래처 | 139 |
| 거절 | 114 |
| 거치다 | 139 |
| 걱정 | 246 |
| 걱정하다 | 96 |
| 건강 | 30 |
| 건네다 | 246 |
| 건성 | 246 |
| 건조 | 179 |
| 건조하다 | 179 |
| 건축 | 83 |
| 건축물 | 140 |
| 걸다 | 140 |
| 걸음 | 140 |
| 검진 | 246 |
| 검토 | 246 |

| | | | | | |
|---|---|---|---|---|---|
| 겉 | 247 | 경제 | 18 | 곤란하다 | 142 |
| 겉면 | 247 | 경제적 | 72 | 곳곳 | 250 |
| 게다가 | 247 | 경품 | 83 | 공감하다 | 115 |
| 게시하다 | 247 | 경향 | 115 | 공개 | 251 |
| 게으르다 | 247 | 경험하다 | 180 | 공개되다 | 180 |
| 겨우 | 248 | 계기 | 83 | 공개하다 | 180 |
| 격려하다 | 179 | 계발 | 58 | 공공 | 251 |
| 겪다 | 58 | 계산 | 249 | 공공시설 | 251 |
| 견해 | 179 | 계속하다 | 96 | 공공장소 | 251 |
| 결과물 | 248 | 계층 | 249 | 공급 | 180 |
| 결국 | 140 | 계획 | 249 | 공급하다 | 115 |
| 결론 | 140 | 계획서 | 141 | 공기 | 36 |
| 결정 | 38 | 고개 | 141 | 공동 | 181 |
| 결정되다 | 115 | 고객 | 48 | 공사 | 142 |
| 결정적 | 141 | 고난 | 249 | 공약 | 251 |
| 결합 | 179 | 고대 | 249 | 공정하다 | 142 |
| 결합하다 | 248 | 고도 | 250 | 공헌 | 181 |
| 경계 | 141 | 고려하다 | 32 | 과도하다 | 252 |
| 경계하다 | 180 | 고민하다 | 84 | 과연 | 181 |
| 경관 | 248 | 고발하다 | 250 | 과정 | 27 |
| 경사지다 | 248 | 고생하다 | 250 | 과제 | 65 |
| 경영 | 36 | 고속도로 | 142 | 과학적 | 72 |
| 경우 | 21 | 고유하다 | 250 | 관객 | 42 |
| 경쟁력 | 44 | 고지서 | 115 | 관계 | 23 |
| 경쟁 | 141 | 고통 | 65 | 관광 | 181 |

363

| | | | | | |
|---|---|---|---|---|---|
| 관광업 | 181 | 구분 | 183 | 근거하다 | 144 |
| 관람 | 142 | 구성원 | 97 | 근무 | 255 |
| 관람권 | 182 | 구슬 | 183 | 급격하다 | 255 |
| 관람료 | 252 | 구역 | 143 | 긍정적 | 36 |
| 관람하다 | 116 | 구입하다 | 84 | 기계 | 144 |
| 관련 | 116 | 구조 | 58 | 기관 | 255 |
| 관련되다 | 182 | 구체적 | 66 | 기내식 | 117 |
| 관리 | 143 | 국가 | 44 | 기념품 | 97 |
| 관리자 | 252 | 국가 대표 | 253 | 기능 | 44 |
| 관리하다 | 49 | 국가적 | 254 | 기대 | 255 |
| 관찰 | 182 | 국내외 | 183 | 기대되다 | 144 |
| 괘씸하다 | 252 | 국민 | 28 | 기대하다 | 31 |
| 교류 | 182 | 궁 | 254 | 기록 | 25 |
| 교사 | 72 | 권력 | 143 | 기록물 | 98 |
| 교육 | 39 | 권리 | 97 | 기록하다 | 66 |
| 교육하다 | 143 | 권위 | 183 | 기반 | 117 |
| 교체 | 252 | 권유하다 | 254 | 기법 | 49 |
| 교환 | 116 | 권익 | 254 | 기본 | 49 |
| 교환하다 | 253 | 권하다 | 254 | 기부 | 255 |
| 구급차 | 253 | 귀하다 | 183 | 기부하다 | 184 |
| 구리 | 253 | 규모 | 116 | 기상 | 184 |
| 구매 | 97 | 균형 | 97 | 기술 | 19 |
| 구매하다 | 253 | 그대로 | 72 | 기술력 | 184 |
| 구멍 | 143 | 그만두다 | 116 | 기술자 | 184 |
| 구별되다 | 182 | 극복하다 | 73 | 기업 | 18 |

| | | |
|---|---|---|
| 기여하다 | 144 | |
| 기울이다 | 256 | |
| 기존 | 58 | |
| 기준 | 59 | |
| 기증하다 | 73 | |
| 기한 | 184 | |
| 기회 | 22 | |
| 기획하다 | 117 | |
| 긴급 | 185 | |
| 길거리 | 256 | |
| 깊다 | 144 | |
| 까다롭다 | 256 | |
| 깨다 | 84 | |
| 깨닫다 | 98 | |
| 껍질 | 256 | |
| 꽃가루 | 256 | |
| 꽤 | 257 | |
| 꾸미다 | 185 | |
| 꾸준하다 | 257 | |
| 꾸준히 | 257 | |
| 꿀 | 66 | |
| 꿈꾸다 | 257 | |
| 끄덕이다 | 257 | |
| 끊임없다 | 117 | |
| 끊임없이 | 258 | |
| 끌다 | 49 | |
| 끓다 | 145 | |

## ㄴ

| | | |
|---|---|---|
| 나뉘다 | 185 | |
| 나물 | 185 | |
| 나방 | 36 | |
| 나서다 | 185 | |
| 나타내다 | 145 | |
| 나팔꽃 | 186 | |
| 난처하다 | 258 | |
| 날다 | 258 | |
| 날아오다 | 186 | |
| 남 | 117 | |
| 남다 | 84 | |
| 남다르다 | 258 | |
| 남성 | 186 | |
| 낫다 | 118 | |
| 낮추다 | 258 | |
| 낳다 | 118 | |
| 내놓다 | 118 | |
| 내다 | 34 | |
| 내면 | 259 | |
| 내용 | 19 | |
| 널리 | 186 | |
| 넓어지다 | 259 | |
| 넓히다 | 98 | |
| 넘기다 | 259 | |
| 노동 | 84 | |
| 노력 | 32 | |
| 노인 | 85 | |
| 노출되다 | 259 | |
| 녹다 | 145 | |
| 녹화 | 259 | |
| 논리 | 145 | |
| 논리적 | 260 | |
| 놀이 | 260 | |
| 놀이터 | 73 | |
| 농민 | 118 | |
| 농사 | 186 | |
| 농작물 | 260 | |
| 높아지다 | 73 | |
| 높이다 | 31 | |
| 놓치다 | 145 | |
| 뇌 | 260 | |
| 눈치 | 260 | |
| 늘리다 | 39 | |
| 늘어나다 | 59 | |

365

## ㄷ

| | |
|---|---|
| 다듬다 | 261 |
| 다루다 | 261 |
| 다리미 | 118 |
| 다만 | 187 |
| 다양하다 | 18 |
| 다이빙 | 187 |
| 다하다 | 187 |
| 다행 | 261 |
| 다행히 | 261 |
| 단계 | 85 |
| 단단하다 | 261 |
| 단백질 | 146 |
| 단순화하다 | 262 |
| 단순히 | 98 |
| 단지 | 262 |
| 단체 | 44 |
| 단추 | 262 |
| 달리다 | 119 |
| 담기다 | 98 |
| 담다 | 85 |
| 담담하다 | 262 |
| 담당하다 | 119 |
| 담뱃값 | 119 |
| 답답하다 | 146 |
| 당 | 187 |
| 당뇨병 | 187 |
| 당당하다 | 188 |
| 당사자 | 188 |
| 당연히 | 146 |
| 당장 | 188 |
| 당하다 | 146 |
| 닿다 | 188 |
| 대 | 146 |
| 대규모 | 262 |
| 대기 | 263 |
| 대단하다 | 188 |
| 대담 | 189 |
| 대량 | 147 |
| 대상 | 32 |
| 대신 | 39 |
| 대여 | 189 |
| 대여하다 | 263 |
| 대중 | 263 |
| 대중교통 | 99 |
| 대중화 | 73 |
| 대지진 | 189 |
| 대책 | 85 |
| 대처하다 | 99 |
| 대체하다 | 99 |
| 대출하다 | 189 |
| 대표 | 263 |
| 대표적 | 263 |
| 대피 | 189 |
| 대하다 | 190 |
| 대형 | 66 |
| 더욱 | 85 |
| 덕분 | 190 |
| 던지다 | 147 |
| 데 | 190 |
| 데우다 | 190 |
| 데이터 | 190 |
| 도덕성 | 264 |
| 도덕적 | 147 |
| 도래하다 | 264 |
| 도서 | 264 |
| 도입하다 | 59 |
| 도전 | 147 |
| 도전하다 | 99 |
| 독립 | 147 |
| 독신 | 264 |
| 독자 | 264 |
| 독점권 | 265 |

| | | |
|---|---|---|
| 독창적 | 265 | |
| 돌보다 | 265 | |
| 돌아가시다 | 148 | |
| 돌아오다 | 191 | |
| 동기 | 86 | |
| 동력 | 148 | |
| 동료 | 191 | |
| 동물원 | 42 | |
| 동의하다 | 86 | |
| 동일하다 | 119 | |
| 동작 | 265 | |
| 동질성 | 99 | |
| 동호회 | 86 | |
| 동화되다 | 265 | |
| 되돌아보다 | 266 | |
| 되찾다 | 191 | |
| 두통약 | 266 | |
| 둘러보다 | 266 | |
| 둘러싸다 | 266 | |
| 드러나다 | 266 | |
| 드러내다 | 191 | |
| 드물다 | 267 | |
| 들다 | 28 | |
| 들르다 | 267 | |
| 들여다보다 | 267 | |
| 들여오다 | 267 | |
| 들이다 | 148 | |
| 등록하다 | 267 | |
| 등산객 | 148 | |
| 등산로 | 268 | |
| 등장 | 100 | |
| 등장인물 | 74 | |
| 따다 | 191 | |
| 따로 | 148 | |
| 따르다 | 20 | |
| 따지다 | 149 | |
| 딱딱하다 | 268 | |
| 떠오르다 | 100 | |
| 떠올리다 | 149 | |
| 떨어뜨리다 | 268 | |
| 떼다 | 268 | |
| 또한 | 74 | |
| 뛰어나다 | 192 | |
| 뛰어다니다 | 192 | |
| 뜨다 | 268 | |
| 뜻하다 | 269 | |
| 띠다 | 269 | |

## ㄹ

| | |
|---|---|
| 로마 | 269 |
| 로봇 | 66 |
| 리더 | 192 |
| 리더십 | 100 |

## ㅁ

| | |
|---|---|
| 마련 | 192 |
| 마련되다 | 45 |
| 마을 | 100 |
| 마찬가지 | 100 |
| 마치 | 192 |
| 마치다 | 269 |
| 막다 | 59 |
| 막대하다 | 269 |
| 만만하다 | 270 |
| 만약 | 193 |
| 만일 | 270 |
| 만족도 | 86 |
| 만족하다 | 101 |
| 만큼 | 193 |
| 많아지다 | 270 |

367

| 말다 | 74 |
| --- | --- |
| 말씀 | 193 |
| 망설이다 | 193 |
| 맞다 | 22 |
| 맞서다 | 270 |
| 맞추다 | 149 |
| 맡기다 | 101 |
| 맡다 | 149 |
| 매달리다 | 270 |
| 매번 | 271 |
| 매장 | 67 |
| 매체 | 193 |
| 매출 | 32 |
| 먹이 | 194 |
| 먼지 | 271 |
| 멀리 | 194 |
| 멈추다 | 194 |
| 멋지다 | 271 |
| 면접시험 | 271 |
| 면하다 | 271 |
| 명단 | 119 |
| 명예 | 194 |
| 몇몇 | 194 |
| 모금 | 272 |
| 모방하다 | 195 |
| 모색하다 | 272 |
| 모습 | 45 |
| 모양 | 39 |
| 모으다 | 37 |
| 목숨 | 272 |
| 목표 | 120 |
| 몫 | 272 |
| 몸집 | 272 |
| 무기력하다 | 273 |
| 무대 | 86 |
| 무료하다 | 74 |
| 무리 | 149 |
| 무용수 | 273 |
| 무작정 | 273 |
| 무조건 | 150 |
| 문명 | 87 |
| 문서 | 273 |
| 문의하다 | 150 |
| 문자 | 120 |
| 문제점 | 59 |
| 문화 | 21 |
| 문화 센터 | 274 |
| 문화생활 | 273 |
| 문화재 | 34 |
| 묻다 | 87 |
| 물가 | 274 |
| 물감 | 120 |
| 물려주다 | 150 |
| 물질 | 120 |
| 뮤지컬 | 87 |
| 미각 | 274 |
| 미소 | 101 |
| 미술품 | 195 |
| 미치다 | 30 |
| 민감하다 | 274 |
| 민주주의 | 195 |
| 믿다 | 195 |
| 믿음 | 274 |
| 밀접하다 | 275 |
| 및 | 195 |

| 바닥 | 196 |
| --- | --- |
| 바라보다 | 275 |
| 바람직하다 | 196 |
| 바르다 | 150 |
| 바삭바삭하다 | 275 |
| 바퀴 | 275 |
| 바탕 | 74 |

| | | |
|---|---|---|
| 박람회 … 67 | 발행되다 … 197 | 벌써 … 121 |
| 박사 … 196 | 발휘되다 … 121 | 벌이다 … 277 |
| 반대로 … 275 | 밝히다 … 151 | 벌점 … 277 |
| 반대하다 … 101 | 방과 후 … 276 | 벌칙 … 277 |
| 반드시 … 196 | 방문하다 … 121 | 범죄 … 278 |
| 반면 … 87 | 방백 … 42 | 법안 … 152 |
| 반박하다 … 196 | 방식 … 21 | 벗어나다 … 102 |
| 반복하다 … 87 | 방안 … 35 | 변경 … 278 |
| 반사 … 197 | 방울 … 276 | 변하다 … 67 |
| 반성하다 … 197 | 방지하다 … 60 | 변화 … 23 |
| 반영하다 … 75 | 방해 … 197 | 변화하다 … 121 |
| 반응 … 45 | 방해하다 … 198 | 병행되다 … 278 |
| 반응하다 … 150 | 방향 … 37 | 보고서 … 199 |
| 받아들이다 … 197 | 밭 … 151 | 보고하다 … 122 |
| 발걸음 … 276 | 배경 … 277 | 보관하다 … 102 |
| 발견하다 … 101 | 배달되다 … 198 | 보람 … 278 |
| 발달 … 102 | 배달하다 … 198 | 보름달 … 122 |
| 발달하다 … 151 | 배려 … 75 | 보물 … 278 |
| 발명하다 … 276 | 배추 … 121 | 보수 … 279 |
| 발생하다 … 28 | 배출량 … 198 | 보안 … 199 |
| 발전 … 30 | 백성 … 277 | 보완하다 … 199 |
| 발전 … 276 | 버려지다 … 102 | 보이다 … 19 |
| 발전소 … 45 | 번식 … 151 | 보조 … 152 |
| 발표하다 … 120 | 번역 … 198 | 보조금 … 279 |
| 발표회 … 151 | 번역하다 … 152 | 보존 … 279 |

| | | | | | | | | |
|---|---|---|---|---|---|---|---|---|
| 보존되다 | | 122 | 부드럽다 | | 45 | 분위기 | | 46 |
| 보존하다 | | 122 | 부르다 | | 60 | 불가능하다 | | 60 |
| 보편적 | | 122 | 부분 | | 37 | 불과하다 | | 283 |
| 보험사 | | 199 | 부상 | | 282 | 불구하다 | | 201 |
| 보호 | | 102 | 부여하다 | | 282 | 불꽃 | | 283 |
| 보호하다 | | 152 | 부자 | | 123 | 불러오다 | | 283 |
| 복 | | 279 | 부작용 | | 49 | 불리다 | | 201 |
| 복원하다 | | 279 | 부장 | | 282 | 불만 | | 201 |
| 복장 | | 280 | 부재 | | 282 | 불법 | | 284 |
| 복지 | | 39 | 부정적 | | 40 | 불빛 | | 284 |
| 본능 | | 280 | 부족 | | 60 | 불편 | | 201 |
| 본래 | | 280 | 부족하다 | | 67 | 불편하다 | | 50 |
| 본선 | | 280 | 부탁하다 | | 123 | 불평등 | | 153 |
| 본성 | | 280 | 부풀리다 | | 282 | 불필요하다 | | 201 |
| 본인 | | 199 | 부품 | | 123 | 불합리하다 | | 202 |
| 본질 | | 281 | 부피 | | 200 | 불행 | | 202 |
| 볼거리 | | 200 | 부합하다 | | 283 | 불황 | | 75 |
| 볼일 | | 281 | 북극곰 | | 88 | 붉다 | | 284 |
| 봉사 | | 281 | 분노 | | 200 | 비결 | | 88 |
| 부각되다 | | 281 | 분류하다 | | 200 | 비닐 | | 284 |
| 부과하다 | | 200 | 분명하다 | | 123 | 비롯되다 | | 285 |
| 부끄럽다 | | 281 | 분명히 | | 283 | 비만 | | 124 |
| 부담 | | 60 | 분배 | | 103 | 비밀번호 | | 61 |
| 부담감 | | 152 | 분석하다 | | 29 | 비법 | | 202 |
| 부담스럽다 | | 123 | 분야 | | 26 | 비영리 기관 | | 285 |

| | | |
|---|---|---|
| 비용 … 25 | 사상 … 203 | 상당히 … 288 |
| 비우다 … 284 | 사생활 … 287 | 상대방 … 30 |
| 비율 … 75 | 사소하다 … 287 | 상상력 … 204 |
| 비중 … 285 | 사실 … 40 | 상속 … 288 |
| 비즈니스 … 50 | 사실적 … 203 | 상승하다 … 153 |
| 비판하다 … 75 | 사업 … 23 | 상징 … 288 |
| 비행하다 … 285 | 사업자 … 103 | 상징하다 … 204 |
| 빚어지다 … 285 | 사업체 … 203 | 상태 … 50 |
| 빚 … 103 | 사용되다 … 67 | 상품권 … 288 |
| 빠져나가다 … 286 | 사유화하다 … 287 | 상황 … 22 |
| 빠지다 … 42 | 사정 … 124 | 새롭다 … 19 |
| 뽑아내다 … 286 | 사항 … 153 | 색상 … 88 |
| 뿌리 … 286 | 사회 … 18 | 생각 … 68 |
| 뿌리다 … 202 | 사회적 … 61 | 생겨나다 … 204 |
| | 산소 … 203 | 생계 … 289 |
| ㅅ | 산업 … 20 | 생명 … 204 |
| | 산업화 … 204 | 생명 과학 … 289 |
| 사건 … 124 | 살리다 … 124 | 생물 … 125 |
| 사관 … 76 | 살아가다 … 287 | 생산 … 88 |
| 사귀다 … 286 | 살펴보다 … 287 | 생산되다 … 289 |
| 사다리 … 202 | 살피다 … 124 | 생산량 … 289 |
| 사라지다 … 37 | 삶 … 25 | 생산성 … 205 |
| 사례 … 46 | 상 … 68 | 생산하다 … 153 |
| 사로잡다 … 203 | 상담 … 103 | 생존 … 289 |
| 사료 … 286 | 상담하다 … 288 | 생태계 … 125 |

371

| | | | | | |
|---|---|---|---|---|---|
| 생활비 | 205 | 설치하다 | 125 | 소개 | 207 |
| 서두르다 | 125 | 설탕 | 126 | 소극적 | 292 |
| 서로 | 103 | 섭취하다 | 292 | 소득 | 35 |
| 서류 | 290 | 성공 | 42 | 소리 | 89 |
| 서식 | 290 | 성공적 | 291 | 소방 | 292 |
| 서운하다 | 290 | 성공하다 | 35 | 소비 | 155 |
| 석빙고 | 68 | 성과 | 154 | 소비자 | 26 |
| 섞다 | 125 | 성별 | 206 | 소음 | 292 |
| 선거 | 29 | 성분 | 154 | 소재 | 104 |
| 선두 | 290 | 성인 | 291 | 소중하다 | 155 |
| 선명하다 | 290 | 성인병 | 206 | 소통하다 | 69 |
| 선발 | 153 | 성장 | 24 | 소홀하다 | 292 |
| 선정되다 | 154 | 성장률 | 206 | 소화 | 293 |
| 선정하다 | 205 | 성장하다 | 88 | 속도 | 61 |
| 선택 | 33 | 성패 | 292 | 속상하다 | 207 |
| 선하다 | 205 | 성향 | 155 | 속하다 | 293 |
| 선호도 | 154 | 세계적 | 68 | 손상되다 | 155 |
| 선호하다 | 154 | 세균 | 126 | 손실 | 293 |
| 설립 | 205 | 세금 | 43 | 손자 | 293 |
| 설립하다 | 291 | 세기 | 126 | 손짓 | 293 |
| 설명하다 | 25 | 세대 | 126 | 손톱 | 126 |
| 설명회 | 104 | 세력 | 207 | 손해 | 207 |
| 설정하다 | 206 | 세상 | 68 | 송편 | 294 |
| 설치 | 206 | 세탁하다 | 155 | 쇼핑몰 | 40 |
| 설치되다 | 291 | 세포 | 50 | 수단 | 104 |

| | | | | | | | |
|---|---|---|---|---|---|---|---|
| 수리하다 | 156 | 시대 | 27 | 신뢰 | 157 |
| 수면 | 46 | 시도하다 | 208 | 신속하다 | 157 |
| 수분 | 294 | 시민운동 | 296 | 신입 | 127 |
| 수상자 | 156 | 시범 | 296 | 신제품 | 158 |
| 수준 | 89 | 시상식 | 296 | 신청 | 51 |
| 수질 | 89 | 시선 | 127 | 신체 | 158 |
| 수집하다 | 294 | 시작되다 | 209 | 실내 | 209 |
| 수치 | 294 | 시장 경제 | 296 | 실력 | 127 |
| 수하물 | 294 | 시절 | 209 | 실망하다 | 209 |
| 수화기 | 127 | 시점 | 156 | 실상 | 297 |
| 숙면 | 295 | 시청률 | 89 | 실시되다 | 297 |
| 숙성되다 | 295 | 시청자 | 89 | 실시하다 | 104 |
| 순간 | 50 | 시행 | 46 | 실업 | 127 |
| 순간적 | 295 | 시행되다 | 157 | 실용성 | 298 |
| 숨 | 295 | 식 | 209 | 실용적 | 298 |
| 숨기다 | 207 | 식물 | 22 | 실적 | 210 |
| 숨다 | 208 | 식수 | 157 | 실제 | 128 |
| 숲 | 104 | 식품 | 76 | 실제로 | 210 |
| 스며들다 | 208 | 신경 | 90 | 실천 | 298 |
| 스스로 | 51 | 신경을 쓰다 | 296 | 실천하다 | 210 |
| 습득 | 156 | 신규 | 297 | 실체 | 298 |
| 습득하다 | 208 | 신기술 | 157 | 실패 | 90 |
| 승용차 | 295 | 신기하다 | 297 | 실험 | 61 |
| 시 | 156 | 신념 | 297 | 실험실 | 298 |
| 시골집 | 208 | 신라 | 61 | 실현 | 299 |

373

| | | |
|---|---|---|
| 심각하다 ······ 51 | 악취 ······ 158 | 억울하다 ······ 159 |
| 심리 ······ 76 | 안개 ······ 211 | 언론 ······ 303 |
| 심리적 ······ 210 | 안내 ······ 37 | 언어 ······ 90 |
| 심리학자 ······ 299 | 안심하다 ······ 300 | 언행 ······ 303 |
| 심사 ······ 210 | 안전 ······ 105 | 얻다 ······ 40 |
| 심사하다 ······ 299 | 안전하다 ······ 158 | 얽히다 ······ 303 |
| 심판 ······ 128 | 안정 ······ 158 | 업계 ······ 69 |
| 심하다 ······ 62 | 안정시키다 ······ 301 | 업무 ······ 51 |
| 심혈관 ······ 299 | 안타깝다 ······ 211 | 업체 ······ 159 |
| 쌓다 ······ 128 | 알려지다 ······ 90 | 없애다 ······ 69 |
| 쏟아지다 ······ 105 | 알아보다 ······ 33 | 없어지다 ······ 303 |
| 쓰다 ······ 62 | 앓다 ······ 301 | 엇갈리다 ······ 303 |
| 쓴맛 ······ 211 | 앞두다 ······ 212 | 여건 ······ 159 |
| | 앞뒤 ······ 301 | 여겨지다 ······ 304 |
| ㅇ | 애벌레 ······ 159 | 여기다 ······ 105 |
| | 애쓰다 ······ 212 | 여러 ······ 212 |
| 아끼다 ······ 69 | 앨범 ······ 301 | 여론 ······ 213 |
| 아름다움 ······ 211 | 야간 ······ 301 | 여부 ······ 213 |
| 아쉽다 ······ 299 | 야외 ······ 302 | 여성 ······ 159 |
| 아이디어 ······ 300 | 양성하다 ······ 302 | 여유 ······ 128 |
| 악기 ······ 69 | 어떠하다 ······ 212 | 여전히 ······ 128 |
| 악보 ······ 211 | 어려움 ······ 212 | 역량 ······ 105 |
| 악수 ······ 300 | 어르신 ······ 302 | 역사적 ······ 43 |
| 악영향 ······ 300 | 어우러지다 ······ 302 | 역설하다 ······ 213 |
| 악용 ······ 300 | 어휘력 ······ 302 | 역할 ······ 26 |

| | | |
|---|---|---|
| 연결되다 ········· 304 | 예상하다 ········· 214 | 외관 ············· 307 |
| 연구 ············· 27 | 예술 ············· 90 | 외로움 ··········· 77 |
| 연구팀 ··········· 304 | 예술가 ··········· 105 | 외우다 ··········· 215 |
| 연구하다 ········· 51 | 예술성 ··········· 306 | 외치다 ··········· 308 |
| 연극 ············· 105 | 예전 ············· 160 | 요구되다 ········· 161 |
| 연기 ············· 62 | 예절 ············· 214 | 요구하다 ········· 77 |
| 연락하다 ········· 76 | 예정 ············· 62 | 요소 ············· 52 |
| 연령 ············· 304 | 예측 ············· 306 | 요인 ············· 62 |
| 연속 ············· 304 | 예측하다 ········· 129 | 요청 ············· 161 |
| 연수 ············· 305 | 예컨대 ··········· 306 | 욕구 ············· 129 |
| 연인 ············· 160 | 오늘날 ··········· 215 | 용기 ············· 307 |
| 연주하다 ········· 213 | 오디션 ··········· 306 | 용도 ············· 308 |
| 연출하다 ········· 129 | 오래되다 ········· 106 | 용돈 ············· 308 |
| 열량 ············· 129 | 오염 ············· 52 | 용품 ············· 70 |
| 열풍 ············· 305 | 오염되다 ········· 215 | 우려하다 ········· 77 |
| 염려하다 ········· 213 | 오히려 ··········· 29 | 우선하다 ········· 308 |
| 영양소 ··········· 305 | 온갖 ············· 306 | 우수성 ··········· 308 |
| 영역 ············· 305 | 온도 ············· 70 | 우울증 ··········· 161 |
| 영웅 ············· 160 | 올리다 ··········· 160 | 우편물 ··········· 308 |
| 영향 ············· 21 | 올바르다 ········· 307 | 우편함 ··········· 215 |
| 예방 ············· 214 | 완벽하다 ········· 129 | 우화 ············· 309 |
| 예방하다 ········· 214 | 완성되다 ········· 160 | 운영 ············· 130 |
| 예산 ············· 76 | 완성하다 ········· 307 | 운영하다 ········· 77 |
| 예상 ············· 214 | 완전히 ··········· 106 | 운전자 ··········· 161 |
| 예상되다 ········· 305 | 왕 ··············· 52 | 운행하다 ········· 309 |

375

| | | |
|---|---|---|
| 움직임 … 309 | 유명하다 … 106 | 의식 … 218 |
| 웃음 … 215 | 유발하다 … 162 | 의심 … 313 |
| 웅크리다 … 216 | 유사하다 … 130 | 의심하다 … 218 |
| 원고 … 216 | 유세 … 106 | 의약품 … 91 |
| 원동력 … 309 | 유전자 … 311 | 의욕 … 218 |
| 원로 … 309 | 유지 … 312 | 의지 … 162 |
| 원료 … 216 | 유지하다 … 63 | 의하다 … 107 |
| 원리 … 216 | 유출 … 217 | 이기다 … 107 |
| 원인 … 33 | 유출되다 … 312 | 이끌다 … 218 |
| 원칙 … 216 | 유치원 … 312 | 이내 … 219 |
| 원형 … 310 | 유통 … 162 | 이념 … 314 |
| 원활하다 … 310 | 유행하다 … 217 | 이동 … 314 |
| 위급하다 … 310 | 유형 … 312 | 이동하다 … 219 |
| 위기 … 310 | 육성하다 … 130 | 이러하다 … 52 |
| 위로하다 … 310 | 육체적 … 312 | 이렇게 … 162 |
| 위반 … 311 | 음료 … 217 | 이력서 … 91 |
| 위조 … 217 | 응급 … 313 | 이루다 … 46 |
| 위주 … 217 | 응급실 … 218 | 이루어지다 … 43 |
| 위험 … 91 | 응답하다 … 313 | 이르다 … 70 |
| 위험성 … 311 | 의견 … 24 | 이모티콘 … 91 |
| 유권자 … 106 | 의도 … 38 | 이미 … 219 |
| 유난히 … 311 | 의료 … 28 | 이미지 … 107 |
| 유도하다 … 161 | 의료원 … 313 | 이불 … 163 |
| 유리알 … 311 | 의무 … 313 | 이상 … 52 |
| 유리하다 … 162 | 의미하다 … 107 | 이상하다 … 314 |

| | | |
|---|---|---|
| 이어지다 … 91 | 인식되다 … 220 | 임산부 … 317 |
| 이용하다 … 77 | 인식하다 … 163 | 임시 … 53 |
| 이웃 … 130 | 인원 … 221 | 입맛 … 222 |
| 이익 … 47 | 인재 … 47 | 입사하다 … 317 |
| 이질성 … 314 | 인정 … 221 | 입시 … 164 |
| 이해 … 163 | 인정받다 … 221 | 입장 … 43 |
| 이해관계 … 314 | 인정하다 … 108 | 입증되다 … 317 |
| 이후 … 219 | 인증하다 … 315 | 입히다 … 317 |
| 익다 … 219 | 인터뷰 … 221 | 잇따르다 … 78 |
| 익명 … 163 | 인하다 … 38 | |
| 익숙하다 … 107 | 일깨우다 … 316 | **ㅈ** |
| 익히다 … 220 | 일단 … 316 | |
| 인간 … 24 | 일대일 … 316 | 자극하다 … 317 |
| 인간관계 … 220 | 일반적 … 130 | 자꾸 … 222 |
| 인격 … 220 | 일부 … 53 | 자녀 … 131 |
| 인공 지능 … 220 | 일부러 … 316 | 자동화 … 318 |
| 인력 … 315 | 일상 … 221 | 자라다 … 131 |
| 인류 … 35 | 일어나다 … 78 | 자매 … 318 |
| 인물 … 78 | 일으키다 … 222 | 자발적 … 223 |
| 인사 … 315 | 일자리 … 47 | 자본 … 318 |
| 인사과 … 315 | 일정 … 53 | 자부심 … 223 |
| 인상 … 163 | 일정하다 … 222 | 자산 … 318 |
| 인생 … 78 | 일탈 … 316 | 자선 … 223 |
| 인성 … 315 | 일회용 … 222 | 자세 … 33 |
| 인식 … 108 | 임대료 … 108 | 자세히 … 223 |

377

| | | |
|---|---|---|
| 자수성가 … 318 | 장학금 … 92 | 전망하다 … 321 |
| 자신 … 19 | 재계 … 320 | 전문 … 321 |
| 자신감 … 223 | 재다 … 224 | 전문가 … 34 |
| 자연스럽다 … 164 | 재래시장 … 108 | 전문성 … 165 |
| 자연재해 … 131 | 재배하다 … 92 | 전승자 … 63 |
| 자원 … 78 | 재해 … 224 | 전시 … 226 |
| 자유롭다 … 131 | 쟁점 … 224 | 전시하다 … 321 |
| 자체 … 319 | 저렴하다 … 224 | 전시회 … 54 |
| 자체적 … 319 | 저장하다 … 320 | 전액 … 322 |
| 작가 … 53 | 저편 … 225 | 전용 … 165 |
| 작성 … 319 | 저해하다 … 225 | 전쟁 … 226 |
| 작업 … 131 | 적개심 … 321 | 전체 … 54 |
| 작업하다 … 319 | 적극 … 164 | 전통 … 31 |
| 작용하다 … 164 | 적극적 … 79 | 절반 … 322 |
| 작품 … 31 | 적성 … 225 | 절약하다 … 322 |
| 잔치 … 132 | 적용되다 … 321 | 절차 … 165 |
| 잘못되다 … 224 | 적용하다 … 164 | 젊은이 … 322 |
| 장기간 … 319 | 적응하다 … 132 | 점검하다 … 132 |
| 장기적 … 320 | 적절하다 … 225 | 점점 … 322 |
| 장단점 … 320 | 전국 … 79 | 정규직 … 227 |
| 장르 … 79 | 전기 … 225 | 정당 … 323 |
| 장식하다 … 320 | 전달 … 226 | 정부 … 21 |
| 장애 … 53 | 전달하다 … 226 | 정상 … 165 |
| 장애인 … 33 | 전략 … 92 | 정서 … 323 |
| 장치 … 108 | 전망 … 226 | 정서적 … 323 |

| | | |
|---|---|---|
| 정수기 ……… 323 | 제출하다 ……… 228 | 졸리다 ……… 326 |
| 정신적 ……… 323 | 제품 ……… 24 | 졸업생 ……… 228 |
| 정오 ……… 324 | 제한 ……… 228 | 종목 ……… 327 |
| 정원 ……… 132 | 제한하다 ……… 325 | 좌석 ……… 167 |
| 정장 ……… 63 | 조각 ……… 132 | 좌절 ……… 327 |
| 정착 ……… 324 | 조건 ……… 93 | 좌절하다 ……… 327 |
| 정책 ……… 18 | 조리실 ……… 166 | 주거 ……… 327 |
| 정책적 ……… 165 | 조사 ……… 34 | 주고받다 ……… 167 |
| 정치 ……… 30 | 조사되다 ……… 325 | 주도 ……… 109 |
| 정치적 ……… 227 | 조상 ……… 325 | 주도하다 ……… 327 |
| 정화 ……… 227 | 조선 ……… 228 | 주목 ……… 109 |
| 정화되다 ……… 324 | 조선 시대 ……… 79 | 주문서 ……… 328 |
| 정확하다 ……… 92 | 조성하다 ……… 166 | 주문하다 ……… 63 |
| 정확히 ……… 227 | 조심하다 ……… 166 | 주민 ……… 29 |
| 젖다 ……… 324 | 조언하다 ……… 325 | 주요 ……… 167 |
| 제공하다 ……… 54 | 조절 ……… 326 | 주요하다 ……… 328 |
| 제기하다 ……… 79 | 조절하다 ……… 166 | 주의 ……… 133 |
| 제대로 ……… 54 | 조정되다 ……… 326 | 주의하다 ……… 328 |
| 제도 ……… 20 | 조정하다 ……… 228 | 주인공 ……… 328 |
| 제시간 ……… 324 | 조직 ……… 326 | 주장 ……… 167 |
| 제시하다 ……… 40 | 조화 ……… 133 | 주장하다 ……… 70 |
| 제안 ……… 227 | 존경 ……… 326 | 주제 ……… 168 |
| 제안하다 ……… 92 | 존재 ……… 166 | 주체 ……… 328 |
| 제작 ……… 93 | 존재하다 ……… 167 | 준비 ……… 229 |
| 제출 ……… 325 | 존중하다 ……… 108 | 줄어들다 ……… 80 |

379

| | | | | | | | | |
|---|---|---|---|---|---|---|---|---|
| 줄이다 | 47 | | 지식 | 38 | | 진행되다 | 70 |
| 좁다 | 329 | | 지역 | 25 | | 진행하다 | 71 |
| 중략 | 329 | | 지원 | 55 | | 질 | 71 |
| 중력 | 329 | | 지원자 | 168 | | 질문하다 | 333 |
| 중부 | 133 | | 지원하다 | 80 | | 질적 | 333 |
| 중시하다 | 168 | | 지위 | 331 | | 질환 | 230 |
| 중요성 | 93 | | 지적하다 | 331 | | 집단 | 55 |
| 중요시하다 | 329 | | 지정하다 | 109 | | 집들이 | 230 |
| 중점 | 329 | | 지지 | 229 | | 집안일 | 168 |
| 즐기다 | 41 | | 지진 | 55 | | 집중력 | 230 |
| 증가 | 80 | | 지켜보다 | 230 | | 집중하다 | 109 |
| 증가하다 | 54 | | 지키다 | 47 | | 짙다 | 333 |
| 증명되다 | 330 | | 지표 | 48 | | 짝 | 334 |
| 증명하다 | 229 | | 지휘자 | 331 | | | |
| 증상 | 229 | | 직결되다 | 332 | | **ㅊ** | |
| 증후군 | 330 | | 직원 | 93 | | | |
| 지각 | 330 | | 진단하다 | 332 | | 차도 | 334 |
| 지구 | 133 | | 진로 | 332 | | 차량 | 334 |
| 지나가다 | 330 | | 진보 | 332 | | 차선 | 109 |
| 지나치다 | 109 | | 진심 | 332 | | 차원 | 231 |
| 지니다 | 330 | | 진입하다 | 333 | | 차이 | 110 |
| 지명 | 168 | | 진정하다 | 80 | | 차이점 | 334 |
| 지배하다 | 331 | | 진출 | 133 | | 차지하다 | 134 |
| 지속되다 | 229 | | 진출하다 | 333 | | 착각하다 | 334 |
| 지속적 | 331 | | 진행 | 230 | | 찬성 | 335 |

| | | | | | | | |
|---|---|---|---|---|---|---|---|
| 참 | 231 | 철저하다 | 337 | 최초 | 169 |
| 참가자 | 335 | 철학 | 337 | 추가 | 340 |
| 참가하다 | 134 | 첫날 | 337 | 추구하다 | 110 |
| 참고하다 | 231 | 청소년 | 29 | 추상 | 94 |
| 참다 | 335 | 청소년기 | 337 | 추진 | 340 |
| 참되다 | 335 | 체계적 | 232 | 추진하다 | 233 |
| 참석자 | 231 | 체력 | 338 | 축 | 340 |
| 참석하다 | 134 | 체험 | 55 | 축적 | 233 |
| 참여 | 134 | 체험하다 | 338 | 출발하다 | 233 |
| 참여하다 | 38 | 쳐다보다 | 338 | 출연하다 | 80 |
| 창고 | 231 | 초고층 | 169 | 출원 | 169 |
| 창의적 | 63 | 초기 | 232 | 출입증 | 233 |
| 창작 | 335 | 초래하다 | 232 | 출처 | 340 |
| 창출 | 336 | 초창기 | 232 | 충돌 | 81 |
| 창출하다 | 336 | 촉구하다 | 94 | 충돌하다 | 340 |
| 채용 | 336 | 총량 | 338 | 충분하다 | 135 |
| 채용하다 | 336 | 총무과 | 338 | 충분히 | 341 |
| 채우다 | 93 | 최근 | 23 | 취업 | 341 |
| 책임 | 64 | 최대 | 135 | 취업률 | 94 |
| 책자 | 110 | 최대한 | 339 | 취지 | 169 |
| 책정하다 | 337 | 최선 | 135 | 취하다 | 341 |
| 챙기다 | 337 | 최소한 | 339 | 측면 | 94 |
| 처리하다 | 232 | 최소화하다 | 339 | 측정하다 | 341 |
| 처방 | 134 | 최적 | 339 | 치료 | 94 |
| 철새 | 135 | 최종 | 339 | 치료법 | 341 |

381

| | | | | | | | | |
|---|---|---|---|---|---|---|---|---|
| 치르다 | 342 | | 태산 | 343 | | 판매하다 | 48 |
| 치유 | 342 | | 태양광 | 56 | | 퍼지다 | 345 |
| 치유하다 | 233 | | 토론 | 344 | | 페인트 | 345 |
| 친정아버지 | 342 | | 토지 | 344 | | 페트병 | 345 |
| 친환경 | 342 | | 통계 | 81 | | 펴내다 | 345 |
| 침 | 342 | | 통신 | 71 | | 편견 | 346 |
| 침해하다 | 343 | | 통합 | 344 | | 편리하다 | 170 |
| 칭찬 | 43 | | 퇴직하다 | 110 | | 편안하다 | 95 |
| | | | 투수 | 234 | | 편의 | 234 |
| | | | 투자 | 71 | | 펼치다 | 170 |
| ㅋ | | | 투자하다 | 41 | | 평가 | 136 |
| 카센터 | 343 | | 특별하다 | 110 | | 평가하다 | 48 |
| 커지다 | 110 | | 특성 | 56 | | 평범하다 | 346 |
| 콘텐츠 | 343 | | 특징 | 56 | | 평생 | 170 |
| 키우다 | 55 | | 특허 | 344 | | 평소 | 235 |
| | | | 특허법 | 344 | | 평화 | 171 |
| | | | 틀 | 345 | | 폐단 | 346 |
| ㅌ | | | | | | 포기하다 | 95 |
| 타인 | 234 | | ㅍ | | | 포스터 | 346 |
| 타자 | 234 | | | | | 포장재 | 56 |
| 타협 | 343 | | 파악하다 | 31 | | 포함되다 | 171 |
| 탄생 | 234 | | 판단 | 170 | | 포함하다 | 235 |
| 탄수화물 | 169 | | 판단하다 | 135 | | 폭 | 171 |
| 탓 | 170 | | 판매 | 81 | | 폭발 | 346 |
| 태도 | 35 | | 판매자 | 136 | | 표시하다 | 235 |

| | | |
|---|---|---|
| 표정 ········· 235 | 한참 ········· 236 | 향하다 ········· 111 |
| 표하다 ········· 171 | 한층 ········· 348 | 향후 ········· 350 |
| 표현되다 ········· 347 | 한편 ········· 236 | 허구 ········· 173 |
| 표현력 ········· 171 | 할당 ········· 348 | 허전하다 ········· 236 |
| 표현하다 ········· 81 | 할당하다 ········· 349 | 혁신 ········· 237 |
| 풀어내다 ········· 347 | 할인되다 ········· 349 | 현대 ········· 34 |
| 품다 ········· 235 | 할인하다 ········· 172 | 현대인 ········· 95 |
| 품질 ········· 347 | 합격하다 ········· 349 | 현대적 ········· 350 |
| 풍경화 ········· 347 | 합리적 ········· 95 | 현상 ········· 64 |
| 풍부하다 ········· 136 | 합병 ········· 172 | 현실 ········· 237 |
| 플라스틱 ········· 347 | 항로 ········· 349 | 현실성 ········· 350 |
| 피로 ········· 348 | 해결 ········· 137 | 현장 ········· 237 |
| 피부 ········· 95 | 해결책 ········· 172 | 현황 ········· 111 |
| 피하다 ········· 81 | 해결하다 ········· 26 | 협상 ········· 173 |
| 피해 ········· 64 | 해롭다 ········· 172 | 협상가 ········· 351 |
| 필수 ········· 348 | 해석 ········· 172 | 협조 ········· 173 |
| 필요 ········· 136 | 해설하다 ········· 349 | 형성되다 ········· 351 |
| 필요성 ········· 64 | 핵심 ········· 350 | 형태 ········· 82 |
| | 행동 ········· 24 | 형편 ········· 237 |
| ㅎ | 행동하다 ········· 137 | 혜택 ········· 82 |
| | 행복하다 ········· 236 | 호르몬 ········· 111 |
| 학기 ········· 136 | 행사장 ········· 173 | 호응 ········· 351 |
| 한 끼 ········· 348 | 향 ········· 173 | 혹시 ········· 174 |
| 한계 ········· 82 | 향기 ········· 236 | 혼란 ········· 351 |
| 한류 ········· 137 | 향상되다 ········· 350 | 홀로 ········· 237 |

383

| 홍보 | 41 |
| --- | --- |
| 홍보부 | 351 |
| 홍보하다 | 111 |
| 화가 | 111 |
| 화려하다 | 238 |
| 화면 | 174 |
| 화장품 | 238 |
| 화재 | 64 |
| 화제 | 238 |
| 화학 | 111 |
| 확대 | 238 |
| 확대하다 | 352 |
| 확률 | 352 |
| 확보하다 | 352 |
| 확산되다 | 352 |
| 확인하다 | 27 |
| 확정되다 | 352 |
| 환경 | 20 |
| 환경 오염 | 112 |
| 환기 | 238 |
| 환불 | 353 |
| 환하다 | 137 |
| 활동 | 20 |
| 활동하다 | 137 |
| 활력 | 353 |

| 활발하다 | 112 |
| --- | --- |
| 활성화 | 82 |
| 활약 | 353 |
| 활용 | 96 |
| 활용되다 | 174 |
| 활용하다 | 26 |
| 활짝 | 353 |
| 황소 | 112 |
| 회복 | 174 |
| 회식 | 239 |
| 회원 | 239 |
| 회의장 | 56 |
| 회전하다 | 82 |
| 획기적 | 353 |
| 횟수 | 239 |
| 효과 | 22 |
| 효과적 | 65 |
| 효능 | 354 |
| 효율성 | 239 |
| 효율적 | 239 |
| 후보자 | 71 |
| 후원하다 | 112 |
| 후회 | 354 |
| 훌륭하다 | 354 |
| 훨씬 | 138 |

| 훼손되다 | 354 |
| --- | --- |
| 휴게소 | 174 |
| 흐르다 | 354 |
| 흐름 | 112 |
| 흐리다 | 240 |
| 흔히 | 175 |
| 흡연율 | 240 |
| 흡연자 | 175 |
| 흥미롭다 | 355 |
| 희귀 식물 | 355 |
| 희다 | 355 |
| 희망 | 175 |